Kinderlyrik im Vorschulalter

BEITRÄGE ZUR LITERATUR- UND MEDIENDIDAKTIK

Herausgegeben von Bodo Lecke

Band 5

PETER LANG
Frankfurt am Main · Berlin · Bern · Bruxelles · New York · Oxford · Wien

Anja Wildemann

Kinderlyrik im Vorschulalter

Kinder zwischen Mündlichkeit und Schriftlichkeit

PETER LANG
Europäischer Verlag der Wissenschaften

Bibliografische Information Der Deutschen Bibliothek
Die Deutsche Bibliothek verzeichnet diese Publikation in der Deutschen Nationalbibliografie; detaillierte bibliografische Daten sind im Internet über <http://dnb.ddb.de> abrufbar.

Zugl.: Hamburg, Univ., Diss., 2002

Gedruckt auf alterungsbeständigem,
säurefreiem Papier.

D 18
ISSN 1617-531X
ISBN 3-631-50997-9

Printed in Germany 1 2 3 4 5 7

www.peterlang.de

Geleitwort

Wer kennt sie nicht aus eigener Erfahrung: Kinderverse und -lieder, Fingerspiele, Abzählreime und Lautspiele. Von den ersten Lebensmonaten an sind diese Ausdrucks- und Kommunikationsformen Teil des alltäglichen gemeinsamen Handelns von Kindern und Erwachsenen. Klang, Rhythmus, Reim lassen das Kind auf Sprache aufmerksam werden und regen zu aufeinander abgestimmten, gemeinsamen Bewegungen und Handlungen an. Später, in den Vorschuljahren, werden sie zunehmend auch zum Medium der Interaktion zwischen Kindern, erleichtern Handlungskoordination und -kooperation und durchlaufen Erweiterungen und Variationen als Teil einer von den Kindern selbst tradierten und entwickelten Kultur.

Die Wurzeln von Kinderlyrik in der frühen Kindheit und den frühen Interaktionen weisen sie als mündliches Sprachhandeln aus. Jedoch ist Kinderlyrik im Hinblick auf ihre Entstehung und nach ihren Formmerkmalen auch in Schriftlichkeit verankert, wie das Buch von Anja Wildemann zeigt.

Es gelingt der Autorin, ihren Gegenstand zwischen den Polen konzeptioneller und medialer Mündlichkeit und Schriftlichkeit einzuordnen und in der Auseinandersetzung mit Arbeiten zur historischen und systematischen Beschreibung von Kinderlyrik, zur literarischen und sprachlichen Sozialisation von Kindern, zu Oralität und Literalität und schließlich zur Entstehung von Sprachbewusstheit eine eigene theoretische Position zu erarbeiten, die sich im empirischen Teil der Arbeit als tragfähige Basis erweist.

Die empirische Untersuchung gibt einen Einblick darin, wie Kinderlyrik gegenwärtig vor allem im familiären Erfahrungsbereich von Vorschulkindern verankert ist. Darüber hinaus kann die Untersuchung zu Reimfähigkeiten der beteiligten Kinder einen Beitrag leisten zu den aktuellen Diskussionen über phonologische Bewusstheit und die Förderung von Voraussetzungen für schulischen Schriftspracherwerb.

Ein besonderes Verdienst der Arbeit liegt darin, dass die Autorin sich nicht scheut, unterschiedliche wissenschaftliche Ansätze, die verschiedenen wissenschaftlichen Disziplinen wie z. B. Literaturwissenschaft, Linguistik, Sprachentwicklungspsychologie und Pädagogik zuzuordnen sind, miteinander zu verbinden. Erst eine solche mehrere Perspektiven einnehmende Betrachtung kann dem Gegenstand Kinderlyrik, der Frage ihrer Medialität und ihrer aktuellen Bedeutung für das Leben von Kindern gerecht werden.

Das Buch regt dazu an, die theoretischen Reflexionen weiterzuführen und pädagogische Handlungsmöglichkeiten im vorschulischen Bereich und in der beginnenden Schulzeit zu erschließen.

Prof. Dr. Helga Andresen Flensburg, im März 2003

Vorwort

Ausgangspunkt dieser Arbeit war die immer wiederkehrende Begeisterung hinsichtlich der Sprachhandlungen von Kindern, die noch nicht lesen und schreiben können. Der experimentelle und kreative Umgang von Vorschulkindern mit der Materialität von Sprache scheint auf sprachliche Fähigkeiten zu verweisen, die bereits eine Annäherung an literale Strukturen beinhalten. Die familiale Realisation von Kinderlyrik spielt dabei in den ersten Lebensjahren der Kinder eine entscheidende Rolle und prägt deren frühe literarische Erfahrungen. Wie sich diese ersten Zugangsweisen zur (lyrischen) Sprache gestalten und welche Kompetenzen dabei zum Tragen kommen habe ich im Rahmen dieser Arbeit untersucht.
Die Begeisterung hat im Verlauf der Arbeit nicht nachgelassen - im Gegenteil, die Sprachhandlungen der Kinder haben meine Neugier immer wieder aufs Neue geweckt. Mit dieser Begeisterung konnte ich auch andere anstecken, ihnen gilt heute mein Dank:

Prof. Dr. Bodo Lecke für die Anregung zu dieser Arbeit und die begleitende und in allen Phasen wohlwollende Betreuung.

Prof. Dr. Mechthild Dehn, deren eigene Forschung zu den ersten Schreibversuchen von Kindern mir eine andere Sicht auf die sprachlichen Leistungen von Kindern ermöglicht hat.

Prof. Dr. Helga Andresen für den immer wieder anregenden Austausch, der mir nicht nur einige schöne Aufenthalte in der Stadt Flensburg ermöglicht hat, sondern auch stets eine Bestärkung meiner eigenen Arbeit beinhaltete.

Daniela Heer und Katja Ehmke-Janell für das unermüdliche Korrekturlesen.

Christina Marquard für die Hilfe bei der Fertigstellung des Manuskripts.

Der deutschen Forschungsgemeinschaft für das Stipendium im Graduierten-Kolleg „Ästhetische Bildung“.

Meiner Familie und meinen Freunden für die finanzielle und emotionale Unterstützung.

Hamburg, im März 2003

Gedichte

Gedichte
kann man lesen
von morgens bis abends,
im Bett und am Klo,
beim Spazieren im Park und
im Wald sowieso.
Beim Warten auf
U-Bahn, Zug oder Bus und
beim Zahnarzt,
wenn man unbedingt muß.
Im Kaffeehaus, Thermalbad,
am Strand -
ein Gedicht hab ich
immer zur Hand!

Aber
am liebsten lese ich Gedichte
auf kleinen Zetteln,
die du mir morgens am
Schulweg
zusteckst.

Heinz J. Zechner

Inhaltsverzeichnis

Einleitung 13

Teil I: Kinderlyrik im literaturwissenschaftlichen Diskurs 17

1. Kinderlyrik als literarische Gattung 17
1.1 Anfänge der Kinderlyrik: Die Kinderliedsammlungen von Achim von Arnim und Clemens Brentano, Karl Simrock und Franz Magnus Böhme 29
1.2 Zum Wesen der Kinderlyrik 36
1.3 Elemente und Strukturen der Kinderlyrik 43
1.3.1 Reim und Rhythmus - Ritualisierung und Memorierung von Sprache 46
1.3.2 Klang und Wiederholung – im Zeichen tradierter Mündlichkeit? 54

2. Das Spiel mit Sprache im Alltagshandeln von Kindern 62
2.1 Verssprache und Alltagssprache 65
2.2 Lyrische Sprache als Spiel mit Signifikanten (Sprachspiele) 69
2.3 Das Sprachspiel – ein Kinderspiel ? 79

3. Oralität und Literalität in der Kinderlyrik 81
3.1 Kinderlyrik aus der Perspektive der Oralitäts-Literalitäts-Forschung ... 82
Exkurs: Das Paradoxon „Orale Literatur“ 87
3.2 Kinderlyrik zwischen Medialität und Konzeptionalität 92
3.3 Orale Poetik und literale Noetik - über die Kohärenz des Augenblicks hinaus? 101

Teil II: Kinderlyrik im Vorschulalter - Empirische Studie zur Realisierung von Kinderlyrik in der Familie und zum kindlichen Reimvermögen 105

1. Anlage der Untersuchung 105
1.1 Die Familien 106
1.2 Die Kinder 114

2. Erhebungsmethoden 115
2.1 Der Eltern- Fragebogen 117
2.1.1 Das Problem einer Fragebogenerhebung: Eltern zwischen Kontrollinstanz und Expertentum 119
2.1.2 Zum Aufbau des Eltern-Fragebogens 120
2.1.3 Durchführung der Befragung 124

2.2 Die Beobachtung zur Reimfähigkeit und zum Reimwissen von Vorschulkindern 125
2.2.1 Die Reimaufgabe 126
2.2.2 Untersuchung zum Reimwissen 128

3. Ergebnisse 129
3.1 Auswertung und Interpretation der Eltern-Fragebögen 129
3.1.1 Das soziale und kulturelle Milieu der Familien 130
3.1.2 Die Realisierung von Kinderlyrik in den Familien 141
3.2 Zur Reimfähigkeit von Kindern im Vorschulalter 149
3.2.1 Kindliche Reimfähigkeit als Indikator für phonologische Bewusstheit 149
3.2.2 Reimergänzungen als Ausdruck metasprachlicher Kompetenz 159
3.2.3 Reimergänzungen – Sechs Einzelanalysen 183
3.2.4 Das Prinzip der Wiederholung in der kindlichen Auseinandersetzung mit gereimter Sprache 201
3.2.5 Kindliche Sensibilität für die lautliche Dimension von Sprache 205
3.3 Das Reimwissen von Vorschulkindern 209
3.3.1 „...‚dass das zusammenpasst" oder „Wenn sich etwas reimt, dann ist es ein Reim" 210
3.3.2 Zum Verhältnis von Reimfähigkeit und Reimwissen 218
3.4 Zum Zusammenhang von familialen und kindlichen Umgang mit lyrischer Sprache 225

Zusammenfassung: Kinder zwischen Mündlichkeit und Schriftsprachlichkeit oder: Die Annäherung an Literalität im Kontext „lyrischer Mündlichkeit" 229

Literaturverzeichnis 235

Einleitung

„Children in a literate society grow up with literacy as an integral part of their personal, familial and social histories. Interacting with their literate environment, children invent their own literacies, and their inventions often parallel the inventions of literacy by society as a whole."[1]

Kinder begegnen der Schrift nicht erst in der Schule; lange bevor der institutionalisierte Erziehungsprozess beginnt, werden sie mit verschiedenen Momenten von Schriftsprachlichkeit konfrontiert. Sie erleben Schrift als kulturelles Phänomen, welches sie in ihrer alltäglichen Lebenswelt umgibt.[2] Auf solche primären Begegnungen mit Schriftlichkeit richtet sich mein Forschungsinteresse. Es geht um jene frühe Entwicklungsphase, in der die kommunikativen, literarischen und literalen Erfahrungen des Kindes noch in starkem Maße in die familiale Interaktion eingebunden sind. Die elterliche Präsentation geschriebener Sprache reicht dabei vom Sprechen über Schrift über das gemeinsame Bilderbuchbetrachten und Vorlesen von Geschichten bis hin zum Sprechen und Singen von Kinderlyrik als Form mündlicher Literatur. Das Augenmerk des vorliegenden Buches richtet sich auf die verschiedenen Realisationsformen von Kinderlyrik und fokussiert damit einen Ausschnitt aus den Anfängen der literarischen und literalen Entwicklung des Kindes.

Die Annahme, dass Kinder sich bereits vor dem Eintritt in die Schule in einem literalen Umfeld bewegen und erste Erfahrungen mit Literalität sammeln, ohne selbst schon Schreiben und Lesen zu können, geht auf die anglo-amerikanische *Emergent-Literacy-Forschung* zurück, welche den vorschulischen Beginn der Entwicklung kindlicher Lese- und Schreibkompetenzen fokussiert.[3] In Deutschland wird diese Forschungstradition vor allem durch die Arbeiten zum elterlichen

---

[1] Goodmann, Y. M. (1986): Children Coming to Know Literacy. In: Teale, W. & Sulzby, E. (Eds.): Emergent Literacy. Writing and Reading. Norwood; New Jersey, S. 1-14, hier: S. 1.

[2] Das schriftsprachliche Wissen von Vorschulkindern hat Feneberg in ihrer Studie in „Literalisierungsprofilen" erfasst. Diese enthalten Angaben zu Buchstaben-, Wort- und Satzkonzepten sowie deren Lokalisierung im Text, Schrift-Bild-Differenzierungen und Wissen um eine Leserichtung als Orientierung im Buch (Concept About Print Test). Zusätzlich wurde überprüft, inwieweit es den Kindern gelingt, bekannte Embleme in sozial vertrauten und modifizierten Kontexten wieder zu erkennen. Insbesondere die Ergebnisse einer Schreibaufgabe zeigen, dass bereits schriftunkundige Kinder über ein Wissen um die Symbolfunktion der Schrift verfügen. Während die jüngeren Kinder ihr Nicht-Schreiben-Können verbalisieren und auf Maltätigkeiten ausweichen, verwenden die älteren Kinder für die Verschriftung Buchstaben oder buchstabenähnliche Zeichen als Informationsträger (vgl. Feneberg, S., 1994: Wie kommt das Kind zum Buch? Die Bedeutung des Geschichtenvorlesens im Vorschulalter für die Leseentwicklung von Kindern. Neuried).

[3] Vgl. u.a. Garton, A. & Pratt Ch. (1989): Learning to be Literate. The Development of Spoken and Written Language. New York, Goelmann, H. & Oberg, A. & Smith, F (Eds.) (1984): Awakening to Literacy. Victoria, Sinclaire, A. & Jarvella, R. J. & Levelt, W. J. M. (Eds.) (1978): The child's Conception of Language. Berlin; Heidelberg; New York, Teale, W. & Sulzby, E. (Eds.) (1986).

Vorlesen und Bilderbuchbetrachten von BRAUN, FENEBERG, SCHNEIDER und WIELER fortgesetzt.[4] Sie untersuchen vornehmlich die Eltern-Kind-Interaktionen im Hinblick auf die literarische Sozialisation des Kindes und unterscheiden sich insofern von der vorliegenden Studie, in deren Mittelpunkt die frühe literale Entwicklung des Kindes steht. Auch bleibt in den genannten Studien Schriftsprachlichkeit konzeptionell stark an das Medium Buch gebunden, welches als schriftliche Manifestation Sprache sichtbar abbildet. Kinderlyrik leistet diese unmittelbare Präsentation der Schriftsprache nicht, da in der Art ihrer Umsetzung Geschriebenes keine - oder nur eine geringfügige - Rolle spielt. Vielmehr präsentiert sich Kinderlyrik als eine Gattung, die sich zwischen medialer Mündlichkeit und konzeptioneller Schriftsprachlichkeit bewegt. Dieser intermediären Position der Kinderlyrik widmet sich **Teil I** des Buches, in dem eine literaturwissenschaftliche Verortung der Kinderlyrik angestrebt wird. Kinderlyrik wird dazu in den Kontext einer Lyrik gestellt, die sich auf klassische und (post-)moderne Lyriktheorien stützt und damit auch die „Grenzen" zwischen einer so genannten „Erwachsenenlyrik" und einer Lyrik für Kinder hinterfragt. Darüber hinaus erfolgt eine Annäherung an die Kinderlyrik aus der Perspektive der Oralitäts-Literalitäts-Forschung und ihrer eher phylogenetisch determinierten Betrachtungsweise. Mit dem Blick auf frühe gesellschaftliche Formen oraler Literatur und deren Erforschung, in der Mündlichkeit und Schriftlichkeit zumeist als diametrale Größen beschrieben werden, wird versucht, die Verklammerung von oralen und literalen Strukturen in der Kinderlyrik nachzuvollziehen. Das betrifft auch den kindlichen Umgang mit lyrischer Sprache als ein Spiel mit den Signifikanten, in dem sich - so meine These - erste Anzeichen für ein literal geprägtes (Sprach-)Handeln offenbaren. Trotz der von der Forschung präferierten Dichotomisierung von Oralität und Literalität im Hinblick auf mögliche Qualitätsunterschiede geschriebener und gesprochener Sprache ist es Common sense der Spracherwerbsforschung, dass sich die literalen Erfahrungen des Kindes nicht erst bei Schuleintritt einstellen, sondern in einem wesentlich früheren Zeitraum in der kindlichen Sozialisation zu verorten sind.[5] Inwieweit jedoch die primären Er-

---

[4] Braun, B. (1995): Vorläufer der literarischen Sozialisation in der frühen Kindheit - eine entwicklungspsychologische Fallstudie, Frankfurt a. M., Feneberg, S. (1994), Schneider, S. (1995): Entwicklungsbedingungen sozialer Handlungsfähigkeit. Formen der Interaktionsstrukturierung beim gemeinsamen Bilderbuchlesen von Eltern und Kind. Frankfurt a. M., Wieler, P. (1997): Vorlesen in der Familie. Fallstudien zur literarisch-kulturellen Sozialisation von Vierjährigen. Weinheim; München.

[5] Vgl. u.a. Augst, G. (Hrsg.) (1995): Frühes Schreiben. Studien zur Ontogenese der Literalität. Essen, Brockmeier, J. (1997): Literales Bewußtsein. Schriftlichkeit und das Verhältnis von Sprache und Kultur. München, Brügelmann, H. (1992): Kinder auf dem Weg in die Schrift. Lengwil a. Bodensee, Dehn, M. (1994): Schlüsselszenen zum Schrifterwerb. Arbeitsbuch zum Lese- und Schreibunterricht in der Grundschule. Weinheim; Basel, dies., (1999): Texte und Kontexte. Schreiben als kulturelle Tätigkeit. Berlin; Düsseldorf, Goelman, H. & Oberg, A. & Smith, F. (Eds.) (1984), Schneider, W. & Brügelmann, H.& Kochan, H. (1995): Lesen- und Schreibenlernen in neuer Sicht: Vier Perspektiven auf den Stand der Forschung. In: Balhorn, H. & Brügelmann, H.,

fahrungen des Kindes mit Literalität als inhärente - und nicht bloß vorgeschaltete - Momente des Schriftspracherwerbs gelten, bleibt bislang weitestgehend ungeklärt. Die Spracherwerbsforschung befindet sich hier in einer Grauzone, in der mündliche und schriftliche Sprachformen kumulieren. Dies scheint insbesondere auf die verschiedenen Ausdrucksformen der Kinderlyrik zuzutreffen, die sich phänomenologisch zwischen Mündlichkeit und Schriftlichkeit bewegen.

Die Positionierung der Kinderlyrik als einer Variante der Gattung Lyrik, die zwischen medialer Mündlichkeit und konzeptioneller Schriftsprachlichkeit anzusiedeln ist, hat Konsequenzen für die Einschätzung frühkindlicher Leistungen im Umgang mit lyrischer Sprache. Eine solche Betrachtung erfolgt in **Teil II** dieses Buches, in der zunächst die familiale Realisation lyrischer Ausdrucksformen mit Hilfe eines Eltern-Fragebogens verifiziert wird, um deren Bedeutung für die vorschulische Sozialisation festzustellen. Kinderlyrik gehört zu den frühen Formen des elterlichen Umgangs mit dem Kind und enthält spielerische und melodisch-rhythmische Sprachelemente, die schließlich im Kindergarten ihre Fortsetzung finden. Dabei wird ein Raum geschaffen, innerhalb dessen sich - so meine zweite These - eine Vermittlung kultureller Traditionen ereignet, in die das Moment der Literalität integriert ist. Folglich sind Interdependenzen zwischen der familialen Inszenierung oraler Literatur und dem sozialen Status der betreffenden Familien in Hinsicht auf die Anfänge des kindlichen Schriftspracherwerbs ebenfalls zu berücksichtigen. Auf der Folie bisheriger Forschungsergebnisse zur frühen literarischen Sozialisation von Kindern, welche die Familie als *die* primäre Sozialisationsinstanz beschreiben, ist zudem die Frage zu stellen, ob die dort beschriebene prävalente Funktion der Familie auch für den Bereich der Kinderlyrik zutrifft.

Neben der Befragung der Eltern hinsichtlich ihres innerfamilialen Umgangs mit Kinderlyrik, erfolgt im zweiten Teil des Buches eine Beobachtung zu den Reimfähigkeiten und dem Reimwissen von Vorschulkindern. Dazu wurde mit 27 Kindern im Alter zwischen drei und sechs Jahren ein Reimspiel gespielt und im Anschluss daran ein Reimgespräch geführt. Die in diesem Zusammenhang vollzogenen Sprachhandlungen der Kinder werden schließlich im Hinblick auf das Vorhandensein einer impliziten und explitziten Sprachbewusstheit analysiert. Literalisierung wird dabei als ein kognitiver Bewusstwerdungsprozess verstanden, innerhalb dessen sich ein sukzessiver Übergang von impliziten zu expliziten Wissensmodalitäten ereignet. Es wird außerdem vermutet, dass Kinder bereits frühzeitig in der Lage sind, im spielerischen Umgang mit lyrischer Sprache sensibel mit deren lautlichen Einheiten umzugehen und damit im Feld von phonologischer Bewusstheit zu agieren. Das Sprechen lyrischer Texte (Reimspiel) und

---

(Hrsg.): Rätsel des Schriftspracherwerbs. Neue Sichtweisen aus der Forschung. Lengwil a. Bodensee, Teale, W. H. & Sulzby, E. (Ed.) (1986), Weinhold, S. (2000): Text als Herausforderung. Zur Textkompetenz am Schulanfang. Freiburg i. Breisgau.

das Nachdenken über Reimkriterien (Reimgespräch) werden als Akte der Metasprachlichkeit verstanden, die eine distanzsprachliche Auseinandersetzung mit dem Sprachmaterial offerieren. Phonologische Bewusstheit, Dekontextualisierung und Metasprachlichkeit gelten in der hier durchgeführten Untersuchung somit als Determinanten für Literalität und verweisen auf einen Bewusstseinszustand, der zwischen oraler und literaler Noetik vagiert.

Die Gliederung des Buches in zwei Teile, von denen der erste Teil eine eher literaturwissenschaftliche und der zweite Teil eine sprachwissenschaftliche Annäherung an das Phänomen Kinderlyrik beinhaltet, resultiert aus den bislang vornehmlich intradisziplinär angelegten Arbeiten, die vor allem die historische Entwicklung der (traditionellen) Kinderlyrik nachzuzeichnen versuchen. Dort dominieren gattungsspezifische Fragestellungen hinsichtlich der Formen, Elemente und Inhalte der Kinderlyrik, die zumeist in einen literaturwissenschaftlich-pädagogischen Diskurs gestellt werden. Welche Bedeutung lyrische Sprache für die frühe literale Entwicklung von Kindern haben kann, wurde bis dato in keiner vergleichbaren Forschungsarbeit empirisch untersucht und diskutiert. Um aber eine solche Kontextualisierung von Kinderlyrik und früher Literalisierung zu bewirken, ist es erforderlich, deren literarischen und literalen Dispositionen zu erörtern und sich dem Forschungsgegenstand damit von zwei Seiten zu nähern. Die Positionierung der Gattung Kinderlyrik zwischen den Polen Mündlichkeit und Schriftsprachlichkeit mündet hier deshalb in Überlegungen zu deren Tragweite im Hinblick auf die Anfänge einer literalen Entwicklung. Dabei werden kinderlyrische Texte und kindliche Umgangsweisen mit solchen Texten in Bezug auf die Genese literaler Wissensstrukturen, die als Kennzeichen für den Zustand der Sprachbewusstheit präsumiert werden, untersucht. Das Hineinwachsen des Kindes in eine bestehende Schriftkultur ist demnach ein komplexer Prozess, der neben der Lese- und Schreibfähigkeit umfassende literale und literar-ästhetische Traditionen (wie z.B. das Vorlesen und Kassettenanhören) beinhaltet. Dies erfordert schließlich einen anderen Blick auf den Beginn des Schriftspracherwerbs und seine Modalitäten. Ähnlich wie für das Konzept des frühen Schreibens ist dann für mündliche Literaturereignisse zu überlegen, ob es so genannte frühe Varianten von Literalität gibt, die im Fall der Kinderlyrik medial mündlich und konzeptionell schriftsprachlich sein können.

Teil I: Kinderlyrik im literaturwissenschaftlichen Diskurs

1. Kinderlyrik als literarische Gattung

Seit dem 18. Jahrhundert wird neben der Epik und Dramatik die Lyrik als eine der drei literarischen Hauptgattungen betrachtet, unter die sich die vielfältigsten lyrischen Erscheinungsformen subsumieren lassen.[6] Bis heute wird fast durchgängig an dieser triadischen Gattungskonzeption, die zur Entstehung eines eigenständigen Gattungsbegriffes „Lyrik“ geführt hat, festgehalten,[7] wobei die Lyrik bisweilen als Urform der Dichtung angesehen wird. Diese Auffassung von der Lyrik als Urform jeglicher Dichtung - im Sinne einer Ursprünglichkeit bzw. Natürlichkeit - umschließt dabei nicht nur die literatur- und menschheitsgeschichtliche Entwicklungslinie von den volkstümlichen Gesängen bis hin zu schriftlich fixierten Texten, sondern auch die literarische Sozialisation des Individuums, die mit Wiegenliedern und Fingerversen im Kleinkindalter beginnt und

[6] Vgl. u.a. Asmuth, B. (1979): Aspekte der Lyrik. Mit einer Einführung in die Verslehre. 5. erweit. Aufl. Opladen, S. 127 u. 138, Burdorf, D. (1997): Einführung in die Gedichtanalyse. 2. Aufl. Stuttgart, S. 2ff. Hamburger, K. (1968): Die Logik der Dichtung. 2. stark veränd. Aufl., Stuttgart, S. 11f, Staiger, E. (1946): Grundbegriffe der Poetik. Zürich, S. 8ff.
Diese Dreiteilung der Dichtung wird auch für die Kinder- und Jugendliteratur angenommen: Vgl. u.a. Bodensohn, A. (1965): Im Spielraum der Lyrik. Kinderreim und Kindergedicht als lyrische Vorformen. Frankfurt a. M., S. 19, Franz, K. (1984): Lyrik. In: Grünewald, D. & Kaminski, W. (Hrsg.): Kinder- und Jugendmedien. Ein Handbuch für die Praxis. Weinheim; Basel, S. 449. Lypp, M. (1984): Einfachheit als Kategorie der Kinderliteratur, Frankfurt a. Main, S. 25.

[7] Einen ersten Versuch, sich von der klassischen Dreiteilung der Dichtung zu distanzieren unternimmt Goethe im West-östlichen Divan, in dem er epische, dramatische und lyrische Elemente miteinander verbindet. In den dazugehörigen *„Noten und Abhandlungen zum besseren Verständnis des West-östlichen Divan“* unterscheidet Goethe zwischen den *Dichtarten* (Ballade, Drama, Elegie, Ode usf.) und den drei *Naturformen* der Dichtung und resümiert: *„Es gibt nur drei echte Naturformen der Poesie: die klar erzählende, die enthusiastisch aufgeregte und die persönlich handelnde: Epos, Lyrik und Drama. Diese drei Dichtweisen können zusammen oder abgesondert wirken. In dem kleinsten Gedicht findet man sie oft beisammen, und sie bringen eben durch diese Vereinigung im engsten Raume das herrlichste Gebilde hervor, wie wir an den schätzenswerten Balladen aller Völker deutlich gewahr werden.“* (Goethe, J. W., 1988: West-östlicher Divan, herausgegeben und erläutert von Hans-J. Weitz, Frankfurt a. M., S. 191 (1819)).
Staiger knüpft in seinem Werk *„Grundbegriffe der Poetik“* an Goethes Überlegungen an, wenn er von einer Idee des Lyrischen, Epischen und Dramatischen schreibt und damit ebenfalls versucht, die Grenzen einer klassischen Dreiteilung der Dichtung neu zu definieren. Staigers nachdrücklicher Hinweis darauf, *„daß jede Dichtung an allen drei Gattungsideen mehr oder minder beteiligt ist“* (Staiger, E., 1946, S. 84) wird jedoch durch seine Polarisierung der Lyrik als *subjektiver Poesie* gegenüber dem Epos als *objektiver Poesie*, aus dem das Drama als *„eine Synthese von beiden“* (ebd., S. 62f) hervorgeht, wieder eingeschränkt. Diese Klassifizierung der Lyrik als subjektive Poesie, welche *„die Spiegelung der Dinge und Ereignisse im individuellen Bewußtsein“* (ebd., S. 63) zeigen soll, geht auf die Ästhetik Hegels zurück, stellt jedoch eine Verkürzung der hegelschen Sichtweise dar und bewirkt deshalb eine Verfestigung der Subjektivitätstheorie, der zufolge Innerlichkeit, Stimmung und lyrisches Ich gattungsbestimmend sind (siehe dazu auch Gnüg, H., 1983: Entstehung und Krise lyrischer Subjektivität. Vom klassischen lyrischen Ich zur modernen Erfahrungswirklichkeit. Stuttgart, S. 31ff).

sich über das Lesen- und Schreibenlernen und den damit verbundenen Partizipationsmöglichkeiten an der (literarischen) Kultur einer Gesellschaft fortsetzt.

„Was jedes Volk aus seiner Kindheitsstufe durch seine dichterische Begabung zuerst hervorbringt, ist Poesie, viel später entwickelt sich die Prosa. Ebenso ists in der geistigen Entwicklung des Einzelmenschen. ‚Das erste, was er als Kind geistig aufnimmt, was seine Phantasie beschäftigt, ist Dichtung; gewissermaßen der erste Schritt im Geistesleben führt über den Blumenpfad der Dichtung. [...]'." (Böhme, 1897, S. V und Böhme, zitiert nach Dunger, Bogtl. Kinderlieder, S. 2)

Nach diesem Verständnis steht die Lyrik am Anfang der individuellen und kollektiven literarischen Entwicklung und ist als literarische Primärform zugleich Voraussetzung und Grundelement der Literatur. Mit der Klassifizierung der Lyrik als so genannter literarischer bzw. lyrischer „Vorform"[8] geht jedoch immer auch eine Deklassierung einher, indem sie als Wegbereiter der Literatur von derselben separiert wird. Die Lyrik selbst oder das Lyrische bleibt dabei ein diffuses Gebilde, dessen vielfältige Erscheinungsformen eine exakte terminologische Fassung zusätzlich erschweren. Ein solches widersprüchlich erscheinendes Verständnis von der Lyrik als primärer Form der Literatur einerseits und als Vorstufe zu einer „höheren" Literatur andererseits prägt auch heute noch die Diskussion um den Lyrikbegriff, die in der Auseinandersetzung um die Kinderlyrik ihre Zuspitzung findet. Dabei galt die „Sangbarkeit" der Texte lange Zeit als vorrangiges Kriterium eines Lyrikverständnisses, dem zufolge die Lyrik über die Strukturmerkmale des Liedes definiert wurde. Jene traditionelle Verbindung zum Lied wird in vielen Lyriktheorien nach wie vor als prävalentes Merkmal der Lyrik angesehen. So präferiert ASMUTH diese ältere Form der Lyrik, die sich auf den Gesang gründet und bis in die Antike zurückreicht, als Basis der Gattung Lyrik und geht dabei so weit, das Lied als den eigentlichen Kern der Lyrik zu bezeichnen.[9] Trotz dieser Rückbesinnung auf den Gesang muss aber auch er eine Fortentwicklung der Lyrik vom Lied feststellen und unterscheidet in der Folge zwischen *„gesungener Lyrik"* und *„literarischer Lyrik"*.[10] Während die gesungene Lyrik dem Gesang verpflichtet bleibt, gründet sich Letztere vornehmlich auf das textuelle Moment und schließt damit moderne Formen der Lyrik (wie z.B. konkrete und visuelle Poesie) ein - ASMUTH spricht deshalb auch von künstlerischer Lyrik. Die literarische Lyrik präsentiert in seiner Lyriktheorie lediglich verschiedene lyrische Stilformen - nicht aber die Gattung Lyrik - und

[8] Die Bezeichnung „lyrische Vorform" wurde lange Zeit bevorzugt für den Bereich der Kinderlyrik verwendet, um diese von der so genannten „Erwachsenenlyrik" abzugrenzen. Inzwischen wird eine solche Kennzeichnung aufgrund ihrer pejorativen Wirkung meist vermieden. (vgl. z.B. bei Bodensohn, A., 1965: Im Spielraum der Lyrik. Kinderreim und Kindergedicht als lyrische Vorformen, Frankfurt a. Main, S. 55 und 101ff, Franz, K., 1979: Kinderlyrik. Struktur, Rezeption, Didaktik, München, S. 10).
[9] Vgl. Asmuth, B. (1979), S. 133ff.
[10] Ebd., S. 135.

reicht folglich für eine Gattungsbestimmung nicht aus. Er beruft sich hierbei auf die goethesche Auffassung von der Lyrik als „Naturform" und befindet die literarische Lyrik als nicht lyrisch, da sie gerade jenen ursprünglichen Bezug zum Lied verloren zu haben scheint und kommt zu dem Schluss:

„In unserem Zusammenhang kommt es eher darauf an, unter der zeitgenössischen Patina des „Lyrischen" wieder den eigentlichen Kern der Gattung Lyrik zu entdecken bzw. mehr ins Bewußtsein zu heben. Eine stärkere Besinnung darauf könnte die allgemeine Scheu abbauen, heute gesungene Lieder Lyrik zu nennen, Lyrik nicht im Sinne der modernen literarischen Lyrik, aber doch Lyrik im Sinne der dritten Gattung." (Asmuth, 1979, S. 137)

Damit erhebt ASMUTH das Lied nicht nur zum zentralen Ausgangspunkt, sondern auch zum einzigen Definitionskriterium seiner Lyriktheorie und verkennt m. E. die schwindende Bedeutung der „Sangbarkeit" oder Liedhaftigkeit genau dieser Art von Lyrik im 20. Jahrhundert. Darüber hinaus offenbart sich in einer solchen am Lied orientierten Lyriktheorie eine doppelte Problematik, die dem Gattungsbegriff Kinderlyrik innewohnt, denn für sie scheint die ursprüngliche Identifikation der Lyrik über das Lied, welche sich trotz erster Auflösungserscheinungen im 17. Jahrhundert noch bis ins 19. und 20. Jahrhundert fortsetzen konnte, auch weiterhin zu gelten. Die abendländische Einheit von Lyrik und Gesang[11] findet sich in ihr in besonderem Maße wieder, da das Liedhafte ein elementarer Wesenszug der Kinderlyrik geblieben ist. Exemplarisch für den Fortbestand dieser Verbindung in der heutigen Zeit sind die zahlreichen Vertonungen moderner kinderlyrischer Texte. Während also einerseits eine Fortentwicklung der Lyrik vom Lied zu konstatieren ist, die im Kontext zunehmender gesellschaftlicher Textualität eine Eigendynamik entwickelt hat, bleibt die Kinderlyrik auch in der Moderne mit der Traditionslinie des Liedes verbunden. Dieses Auseinanderklaffen in der Entwicklung der Lyrik auf der einen und der Kinderlyrik auf der anderen Seite[12] hat somit zur Problemlage der Gattung beitragen. Daraus ist vor allem die Fragestellung hervorgegangen, ob und inwieweit die Kinderlyrik als ein Segment der Lyrik zu betrachten ist.[13] Darüber

[11] Das Wort „Lyrik" leitet sich aus dem griechischen Wort „Lyra" (Leier) her und verweist auf die Verbindung von lyrischer Dichtkunst und Musik in frühen Kulturen (vgl. Burdorf, D., 1997, S. 2 und Metzler Literatur Lexikon, hrsg. von Schweikle, G. und I., 1990, S. 286).

[12] Wobei im Folgenden noch deutlich wird, dass für den Bereich der Kinderlyrik keinesfalls von einer Stagnation gesprochen werden kann. Vielmehr schlagen sich die Auswirkungen der literarischen Moderne auch hier - wenn auch verspätet - nieder, so dass immer mehr Formen der modernen Lyrik in die neuere Kinderlyrik Einzug finden.

[13] Exemplarisch für die Frage nach der Zuordnung der Kinderlyrik zur Lyrik kann dabei die Auseinandersetzung Mottés gelten, in der sie danach fragt, ob die Kinderlyrik als eine eigenständige Gattung oder als eine Untergattung der Lyrik zu verstehen ist. Obwohl sie zu dem Schluss kommt, dass die Kinderlyrik *„Lyrik im vollen Sinne"* (S. 47) und eine *„eigenständige Gattung im weitesten Sinne"* (S. 50) ist, so offenbart sich bereits mit der Fragestellung die Legitimationsproblematik der Gattung Kinderlyrik (Motté, M., 1983: Moderne Kinderlyrik. Begriff - Geschichte - Literarische Kommunikation - Bestandsaufnahme. Frankfurt a. M.).

hinaus hat die anhaltende historisch bedingte Verschmelzung des *Genres* Kinderlied mit der *Gattung* Kinderlyrik zu terminologischen Unstimmigkeiten geführt, so dass eine Trennlinie zwischen den verschiedenen kinderlyrischen Erscheinungsformen bislang eher ein theoretisches Konstrukt geblieben ist. Deshalb ist es, wenn man über Kinderlyrik sprechen will, unabdingbar den Blick auf ihre Entstehungsgeschichte zu richten. Nur so ist es m. E. möglich, den Einfluss des Liedes auf die Kinderlyrik nachzuvollziehen und daraus eine differenzierte Betrachtungsweise zu entwickeln, in der jene Parallelisierung von Kinderlied und Kinderlyrik aufgelöst und der Eigenwert der Kinderlyrik in den Kontext der Lyrik als Gattung gestellt wird.

Die Entstehungsgeschichte der „*Kinderlyrik*" hat LORBE in ihrem gleichnamigen Beitrag im „*Handbuch der Kinder- und Jugendliteratur*" nachgezeichnet.[14] Als eine zunächst vom Volkslied ausgehende Bewegung entwickelt sich danach die Kinderlyrik über das Kinderlied, wobei die Bezeichnung Kinderlied lange Zeit ein Sammelbecken für die verschiedenen als kindertümlich deklarierten Dichtungen geblieben ist. LORBE unterscheidet das Kindervolkslied vom Kinderkunstlied und benennt fünf Entwicklungslinien, aus denen heraus das Kinderlied - sie verwendet die Begriffe Kinderlied und Kinderlyrik synonym - entstanden ist. Bereits die terminologische Unterteilung in Kinder*volks*lied und Kinder*kunst*lied erweist sich dabei als äußerst problematisch, verbindet sich doch mit dem Begriff Volkslied die Vorstellung, es handle sich um Texte des Volkes, die aufgrund ihres Entstehungsortes gegenüber dem literarisch anspruchsvolleren Kunstlied einfacher strukturiert sind. Unberücksichtigt bleiben dabei vor allem die zahlreichen Wechselwirkungen zwischen den eher „volkstümlichen" und eher „literarischen" Texten und die Einflussnahme der literarisch gebildeten und selbst schreibenden Sammler und Sammlerinnen, deren Eingriffe einer eindeutigen Zuordnung einzelner Texte entgegenstehen. Zudem hat die romantische Verklärung des Volksbegriffes durch HERDER seinerzeit zu einem Volksliedbegriff geführt, der sich mehr am Stigma der Volksnähe - im Sinne einer Abbildung der Wirklichkeit - orientiert, als eine literatur- und sprachwissenschaftliche Auseinandersetzung mit den Textstrukturen zu offerieren. Auch LORBE hält an dieser herderschen Tradition der Dichotomisierung von Volkslied und Kunstlied fest, schafft es aber, in ihrer schematischen Darstellung des Entstehungsprozesses der Kinderlyrik die vielschichtigen Einflüsse, denen diese ausgesetzt war und ist, aufzuzeigen.

---

[14] Vgl. Lorbe, R. (1984): Kinderlyrik. In: Haas, G. (Hrsg.): Kinder- und Jugendliteratur. Ein Handbuch, Stuttgart, S. 339-368. Siehe auch Lorbe, R. (1956): Das Kinderlied in Nürnberg. Versuch einer Phänomenologie des Kinderliedes, Nürnberg, S. 123ff.

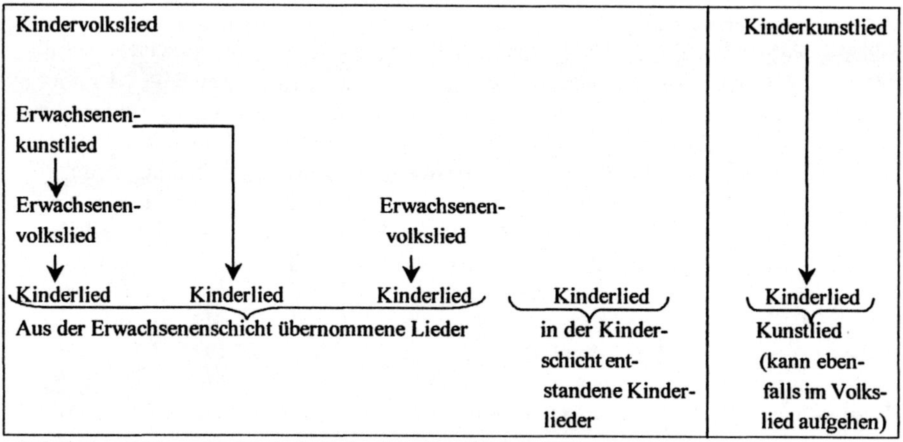

Abb.1: Entwicklung der Kinderlyrik (nach Lorbe, 1984, S. 342)

In LORBES Modell wird in einer ersten Entwicklungslinie ein Teil der Kinderlyrik[15] auf das Erwachsenenkunstlied als direkten oder indirekten Vorläufer zurückgeführt. Am Anfang stehen demzufolge Lieder, die sich an ein erwachsenes Publikum richten und die erst nach und nach in den Kindermund übergehen. Was später zum Gegenstand des kindlichen Sprach- und Spielerlebens wird, war somit über lange Zeit den Erwachsenen vorbehalten. Für das Spiel hat dies ARIÉS in seiner „*Geschichte der Kindheit*“ belegt, in dessen Verlauf „*die Kindheit zum Sammelbecken solcher Gebräuche [wird], die die Erwachsenen aufgegeben haben*“.[16] Eine vergleichbare Entwicklung hat sich vermutlich auch in jenem Bereich der Lyrik vollzogen, der ursprünglich den Erwachsenen vorbehalten war. Hier bedarf es m. E. noch einer eingehenderen Erforschung der Geschichte der Kinderlyrik, die bislang erst in Ansätzen erfolgt ist.[17]

Neben dem Erwachsenenkunstlied ist die Kinderlyrik auch - so LORBE - auf direktem Wege aus dem Erwachsenenvolkslied entstanden. Der Anteil so genannter volkstümlicher Dichtung dürfte dabei besonders hoch sein, da es sich um Texte handelt, die zum Allgemeingut gehörten und mündlich von Generation zu Generation weitergegeben wurden. Dazu sind auch solche Lieder zu zählen,

---

[15] Im Folgenden wird die Bezeichnung Kinderlyrik als Oberbegriff für alle kinderlyrischen Ausdrucksformen verwendet (siehe auch S. 28f in diesem Kapitel).

[16] Ariés, P. (1978): Geschichte der Kindheit. München, S. 137.

[17] Einen Anfang sehe ich in den Arbeiten von Messerli und Vogdt. Während Messerli sich verstärkt den strukturellen und pragmatischen Elementen der Kinderlyrik widmet, stellt Vogdt ihre Ausführungen zur Genese der Kinderlyrik in einen sozialhistorischen- und kritischen Kontext (Messerli, A.,1991: Elemente einer Pragmatik des Kinderliedes und des Kinderreimes, Aarau; Frankfurt a. Main; Salzburg und Vogdt, I.-B., 1998: Wunderhorn und Sprachgitter. Geschichte der intentionalen Kinderlyrik seit dem 18. Jahrhundert, München).

die ursprünglich „Kunstlieder" waren und erst später in den Volksmund übergingen. Folgt man LORBE, so hat das Erwachsenenkunstlied, welches sie als eigentliche Quelle für die heutige Kinderlyrik sieht[18], eine zweifache Metamorphose erfahren, indem es zunächst zum Erwachsenenvolkslied und später zum Kindervolkslied „absank"[19]. Anders verhält es sich mit der Kinderlyrik, die aus sich selbst heraus entstanden ist - als vierter und fünfter Entwicklungsstrang in diesem Modell. Dies betrifft Texte, die eigens für Kinder verfasst wurden - LORBE klassifiziert diese als Kinderkunstlieder - und Texte, die von Kindern erfunden wurden - so genannte Kindervolkslieder[20] -, für die sie einen weitaus geringeren Umfang diagnostiziert als für jene Kinderlyrik mit volkstümlichen Vorläufern. Inzwischen dürfte sich diese Feststellung LORBEs aufgrund des Anstiegs und Wandels an kinderlyrischen Texten im 20. Jahrhundert als nicht mehr haltbar erweisen und es ist notwendig, der Bedeutung des fünften Entwicklungsstranges der Kinderlyrik in der Gegenwart und Zukunft erhöhte Aufmerksamkeit zu schenken.

Neben der komplexen Entstehungsgeschichte der Kinderlyrik ist deren terminologische Unschärfe beinahe zu einem Markenzeichen geworden, unter dem die verschiedenen Autoren und Autorinnen eine Vielzahl von Erscheinungsformen subsumieren. Auch scheint es in der literaturwissenschaftlichen und -didaktischen Auseinandersetzung mit dem Gegenstandsbereich der Kinderlyrik nicht so sehr um eine Klärung dieses Missstandes zu gehen, was m. E. eine enorme Aufwertung dieser Art von Kinderliteratur mit sich zöge, vielmehr wird an der bis dato bestehenden Schwemme von Begriffen festgehalten. Die Verwendung der verschiedenen Bezeichnungen - wie z.B. Kinderlied, Kinderlyrik, Kindergedicht, Kinderreim und Kindervers - für ein- und dieselbe Sache wird mit der Schwierigkeit begründet, die einzelnen Genres klar voneinander differenzieren zu können. Die Folge einer derart unspezifischen Umgangsweise

---

[18] Vgl. Lorbe, R. (1984), S. 343.

[19] Lorbe verwendet in diesem Zusammenhang den Begriff des „*Absinkens*" sowie die Bezeichnungen „*Verflachung*" und „*Aushöhlung*", um die textuellen Veränderungen zu beschreiben, die mit dem Übergang zum Kinderlied bzw. zur Kinderlyrik einhergegangen sind (Lorbe, R., 1956, S. 127 und dies. 1984, S. 343). Dies impliziert m. E. einen pejorativen Blick auf die Kinderlyrik und rückt diese in die Nähe der Trivialliteratur, deren *einfachen* sprachlichen, formalen und inhaltlichen Strukturen nicht nur eine Abgrenzung von der so genannten „Erwachsenenlyrik" evozieren (siehe dazu auch, S. 26ff in diesem Kapitel), sondern sie darüber hinaus innerhalb der Kinder- und Jugendliteratur auf einen der unteren Ränge verweisen.

[20] Hier zeigt sich wieder die Problematik einer Polarisierung von *Kunst*lied und *Volks*lied, da die von Lorbe getroffene Unterscheidung nicht auf einer systematischen Analyse (beispielsweise der Texte) beruht und folglich nicht zu systemlogischen Aussagen führen kann, sondern eine qualitative Einschätzung ist, bei der literarische Qualität lediglich auf die Frage der Verfasserschaft reduziert bleibt. Die Problematik eines solchen Verständnisses der Kinderlyrik als einer „Abart" der Volksdichtung wird in Kapitel 3.1 vor dem Hintergrund der Oral-Poetry-Forschung ausführlicher diskutiert.

sind eine Vielzahl von Vorstellungen, die sich unter dem Begriff Kinderlyrik zusammenfinden. So schreibt beispielsweise FRANZ in seinem 1979 erschienenen Buch *„Kinderlyrik“*, welches den Charakter eines einführenden Werkes hat und neben einem zusammenfassenden Überblick über bis dahin erlangte Forschungsergebnisse auch didaktische Überlegungen zum Umgang mit Kinderlyrik bietet:

„Kinderlyrik ist ein weiter, durchaus nicht allgemein anerkannter und gebräuchlicher Terminus, dem sich bei Berücksichtigung des traditionellen Gattungsbegriffs „Lyrik“ am ehesten eine Fülle recht unterschiedlich determinierter Einzelbezeichnungen wie Kinderreim, Kindergedicht, Kinderlied u.a. subsumieren läßt.“ (Franz, 1979, S. 9)

Danach ist die Kinderlyrik als ein Teilgebiet der Kinderliteratur zu verstehen, welches sämtliche lyrische Textformen - sei es das Kinderlied, den Kinderreim oder das Kindergedicht - in sich vereint. Die Beschreibung der Kinderlyrik als ein Konglomerat aus Einzelphänomenen findet sich auch bei anderen Autoren und Autorinnen wieder. Schlägt man im Lexikon der Kinder- und Jugendliteratur unter dem Stichwort >Kinderlyrik< nach, so steht dort Folgendes geschrieben:

„Kinderlyrik ist die Bezeichnung für diejenige poetische Gattung, die alle für oder von Kindern verfaßten oder von ihnen adaptierten Gedichte umfaßt. Die Begriffe Kinderlied, Kinderreim oder Kindergedicht werden teilweise mit Kinderlyrik synonym gebraucht.“ (Doderer, 1977, S. 197)

LORBE schreibt in dem von HAAS herausgegebenen Handbuch der *„Kinder- und Jugendliteratur“* etwas ausführlicher:

„Die Kinderlyrik läßt sich als Genre nur schwer abgrenzen. Damit steht sie im Gegensatz zu den meisten Gattungen der Jugendliteratur, deren Repräsentanten fast alle bewußt auf Kinder und Jugendliche hin ausgerichtete Produkte von Erwachsenen darstellen. [...] Um Unklarheiten in der Verwendung der Terminologie vorzubeugen, sei hier vermerkt, daß im folgenden die Begriffe >Kinderlied(er)< und >Kinderreim(e)< als Synonyme für >Kinderlyrik< gebraucht werden; das erscheint berechtigt, da die enge Verwandtschaft zwischen Lied, Lyrik und Reim offensichtlich ist.“ (Lorbe, 1984, S. 339)

In dieser von LORBE formulierten Definition ist das Verwandtschaftsverhältnis von Lied, Lyrik und Reim ausschlaggebend für das gleichwertige Nebeneinander der Begriffe Kinderlyrik, Kinderreim und Kinderlied. Sie bezieht sich damit bereits auf die wesentlichen Strukturmerkmale der Kinderlyrik und verwendet diese als Definitionskriterien. Die vielschichtigen und verwobenen sprachlichen und lyrischen Merkmale von Kinderlyrik verhindern dabei anscheinend eine klarere, eindeutigere Terminologie. Den Grund dafür sieht LORBE in der historischen Entwicklung der Kinderlyrik, welche, wenn man sie zurückverfolgt, ein ebenso divergentes Erscheinungsbild erkennen lässt.

„So kommt es, daß sich unter dem Begriff >Kinderlyrik< die heterogensten Gebilde versammeln. [...] Der Hauptgrund für die Uneinheitlichkeit, die die Abgrenzung des Begriffs >Kinderlyrik<

erschwert, ist demnach in dem verzweigten und manchmal verworrenen Stammbaum dieser Gattung zu suchen." (Lorbe, 1984, S. 340)

Hilfreich erscheint da die von FRANZ in seinen jüngeren Veröffentlichungen vorgenommene Differenzierung der Kinderlyrik in eine *„literarische Kinderlyrik"* und eine *„volkstümliche Kinderlyrik"*[21], die er als Unterarten der Gattung Kinderlyrik verstanden wissen möchte. In einem solchen Modell wird die Bezeichnung Kinderlyrik zum Gattungsbegriff, der die Gemeinsamkeiten dieser Literaturform präsentiert und dem die verschiedenen Genres untergeordnet sind. Die Differenzierung in „literarisch" und „volkstümlich" beinhaltet dabei eine vorläufige Zuordnung auf einer theoretischen Ebene, auf der noch nicht die fließenden Übergänge zwischen beiden Erscheinungsformen zum Ausdruck kommen. Folgerichtig schreibt FRANZ, dass es nicht ausreicht, ein solches oppositionelles Begriffspaar zu bilden, sondern es entsprechender Subtermini bedarf, um der Gattung Kinderlyrik gerecht zu werden.[22] Dies versucht wiederum REGER in seinem auf den Lyrikunterricht in der Grundschule ausgerichteten Werk, indem er von *„primären Ausdrucksformen"* der Kinderlyrik spricht und darunter den Kinderreim, das (traditionelle) Kindergedicht, das Kinderlied, das Spiellied und das Sprachspiel zusammenfasst.[23] Auch er geht von einer Kinderlyrik als eigenständiger Gattung aus, der die verschiedenen lyrischen Formen nachgeordnet sind und die nicht mehr als ein Begriffskonglomerat - wie beispielsweise noch bei LORBE - erscheint. Die Überschneidungen der einzelnen Genres der Kinderlyrik - sei es in Bezug auf ihre Strukturmerkmale oder im Rückblick auf ihre Geschichte - haben eine exakte Terminologie bislang verhindert. Trotz der bestehenden Schwierigkeiten halte ich es für erforderlich, auf der Basis gängiger Lyriktheorien[24] theoretische Minimaldifferenzierungen vorzunehmen, um mit eindeutigen Begriffen operieren und dadurch ebensolche Aussagen formulieren zu können. So ist ein Kinderreim strukturell und pragmatisch nicht mit einem Kindergedicht gleichzusetzen; folglich können beide Begriffe nicht synonym gebraucht werden.

---

[21] Franz, K. (1996): Moralgedicht und Sprachscherz. Kinderlyrik im historischen Prozess. In: Franz, K. & Gärtner, H. (Hrsg.): Kinderlyrik zwischen Tradition und Moderne. Hohengehren, S. 8, Franz, K. (2000): Kinderlyrik. In: Lange, G. (Hrsg.): Taschenbuch der Kinder- und Jugendliteratur, Bd. 1. Hohengehren, S. 202 u. 209ff.

[22] Vgl. Franz, K. (1996), S. 8.

[23] Vgl. Reger, H. (1996): Kinderlyrik in der Grundschule. Literaturwissenschaftliche Grundlegung. Schülerorientierte Didaktik. Hohengehren.

[24] Damit sind Lyriktheorien angesprochen, die in der heutigen Lyrikdiskussion eine entscheidende Rolle spielen. Dazu gehören nach wie vor u.a. die Lyriktheorien von Dilthey, Hamburger, Hegel und Staiger, deren Reichweite sich bis ins 21. Jahrhundert erstreckt und auf deren Basis sich erst kritische Lyriktheorien wie z.B. die von Burdorf und Lamping etablieren konnten.

Gretel Pastetel,
was machen die Gäns?
Sie sitzen im Wasser
Und waschen die Schwänz.[25]

Die Katze
So ist die Katze: allzeit rein.
Und wie auf Moos geht sie, so fein.
Da gäbe manche Maus was drum,
hätt' jede Katz' ein Glöcklein um.[26]

Während es sich bei „*Gretel Pastetel*" um einen Kinderreim handelt - er ist dem so genannten Volkstümlichen nahe - ist der Text von GUGGENMOS ein Kindergedicht der literarischen Kinderlyrik. Beide Texte unterscheiden sich historisch, als der erste vornehmlich mündlich tradiert und der zweite von einem heute bekannten Schriftsteller für Kinder (schriftlich) verfasst wurde. Auf der Strukturebene lassen sich ebenfalls Unterschiede ausmachen, wie z.B. die komplexere sprachliche Gestaltung und die Verwendung von Metaphern im Kindergedicht. Auffällig ist hier der syntaktische Aufbau, welcher im traditionellen Kinderreim einfacher und näher an der Alltagssprache ausgerichtet ist als im Kindergedicht. Im Bereich der Syntax gilt für den Kinderreim eher eine parataktische Ordnung, die im Kindergedicht in zunehmendem Maße in eine hypotaktische übergeht. Deutlich wird an den gewählten Beispielen aber auch die große Nähe von Kinderreim und Kindergedicht, denn die genannten Strukturmerkmale lassen sich nicht in jedem Fall so eindeutig bestimmen und voneinander abgrenzen, was eine systhematische Differenzierung beider Genres erschwert. Zusammenfassend lässt sich jedoch festhalten, dass der Kinderreim semantisch, syntaktisch und pragmatisch einfacher strukturiert ist als das Kindergedicht.

Die Unterscheidung von Kinderreim und Kinderlied gestaltet sich weitaus schwieriger, da beide eher der volkstümlichen Kinderlyrik angehören und sich durch einen melodischen Charakter auszeichnen. Während Kinderreime zumeist in einer Art Sprechgesang gesprochen werden, und dadurch liedhafte Züge erhalten, sind im Gegensatz dazu viele Kinderlieder gereimt. Einige von ihnen sind zudem entstehungsgeschichtlich zunächst Kinderreime, die erst im Nachhinein vertont werden und dadurch in den Besitz der Kinderlieder übergehen. REGER kommt deshalb zu dem Schluss, dass das Kinderlied kein eigenständiges literarisches Genre darstellt.[27] Diese Entscheidung ist m. E. übereilt, denn das Kinderlied lässt sich trotz der genannten Überschneidungen vom Kinderreim sowie von den übrigen lyrischen Erscheinungsformen unterscheiden. Anstelle einer Amalgamierung von Kinderreim und Kinderlied zu einer Gruppe innerhalb der Kinderlyrik halte ich es für ergiebiger, den melodiösen Aspekt als *ein* Merkmal der Kinderlyrik herausstellen und somit das Phänomen der Liedhaftigkeit von dem Genre Kinderlied zu separieren. Das Liedhafte kann folglich auf sämtliche

[25] Enzensberger, H.-M. (1961): Allerleirauh. Viele schöne Kinderreime. Frankfurt a. Main, S. 182.
[26] Guggenmos, J. (1971): Was denkt die Maus am Donnerstag? München, S. 64.
[27] Vgl. Reger, H. (1996), S. 4.

Arten der Kinderlyrik zutreffen, ohne dass diese sogleich als Kinderlieder zu klassifizieren sind.[28]

Die Bezeichnung Kinderlyrik wird in der Literatur allzu oft von einer so genannten „Erwachsenenlyrik“ - und sei es auch nur sprachlich - abgegrenzt.[29] Dafür mag es zweierlei Gründe geben; zum einen beinhaltet eine solche Gegenüberstellung eine komparative Perspektive hinsichtlich der Themen, Motive, Formen und Intentionen und zum anderen bewirkt nunmehr die bereits angesprochene traditionelle Verbundenheit der Kinderlyrik mit dem Lied die Ausgrenzung derselben aus dem Gesamtbereich der Lyrik. Danach werden „Erwachsenenlyrik“ und Kinderlyrik nicht als gleichwertige Kategorien ein- und derselben Gattung betrachtet, sondern es wird unterschieden zwischen einer Lyrik für Erwachsene und einer Lyrik für Kinder, ohne dass der Verlauf einer solch präsumierten Trennlinie definiert werden kann. Als problematisch erweist sich diese strikte Trennung beispielsweise bei solchen Gedichten, die ursprünglich für eine erwachsene Leser- und Hörerschaft verfasst wurden und die nunmehr auch zum Repertoire der Kinderlyrik gehören, wie das Gedicht „*Gefunden*“ von GOETHE (Seite 27).

GOETHE selbst hätte sich wohl kaum als Kinderlyriker bezeichnet, dennoch findet man dieses und andere Gedichte von ihm in bekannten Kinderlyrik-Anthologien.[30] Ebenso verhält es sich beispielsweise mit Gedichten von CLAUDIUS, BRECHT, HEINE, JANDL und SCHILLER - allesamt Dichter, die nicht explizit für ein kindliches Publikum schrieben, von denen einzelne Gedichte aber aus dem Bestand der Kinderlyrik heute nicht mehr wegzudenken sind.[31] Interessant sind in diesem Zusammenhang auch die in jüngster Zeit erschienenen Kinderbücher „*Antipoden*“, „*immer höher*“ „*fünfter sein*“ und „*ottos mops*“ des Künstlers JUNGE, der darin die gleichnamigen JANDL-Gedichte abbildet und bildnerisch

---

[28] Eine obligatorische Bindung der Lyrik an das Lied unter dem Aspekt der „Sangbarkeit“ schließt auch Lamping aus und schlussfolgert: „*Allem Anschein nach muß weder die Lyrik liedhaft noch das Lied lyrisch sein*“ (Lamping, D., 1989, S. 78).

[29] Vgl. u.a. Bodensohn, A. (1965), S. 103, Franz, K. (2000), S. 207, Motté, M. (1983), S. 44ff, Reger, H. (1996), S. 33.

[30] Zum Beispiel bei: Kliewer, H.-J. (Hrsg.) (1989): Die Wundertüte. Alte und neue Gedichte für Kinder. Stuttgart, S. 31, Krüss, J. (1990): So viele Tage wie das Jahr hat. 365 Gedichte für Kinder und Kenner. 3. Aufl., München, S. 247.

[31] Man denke hier z.B. an das „*Abendlied*“ von Claudius, welches durch fortwährende Rezeption zum Kindergedicht bzw. Kinderlied geworden ist, obwohl seine sprachliche und strukturelle Gestaltung dies, folgt man denen, die die Kinderlyrik als einfach strukturiert bezeichnen, nicht nahe legt.

umsetzt.[32] Auch hier begegnet uns eine Grenzüberschreitung zwischen der so genannten „Erwachsenenlyrik“ und der Kinderlyrik, die JUNGE in seinen Büchern in spielerischer Weise begeht. Das Hineinholen eines der bedeutendsten Lyrikers unserer Zeit in das Spektrum der Kinderlyrik impliziert m. E. die Frage nach den Möglichkeiten der Kinderlyrik und gewichtet die Diskussion um die Inhalte und Formen einer „Erwachsenenlyrik“ als Gegenpol zu einer Kinderlyrik neu. Während JUNGE Gedichte der „Erwachsenenlyrik“ in die Welt der Kinderlyrik hineinholt, geht der Schriftsteller und Zeichner GERNHARDT[33] wiederum den umgekehrten Weg und öffnet die „Erwachsenenlyrik“ für „typische“ kinderlyrische Elemente.[34] Er wendet sich dabei nicht explizit an eine bestimmte Hörer- und Leserschaft, sondern lässt vielmehr einen Freiraum, der es Erwachsenen und Kindern gleichermaßen ermöglicht, seine Texte zu rezipieren.

Gefunden
Ich ging im Walde
So für mich hin,
Und nichts zu suchen,
Das war mein Sinn.

Im Schatten sah ich
Ein Blümlein stehn,
Wie Sterne leuchtend,
Wie Äuglein schön.

Ich wollt es brechen,
Da sagt es fein:
Soll ich zum Welken
gebrochen sein?

Ich grubs mit allen
Den Würzlein aus,
Zum Garten trug ich's
Am hübschen Haus.

Und pflanzt es wieder
Am stillen Ort;
Nun zweigt es immer
Und blüht so fort.[35]

---

[32] Junge, N. & Jandl, E. (1996): immer höher. Weinheim; Basel, dies. (1999): Antipoden. Weinheim; Basel, dies. (2000): fünfter sein. Weinheim; Basel, dies. (2001): ottos mops. Weinheim; Basel.

[33] Vgl. z.B. Gernhardt, R. (2000): Wörtersee. Gedichte. 6. Aufl., (1981) Frankfurt a. M.

[34] Es handelt sich dabei um Elemente, die in der Literatur als „typisch“ für die Kinderlyrik deklariert werden, wie z.B. die Wiederholung und den Reim (siehe dazu auch Kap.1.3 in Teil I).

[35] Conrady, K. O. (Hrsg.) (1993): Das große deutsche Gedichtbuch. Von 1500 bis zur Gegenwart, 2. revid. Aufl., München (1991), S. 161.

Mit der Unterscheidung zwischen einer „Erwachsenenlyrik" und einer Kinderlyrik wird immer auch ein qualitatives Urteil gefällt, meist zu Ungunsten der Kinderlyrik. Wohl auch deshalb lehnt VOGDT den Begriff Kinderlyrik mit der Begründung, dass dieser den Gegenbegriff „Erwachsenenlyrik" heraufbeschwöre, ab und verwendet stattdessen die etwas umständliche Bezeichnung *„Lyrik für Kinder"*. Im Hinblick auf den Kunstcharakter der Kinderlyrik plädiert sie für die Sprengung der didaktischen Ketten, die sich von Anbeginn um die Kinderlyrik gelegt und eine ästhetische Auseinandersetzung verhindert haben. Die historische Betrachtungsweise, die sie als verantwortlich für das Festhalten an dem Begriff Kinderlyrik wähnt und die immer auch eine bestimmte Vorstellung von Kindheit involviert, hält sie im Zeitalter der Moderne für unzureichend, da das Kindsein im Laufe der Jahrhunderte grundlegenden Veränderungen unterworfen ist. Am Beispiel der Anthologie *„Im Mondlicht wächst das Gras"* - einer Gedichtsammlung für Kinder und Erwachsene von Ute ANDRESEN, die zahlreiche Gedichte der so genannten „Erwachsenenlyrik" enthält - versucht VOGDT deutlich zu machen, dass die mit dem Begriff Kinderlyrik intendierten Vorstellungen hier an ihre Grenzen stoßen.[36] Ersatzweise schlägt sie nun die Termini *„Lyrik für Kinder"* oder *„intentionale Kinderlyrik"* vor, die dann die Gesamtheit der von Kindern rezipierten lyrischen Texte umfassen sollen.[37] Die Problematik einer begrifflichen Fassung von dem, was Kinderlyrik ausmacht, wird dadurch m. E. jedoch nicht aufgelöst. Ganz im Gegenteil, die Bezeichnung *„Lyrik für Kinder"* halte ich insofern für irreführend, als damit der Eindruck entstehen kann, es handle sich um solche Texte, die ausschließlich für Kinder verfasst werden. Zudem dürfte eine solche Formulierung es schon aus konventionellen Gründen schwer haben, sich durchzusetzen. Der Begriff *„intentionale Kinderlyrik"* - ebenfalls von VOGDT vorgeschlagen - erscheint da auf den ersten Blick eher angebracht, wird jedoch im Verlauf ihrer Arbeit m. E. nicht ausreichend eingeführt und diskutiert und bleibt dadurch eine Worthülse.[38] Es bleibt der Begriff Kinderlyrik und es ist zu überlegen, wie es diesen „neu" zu besetzen gilt, ohne in althergebrachte pädagogisch und historisch intendierte Verfahrensweisen zurückzufallen. Dabei ist es m. E. nicht zwingend notwendig, den Begriff selbst zu ersetzen, vielmehr muss es darum gehen, ihn terminologisch klarer zu erfassen und von anderen lyrischen Formen abzugrenzen, ohne ihn einer so genannten „Erwachsenenlyrik" kontrastiv gegenüberzustellen.

Die bisherigen Ausführungen haben gezeigt, dass die Gattung Kinderlyrik sämtliche Formen gebundener lyrischer Sprache umfasst, die von Kindern rezi-

---

[36] Vgl. Vogdt, I.-B. (1998), S.4f und 9f.
[37] Ebd., S. 8f.
[38] Vogdt adaptiert hier den von Ewers und Brüggemann entwickelten und inzwischen geläufigen Begriff der *intentionenalen Kinderlyrik* (vgl. Brüggemann T. & Ewers, H.-H. (1982): Handbuch der Kinder- und Jugendliteratur (1750-1800).

piert werden.[39] Dies sind für den Bereich der traditionellen Kinderlyrik überwiegend Texte, die spezifische Strukturmerkmale wie Reim, Rhythmus, Klang und Wiederholung aufweisen. Zu den genannten textuellen Merkmalen ist das Liedhafte als ein weiterer Aspekt der traditionellen Kinderlyrik hinzuzufügen. Darüber hinaus werden im Kontext der modernen Lyrik solche Texte, die mit den traditionellen sprachlichen und formalen Strukturen brechen, auch von Verfassern und Verfasserinnen von Kinderlyrik immer häufiger umgesetzt.[40] Kinderreim, Kinderlied und Kindergedicht sind nach dieser Auffassung verschiedene Genres der Kinderlyrik und dieser untergeordnet. Sie unterscheiden sich strukturell voneinander durch das Vorhandensein und die Beschaffenheit ihrer sprachlich-formalen Elemente. Die hier gewählte Unterteilung der Termini soll jedoch nicht über die Problematik hinwegtäuschen, die dem Gattungsbegriff Kinderlyrik nach wie vor inhärent ist. Insbesondere die zahlreichen Schnittmengen zwischen Kinderreim, Kindergedicht und Kinderlied erschweren die Zuordnung einzelner Texte zu einem der Genres immer wieder aufs Neue, so dass die hier vorgeschlagene Definition lediglich den Versuch darstellt, über eine möglichst eindeutige Verwendung gattungsspezifischer Begrifflichkeiten zu einer Auseinandersetzung mit den strukturellen und sprachlichen Determinanten von Kinderlyrik zu gelangen und deren Bedeutung für die kindliche Sprachentwicklung zu verorten.

1.1 Anfänge der Kinderlyrik: Die Kinderliedsammlungen von Achim von Arnim und Clemens Brentano, Karl Simrock und Franz Magnus Böhme

Ausschlaggebend für eine sammlerische und später auch wissenschaftliche Beschäftigung mit Kinderlyrik in Deutschland war die Veröffentlichung der Liedersammlung „*Des Knaben Wunderhorn*“ von ARNIM und BRENTANO in den Jahren 1806 und 1808, die in ihrem Anhang des dritten Bandes erstmals 139 Kinderlieder versammelte. Ihr voraus ging 1778/79 die von HERDER redigierte Sammlung „*Volkslieder*“[41], welche ausschließlich volkstümliche - oder als solche

---

[39] Dass dabei Texte der so genannten „Erwachsenenlyrik“ auch von Kindern rezipiert werden können, beweist Ute Andresen sehr eindrucksvoll in ihrem Buch „*Versteh mich nicht so schnell. Gedichte lesen mit Kindern*“. Einen weiteren Beitrag zu dieser Theorie liefert Lena Anderson mit ihrer Gedichtsammlung „*Pflaumen für alle Kinder*“ (Andresen, U., 1992: Versteh mich nicht so schnell. Gedichte lesen mit Kindern. Weinheim; Berlin und Anderson, L., 1993: Pflaumen für alle Kinder. München).

[40] Lamping datiert das Jahr 1857, in dem das Buch „*Les Fleurs du Mal*“ von Baudelaires erscheint, als Beginn der modernen Lyrik (Lamping, D., 1991: Moderne Lyrik. Eine Einführung. Göttingen, S. 8). In dieser Zeit ist die Kinderlyrik noch gänzlich der traditionellen Linie verbunden; erst wesentlich später halten u.a. mit Guggenmos, Spohn, Vahle und Wittkamp innovative Formen auch in die Kinderlyrik Einzug.

[41] Der Titel wurde 1807 nach einer Formulierung Herders in „*Stimmen der Völker in Liedern*“ geändert, um den Bekanntheitsgrad und damit verbunden die Verkaufszahlen zu forcieren (vgl. Nachwort zu Herders „Volkslieder“, von Heinz Rölleke, S. 484). Durchgesetzt hat sich dann

deklarierte - Lieder, die sich an eine erwachsene Leserschaft richteten, enthielt. Die von HERDER geprägten Begriffe Volkslied und Volkspoesie sind dabei noch nicht als eigenständige Gattung der übrigen Literatur entgegengesetzt, sondern sollen das Denken und Fühlen des jeweiligen Volkes widerspiegeln und sich dementsprechend durch eine Nähe zur Wirklichkeit auszeichnen.[42] Es ging HERDER also weniger um die Etablierung des Volksliedes als ästhetischer Ausdrucksform, sondern vielmehr um die Darstellung volkstümlicher Gesinnung mit ethnologischer Ausrichtung.[43] Als Anzeichen für diese von HERDER intendierte Volkstümlichkeit galten die Elemente *„Sprunghaftigkeit“* und die damit einhergehende *„unreflektierte Sinnhaftigkeit“* der rhythmischen Texte.[44] Es handelt sich hierbei um Merkmale, die heute vor allem der Kinderlyrik zugeschrieben werden. Der Anspruch der Volkstümlichkeit wird auch im *Wunderhorn* beibehalten, womit ARNIM und BRENTANO, wie zuvor HERDER, der Sprache des Volkes den Vorzug vor einer literar-ästhetischen Sprache gaben. Vor diesem Hintergrund sind auch die zahlreichen Vermerke auf die mündliche Überlieferung einzelner Texte in beiden Sammlungen und die häufig gewahrte Anonymität in Bezug auf die Verfasserschaft, die das „Volk als Autor“ erscheinen lassen soll, zu erklären.[45] BRENTANO, der die Kinderliedsammlung im *Wunderhorn* allein redigierte, hatte dabei kein wissenschaftliches Ziel vor Augen; ihm ging es vor allem um das

---

letztlich doch der von Herder ursprünglich gewählte Titel *„Volkslieder“*, wahrscheinlich aufgrund der kürzeren und prägnanteren Formulierung.

[42] Vgl. ebd., S. 490f.

[43] Die zunächst von Herder geplante ethnologische Gruppierung der Lieder erwies sich als zu umfangreich und konnte letztlich nicht realisiert werden. Dennoch enthält die Sammlung Lieder aus verschiedenen Sprachräumen, die von Herder ins Deutsche übersetzt wurden (vgl. ebd., S. 475ff).

[44] Vgl. ebd., S. 466f.

[45] Das Signum der Mündlichkeit muss hier äußerst kritisch betrachtet werden, da Herder sowie Arnim und Brentano immer wieder korrigierend in die Texte eingriffen und teilweise ganze Passagen veränderten. Allen dreien war der Vorsatz gemein, mündlich überlieferte Texte aus dem Volksmund zusammentragen zu wollen. Diesem Anspruch wurde letztlich jedoch keiner von ihnen gerecht. Bei Herder enthält der gesamte zweite Teil seiner Sammlung keine mündliche Überlieferung eines deutsches Volksliedes (vgl. ebd., S. 495). Auch Arnim und Brentano nahmen es mit der Mündlichkeit nicht allzu genau, wenn sie ihnen zugesandte Lieder umdichteten. Zudem gehen zahlreiche Beiträge im *Wunderhorn* auf Carl Nehrlich, die Brüder Jacob und Wilhelm Grimm, Bettina Brentano, Auguste von Pattburg und Albert Grimm zurück, die zu diesem Zeitpunkt bereits selbst schriftstellerisch oder wissenschaftlich tätig waren (vgl. Nachwort zu „Des Knaben Wunderhorn“, von Heinz Rölleke, S. 576ff). Das Merkmal der Mündlichkeit kann deshalb insofern nur eingeschränkt verwendet werden, als es auf die ursprünglichen Fassungen der Lieder rekurriert, welche den Herausgebern und verschiedenen Beiträgern und Beiträgerinnen vorgetragen wurden. So ließen sich beispielsweise die Brüder Grimm zwar einige der Lieder vorsingen und griffen vermehrt auf „Fliegende Blätter“ zurück, es muss jedoch auch hier davon ausgegangen werden, dass sie „korrigierend“ in die Liedtexte eingriffen, bevor sie diese an Arnim und Brentano weiterreichten.

Zur Problematik der Verflechtung von Volksdichtung und Mündlichkeit siehe auch Röhrich, L. (1989): Volkspoesie ohne Volk. Wie ‚mündlich’ sind die so genannten ‚Volkserzählungen’? In: Röhrich, L. & Lindig, E. (Hrsg.): Volksdichtung zwischen Mündlichkeit und Schriftlichkeit. Tübingen, S. 49-65 und Zumthor, P. (1990): Einführung in die mündliche Dichtung. Berlin, S. 22f.

Bewahren des alten Liedgutes. Eine Intention, die für das gesamte *Wunderhorn* gilt und die auch als Erklärung dafür dienen kann, dass es sich nur bei einem kleinen Anteil der Kinderlieder tatsächlich um welche traditioneller Art handelt. Nachträglich hinzugefügt wurden vor allem „zersungene"[46] Volkslieder und Gedichte, die in den ersten Teilen des *Wunderhorns* keinen Platz mehr fanden.[47] Auch hier griff der Sammler redigierend und kaschierend in die Texte ein, indem er sie beispielsweise von zotigen Anspielungen „befreite", wie es RÖLLEKE an den Kinderliedern „*Erschreckliche Geschichte vom Hünchen und vom Hänchen*" (KL23a), „*Zu Bett*" (KL68a) und „*Hast du auch was gelernt?*" (KL79a) in seinem Nachwort zum Wunderhorn belegt.[48] Trotz dieser Änderungen zugunsten einer „kindgerechten" Sprache ist BRENTANO mit der Herausgabe der Kinderlieder keine pädagogische Absicht zu unterstellen, vielmehr scheint es sich dabei um ein weiteres Produkt seiner sammlerischen und schriftstellerischen Leidenschaft zu handeln. Dennoch sind es gerade die Textänderungen und -überarbeitungen von ARNIM und BRENTANO, die nach RÖLLEKE den besonderen Charakter des *Wunderhorns* ausmachen und für dessen Erfolg verantwortlich sind.[49]

Während HERDERS „*Volkslieder*" ARNIM und BRENTANO als Vorbild für ihre fast 30 Jahre später erscheinende Liedersammlung diente - sie übernahmen insgesamt 13 Lieder aus der herderschen Sammlung - bildeten die Kinderlieder im Anhang zum *Wunderhorn* wiederum den Ausgangspunkt für nachfolgende Sammlungen, die sich ausschließlich der Gattung Kinderlyrik widmen. 1848 veröffentlicht SIMROCK „*Das deutsche Kinderbuch*", mit dessen Untertitel „*Altherkömmliche Reime, Erzählungen, Übungen, Rätsel und Scherze für Kinder*" das ganze Spektrum der Kinderlyrik angekündigt wird.[50] Es besteht aus einer

---

[46] Der Begriff des „Zersingens" stammt aus der Volksliedforschung und bezeichnet dort den Prozess der individuellen und gesellschaftlichen Umformung traditionellen Liedgutes (vgl. Holzapfel, O., 1996: Lexikon folkloristischer Begriffe und Theorien (Volksliedforschung), Frankfurt a. M., S. 370). Im Rahmen der Erforschung der Kinderlyrik wurde er für die Beschreibung des Übergangs vom Volkslied zum Kinderlied adaptiert (vgl. u.a. Franz, K., 1979, S. 34f und Lorbe, R., 1984, S. 342). Dabei verbindet sich mit der Bezeichnung des „Zersingens" bis heute die Vorstellung von einem „Herabsinken" der Texte aus der Welt der Erwachsenen in die Welt der Kinder. Eine solche Betrachtung, nach der die Kinderlyrik im Sinne Hans Naumanns als „*gesunkenes Kulturgut*" (zit. nach Franz, K., 1979, S. 35) deklassiert wird, beinhaltet immer eine pejorative Perspektive und verhindert dadurch eine der Kinderlyrik angemessene Erforschung des Gegenstandsbereiches.

[47] Vgl. Vogdt, I.-B. (1998), S. 86f.

[48] Vgl. Nachwort zu „Des Knaben Wunderhorn", von Heinz Rölleke, S. 569f.

[49] Vgl. ebd., S. 568f und 571ff.

[50] Die Nennung einer Auswahl bekannter Kinderliedsammlungen aus dem späten 18. und frühen 19. Jahrhundert soll hier als roter Faden dienen, um die prädominanten Entwicklungslinien der Gattung Kinderlyrik zu skizzieren. Das heißt jedoch nicht, dass es im Vorfeld und nach Erscheinen des *Wunderhorns* nicht auch Sammlungen gab, die im Volk verbreitet waren und die eine wissenschaftliche Auseinandersetzung mit der Kinderlyrik nachhaltig vorantrieben. Genannt seien hier stellvertretend der „*Almanach*" von Friedrich Nicolai (1777/78), der als Gegenentwurf zu Herders „*Volkslieder*" gedacht war und dessen Verkaufszahlen bei weitem überstieg und das

Vielzahl an Reimen, Versen, Liedern und Rätseln und ist damit eine in ihrer Zeit umfassendste Sammlungen deutscher Kinderlyrik.[51] Bereits im Titel und Untertitel deutet sich an, dass es SIMROCK dabei nicht nur um das Kinderlied ging, sondern um das Zusammentragen von all jenen kindertümlichen Spielen mit Sprache, welche das Kind in seinem Alltag begleiten. „*Das deutsche Kinderbuch*" ist damit im Zeitalter des Kindes vor allem ein Buch für Kinder, dass sich an deren sprachlicher und ontogenetischer Auseinandersetzung mit der Umwelt orientiert. Gleichzeitig offenbart SIMROCK mit der Sammlung seinen wissenschaftlichen Anspruch, indem er erstmals verschiedene Dialekte nebeneinander abbildet und den Versuch unternimmt, ein Ordnungssystem zu erstellen, das die Kindertexte in 16 thematische Gruppen unterteilt. Beginnend mit den Ammenscherzen und Koseliedchen, die dem Kleinkind vorgetragen werden, orientiert er sich dabei an der geistigen und körperlichen Entwicklung des Kindes.[52] Ein weiteres Ordnungsmoment ist die jeweilige Gebrauchssituation, in der die Reime realisiert werden; sie bestimmt neben den Inhalten auch die formale Gestaltung. Während z.B. bei den Schaukel- und Kniereiterversen die rhythmisch-klangliche Dimension dominiert, begleitet die gesprochene und gesungene Sprache der Koseliedchen und Scherzreime alltägliche Verrichtungen von Mutter und Kind wie z.B. das Waschen oder Anziehen, so dass hier der melodiöse und semantische

---

„*Mildheimische Liederbuch*" von Rudolf Zacharias Becker (1815). Darüber hinaus gab es zahlreiche Sammlungen, die sich der regionalen und mundartlichen Kinderlyrik verpflichtet sahen, wie z.B. „*Kinder- und Ammenreime in plattdeutscher Mundart*" von Heinrich Schmidt (1836) oder „*Uckermärkische Kinderreime*" von M. Gerhardt und Robert Petsch (1899) (vgl. auch Franz, K., 1979 und Wedel-Wolff, A., 1982: Geschichte der Sammlung und Erforschung des deutschsprachigen Volkskinderliedes und Volkskinderreimes im 19. Jahrhundert, Göppingen).

[51] Neben seiner eigenen poetischen Betätigung trat Simrock vor allem als volkskundlicher und germanistischer Forscher hervor, dessen Hauptwerk im Sammeln und Übertragen älterer deutscher Dichtung zu sehen ist. Vor allem die Übertragung des Nibelungenliedes (1827) brachte ihm die nötige wissenschaftliche Reputation. Bekannt wurde er aber auch als Herausgeber der „*Deutschen Volksbücher*", in denen er bereits seit 1839 seine volkskundlichen Neigungen mit wissenschaftlichen Bemühungen verband. Diese Verschmelzung beider Interessen zeigt sich auch in seinen Vorlesungen und Übungen, die Simrock als erster Lehrstuhlinhaber für deutsche Sprache und Literatur an der Universität Bonn bis zu seinem Tod im Jahr 1876 gehalten hat. Seine Vorliebe für volkstümliche Lieder und Dichtungen dehnte er auch auf das Kinderlied aus. „*Das deutsche Kinderbuch*" wurde schnell zur Grundlage der Erforschung des Kindervolksliedes und diente nachfolgenden Anthologien als Vorlage (siehe hierzu Moser, H., 1976: Karl Simrock. Universitätslehrer und Poet, Germanist und Erneuerer von „Volkspoesie und älterer „Nationalliteratur", Berlin und Pinkwart, D., 1979: Karl Simrock (1802-1876) Bonner Bürger, Dichter und Professor, Bonn).

[52] Simrocks Gliederung gestaltet sich wie folgt: I. Ammenscherze, II. Koseliedchen, III. Schoß- und Knieliedchen, IV. Buchstabierscherze, V. Wiegenlieder, VI. Kindergebete, VII. Kinderpredigten, VIII. Allerlei Lieder und Reime, IX. Verkehr mit der Natur, X. Nachahmungen, XI. Spiele (mit der Unterteilung: 1. Beim Abzählen, 2. Reime beim Spielen und 3. Beim Pfänderlösen), XII. Jahreslieder, XIII. Neckmärchen und Gedächtnisübungen, XIV. Sprechübungen, XV. Deutsch oder Welsch?, XVI. Rätsel (Simrock, K., (1848): Das deutsche Kinderbuch, Frankfurt a. Main).

Aspekt überwiegt. Immer sind die Reime und Lieder an Handlungen gebunden, eine Ausnahme bilden die in Prosa dargebotenen Neckmärchen, Gedächtnisübungen und Rätsel, denen innerhalb dieser Sammlung lyrischer Kindertexte eine gesonderte Position zukommt. SIMROCK hat mit der Aufnahme dieser Texte, in denen vorwiegend sprachspielerische und onomatopoetische Elemente umgesetzt werden, versucht, die Gesamtheit kindlicher Sprachäußerungen zu erfassen.

Ein weiteres grundlegendes Werk des nun ausgehenden 19. Jahrhunderts ist die von BÖHME 1897 herausgegebene Sammlung *„Deutsches Kinderlied und Kinderspiel“*.[53] Auch BÖHME orientiert sich, wie bereits seine Vorgänger, an der mündlichen Überlieferung der Kinderlieder und grenzt diese von der Kunstdichtung ab, deren Aufgabenbereich er in der *„Unterhaltung, Belehrung und Mahnung“* sieht.[54] Die Kunstdichtung beinhaltet danach die von bekannten Dichtern verfassten Kindertexte und ist dem Moment der Schriftlichkeit - sei es in ihrem sprachlich-stilistischen oder auch lexikalischen Gehalt - wesentlich näher als die im Volk generierten Kinderlieder und -reime. Den aus der Kunstdichtung stammenden Reimen und Liedern für Kinder ist nach dieser Auffassung das Merkmal der „Künstlichkeit“ als Antipode zur „Natürlichkeit“ der Volksdichtung inhärent; eine Sichtweise, die sich an das Gedankengut des Sturm-und-Drangs und der Romantik anlehnt und damit wiederum dem Einfluss der herderschen Dichtung unterliegt. Als primäre Quelle von Kinderlied und Kinderreim sieht deshalb auch BÖHME die Volkslieder der Erwachsenen, welche durch den Prozess des „Zersingens“ in den Bestand der kindlichen Sprache übergehen. Daneben gilt der Kindermund als zweiter Ursprungsort für die Entstehung und Tradierung von Kinderliedern und -reimen.

Wie bereits sein Vorgänger hat auch BÖHME versucht, die verschiedenen Reime, Lieder und Spiele einer Systematisierung zu unterwerfen, die bei genauerer Betrachtung eben jenes simrocksche Vorbild erkennen lässt. Vergleicht man beide Ordnungssysteme miteinander, wird jedoch deutlich, dass BÖHME die von SIMROCK erstellte Gliederung zugunsten einer differenzierteren Betrachtungsweise modifiziert hat. So unterscheidet er die beiden Hauptgruppen Kinderlied und Kinderspiel, denen er dann die spezifischen Subgruppen - beim Kinderlied sind dies insgesamt 15 und beim Kinderspiel zehn - zuordnet. Dahinter verbirgt sich auch der wissenschaftliche Anspruch des Herausgebers, Begrifflichkeiten zu

---

[53] Böhmes Arbeit zum Kinderlied und Kinderspiel gründet sich vor allem auf Materialien Erks, die dieser im Rahmen der Volksliedforschung zusammengetragen hat. Aus dem Nachlass des Berliner Pädagogen und Sammlers entstand 1856 unter seiner Hand der dreibändige *„Deutsche Liederhort“*, der auch als „Erk-Böhme“ bezeichnet wird. Trotz der darin enthaltenen Flüchtigkeiten und Fehler, für die Böhme verantwortlich ist, gilt der Liederhort als die grundlegende Edition für die Zeit um und nach 1900 und zum Anlass für die Gründung des Deutschen Volksliedarchivs wurde (vgl. Holzapfel, O., 1996, S. 69 und 102f).

[54] Böhme, F. M. (1897): Deutsches Kinderlied und Kinderspiel. Leipzig, S. V.

finden, die den einzelnen Textformen gerecht werden. BÖHME ist sich dabei der terminologischen Unschärfe, die auch er nicht aufzulösen vermag, bewusst, wenn er schreibt:

„Der vielfach durcheinander geworfene Inhalt sowie die lose Form der Kinderdichtungen machen eine Eintheilung derselben unmöglich. Recht hübsch wäre es von Kinder-Lyrik zu reden, wozu Wiegenlieder, Kindergebete und Ringelreihen gehören, daneben von epischen Kinderdichtungen, wozu die Auszählreime mit ihren spaßigen Geschichten (Kinderballaden) zählen, dann mit den dramatisch gehaltenen Kinderspielen zu schließen. Aber wer will diese Klassifikation wagen, da viele Reime in mehrere Fächer passen?“ (Böhme, 1897, S. VIII)

BÖHME setzt mit seiner Differenzierung von Kunstdichtung und Volksdichtung eine Diskussion fort, in die HERDER mit seinen „*Volkslieder[n]*“ eingeführt hat - auf die Spitze getrieben durch seine Auseinandersetzung mit Friedrich Nicolai - und die auch heute noch Gegenstand der Literaturwissenschaft ist. Dabei gestaltet sich die bis dato ausgefochtene Diskussion um die Gattung Kinderlyrik als sehr kontrovers, da sich vor allem pädagogisch-didaktische und literaturwissenschaftliche Überlegungen konträr gegenüberzustehen scheinen. Diese Problematik sieht auch VOGDT, die in ihrer Arbeit zur Geschichte der intentionalen Kinderlyrik immer wieder den pädagogischen Blick auf die Kinderlyrik reklamiert, der diese wie ein roter Faden durchläuft und eine literaturwissenschaftliche Auseinandersetzung erschwert.[55] Parallel zur Entstehungsgeschichte der Kinderlyrik zeichnet sie deshalb die sozial-historische Entwicklung der Kindheit nach, um die Einflüsse der Pädagogik auf die Kinderlyrik abzubilden. Ihre Zusammenschau von Kinderlyrik und dem damit verbundenen Kindheitsbild mündet schließlich in folgendem Resümee:

„Die verschiedenen Urteile haben alle eins gemeinsam: sie haben eine mehr oder weniger klare Vorstellung davon, was ein gutes Kindergedicht sei - dies bedeutet insbesondere, was „kindgemäß“ sei. Das heißt aber auch, daß diesen Vorstellungen immer ein Bild von Kindheit zugrunde liegt, bei dem der Erwachsene über den Lesestoff entscheidet. In diesem Punkt hat sich seit Campe nichts geändert. Das Kind, das sich als Adressat auch hinter dem „neuen Kinderbuch“ versteckt, ist ein Konstrukt des Erwachsenen.“ (Vogdt, 1998, S. 174)

Es ist nicht abzustreiten, dass sich das Kindsein als „*ein Konstrukt des Erwachsenen*“ von der Aufklärung - als Entdecker der Kindheit - bis heute den wandelnden gesellschaftlichen Verhältnissen angepasst hat. Mit den damit verbundenen variierenden Sozialisationsbedingungen haben sich auch die Inhalte und Formen der Kinderlyrik sukzessiv verändert, so dass beispielsweise ästhe-

---

[55] Vgl. Vogdt, I.-B. (1998).
Eine nachhaltige Pädagogisierung der Kinderlyrik registriert auch Messerli, der dies auf das pädagogisch intendierte Sammlertum der verschiedenen Herausgeber und Herausgeberinnen zurückführt (Messerli, A., 1991, S. 29f).

tische Komponenten inzwischen stärkere Beachtung finden.[56] Dies könnte ein Ansatzpunkt für eine Annäherung der Literatur- und Sprachwissenschaft an die Gattung Kinderlyrik sein, in deren Zuge strukturelle (wie z.B. sprachlich-stilistische) Elemente und Fragen der Rezeption von Kinderlyrik zunehmend in den Blickpunkt rücken. Eine solche ernsthafte Auseinandersetzung mit der Gattung Kinderlyrik seitens beider Wissenschaftsbereiche hat jedoch auch nach knapp 200 Jahren Kinderlyrik - datiert man den Anfang mit dem Erscheinen des Anhangs zum *Wunderhorn* von ARNIM und BRENTANO - mit wenigen Ausnahmen kaum stattgefunden.[57] Ganz im Gegenteil wird inzwischen bereits danach gefragt, ob Kinderlyrik im heutigen multimedialen Zeitalter überhaupt noch eine Daseinsberechtigung hat[58], ohne dass bislang Gattung und Wesen derselben ausreichend erforscht wären. Hier machen sich die pädagogischen Einflüsse bemerkbar, denen sich die Kinderlyrik von Beginn an ausgesetzt sah, denn als Mittel der Erziehung unterstand sie während der Romantik und Aufklärung in erster Linie moralisierenden Absichten, von denen sie sich bis heute nicht zu lösen vermochte. Auch aufgrund dieser Instrumentalisierung durch

[56] Im Kontext der modernen Lyrik konnte sich schließlich auch die Kinderlyrik - wenn auch mit reichlicher Verspätung - literar-ästhetischen und sprachspielerischen Formen öffnen und die pädagogischen Intentionen zugunsten literarischer Ansprüche weiter zurückdrängen. Die Vorraussetzungen für eine moderne Kinderlyrik wurden dabei vor allem in den 60er und 70er Jahren des 20. Jahrhunderts geschaffen, in denen sich eine Gegenbewegung zur Pädagogisierung der Kinderlyrik und der Kindheit etablierte. Einen großen Einschnitt erlebte die Kinderlyrik hier durch die Veröffentlichungen von Bornemann und Rühmkorf, welche die bis dahin permanent betriebene Ausgrenzung unerwünschter Themen und sprachlicher Ausdrücke und die damit gesetzten moralischen Grenzen durchbrachen. Beide Autoren widmen sich der kindlichen Lust am Subversiven und stellen das Kind als Erfinder von Reimen in den Mittelpunkt ihrer Beobachtungen (Bornemann, E., 1973: Unsere Kinder im Spiegel ihrer Lieder, Reime, Verse und Rätsel. Freiburg i. B., ders., 1981: Wir machen keinen langen Mist... . 614 Kinderverse, gesammelt in Deutschland, Österreich und der Schweiz. Frankfurt a. M., Rühmkorf, P., 1967: Über das Volksvermögen. Exkurse in den literarischen Untergrund. Reinbek bei Hamburg).

[57] Deutlich wird daran auch der geringe Stellenwert der Gattung Kinderlyrik innerhalb der Kinder- und Jugendliteratur. Nicht ohne Grund spricht Franz von der Kinderlyrik als *„unterprivilegierten Literaturgattung"* (Franz, K., 2000, S. 219).

[58] Der Frage der Aktualität von Kinderlyrik im modernen Zeitalter widmet sich u.a. Fischer in seinem Aufsatz *„Kinderspiel und Kinderreim im heutigen Gebrauch"*, in dem er die Realisierung lyrischer Sprache im kindlichen Spiel untersucht (in: Franz, K. & Gärtner, H. (Hrsg.), 1996, S. 74-88). Eine eher buch- und leseorientierte Perspektive nimmt dagegen Hurrelmann ein, wenn sie die *„Kinderwelten in einer sich wandelnden Medienwelt"* diskutiert. Sie bewegt sich damit in einem Feld, in dem das so genannte Konkurrenzverhältnis der neuen und alten Medien ausgefochten wird und in das letztlich auch die Kinderlyrik als Vertreter einer eher traditionellen Literaturform verortet werden kann (in: Berg, Ch. (Hrsg.), 1991: Kinderwelten, Frankfurt a. Main, S. 270-294). Eine dritte Perspektive nimmt Kliewer ein, indem er fragt: *„muß die Kinderliteratur sich betroffen fühlen, sich zu den antimodernen Ästhetiken zählen zu lassen [...]?"* Die Antwort auf diese Frage bleibt der Autor dem Leser/der Leserin vorerst schuldig, stattdessen mündet sie in weitere Fragen, die Kliewer in Anbetracht des Kindergedichtes *„Auf dieser Erde"* von Guggenmos stellt: *„Ist es nun ein modernes Kindergedicht? Ist es nun ein modernes Kindergedicht?"* (Kliewer, H.-J., 1999: Was denkt die Maus? Gesammelte Aufsätze zur Kinderlyrik, Frankfurt a. Main, S. 47 und S. 58).

die Pädagogik bleibt die „Welt des Kindes" - eine Formulierung mit beinahe hypnotischer Wirkung - stets *das* Thema der Kinderlyrik, dem eine Auseinandersetzung bezüglich literar-ästhetischer und formal-textueller Kriterien stets hinterherzuhinken scheint.

1.2 Zum Wesen der Kinderlyrik

Bevor in Kap. 1.3 über die formalen Gestaltungsprinzipien der Kinderlyrik gesprochen wird, sei an dieser Stelle zunächst der Blick auf das Wesen der Kinderlyrik gerichtet. Dahinter verbirgt sich auch die Frage nach dem *Wesentlichen*, welche neben den äußeren Strukturelementen wie z.B. Reim, Rhythmus und Wiederholung auf eine innere Struktur referiert. Diese innere Struktur ist ein komplexes Gebilde, dass nicht als eine Summe der äußeren Strukturmerkmale gesehen werden kann; vielmehr sind die innere und die äußere Struktur der Kinderlyrik zwei Entitäten, die sich wechselseitig erzeugen. Während die äußere Struktur aufgrund ihrer Äußerlichkeit - d.h. Sichtbarkeit - relativ eindeutig zu designieren ist (siehe hierzu Kapitel 1.3), verhält es sich mit der inneren Struktur weitaus schwieriger, denn sie scheint immer wieder durch die äußeren formalen Merkmale, welche die Oberflächenstruktur der Kinderlyrik markieren, verdeckt zu werden. Ein solcher Fall liegt beispielsweise mit dem für die Kinderlyrik präsumierten *„Gebrauchswert"* [59] vor, der ein Verharren auf der Oberflächenstruktur signalisiert und m. E. eine verkürzte Sichtweise auf diese Gattung der Literatur darstellt. Das was in der Literatur als Gebrauchswert deklariert wird lässt sich in zwei Funktionsbereiche einteilen: Wenn z.B. FRANZ über den Gebrauchswert schreibt: *„die Funktionsbezogenheit ist ein Grundzug des Kinderreims"*[60], dann meint er damit die Verbindung von kindlichem Spiel und lyrischer Sprache und verweist auf die Vielzahl von Spielliedern und handlungsbegleitenden Versen im Alltag von Kindern. In ähnlicher Weise sieht MESSERLI den funktionellen Charakter von Kinderlyrik, indem er eine Pragmatik des Kinderreimes rekonstruiert.[61]

---

[59] Vgl. u.a. Bodensohn, A. (1965), Bosse, H. (1970): Alte und neue Kinderreime mit „Gebrauchswert": In: Neue deutsche Literatur, 18, H. 2, S. 171-179, Franz, K. (1979), (1996), (2000), Kliewer, H.-J. (1999), Liede, A. (1963): Dichtung als Spiel. Studien zur Unsinnspoesie an den Grenzen der Sprache, 2 Bde., Berlin, Lorbe, R. (1956), (1984), Messerli, A. (1991), Reger, H. (1996).

[60] Franz, K. (1979), S. 45.

[61] Weder Franz noch Messerli verwenden in diesem Zusammenhang den Gattungsbegriff Kinderlyrik. Während Messerli den Terminus Kinderlyrik ohnehin gänzlich aus seiner Arbeit fernhält und stattdessen vom Kinderreim und Kinderlied spricht, muss bei Franz von einer Überschneidung der verschiedenen Termini ausgegangen werden, wobei die Bezeichnungen Kinderlyrik und Kinderreim mehr oder weniger synonym gebraucht werden. Dennoch deutet sich m. E. an der Bevorzugung des Begriffes Kinderreim im Kontext der Ausführungen zu dessen Gebrauchswert bei

„Der Kindervers hat seinen Ort, er findet in einer konkreten Situation statt. Er ist Ausdruck und Medium zugleich einer bestimmten Szene einer Kindergruppe." (Messerli, 1991, S. 44)

Das Sprechen von Reimen findet demzufolge im Kontext des kindlichen Spiels statt und ist unmittelbar an ein Spielgeschehen gebunden. Für eine Reihe von Kinderreimen und Kinderliedern mag dies sicherlich zutreffen, dennoch wäre es m. E. ein Trugschluss, das spielerische und damit verbundene funktionelle Moment für alle Formen der Kinderlyrik zu beanspruchen. An diesem Punkt zeigt sich wieder einmal die Problematik einer fehlenden terminologischen Differenzierung, die dazu führt, dass die divergenten kinderlyrischen Ausdrucksformen miteinander vermengt werden und eine systematische Betrachtung verhindern. Denn unterschieden werden muss hier zwischen der Kinderlyrik als Gattung und dem Kinderreim sowie dem Kinderlied als deren Ausdrucksformen. Folglich trifft die Handlungsgebundenheit lediglich für einen Teilbereich der Kinderlyrik zu, und zwar für den Bereich, dem der Kinderreim und das Kinderlied angehören, während dem Kindergedicht - als dritter Ausdrucksform der Kinderlyrik - ein solche Funktionalität m. E. nicht attestiert werden kann.

Der zweite Funktionsbereich, innerhalb dessen der Kinderlyrik ein Gebrauchswert zugeschrieben wird, betrifft die Realisierung von gereimter und rhythmisierter Sprache im Rahmen des kindlichen Spracherwerbs. Danach wird das Sprechen von Reimen als primäre Ausdrucksform im Kontext der kindlichen Sprachentwicklung und in der frühen Eltern-Kind-Interaktion angesehen, in der sich das Kind die verschiedenen Lautvariationen und -assoziationen durch Erprobung aneignet. Einer der Vertreter dieser ontogenetischen Einstufung der Kinderlyrik ist EWERS, der einen Zusammenhang von frühen sprachlichen Entwicklungsphasen des Kindes und strukturellen Merkmalen des Kinderreimes diagnostiziert und darin einen Entstehungsgrund für die volkstümliche Kinderlyrik vermutet.[62] Er unterstellt der Kinderlyrik damit einen „indirekten Gebrauchswert" - ohne dass er diese Bezeichnung verwendet - indem er ihren funktionalen Aspekt im Hinblick auf den kindlichen Spracherwerb akzentuiert und auf ihre Struktur-

---

Franz bereits eine differenzierte Betrachtungsweise an, die er aber erst in seinen späteren Arbeiten konkretisiert.

[62] Vgl. Ewers, H.-H. (1990): Kinderliteratur der Spätromantik. In: Wild, R. (Hrsg): Geschichte der deutschen Kinder- und Jugendliteratur, Stuttgart, S. 114f.
Den Blick auf den kindlichen Spracherwerb richtet auch Messerli in seiner Arbeit, in der er u.a. Beobachtungen zum Spiel des Kindes mit Sprachlauten beschreibt und diese als eine Neuorientierung in der pädagogischen Psychologie der 30er Jahre ansieht, die damit die Bedeutung des Reimes für die kindliche Sprachentwicklung erkannt zu haben glaubte (Messerli, A. 1991, S. 121ff). In ähnlicher Weise vermutet Liede in den frühkindlichen Lallversuchen „*eine weitere Quelle des sinnlosen Refrains*" und sieht wie später Helmers im spielerischen Umgang des Kindes mit Sprache eine ontogenetische Verbindung zum Kinderreim (Liede, A., 1963, S. 4 und Helmers, H., 1965: Sprache und Humor des Kindes. Stuttgart, S. 48f).

merkmale überträgt.[63] Und obwohl er für den Paradigmenwechsel in der neueren Kinderlyrik konstatiert,

„[...]die Wörter gelten der neuen Kinderlyrik nicht mehr primär als Zeichen, sondern als farbige Klangkörper, Sprache als buntschillerndes Material, in dem etwas abgebildet, mit dem etwas imitiert, musikalisch gleichsam dargestellt, mit dem schließlich ganz *zwecklos* [Hervorhebung durch die Verfasserin] gespielt werden kann" (Ewers, 1990, S. 114),

bleiben kinderlyrische Texte hier aufgrund ihrer Nähe zu den frühkindlichen Sprechversuchen eben gerade nicht zwecklos oder zweckfrei, sondern erfahren eine pädagogisch intendierte Bedeutungszuschreibung.

Beide Funktionsbereiche - der handlungstheoretische und der entwicklungspsychologische - sind in besonderer Weise auf das Kind als Adressaten ausgerichtet. Diese Funktionszuweisung evoziert eine Zuordnung der Kinderlyrik zu einer bestimmten Personengruppe, wodurch die Kinderlyrik als ein Spezifikum der Kindheit ausgewiesen wird. Sie unterscheidet sich diesbezüglich von der übrigen Lyrik - in der Literatur häufig als „Erwachsenenlyrik" der Kinderlyrik antipodisch gegenübergestellt - die einer solchen Betrachtung im Hinblick auf mögliche Funktionsbereiche nicht ausgesetzt ist. Ohnehin stellt sich die Frage, was eigentlich genau gemeint ist, wenn vom Gebrauchswert der Kinderlyrik gesprochen wird. Ein Wert ist eine messbare Größe, aber wie will man den Gebrauchswert der Kinderlyrik messen? Es stellt sich m. E. auch weniger die Frage nach deren Gebrauchswert, als vielmehr die nach den möglichen Handlungszusammenhängen und Realisierungsformen, in denen bestimmte Genres der Kinderlyrik umgesetzt werden. Vorzuziehen wäre es deshalb von einem Gebrauch der Kinderlyrik zu sprechen und dessen Formen zu untersuchen - wie dies im Kontext der Elternbefragung im zweiten Teil dieses Buches geschehen ist -, ohne von vornherein eine pejorative Perspektive einzunehmen, die der Bezeichnung Gebrauchswert anhaftet, denn dass bestimmte Ausdrucksformen der Kinderlyrik vornehmlich handlungsbegleitend stattfinden, ist und bleibt unumstritten. Eine solche Perspektive auf den Gebrauch und die Funktion kinderlyrischer Sprache wird mit der im Rahmen dieser Studie durchgeführten Beobachtung zur Reimfähigkeit und zum Reimwissen von Kindern eingenommen, die eine Einschätzung

[63] Dass sich die Realisierung von Kinderlyrik günstig auf die kindliche Sprachentwicklung auswirken kann, ist auch eine Hypothese der vorliegenden Arbeit, die ihren Fokus auf den frühen Literalisierungsprozess legt. Es wird jedoch vermutet, dass es sich dabei um einen Wirkungszusammenhang handelt, der nicht für eine Beschreibung der Wesens- und Strukturmerkmale der Kinderlyrik ausreicht, sondern vielmehr eine Einschätzung lyrischer Sprache für die frühkindliche Genese literaler Wissensstrukturen nach sich zieht. Lyrische Sprache wird danach hinsichtlich ihrer sprachlich-strukturellen Aspekte unter dem Blickwinkel der Entwicklung von Metasprachlichkeit untersucht.

der metasprachlichen Leistungen und deren Bedeutung für die frühe literale Entwicklung von Kindern anstrebt.

Hinter der Pragmatik der Kinderlyrik - im Sinne der soeben beschriebenen Funktionalität - verbergen sich weitere Wesenszüge, die der inneren Struktur ihre Form geben. Das Wesen des Lyrischen zeigt sich dabei auch auf seiner Ausdrucksebene, mit der Stimmungen erzeugt werden. In der Kinderlyrik werden Inhalte thematisiert, die größtenteils der kindlichen Lebenswelt entspringen und das Kind ganz unmittelbar in seiner aktuellen Situation erfassen. Es sind aber nicht nur Alltagsdinge (wie z.B. Waschen, Anziehen, Essen), die in der Kinderlyrik an das Kind herangetragen werden und dessen Orientierung im Alltag erleichtern sollen, sondern vermehrt auch Themen, die über das unmittelbar Existenzielle hinausgehen, wie in den beiden folgenden Kindergedichten von VAHLE und GUGGENMOS:

Zum Gähnen
Das Gras ist weich,
die Welt ist weit,
oh, mittagsmüde Schläfrigkeit.
Das Gras ist weich,
Die Welt ist weit.
Die Katze schnurrt, und ich hab Zeit.
Das Gras ist weich,
die Welt ist weit.

Die Biene summt. Kein Vogel schreit.
Das Gras ist weich,
Die Welt ist weit.
Oh, schläfrige Glückseligkeit.

Das Gras ist weich,
die Welt ist weit.
Jetzt hab ich nur zum Träumen Zeit.
Das Gras ist weich, die Welt ist weit.
Psst, kein Ton,
ich schlafe schon.[65]

Vogelkäfig
Einen großen Vogelkäfig,
ein wahres Prunkstück, sah ich heute.
Goldnes Messing war der Boden,
goldne Gitterstäbe bogen
sich zur runden Kuppel oben.
Von der Decke hing er fast
wie ein luftiger Palast.
Doch was das Allerschönste war,
und was mich am Käfig freute,
das war das,
dass kein Vogel drinnen saß.[64]

In beiden Gedichten geht es nicht um konkrete Alltagserfahrungen des Kindes, sondern um jene subjektiven Empfindungen, die von der „objektiven" Wirklichkeit losgelöst sind. Selbstwahrnehmung und Selbsterfahrung stehen dabei im Mittelpunkt einer transzendentalen Auseinandersetzung mit dem eigenen Ich und dessen Befindlichkeit in der Welt. Anders als in Kinderreimen oder Kinderliedern, die sprachlich und inhaltlich einfacher strukturiert sind, spielt hier das Lyrische

[64] Guggenmos, J. (1997): Katzen kann man alles sagen. Weinheim; Basel, S. 12.
[65] Vahle, F. (1995): Der Himmel fiel aus allen Wolken. Weinheim; Basel, S. 93.

eine wesentlich größere Rolle. Es findet Ausdruck in einer lyrischen Sprache, die versucht *„jenen Augenblick des menschlichen Daseins, der nie so wiederkommt, wie er auch vorher so niemals da war"*[66] einzufangen. Diese Seite des Lyrischen, die auf den Lyriktheorien von HEGEL, DILTHEY und STAIGER fußt,[67] erhebt die Stimmung zu *dem* Wesensmerkmal der Lyrik. Alle drei stehen in der herderschen Traditionslinie und präferieren einen romantischen Lyrikbegriff, der das Erlebnis- und Stimmungsgedicht zum eigentlichen Gegenstand der Lyrik erhebt und damit andere lyrische Formen ausschließt. Die durch HERDER im 18. Jahrhundert geprägte Theorie von der Subjektivität der Lyrik als unmittelbare emotionale Ausdrucksform,[68] welche sich als expressive Rede des Dichters darstellt, wird später von HEGEL in seinen *„Vorlesungen über die Ästhetik"* fortgesetzt und weiter ausgearbeitet. Auch für HEGEL stellt der Dichter den Ausgangspunkt des lyrischen Gedichtes dar, von dem alle Empfindungen und Stimmungen ihren Anfang nehmen, um schließlich als *„wahrhafte Empfindungen"* eine *„allgemeine Gültigkeit"* zu erlangen.[69] Lyrische Subjektivität wird damit zur lyrischen Personalität, die sich in einem lyrischen Ich manifestiert und ausgehend vom Individuellen allgemein gültige Aussagen trifft. Dabei ist nach HEGEL die Universalität der Lyrik nicht als Abbildung der Realität zu verstehen, vielmehr bleibt die Aussage des Dichters als subjektive Rede im Zustand der Quasi-Fiktion, indem sie eine innere Wirklichkeit repräsentiert.[70] Entschiedener geht hier HAMBURGER vor, die Epik und Dramatik als fiktionale Dichtung bezeichnet und Lyrik im Gegensatz dazu als lyrische Dichtung ohne fiktionalen Gehalt. Die fiktionale Dichtung versteht sie dabei als Mimesis der Wirklichkeit, bei der die Wirklichkeit zur Nicht-Wirklichkeit umgestaltet wird und deren Aussage im Kern objektiv bleibt, während die subjektive Wirklichkeit der Lyrik lediglich als individuelle Erlebniswirklichkeit des Dichters existiert.[71] Man könnte HAMBURGERs Differenzierung auch als Kontrastierung von Fiktion und Imagination in der Literatur ansehen - obwohl sie selbst diese Gegenüberstellung nicht vornimmt - und danach die Lyrik im Sinne ISERs als Ausdruck des Imaginären ohne Objektreferenz verstehen. Letztlich bleibt auch bei HAMBURGER das Aussagesubjekt des Gedichtes *„immer identisch mit dem Aussagenden, dem Sprechenden oder dem Verfasser"* und damit *„identisch mit*

---

[66] Bodensohn, A. (1965), S.18, zitiert nach Elschenbroich, A. (1961): Die Begegnung mit dem Gedicht. In: Handbuch des Deutschunterrichts im ersten bis zehnten Schuljahr, 2. Bd., Emsdetten.
[67] Vgl. Dilthey, W. (1905): Das Erlebnis und die Dichtung, Berlin, Hegel, G. W. F. (1996/1835): Vorlesungen über die Ästhetik, Bd. III, Frankfurt a. M., Staiger, E. (1946): Grundbegriffe der Poetik, Zürich.
Hinzugefügt sei in diesem Zusammenhang auch die *„Logik der Dichtung"* von Käte Hamburger aus dem Jahr 1957, in der sie das lyrische Ich als ein Aussagesubjekt im Aussagesystem der Sprache verstanden wissen will (Hamburger, K., 1968, S. 188ff).
[68] Vgl. Lamping, D. (1989), S. 56ff.
[69] Hegel, G. W. F. (1996/1835), S. 416.
[70] Vgl. ebd., S. 426f.
[71] Vgl. Hamburger, K. (1968), S. 194f und S. 227.

dem Dichter".[72] Ihre Identifikation des lyrischen Ich über den Autor erfolgt in einem aussagelogischen Sinne, bei dem das lyrische Ich als ein Aussagesubjekt im Aussagesystem der Sprache fungiert und nicht über das im Gedicht ausgedrückte Erlebnis des Ich, womit HAMBURGER sich ein Stück weit von der hegelschen Erlebnissubjektivität absetzt. Diesen zeichensystematischen Ansatz setzt SPINNER fort, indem er die deiktische Funktion des Ich im Gedicht herausstellt:

„Das Ich ist gleichsam das abstrakte Etwas, dem die Eigenschaften, Handlungen, Erfahrungen des Gedichts zugeschrieben sind. Man kann das lyrische Ich deshalb als Leerdeixis bezeichnen [...] Das Ich ist also unter doppeltem Aspekt zu sehen: im Sinne der Autoreflexivität des Textes bezogen auf den innertextlichen Zusammenhang, im Sinne seiner kommunikativen Rolle als Element, das den Rezeptionsvorgang steuert."[73]

Nach SPINNER ist das lyrische Ich ein textimmanentes und nicht mehr ein reales Dichter-Ich, welches die subjektive Gemütslage eines Einzelnen ausdrückt. Die „*Ich-Deixis*" ist demnach ein Mittel im lyrischen Gedicht, durch die der Rezipient/die Rezipientin zu subjektiver Erfahrung gelangen kann.[74] SPINNERs Versuch, das lyrische Ich auf der Basis textueller Kategorien neu zu definieren, beinhaltet eine Abkehr von der klassischen Subjektivitätstheorie, ohne die Subjektivität vollends aus der Lyrik zu verbannen. Die Elemente Stimmung, Erlebnis und Innerlichkeit, welche zusammen mit dem klassischen Konzept des lyrischen Ich gattungsbestimmend für das 18. und 19. Jahrhundert waren, werden somit ihrer Omnipotenz enthoben; gleichzeitig wird Subjektivität als *ein* und nicht mehr als *das* Merkmal lyrischer Dichtung verstanden.[75]

Kommen wir an dieser Stelle noch einmal auf die Kindergedichte „*Zum Gähnen*" und „*Vogelkäfig*" zurück, um festzustellen, dass beide Texte die „subjektive" Welterfahrung des Kindes ausdrücken, so bedarf diese wiederholte Feststellung einiger Erläuterungen, um nicht fälschlicherweise in den Kontext einer romantisch verklärten Sicht auf die Kinderlyrik zu geraten. Denn intendiert ist hier keinesfalls eine hegelsche Erlebnissubjektivität, bei der das Ich des Autors im Mittelpunkt der Betrachtung steht. Im Vordergrund stehen vielmehr die Fantasie und Empfindungen des Rezipienten/der Rezipientin - und damit des Kindes -, die durch die Gedichte freigesetzt werden *können*. Dies entspricht SPINNERs Konzept von der deiktischen Funktion lyrischer Sprache und dort vor allem der des lyrischen Ich, welches als Leerdeixis seine Funktion im Vorgang der

[72] Ebd., S. 220.
[73] Spinner, K. H. (1975): Zur Struktur des lyrischen Ich. Frankfurt a. M., S. 17 und 19.
[74] Vgl. ebd., S. 18.
[75] Die eingleisige Bestimmung lyrischer Dichtung durch die Subjektivität problematisiert Lamping in seinem Buch „*Das lyrische Gedicht*", in dem er konstatiert, dass Subjektivität als „*Kategorie auch in ihrer weitesten Bedeutung nicht in der Lage ist, den ganzen Bestand lyrischer Gedichte zu erfassen*" (Lamping, D., 1989 , S. 60).

Rezeption erfüllt.[76] Die Subjektivität liegt damit weniger auf der Seite des Verfassers/der Verfasserin als vielmehr im Rezipienten selbst und kann durch den lyrischen Text freigesetzt werden oder auch nicht. Dies gilt ebenso für andere (nichtlyrische) Texte, so dass Subjektivität stets optional ist und nicht als gattungsbestimmende Kategorie der Lyrik gelten kann. In der Diskussion um den Subjektivitätsbegriff spricht BURDORF sich schließlich sogar gegen die Verwendung der in der Literaturwissenschaft belasteten und umstrittenen Rede vom lyrischen Ich aus.[77] Diese Abwendung vom lyrischen Ich erscheint sinnvoll, um sich von der romantisch geprägten Vorstellungsweise der Lyrik zu lösen und die Lyrik in ihren differenten Ausdrucksformen wahrzunehmen. Vorzuziehen wäre dann - im Sinne SPINNERs - die Bezeichnung „*Leerdeixis*“[78], mit der dann intratextuelle und intrapersonelle Referenzen der Lyrik in den Vordergrund rücken. Eine solche Klassifizierung der Lyrik, in der das deiktische Moment als textuelles bzw. sprachliches Mittel fungiert, kann auch für die Kinderlyrik präsumiert werden und damit der kindliche Umgang mit einzelnen Aspekten der lyrischen Sprache - wie im Reimspiel geschehen - als eine metasprachliche Auseinandersetzung mit dem Textmaterial angesehen werden. Dass Lyrik weniger der Darstellung bzw. Freisetzung der personalen und subjektiven Empfindungen dient, sondern - insbesondere in der Moderne - dem sprachspielerischen Moment als Auseinandersetzung mit der Welt den Vorzug einräumt, zeigt LAMPING.[79] Er definiert die Lyrik als

> „Einzelrede in Versen“, „[...] die lediglich ein notwendiges formales Merkmal, nämlich das der Versgliederung, und ein notwendiges strukturelles Merkmal, nämlich das der Einzelrede, enthält, die beide zusammengenommen auch hinreichend sind.“ (Lamping, 1989, S. 63)

Im Gegensatz zu traditionellen Lyriktheorien schließt LAMPING die Frage nach dem Wesen der Lyrik aus und plädiert für einen systematischen Gattungsbegriff, der sich ausschließlich an den äußeren Strukturmerkmalen orientiert.[80] Damit wird das Vorhandensein einer inneren Struktur der Lyrik m. E. nicht in Abrede gestellt, vielmehr will LAMPING diese nicht als primäres und einziges Definitionskriterium derselben verstanden wissen, sondern als eine sekundäre Form, die von der äußeren, gattungsbestimmenden Struktur dominiert wird. Deutlich wird dies auch in seinen Ausführungen zum Verhältnis von Semantik und Versform:

> „Die Versgliederung [äußere Struktur] ist allerdings keine bloße Äußerlichkeit: sie verändert vielmehr, wenigstens tendenziell, den Charakter der Rede insgesamt - und zwar sowohl

[76] Vgl. Spinner, K.H. (1975), S. 17f.
[77] Vgl. Burdorf, D. (1997), S. 192.
[78] Auch der von Spinner vorgeschlagene Terminus „Ich-Deixis“ erscheint mir noch zu sehr am Begriff des lyrischen Ich orientiert und kann die damit einhergehende konnotative Besetzung nicht vollends auflösen.
[79] Vgl. Lamping, D. (1989), S. 59ff.
[80] Vgl. ebd., S. 79.

rhythmisch wie semantisch. Es gehört zur Eigenart des Gedichts als Versrede, daß grundsätzlich auch seine Form ein Bedeutungsfaktor ist. Als Bedeutungsfaktor bringt sie sich vor allem auf zweierlei Weise zur Geltung: durch ihren Einfluß auf die Semantik der Wörter und durch ihre eigene Semantik." (Lamping, 1989, S. 40f)

Mit LAMPINGs „*Minimaldefinition*"[81] der Lyrik als „*Einzelrede in Versen*" wird der Blick wieder auf jene äußere Struktur gerichtet und damit die formalen Eigenschaften lyrischer Sprache präferiert. Diese sollen im Folgenden ausführlicher dargestellt werden, da sie auf der sprachstrukturellen Ebene wichtige Daten für die Einschätzung der kindlichen Leistungen im Umgang mit gereimter Sprache im zweiten Teil dieses Buches bereitstellen.

1.3 Elemente und Strukturen der Kinderlyrik

Für die traditionelle und für einen großen Teil der neueren Kinderlyrik lassen sich typische Gestaltungsmerkmale auf der formalen, äußeren Textebene beschreiben. Dies sind die Elemente Reim, Metrum bzw. Rhythmus, Wiederholung und Klang, die in den einzelnen Genres der Kinderlyrik in unterschiedlichem Maße auftreten und die Epi-Struktur der jeweiligen Textform prägen. Als höhere Ordnungsprinzipien dominieren sie die Kinderlyrik jedoch nicht nur auf der formalen Ebene, sondern auch in Bezug auf deren inhaltliche Aussage. Dabei scheint - da ist sich die Kinderlyrikforschung weitestgehend einig - der semantische Gehalt hinter die lyrischen Formelemente zurückzutreten und lediglich von zweitrangiger Bedeutung zu sein.[82] Eine solche komparative Betrachtung von formalen und semantischen Strukturen darf jedoch nicht in einer Hierarchisierung derselben münden, bei der der Inhalt lediglich als „schmückendes Beiwerk" rangiert. Vielmehr ist die Kinderlyrik eine literarische Gattung, die sich aus den reziproken Beziehungen zwischen den formalen und semantischen Strukturen speist; dadurch unterscheidet sie sich in keiner Weise von der übrigen Lyrik. Festellen lässt sich in der Kinderlyrik eher eine Verschiebung hin zu strukturellen Überformungen als ein Spiel mit der Materialität von Sprache. Aber auch diese Präferierung der sprachstrukturellen Aspekte offenbart sich letztlich als ein Agieren auf der formalen *und* semantischen Ebene, bei dem die äußere Form den Inhalt verändern, negieren oder neu determinieren kann. Ein solches Wechselspiel zwischen Form und Semantik vollzieht sich beispielsweise in dem folgenden Kindergedicht, welches von VAHLE gleich mit vier Titeln versehen wurde.[83]

[81] Ebd., S. 63.
[82] Vgl. u.a. Franz, K. (1979), S. 54, Lorbe, R. (1956), S. 36 und 77.
[83] Vahle, F. (1994), S. 39f.

Rose & Käse –
Tragödie einer Hasennase –
Vom Scheitern der Nasenweisheit-
Der verruchte Geruch

Es war einmal ein Käse,
ein schöner runder Käse,
der lag auf einer Bank
und stank.

Da schimpfte die rote Rose:
Potz, Donner, Hemd und Hose,
der Käse ist aus Schimmel,
der stinkt bis zum Himmel.

Ein Hase saß im Grase
Und kräuselte seine Nase,
er schwenkt sie schnell von rechts nach links:
Was ist das, duftet's oder stinkt's?

Riecht das nach Rosenkäse
Oder nach Käserose?
Nach Käserosenkäse?
Nach Rosenkäserose?

Vom Riechen kriegt der Hase
Ein' Knoten in der Nase.
Er hüpft davon der Nase nach,
bis er fast auf der Nase lag.

Er roch nur Rosenkäse,
die Nase wurd zur Näse.
Ihm war so schräg, der Nachbar grüßt:
Schön' guten Tag, Herr Häse.

In dem Kindergedicht bleibt der „eigentliche" Inhalt, nämlich der von dem Hasen, der sich mit einer duftenden Rose und einem stinkenden Käse gleichermaßen konfrontiert sieht, scheinbar sekundär. Es überwiegt zunächst die rhythmische und klangliche Gestaltung der Sprache, die sich als ein Spiel mit dem Wortsinn darstellt, an dessen Ende die Nase zur Näse und der Hase zum Häse wird und damit eine assoziative Wortneuschöpfung entsteht. Genau genommen haben wir es hier mit zwei semantischen Ebenen zu tun; mit dem Thema (Inhalt) des Gedichtes einerseits und dem sprachlichen Sinn andererseits. Die zweite Ebene, der sprachliche Sinn, ist dabei eng mit der formalen Gestaltung des Gedichtes verbunden.[84] Auf der Textoberfläche ist die sprachlich-formale Struktur als

[84] So unterscheidet Zumthor in seiner Arbeit über die mündliche Dichtung des Mittelalters zwischen der *„sprachlichen Oberfläche"* und der *„Form, wobei die zweite die erste einschließt, aber in allem über sie hinausgeht was mit Atem, Klang, Geste, Instrumentierung und Dekor zu tun*

Ausdruck einer lyrischen Redeweise damit das wichtigste Merkmal der Kinderlyrik. Sie wirkt sich unmittelbar auf die Semantik aus und ist somit zugleich ein Merkmal der Textinnenseite. Die Wechselwirkung zwischen Form (äußerer Struktur) und Semantik (innerer Struktur) wird in ähnlicher Weise von LAMPING für das lyrische Gedicht konstatiert:

„Der Einfluß der Gedichtform auf die Semantik der Wörter lässt sich am besten am Beispiel des Verses zeigen. Als Redesegment besteht er immer zumindest aus einem, meist aber mehreren sprachlichen Zeichen, die untereinander und mit den Zeichen der anderen Verse des Gedichts in einem Sinnzusammenhang stehen, der wiederum meist durch grammatische oder syntaktische Verknüpfungen zustande kommt und logisch motiviert ist. Diesen grammatisch und syntaktisch hergestellten Sinnzusammenhang zwischen den Wörtern kann die Versgliederung überformen - im einfachsten Fall schon dadurch, daß sie durch die Pause am Ende eines Verses einzelne Wörter oder Gruppen von Wörtern vorübergehend isoliert und damit als eigene Einheit markiert.“ (Lamping, 1989, S. 41)

Das von LAMPING deklarierte Verhältnis zwischen der Versform und der Semantik beschreibt damit auf der Oberfläche die Textstruktur und im Inneren die Aussage des Textes. Dabei präsentiert sich ein Gedicht im Idealfall aufgrund seiner äußeren lyrischen Form als so genannte *„semantische Einheit“*[85], die unabhängig von der syntaktischen Gliederung ist. Der semantische Gehalt eines Gedichtes wird also auch durch dessen Form festgelegt, die durch die Elemente Reim, Metrum, Rhythmus, Wiederholung und Klang gebildet wird und der neben einer strukturbildenden Funktion auf der Textoberfläche auch eine semantische Funktion im Textinnern innewohnt. LAMPING schreibt dazu:

„Die Schaffung eigener semantischer Einheiten durch die Versgliederung hat, trotz der unterschiedlichen Verfahren im einzelnen, im ganzen immer dieselbe Funktion. Sie lässt die Wörter im Gedicht Bedeutungen entfalten, die sie normalerweise in ihren grammatischen und syntaktischen Zusammenhängen allein nicht entfalten oder nicht entfalten können. Durch die Form des Gedichts wird die semantische Potenz der einzelnen sprachlichen Zeichen aktualisiert und die Bedeutung der Rede insgesamt vermehrt.“ (Lamping, 1989, S. 44)

Inwieweit ein solches Beziehungsgeflecht auch in der Kinderlyrik Bestand hat, sollen die folgenden Ausführungen zu deren Strukturelementen zeigen. Dabei werden die formalen Gestaltungsprinzipien der Kinderlyrik in den Kontext einer Oralitäts-Literalitäts-Diskussion gestellt, die schließlich in Kapitel 3 noch einmal eine Vertiefung erfährt.

---

hat“ (Zumthor, P., 1994: Die Stimme und die Poesie in der mittelalterlichen Gesellschaft. München, S. 36).

[85] Lamping, D. (1989), S. 41ff.

1.3.1 Reim und Rhythmus - Ritualisierung und Memorierung von Sprache

In der Kinderlyrik sind die Elemente Reim und Rhythmus (Metrum) derart miteinander verwoben, dass es unzureichend wäre ein eindimensionales Kausalverhältnis zu erstellen, in dem den einzelnen Elementen voneinander unabhängige Attribute zugeschrieben würden. Dennoch gibt es spezifische Eigenschaften, die für das einzelne Strukturelement zutreffen und es dadurch von den übrigen unterscheiden. Eines der markantesten Merkmale der Kinderlyrik ist der Reim, der zumeist als Endreim auftritt und auf einem vokalischen und/oder konsonantischen Gleichklang beruht. Dabei begegnet uns in kinderlyrischen Texten häufig eine Vermengung von vokalischen Gleichklängen und konsonantischen Dissonanzen, die FRANZ als typisch für diese Gattung der Kinderliteratur deklariert.[86] Die Verbindung von reinen vokalischen mit unreinen konsonantischen Reimen ist, so zeigen die beiden Beispiele, eine Erscheinung, die auf alte wie auch auf neuere Texte der Kinderlyrik gleichermaßen zutrifft:

Schnecke Schnecke schniere,
Weis mir deine Hörner alle viere.
Willst du sie nicht <u>rausstrecken,</u>
Will ich dein Haus <u>zerbrechen</u>.[87]

Ki Ka Ko <u>Kartoffelsack,</u>
Morgen ist ein <u>Feiertag</u>.
Gibt es Kuchen,
Mußt du suchen.[88]

Neben dem Endreim sind der Schüttelreim und der Stabreim (Alliteration) zwei weitere bekannte Reimformen der Kinderlyrik, die in zunehmendem Maße auch eine ästhetische Rezeption evozieren. Durch Vertauschung der Anfangskonsonanten der reimenden Silbenpaare beim Schüttelreim und die Lautwiederholung beim Stabreim erfolgt ein Spiel mit der Materialität der Sprache, das von Kindern nur allzu gern aufgegriffen und fortgeführt wird. Deutlich wird an beiden Reimformen aber auch ihre Nähe zum Mündlichen, denn erst ihr (lautes) Sprechen führt den gewünschten sprachlichen Effekt herbei. Beide Reimformen initiieren eine sprachliche Auseinandersetzung auf der Textoberfläche, die den Materialcharakter der lyrischen Sprache betrifft und Sprache aus ihrem kommunikativen Kontext herauslöst. Dass die vielgerühmte Freude des Kindes am Reim dabei genau auf jene sprachlichen Strukturen abzielt, findet jedoch zumeist nur wenig Beachtung, sondern wird gern unter dem Blickwinkel der sinnlichen und emotiven Wahrnehmung des Kindes betrachtet. Dabei offerieren Reime darüber hinaus auch eine sprachstrukturelle Form der Auseinandersetzung auf der phonologischen Ebene, indem mit den lautlichen Merkmalen spielerisch verfahren wird - z.B. durch konsonantische Variation.[89] Der Reim als Strukturelement der

[86] Vgl. Franz, K. (1979), S. 76.
[87] Simrock, K. (1848), S. 94.
[88] Janosch (1986), in: Gelberg, H.-J. (Hrsg.): Überall und neben dir. Weinheim, S. 51.
[89] Eine solche Sichtweise auf das kindliche Spiel mit dem Sprachmaterial nehmen Untersuchungen zur Entwicklung der phonologischen Bewusstheit ein, in denen u.a. die Diskrimination ver-

Kinderlyrik bietet somit über seine sinnlichen Qualitäten hinaus ein Lernpotenzial für die sprachlich-kognitive Entwicklung des Kindes. Schüttelreim und Stabreim sind dabei zwei Reimarten, die sich vor allem auf eine implizit vorhandene Sprachbewusstheit des Kindes stützen. Insbesondere der Schüttelreim ermöglicht mit seinen Vertauschungen darüber hinaus einen Übergang von einer impliziten zu einer expliziten Sprachbewusstheit im Sinne einer Exterriorisierung des sprachlichen Wissens. Auf die Spitze getrieben erscheint das Prinzip der Konsonantenvertauschung in dem Kindertext „*Liebe Kinder*!“ von VAHLE[90]:

Liebe Kinder!
Jetzt erzähl ich euch von meinen...
lieben Sieblingsmonstern.
Wie bitte?
Nein, von meinen monstern Lieblingssieben.
Wie bitte?
Nein, von meinen bielen Monstersieblingen.
Wie bitte?
Von meinen sieben Lieblingsmonstern.
Schanke dön.

Bei genauerer Betrachtung des Textes zeigt sich, dass es sich hier um eine duale - wenn nicht sogar triadische - Vertauschung handelt, die auf konsonantischer und morphematischer Ebene erfolgt.

<u>1. Konsonantische Vertauschung</u>

Zeile 2: L S M (lieben Sieblingsmonstern)

Zeile 4: M L S (monstern Lieblingssieben)

Zeile 6: B M S (bielen Monstersieblingen)

Zeile 8: S L M (sieben Lieblingsmonstern)

Die erste Konsonantenvertauschung findet zwischen den Anfangskonsonanten der reimenden Silbenpaare statt, wie es das Prinzip des Schüttelreims erfordert. Hinzu

---

schiedener Reimformen (z.B. Alliteration) im Vordergrund stehen und die damit Aussagen zur vorschulischen Literalisierung von Kindern zu formulieren versuchen (vgl. u.a. Jusczyk, P. W., 1977: Rhymes and Reasons: Some Aspects of Child's Appreciation of Poetic Form. In: Developmental Psychology, Vol. 13, No. 6, S. 599-607, Knafle, J. D., 1973: Auditory Perception of Rhyming in Kindergarten Children. In: Journal of Speech and Hearing, 16, S. 482-487, dies., 1974: Children's Discrimination of Rhyme. In: Journal of Speech and Hearing, 17, S. 367-372, Lenel, J. C. & Cantor, J. H., 1979: Rhyme Recognition and Phonemic Perception in Young Children. In: Journal of Psycholinguistic Research, Vol. 10, No 1, S. 57-67, siehe dazu auch Kap. 3.2.1 im zweiten Teil).

[90] Vahle, F., (1994), S. 32.

tritt auf der zweiten konsonantischen Ebene eine Vertauschung im Wortinnern. Dabei zeigt sich, dass es sich lediglich um Vertauschungen der Buchstaben < s >, < b > und < l > am Wortanfang und im Wortinneren handelt, während der Wortstamm (-ie-) und die Wortendung (-en) unverändert bleiben, so dass der reimähnliche Charakter gewahrt bleibt.

2. Konsonantische Vertauschung
Zeile 2: **lieben** Sieblingsmonstern
Zeile 4: monstern Lieblings**sieben**
Zeile 6: **bielen** Monstersieblingen
Zeile 8: **sieben** Lieblingsmonstern

Auf der dritten, morphematischen Ebene erfolgt schließlich eine Vertauschung des Morphems „Monster", die sich - wie die folgende Darstellung zeigt - als eine im Verlauf des Verses fortschreitende Verschiebung herausstellt, bei der das Morphem „Monster" in jeder Zeile eine Position weiterrückt, bis es schließlich seine endgültige und inhaltlich richtige Stellung erreicht hat.

3. Vertauschung des Morphems „Monster":
Zeile 2: lieben Sieblings **monstern**
Zeile 4: **monstern** Lieblings sieben
Zeile 6: bielen **Monster** sieblingen
Zeile 8: sieben Lieblings **monstern**

VAHLE erzielt mit den Mitteln der Vertauschung eine lyrische Textform, die den sprachlichen Effekt präferiert und deshalb mit dem Sprachspiel vergleichbar ist.[91] Die Analyse der Vertauschungen zeigt, dass er dabei auch die formalen Prinzipien des Schüttelreims realisiert, diese dann aber durch zusätzliche Vertauschungen auf der konsonantischen und morphematischen Ebene wieder verdeckt. Es handelt sich also um so etwas wie einen „versteckten Schüttelreim", der sich hinter der zweiten und dritten Vertauschung verbirgt. Der Kindertext von VAHLE ist ein gutes Beispiel für das Überschreiten der formalen Regularitäten in der Kinderlyrik. Auf der Textoberfläche wird mit den Strukturmerkmalen gespielt, dabei werden Grenzüberschreitungen provoziert, die nur dann für Kinder nachvollziehbar sind, wenn sie an ihr bis dahin erworbenes sprachliches Wissen anknüpfen. Die Überschreitungen der formalen Regularitäten vollziehen sich somit nach dem Prinzip der Wechselwirkung zwischen Regelwissen und Regeldurchbrechung und ermöglichen damit eine Erweiterung des impliziten und expliziten Sprachwissens. Damit knüpfen solche Texte der Kinderlyrik einerseits an die sprachlichen und

[91] Zur terminologischen und inhaltlichen Beschreibung des Sprachspiels siehe Kap. 2.2, S. 69f.

kognitiven Fähigkeiten der Kinder an und potenzieren diese andererseits durch ihr Spiel mit der Materialität von Sprache.[92]

Eine andere Form des Reimes ist die Alliteration (Stabreim), die zumeist am Anfang eines Kinderreimes oder Kindergedichtes zu finden ist. Auch hierbei handelt es sich um ein sprachliches Mittel, das in alten wie in neueren Texten der Kinderlyrik umgesetzt wird. Die Alliteration basiert auf dem sich wiederholenden gleichen Anlaut, ist also nicht auslautend wie der Endreim und prägt damit als klangliches Gebilde auch den sprachlichen Rhythmus eines Reimes. In alliterierenden Kinderreimen und -gedichten wird jene multidimensionale Verbindung von Reim, Klang, Wiederholung und Rhythmus, auf die eingangs bereits hingewiesen wurde, besonders deutlich. Die Wiederholung des Anlautes wirkt sich jedoch nicht nur auf das rhythmische Sprechen aus, sondern ist im Gegensatz zur Prosasprache ein Merkmal der lyrischen Sprache, die bei Kindern eine sprachästhetische Auseinandersetzung mit dem Textmaterial evoziert. Als Beispiele für die Alliteration seien hier ein Text von GUGGENMOS und ein Text aus dem *Wunderhorn* genannt:

Wie's damals war

Ritter Robert reitet,
von seinem Sohn begleitet.
Sie reiten über Berg und Tal,
sie reiten durch die Nacht,
und auf der wackligen Brücke
geben sie gut acht.[93]

Lirum larum Löffelstiel,
Alte Weiber essen viel,
Junge müssen fasten,
Brod liegt im Kasten,
Messer liegt daneben,
Ey was ein lustig Leben.[94]

Konsonantenvariation (bei vokalischem Gleichklang) und Alliteration als die herausragendesten Reimmerkmale sind zugleich zwei linguistische Phänomene auf der Textoberfläche, die neben einem hedonistischen einen sprachanalytischen Umgang mit kinderlyrischen Texten ermöglichen. Ihnen ist eine Fokussierung auf den lautlichen Aspekt der Sprache inhärent, d.h. die kindliche Wahrnehmung richtet sich hier auf phonologische Divergenzen und Konvergenzen und ereignet sich im Feld von phonologischer Bewusstheit.[95]

---

[92] Die Reziprozität von bereits vorhandenem Wissen und Wissenserweiterung ereignet sich im Rahmen der Kinderlyrik somit als ein Aneignungsprozess in der *„Zone der nächsten Entwicklung"*, welche Wygotski als *„das Gesetz der in entgegengesetzter Richtung verlaufenden Entwicklung analoger Systeme im höheren und niederen Bereich"* beschreibt (Wygotzki, L. S., 1986: Denken und Sprechen. Frankfurt a. M., S. 259 (1934)).

[93] Guggenmos, J. (1990): Oh, Verzeihung sagte Ameise. Weinheim; Basel, S. 117.

[94] Armin, A. von & Brentano, C. (1806/08), S. 261.

[95] Zum Zusammenhang von Reimfähigkeit und phonologischer Bewusstheit siehe Kap. 3.2.1 im zweiten Teil dieses Buches.

Die Struktur des Reimes wirkt sich als weitere textuelle Komponente unmittelbar auf den Rhythmus aus, wobei der Reim den Rhythmus festlegt und nicht umgekehrt. Daneben gewährleistet das Metrum den rhythmischen Zusammenhalt der Wörter als lyrische Rede in Versen. In der Kinderlyrik können in erster Linie drei metrische Schemata voneinander unterschieden werden, das sind der trochäische, der jambische und der daktylische Vers. Diese Grundmuster der Betonung werden in den verschiedenen kinderlyrischen Texten - insbesondere in Kinderreimen - jedoch aufgrund ihrer häufigen Einbindung in rhythmische Bewegungsabläufe (z.B. Tanz, Spiel) nur selten durchgehalten, sondern unterliegen oftmals einem funktionsbezogenen Anpassungsprozess an das jeweilige Handlungsgeschehen. FRANZ konstatiert deshalb für die Einhaltung des Metrums in der Kinderlyrik[96] eine Invariabilität:

„Man könnte beim Kinderreim von beschränkt variablen Metren sprechen, denn eine gewisse Invariabilität sucht das Kind hier ebenso wie beim Reim. Trotz der metrischen Freiheiten wird das Element des Mechanismus offenkundig, die Reime werden in einer gewissen primitiv-melodischen Monotonie, einer Art Sprechgesang vorgetragen oder „geleiert“, und die Silbenzahl wird, wenn notwendig, z.B. durch Apostrophierung eines Vokals oder Kontraktion dem Metrum angepasst.“ (Franz, 1979, S. 79)

Damit wird der Rhythmus vor allem als Folge der körperlichen Bewegung des Kindes betrachtet und nicht so sehr als Ausdruck der sprachlich-strukturellen Gestaltung der Texte.[97] Es ist unumstritten, dass ein Großteil der kinderlyrischen Texte spielbegleitend realisiert werden und dadurch eine Anpassung an das Spielgeschehen stattfindet, die sich auch auf die metrische und rhythmische Struktur auswirkt. Es reicht jedoch nicht aus, die Entstehung des Rhythmus allein auf den Aspekt der Körperlichkeit zu reduzieren; ebenso wenig wie der Rhythmus lediglich als Träger eines melodiösen Ausdrucks fungiert. Die rhythmische Gestaltung ist neben dem Reim und dem Metrum vielmehr ein drittes Element der Kinderlyrik, welches durch Akzentsetzungen, Einschnitte und Pausen auf der Textoberfläche die sprachliche Struktur und im Textinneren die semantische Struktur prägt. Im Sinne LAMPINGs, der „*die poetische Form als Signifikant*“[98] betrachtet, schafft der Rhythmus damit eine zusätzliche Sinnebene. Dabei kann die inhaltliche Aussage der Wörter hinter die Semantik des Rhythmus zurücktreten, so dass der Rhythmus eine Desemantisierung und Semantisierung zugleich bewirkt. Die Überlagerung des Wortsinns durch den Rhythmus zeigt das folgende Gedicht von GUGGENMOS.[99]

---

[96] Franz verwendet in diesem Zusammenhang den Begriff „Kinderreim“. Aufgrund der bereits eingangs diskutierten unklaren terminologischen Differenzierung kann jedoch davon ausgegangen werden, dass er die Bezeichnungen Kinderreim und Kinderlyrik synonym verwendet.

[97] Vgl. u.a. Bodensohn, A. (1965), S. 38, Lorbe, R. (1956), S. 37f, Lorbe, R. (1984), S. 347.

[98] Lamping, D. (1989), S. 44.

[99] Guggenmos, J. (1986), in: Gelberg, H.-J. (Hrsg.): Überall und neben dir. Weinheim, S. 37.

Ritt
Durch die weite,
weißverschneite
Heide reiten heiter
drei kleine Reiter.
Über einen Graben
geht es - hopp!
Und dann weiter,
weiter, weiter,
weiter, weiter
reiten die drei kleinen Reiter
heiter
durch die weite
weißverschneite
Heide im Galopp.

Als markantestes Merkmal auf der Textoberfläche ist zunächst die konsequente Verwendung des Diphtonges -ei zu bezeichnen; er tritt in jeder Zeile - mit nur einer Ausnahme - mindestens einmal auf. Unterstützt wird die durch die Diphtongisierung erzielte Rhythmisierung zusätzlich durch das Wort < weiter >, welches in der Mitte des Gedichtes als Block fünfmal in Folge erscheint und dadurch seine Zweiteilung bewirkt. Das Wort < weiter > markiert dabei nicht nur das Weiterreiten der Reiter, sondern auch ein Weiter im Text, welches sich dann paradoxer Weise zugleich als ein (inhaltliches) Zurückgehen erweist. Denn im zweiten Teil des Gedichtes erfolgt sozusagen eine Wiederholung der inhaltlichen Aussage des ersten Teils, bei der lediglich die Reihenfolge der Wörter neu ist. Und dennoch bewirkt GUGGENMOS eine Semantisierung auf der formalen Ebene, indem er durch die besonders starke Rhythmisierung das Reiten bzw. den Ritt - wie im Titel bereits angekündigt - symbolisiert. Hier verdeckt der Rhythmus also nicht die semantische Aussage, sondern potenziert im Gegenteil deren Gehalt. Im Sinne KLIEWERs kann man auch von einer „*Rhythmusmetapher*“ [100] sprechen, die sich auf der Textoberfläche auf die sprachliche (äußere) Struktur bezieht und dadurch eine Semantisierung im Textinneren (d.h. der inneren Struktur) nach sich zieht.

Reim, Metrum und Rhythmus gelten im historischen Kontext der traditionellen Kinderlyrik als Mittel der Ritualisierung und Memorierung von Sprache und erhalten damit eine Funktionszuschreibung, die sich aus dem Moment der Mündlichkeit speist. Erst die Umwandlung des Denkens in ein rhythmisches und formelhaftes Sprechen ermöglicht die Memorierbarkeit und damit die Konser-

[100] Kliewer selbst differenziert zwischen „*Textmetaphern*“ und „*Rhythmusmetaphern*“, wobei erstere die lexikalische Aussage und letztere die Textform determinieren. Ein Wechselspiel zwischen den beiden metaphorischen Formen sieht er dabei nicht (Kliewer, H.-J.,1999, S. 164).

vierbarkeit von mündlicher Sprache.[101] Während in literalen Gesellschaften die Schrift der Speicherung und Fixierung von Gedanken dient, muss in primären oralen Gesellschaften das Gedächtnis mündlich erzeugt und aufrechterhalten werden. Dies geschieht durch das Memorieren von gesprochener Rede als einer Tätigkeit des Erinnerns. Die lyrische Sprache ist also eine Gedächtnissprache, die zwischen Gedächtnis (Mnemosyne) und Vergessen (Lesmosyne) vagiert und sich abwendet von der flüchtigen (Alltags-)Rede, indem sie als Mittel der Tradierung einen rituellen Gestus erlangt. Am Beispiel des Festes und (religiösen) Ritus erörtert ASSMANN die mnemotechnische Funktion poetischer Sprache in schriftlosen Gesellschaften, denen der Ritus zur Wahrung des kulturellen Gedächtnisses als *„Ort des Wissens*" und als Garant für *„rituelle Kohärenz*" dient.[102] Schriftlose Gesellschaften sind demnach zur Herausbildung ihrer kulturellen Identität auf rituelle (sprachliche) Inszenierungen angewiesen, so dass sich die Gestaltung der Sprache als ritueller Akt der Erinnerung vom alltäglichen Sprachmodus unterscheiden muss, um Eingang in den gesellschaftlichen Kanon zu finden. Die Differenzierung von Alltagsrede und Festtagsrede - als rituelle Rede - mündet bei ASSMANN in der Feststellung, dass

> „[...]das kulturelle Gedächtnis ein Organ außertäglicher Erinnerung [ist]. Der Hauptunterschied gegenüber dem kommunikativen Gedächtnis ist seine Geformtheit und die Zeremonialität seiner Anlässe." (Assman, 1999, S. 58)

Die mündliche oder besser lyrische Sprache wird damit zur Kunstsprache, deren Charakter sich in der Form ihres ästhetischen Ausdrucks offenbart. Dieser Kunstcharakter gilt auch für die Kinderlyrik, scheint aber in der bisherigen Forschung stets hinter ihre pragmatischen Eigenschaften zurückzutreten.[103] Die Gestaltung der Kinderlyrik durch die Elemente Reim, Metrum und Rhythmus wird vielmehr als ein sicheres Anzeichen für ihre Nähe zur funktionellen Mündlichkeit gewertet. Als weiteres Merkmal der Mündlichkeit gilt in diesem Argumentationsgefüge das Lebensalter der Rezipienten/Rezipientinnen, das sich meist zwischen dem Säuglings- und Vorschulkindesalter bewegt und damit Kinder einschließt, die zumeist

---

[101] Dass mündliche Texte in primären oralen Kulturen jedoch nicht wortwörtlich, sondern sinngemäß weitergegeben wurden, zeigt A. B. Lord in seiner Untersuchung zum mündlichen Epos. Er folgt dabei der Theorie Milman Parrys, nach der das mündliche Epos durch wiederkehrende metrische Wortgruppen gekennzeichnet ist, die er als Formeln bzw. Formelsysteme deklariert (vgl. Lord, A. B.,1965: Der Sänger erzählt. Wie ein Epos entsteht. München).

[102] Assmann unterscheidet zwischen *ritueller Kohärenz,* die in oralen Gesellschaften mündlich durch eine formelhafte Sprache verwirklicht wird, und *textueller Kohärenz,* die als Folge der Entstehung der Schriftkultur an schriftliche Texte gebunden ist (Assmann, J., 1999: Das kulturelle Gedächtnis. Schrift, Erinnerung und politische Identität in frühen Hochkulturen. München, S. 86ff und 56ff).

[103] Die Frage zum Kunstcharakter der Kinderlyrik greift Vogdt auf, indem sie diese in den Kontext der Lyrik und der bildenden Kunst der Moderne stellt. Sie wertet die Wiederentdeckung der kindlichen Ausdrucks- und Wahrnehmungsformen in der bildenden Kunst als ein Signum für das Ästhetische in der Kinderlyrik (vgl. Vogdt. I.-B., 1998, S. 10f und 201ff).

noch nicht Lesen und Schreiben können. Aus dem Alter der Rezipienten/Rezipientinnen wird schließlich auf die Struktur der Texte geschlossen, die als medial und konzeptionell mündlich eingestuft werden. Dabei werden m. E. gleich mehrere wesentliche Sachverhalte vernachlässigt. So verfügt Kinderlyrik gerade aufgrund ihrer Nähe zur Mündlichkeit über ästhetische Aspekte, die sich in ihrer lyrischen Sprachgestaltung manifestieren und sie dadurch von der mündlichen Sprache des Alltags abgrenzen. Moderne Kinderlyrik entsteht auch nicht, wie es in der Forschung so oft den Anschein hat, in einem schriftsprachlichen Vakuum. Die Texte selbst unterliegen dem Einfluss der Schriftsprachlichkeit, sei es bei neueren Texten durch die Verfasser/Verfasserinnen selbst oder bei älteren Texten durch deren schriftliche Fixierung. Und zu guter Letzt sind auch die Kinder als Rezipienten von Kinderlyrik schriftsprachlich geprägt, da sie in einer literalen Gesellschaft aufwachsen und somit in vielfältigster Weise bereits frühzeitig permanent von Schrift umgeben sind. Der Trugschluss besteht hier m. E. in der Übertragung einer rein historischen Perspektive auf die Gattung Kinderlyrik, bei der die ursprünglich in einer oralen Gesellschaft entstandenen Texte mit denen der gesamten Kinderlyrik verglichen werden. Damit richtet sich der Blick aber lediglich auf einen Ausschnitt der Kinderlyrik; vernachlässigt wird der zunehmende Anteil moderner Kinderlyrik mit dem auch neue ästhetische Ausdrucksformen realisiert werden.[104] In der Moderne wird vor allem durch Autoren wie GUGGENMOS, SPOHN, VAHLE und WITTKAMP das Spektrum der Kinderlyrik mehr und mehr erweitert und ein Stück weit aus ihrer traditionellen Umklammerung gelöst. Es entstehen zunehmend innovative Textformen, die sich auf der sprachlichen sowie auf der formalen Ebene entfalten und sich damit der modernen Lyrik annähern. Eines der auffälligsten Merkmale für die Änderungen der Textformen in der Kinderlyrik ist der Verzicht auf eine starre Reimstruktur wie bei dem folgenden Gedicht von VAHLE.

Gedicht über einen Herbsttag,
der morgens um zehn noch genauso aussieht
wie nachmittags um fünf

Ein letzter Apfel liegt am Weg.
Die Krähen schreien.
Die Schlehen nicht.

[104] Eine umfassende Anthologie moderner Kinderlyrik bietet Hans-Joachim Gelberg mit seinem Band *„Großer Ozean"*, in dem er die RezipientInnen bewusst mit den Grenzen zwischen einer so genannten „Erwachsenenlyrik" und der Kinderlyrik konfrontiert. Gelberg, der bereits mit seinen früheren Anthologien immer wieder für einen Eigenwert der Kinderlyrik plädiert hat, zeigt in seinem jüngst erschienenem Band nicht nur die Entwicklung in der modernen Kinderlyrik auf, sondern gibt zugleich eine Antwort auf die Frage nach der Aktualität von Kinderlyrik in der heutigen Zeit (Gelberg, H.-J. (Hrsg.) 2000: Großer Ozean. Gedichte für alle. Weinheim; Basel).

Der Tag ist wie
Ein müdes Huhn
Und gar kein Grund
Für ein Gedicht. [105]

Mit dem Einzug moderner Formen in die Kinderlyrik hat sich ein Wandel vollzogen, der die Linie der traditionellen Kinderlyrik zwar nicht abbricht, aber deren Vormachtstellung relativiert und das Gesamtbild der Kinderlyrik neu ordnet. Die Gattung Kinderlyrik lässt sich nicht mehr ausschließlich auf die Elemente Reim, Metrum, Rhythmus und Wiederholung reduzieren und in den Kontext einer oralen Sprachkultur stellen. Am Kontinuum von Mündlichkeit und Schriftlichkeit findet vielmehr eine Verschiebung in Richtung Schriftlichkeit statt, die sich einerseits darin ausdrückt, dass ein Teil der Kinderlyrik zur gelesenen Lyrik wird und andererseits in deren textueller Gestaltung literale Strukturmodi erkennen lässt.[106] Wenn also die oben genannten Elemente eingangs als typisch für die Kinderlyrik deklariert wurden, dann muss diese Feststellung insofern eingeschränkt werden, als die Elemente typisch für den Bereich der traditionellen Kinderlyrik sind und dort verstärkt in Erscheinung treten, während dies für den Bereich der modernen Kinderlyrik nicht gleichermaßen zutrifft. Eine Differenzierung zwischen traditioneller und moderner Kinderlyrik wird in der Literatur leider bislang viel zu wenig vorgenommen und auch deshalb bleibt die Kinderlyrik m. E. das „ungeliebte Kind“ der Kinderliteraturforschung. Die Verbindung von Moderne und Tradition offenbart sich dabei in keinem anderen Gebiet der Kinderliteratur so nachhaltig wie in der Kinderlyrik.

1.3.2 Klang und Wiederholung - im Zeichen tradierter Mündlichkeit?

Seit PARRYs Arbeiten zur homerischen Epik[107] gilt Formelhaftigkeit als das dominante Kennzeichen mündlicher Literatur und in der Folge auch als ein wesentliches Merkmal der Kinderlyrik. Dabei wird die Formelhaftigkeit mündlicher Literatur zum Teil in simplifizierender Weise auf die Elemente Klang und Wiederholung[108] - beides ist in der Kinderlyrik anzutreffen - reduziert. Inwieweit

---

[105] Vahle, F. (1994), S. 117.
[106] Zum Übergang von Mündlichkeit und Schriftlichkeit siehe auch Koch, P. & Oesterreicher, W. (1994): Schriftlichkeit und Sprache. In: Günther, H. & Ludwig, O. (Hrsg.): Schrift und Schriftlichkeit. Writing and Its Use. Ein interdisziplinäres Handbuch internationaler Forschung. Berlin; New York, S. 587-604, dies. (1985): Sprache der Nähe - Sprache der Distanz. Mündlichkeit und Schriftlichkeit im Spannungsfeld von Sprachtheorie und Sprachgeschichte. In: Romanistisches Jahrbuch 36, S. 15-43 und Kap. 3 in Teil I dieser Arbeit.
[107] Parry, M. (1971): The Making of Homeric Verse. Oxford. Siehe dazu auch: Lord, A. B. (1965).
[108] Neben den Elementen Klang und Wiederholung wird Formelhaftigkeit auch durch die rhythmische Gestaltung der Texte erzielt. Dabei besteht zwischen Wiederholungen und Rhythmus eine Reziprozität, bei der entweder der eine oder der andere Aspekt das Formelsystem dominiert

die Erkenntnisse zur oralen Epik Einfluss auf die Untersuchungen zur Struktur der Kinderlyrik nehmen und umgekehrt soll in diesem Abschnitt erläutert werden (siehe dazu auch Kap. 3 in diesem Teil des Buches).

Ausgehend von der „homerischen Frage" untersuchte PARRY die Struktur und Entstehungsbedingungen der „*oral poetry*"[109] und kam dabei zu dem Ergebnis, dass die von Sängern vorgetragenen und von Generation zu Generation tradierten Epen durch immer wiederkehrende „*Formeln*" gekennzeichnet sind. Der von PARRY geprägte Begriff der „*Formel*" beschreibt in diesem Zusammenhang eine Wortgruppe, die unter gleichen metrischen Bedingungen regelmäßig verwendet wird. Das bekannteste Beispiel für eine solche Formel dürfte das von PARRY untersuchte Epithet in der homerischen Dichtung sein. Die Bindung der Formel an das Metrum gilt in diesem Forschungskontext als das herausragende Indiz für Mündlichkeit, wobei sich das Signum der Mündlichkeit bei PARRY weniger aus der Art und Weise des Vortragens als vielmehr aus der Entstehung des Epos während des Vortragens ergibt. Gemäß ihrem mündlichen Gebrauch sind Formeln somit in gewisser Weise Hilfsmittel, die in einem schöpferischen Akt vom Sänger, der gleichzeitig Dichter ist, verwendet werden. Die Vortragstechnik bzw. Vortragsstruktur des epischen Erzählers dominiert damit die Textstruktur, was ein Grund dafür ist, dass episches Erzählen niemals als wortwörtliche Wiedergabe fungiert, sondern mit jedem Vortrag ein neuer (mündlicher) Text entsteht. Entscheidend für diese Neuschöpfungen ist dabei allein die Tatsache, dass sie in einem nichtliteralen Umfeld entstehen. Weder die Sänger - als Schöpfer der Texte - noch die Rezipienten/Rezipientinnen sind des Lesens und Schreibens mächtig und bedürfen gerade deshalb einer formelhaften Sprache, um den Inhalt der Erzählungen weiter transportieren zu können. Damit wird die mnemotechnische

---

(vgl. Zumthor, P., 1990, S. 127f). Beispielsweise spricht Lorbe im Zusammenhang mit der Kinderlyrik von „*sich dauernd wiederholenden, rhythmischen Einheiten*", die „*oft ein Wiederholen gleicher Worte, gleicher Satzteile, gleicher Motive*" verursachen und verortet somit beide Elemente in einem reziproken Bedingungsgefüge (Lorbe, R., 1956, S. 50).

[109] Der von Parry verwendete Terminus „*oral poetry*" wird in der Literatur mit der Bezeichnung „orale Dichtung" ins Deutsche übersetzt, womit alle poetischen Gattungen eingeschlossen sind. Problematisch ist diese Übersetzung dann, wenn man bedenkt, dass Parry eine Forschungsrichtung vertrat, die sich ausschließlich dem Epos als einziger Form der „*oral poetry*" widmete. Gleichzeitig hat sich inzwischen die nicht weniger unproblematische Bezeichnung „orale bzw. mündliche Literatur" etabliert, die auf den ersten Blick paradox erscheint, denn folgt man Parry und seinen Befürwortern (z.B. Lord und Ong), so handelt es sich bei epischer Dichtung eben gerade nicht um literarische - und damit um literale -, sondern um rein mündlich konfigurierte Texte. Die Bezeichnung „orale Literatur" birgt danach einen literalisierten Blick auf Nichtliterarisches - so auch die Kritik von Vertretern einer Oralitäts-Literalitäts-Dichotomie - und misst die orale Dichtkunst folglich an den Prämissen von Literarität und Literalität. Bereits an dieser Stelle wird die kontroverse Diskussion ersichtlich, die sich an dem Terminus „orale Literatur" entfacht hat und sich in einer ebenso kontroversen Oralitäts-Literalitäts-Debatte fortsetzt. In Kapitel 3 - insbesondere in dem darin enthaltenen Exkurs zum Terminus „orale Literatur" - komme ich noch einmal auf diese Problematik zurück.

Funktion der formelhaften Sprache voll und ganz in den Kontext einer rein oralen Kultur gestellt und der Gebrauch von Formeln in einem ökonomischen Sinne als *„orale Kompositionsmethode“*[110] verstanden. Aufgrund der sich wiederholenden Formeln, die PARRY für die homerische Dichtung konstatiert, kommt er zu dem Schluss, dass es sich dabei um mündlich überlieferte Dichtung handelt, die auch mündlich entstanden ist. Fortan entschied allen anderen Merkmalen voran die Formel- bzw. Wiederholungsdichte über die mündliche oder schriftliche Komposition eines Textes.[111] Im Hinblick auf den kindlichen Umgang mit lyrischen Texten ist es dabei von Interesse, dass das Prinzip der Wiederholung scheinbar eine unterstützende Funktion in der Aneignung von Reimkompetenzen erfüllt. Kinder, die im Rahmen eines Reimspiels dazu aufgefordert werden, Reime zu ergänzen, realisieren verschiedene Wiederholungsstrategien, um sich den Prinzipien der Reimbildung zu nähern. Hier scheint die Wiederholung Ausdruck eines Erwerbsprozesses zu sein, der sich im Setting von medialer Mündlichkeit ereignet.[112]

Mit der Einführung der Formelhaftigkeit als Kennzeichen oraler Dichtung wird eine beinahe unauflösbare Verbindung zur Mündlichkeit geschaffen, welche auch für die Kinderlyrik präsumiert wird. Während die Formeln in simplifizierender Weise als Wiederholungen deklariert werden, tritt als weiteres orales Phänomen der Klang hinzu. In einer oralen, schriftunkundigen Kultur, in der geschichtliche und gesellschaftliche Ereignisse mittels der Stimme verkündet und weitergegeben und so über Generationen am Leben erhalten werden können, wird der memorierte Text zum Klanggebilde, das sich nicht aus Wörtern - die es in einer schriftlosen Gesellschaft als solche ohnehin nicht gibt -, sondern aus Lauten zusammensetzt. Welche Bedeutung haben nun aber die Elemente Wiederholung und Klang in der Kinderlyrik? Und in welchem Verhältnis stehen Kinderlyrik und tradierte Mündlichkeit?

Für LORBE, die in ihrer Arbeit zum Nürnberger Kinderlied[113] über eine bloße soziographische Betrachtungsweise hinausgeht, ist die Kinderlyrik[114] untrennbar

---

[110] Ong, W. (1982): Oralität und Literalität. Die Technologisierung des Wortes. Opladen, S. 27.

[111] Dass die Wiederholungsdichte allein kein ausreichendes Indiz für die Mündlichkeit von Texten ist, stellt Haymes in seinem Buch *„Das mündliche Epos“* in Frage, in dem er für literarische (schriftliche) Texte eine ebenso hohe Wiederholungsdichte nachweist wie für mündliche Texte. Darüber hinaus kritisiert Haymes die von Parry und in dessen Nachfolge von Lord zu niedrig angesetzte Grenze zwischen mündlicher (10-25 % Formeln) und schriftlicher Dichtung (50-60% Formeln) und kommt schließlich zu dem Resümee, dass es *„bisher keinem Forscher gelungen [ist], die restlose Formelhaftigkeit eines mündlichen Textes zu beweisen.“* (Haymes, E. R.,1977: Das mündliche Epos. Eine Einführung in die >Oral Poetry< Forschung. Stuttgart, S. 14f).

[112] Eine ausführliche Darstellung der kindlichen Wiederholungsstrategien im Rahmen des in dieser Studie durchgeführten Reimspiels erfolgt im zweiten Teil unter Kap. 3.2.4.

[113] Lorbe, R. (1956).

mit dem Aspekt des Klanges verbunden. Sie spricht in diesem Zusammenhang von einem *„Sprach-Tongebilde“* und von *„Wortmusik“* und zieht damit eine Linie zur Musik.[115] Dabei richtet LORBE ihren Blick vornehmlich auf das gleichzeitige Miteinander von Körper, Sprache und Klang in der kindlichen Realisierung von Kinderlyrik und stellt die (traditionelle) Kinderlyrik - ähnlich wie später FRANZ[116] - in die Nähe des kindlichen Spiels. Die Verbindung von Bewegungsabläufen und Tonalität bezieht sich also zunächst einmal weniger auf die Textstrukturen als auf das spielerische Handlungsmoment. In einem späteren Abschnitt ihrer Arbeit versteht LORBE den Klang - hier spricht sie vom Wortklang - ebenfalls als Ausdruck des kindlichen Spiels mit der Sprache, hinter den nun aber die Körperlichkeit zurücktritt.[117] Dennoch bleibt der spielerische Umgang des Kindes mit der Sprache wie bereits die körperliche Umsetzung lyrischer Texte ein - so LORBE - unbewusster Vorgang, der sich lediglich an der kindlichen Lust am Wort- und Sprachspiel orientiert. Das Klangelement ist auch weiterhin ein primär musikalisches bzw. melodisches Ausdruckselement auf der Textoberfläche, das seine Wirksamkeit, unterstützt durch den Rhythmus, im kindlichen Vollzug erhält. Folglich konstatiert LORBE für die sprachlich-klangliche Seite der traditionellen Kinderlyrik:

„Deshalb nähert sich im Kinderlied das Prinzip des Textes in einer nichtreflektiven, assoziativen, rhythmischen und lautmalenden Erscheinungsform sehr stark dem musikalischen Prinzip der Unmittelbarkeit.“ (Lorbe, 1956, S. 36)

Eine m. E. differenziertere Auseinandersetzung mit dem Klangelement in der Kinderlyrik hat LORBE noch einige Jahre zuvor in einem Beitrag der Zeitschrift

---

[114] Es sei an dieser Stelle nochmals darauf hingewiesen, dass der hier verwendete Gattungsbegriff Kinderlyrik die von Lorbe präferierte Bezeichnung Kinderlied ablöst. Lorbe selbst will das Kinderlied als eigene Gattung verstanden wissen (vgl. ebd., S. 25), unter der sie wiederum verschiedene lyrische Ausdrucksformen (wie z.B. Abzählreime, Wiegenlieder usf.) subsumiert. Sie fokussiert dabei den Bereich der volkstümlichen Kinderlyrik und zählt das Kinderlied entsprechend zur Gattung des Volksliedes (vgl. ebd., S. 92). Damit steht sie in einer langen Tradition, die mit Herder im ausgehenden 18. Jahrhundert begann und in der das Kinderlied als das lyrische Ausdrucksmittel des Kindes - eingebunden in die Handlungszusammenhänge des Volkes - gilt. Da in der vorliegenden Arbeit das Kinderlied umgekehrt als eine Ausdrucksform der Gattung Kinderlyrik verstanden wird und damit moderne lyrische Formen neben traditionellen Formen gattungsbestimmend sind, kann das Bild von einer eigenständigen Gattung Kinderlied hier nicht mehr aufrechterhalten werden. Der damit vollzogene Perspektivwechsel beinhaltet deshalb auch eine terminologische Neuorientierung, in der die Bezeichnung Kinderlyrik an die Stelle des Kinderliedes tritt. Dabei ist hervorzuheben, dass in Lorbes Abhandlung zum Nürnberger Kinderlied lediglich ein Teilbereich der Gattung Kinderlyrik angesprochen wird, und zwar jener Bereich der traditionellen Kinderlyrik, zu der auch das Kinderlied als eine Ausdrucksform zu rechnen ist (vgl. auch Kapitel 1 in Teil I).

[115] Ebd., S. 25f.

[116] Vgl. Franz, K. (1979), S. 79.

[117] Vgl. Lorbe, R. (1956), S. 64f.

Akzente geliefert.[118] Im Gegensatz zu den Nürnberger Kinderliedern widmet sie sich darin verstärkt den lyrischen Strukturen und noch nicht ausschließlich der traditionellen Kinderlyrik. Sie unterscheidet zwischen Lautmalerei als *„rationales Mittel [...] der begrifflichen Umschreibung“* und der *„klanglichen Enthebung“* als Umsetzung eines *„Welt- oder Lebenszustands in Klang“*[119], mit der die Zweckgebundenheit der Sprache durchbrochen wird. Und obwohl sie einen Großteil der Kinderlyrik durch lautmalende Elemente determiniert sieht, schließt sie das Moment der *„klanglichen Enthebung“* nicht völlig aus, sondern vermutet für diesen Anteil der Kinderlyrik eine über die reine Funktionalität hinausgehende Lyrizität. Betrachtet man darüber hinaus das Element des Klanges aus einer eher linguistischen Perspektive, so lassen sich LORBEs Erläuterungen um den Aspekt der phonologischen Beschaffenheit von lyrischen Texten ergänzen und diesbezüglich auf ihre Bedeutung für die Entwicklung einer phonologischen Bewusstheit untersuchen. Texte der Kinderlyrik können dann auch hinsichtlich ihrer formalen - hier lautlichen - Eigenschaften analysiert und damit in den Kontext einer sprachpsychologischen Forschungsrichtung gestellt werden.

Eine in Bezug auf die Klanggestalt konzipierte Verbindung zur Sprache der „Erwachsenenlyrik“ modellieren JAKOBSON & WAUGH, die in ihrem Buch über *„Die Lautgestalt der Sprache“*[120] an dieser Stelle von *„dichterischer Sprache“* sprechen und darin die These unterstützen, dass der kindliche Spracherwerb zugleich den Erwerb der lyrischen Grundlagen beinhaltet, indem die Kinder eine besondere Freude am Umgang mit der Lautgestalt entwickeln und sich dadurch die lyrische Sprache in spielerischer Weise aneignen.[121] Wie bereits EWERS richten sie damit einen pädagogisch intendierten Blick auf die Gattung Kinderlyrik, bei dem die Strukturmerkmale mit Hilfe sprachontologischer Theorien definiert werden. Überhaupt wird in den bisher genannten Überlegungen zur Klangstruktur der Kinderlyrik vermehrt der Blick vom (defizitären) Vermögen des Kindes auf die textuellen Eigenschaften gerichtet und nicht umgekehrt eine Wirkung präsumiert, die von den Texten selbst ausgeht und eine Erweiterung der kindlichen Fähigkeiten darstellen könnte. An dieser Stelle scheint sich der Kreis erneut zu schließen und das Signum der Mündlichkeit wird in die Tradition einer „oralen Kultur“[122] - hier der Kinderlyrik - gestellt. Der Klang wird dabei in zweierlei Hinsicht als ein Indiz für Mündlichkeit favorisiert: Erstens wird er mündlich, d.h. sprechsprachlich realisiert und erhält dadurch seine Existenzberechtigung in der Kinderlyrik - wie übrigens in der Lyrik überhaupt, was einige

---

[118] Vgl. Lorbe, R. (1954): Spuren. Elemente der Lyrik im Kinderreim. In: Akzente 1, 3/54, S. 280-291.
[119] Ebd., S. 285.
[120] Jakobson, R. & Waugh, L. R. (1986): Die Lautgestalt der Sprache. Berlin; New York.
[121] Vgl. ebd., S. 239.
[122] Wobei mit dem Blick auf das 21. Jahrhundert die „orale Kultur“ hier als eine Ausdrucksform im Setting von sekundärer Mündlichkeit zu verstehen ist.

Autoren und Autorinnen manchmal zu vergessen scheinen. Und zweitens verweist der Klang auf eine mündliche Form der Überlieferung, wo er ähnlich wie der Rhythmus eine mnemotechnische Funktion erfüllt. Danach dient der Klang noch nicht so sehr dem Spiel mit der Sprache als vielmehr der Unterstützung der Gedächtnisleistungen. An dieser „doppelten Mündlichkeit" des Klanges im Sinne einer medialen und konzeptionellen Mündlichkeit wird bis heute festgehalten, wodurch die Kinderlyrik schnell zu einem historischen Relikt im Zeitalter der Moderne gerät.

Ein zweites Element, welches in den Kontext einer mündlichen Tradition gestellt wird, ist die Wiederholung, die eingangs bereits unter dem Aspekt der Formelhaftigkeit in der homerischen Epik eingeführt wurde. PARRYs Erkenntnisse zur Formelhaftigkeit erfahren in der Literatur zur Kinderlyrik eine Eingrenzung auf das Moment der Wiederholung, wobei von einem mechanischen bzw. funktionellen Formelbegriff ausgegangen wird. Während bei PARRY der schöpferische Akt des Sängers die Basis des Formelsystems bildet, wird die Formelhaftigkeit in der Kinderlyrik - so die allgemeine Auffassung - sozusagen vom Sprachsystem determiniert und vom Kind lediglich adaptiert. Die Wiederholung einzelner Wörter oder Wortgruppen wird in der Literatur zur Kinderlyrik entsprechend als Indiz für eine restriktive Sprache und damit als Phänomen von „primitiver" Mündlichkeit klassifiziert.[123] Ähnlich wie der Klang wird die Wiederholung damit auf der Folie des kindlichen Spracherwerbs betrachtet, bleibt aber perspektivisch eher auf das Sprachsystem, also auf den Text, bezogen. Beide Strukturelemente - der Klang und die Wiederholung - unterliegen danach einer Einstufung in eine „kindertümliche" Sprache, die aufgrund ihrer einfachen Gestaltung der kindlichen Sprachkompetenz entgegen zu kommen scheinen. Die Analogisierung von kindlichem Sprachvermögen bzw. Spracherwerb und den textuellen Strukturen innerhalb der Kinderlyrik vollzieht sich stets im Hinblick auf die Einbettung des Kindes in ein vornehmlich mündlich geprägtes Setting. Der Grund dafür liegt m. E. in dem Alter der Kinder, die in der Regel im ersten Umgang mit Kinderlyrik noch nicht lesen und schreiben können. Die fehlenden schriftsprachlichen Kompetenzen der Kinder führen dabei scheinbar unweigerlich zu der Annahme, dass diese sich ausschließlich im Feld der Mündlichkeit bewegen. Dem entgegen steht vor allem die Erkenntnis, dass es primäre Mündlichkeit, wie sie PARRY im Verlauf seiner Untersuchungen noch antraf, in einer modernen, literalen Gesellschaft so nicht mehr gibt. Trotzdem wird die Kinderlyrik wie keine andere Gattung der Kinderliteratur nach wie vor unter dem Blickwinkel der traditionellen Oralität analysiert und deren Erforschung vorzugsweise

[123] Lorbe bezeichnet das Element der Wiederholung als Ausdruck einer primitiven Sprachverwendung, wenn sie schreibt: *„Aus dieser Tendenz heraus, die Sprache nicht in neuen, abwechslungsreichen Variationen zu gebrauchen, leitet sich ein großer Teil der dem Kinderlied eigenen ‚Primitivität' ab."* (Lorbe, R., 1956, S. 50).

in einen historischen Wissenschaftsbetrieb gestellt. Der historische Blick auf die Kinderlyrik ist sicherlich erforderlich, um die Ursprünge und den Wandel, dem die Kinderlyrik unterliegt, nachzuvollziehen, reicht aber in seiner monokausalen Sichtweise m. E. nicht aus, um die Gesamtheit der kinderlyrischen Ausdrucksformen zu erfassen. Es ist deshalb unbedingt erforderlich, die in diesem Abschnitt vorgestellten Merkmale Klang und Wiederholung auch in den Kontext der modernen Kinderlyrik zu stellen, in dem sie dann nicht mehr allein der Erfüllung mündlicher Sprachnormen dienen, sondern z.B. um die Dimension der Sprachästhetik erweitert werden. Exemplarisch für eine Vielzahl von modernen kinderlyrischen Texten, deren sprachästhetische Wirkung durch die Elemente Klang und Wiederholung erzielt wird, seien hier die „*Klangreise*" von MANZ[124] und das Kindergedicht „*Mein Tag und dein Tag*" von GUGGENMOS[125] genannt (S.61).

MANZ' „*Klangreise*" präsentiert sich als ein einzigartiges Spiel mit den Sprachklängen, in dem die semantische Aussage durch die verschiedenen Lautvariationen zunächst verdeckt scheint. Lediglich der am Ende des Gedichtes angefügte Hinweis, dass es sich bei den Wortschöpfungen um „*tatsächlich existierende italienische Ortschaften*" handelt, verweist auf einen semantischen bzw. realen Bezugsrahmen. Das Jonglieren des Autors mit den Vokalen vermittelt den Eindruck von einer „Kunstsprache", die hier neu entstanden ist. Offensichtlich beabsichtigt der Autor in erster Linie eine Form der sprachästhetischen Auseinandersetzung des Rezipienten/der Rezipientin bzw. des Sprechers/der Sprecherin mit dem Textmaterial. Sekundär - aber eben doch nicht ohne Belang - bleibt dabei die am Ende des Gedichts vom Autor initiierte Erkenntnis um den realen Bezug der Sprache zur Lebenswelt. MANZ nimmt die Kinder somit im doppelten Sinne des Wortes mit auf eine „Reise", nämlich auf eine phonologische Reise in die Welt der Klänge (bzw. Laute) und auf eine geographische Reise durch das Land Italien. Das Element des Klanges steht hier demnach nicht mehr in der Linie einer traditionellen Kinderlyrik, in der es die Funktion eines mündlichen Memorierens erfüllt, sondern bildet den Ausgangspunkt sprachästhetischer Erfahrungen im Zuge der kindlichen (Sprach-)Wahrnehmung. Das Gedicht kann somit als ein Initiator für einen bewussten Umgang mit dem sprachlichen Material auf der Ebene der Laute angesehen werden, welcher vom Autor in spielerischer Weise inszeniert wird.

---

[124] Manz, H. (1995): Mit Wörtern fliegen. Neues Sprachbuch für Kinder und Neugierige. Weinheim; Basel, S. 89.

[125] Das Gedicht von Guggenmos wurde dem Sammelband „*Großer Ozean*" entnommen (Gelberg, H.-J. (Hrsg.), 2000, S. 61).

Klangreise

Merano
Mareno
Marano
Merone
Morino
Morini

Varano
Varoni
Veruno
Varena
Varone
Verona

Bellina
Bellona
Belluno
Bellino
Ballone
Bollone

(Tatsächlich existierende
italienische Ortschaften)

Mein Tag und dein Tag
Fünf Haikus

Mein Tag. Und dein Tag.
Ihr Tag, der Elster Tag. Tag,
unzählbarer Tag.

Du lobst den Tag schon
Vor Tag. Soll man's? Du wagst es!
Amsel, du schwarze!

Frag nicht die Felsen,
die Schweiger. Frag >Was ist Glück?<
Falter und Fohlen.

Kunstwerk und Spinnennetz
mir im Weg. Mich verneigend
geh ich unten durch.

An der Hauswand sitzt
ein beinah Nichts wie ich, sitzt,
sonnt sich ein Falter.

In dem Kindergedicht „*Mein Tag und dein Tag*" von GUGGENMOS - eine Folge von fünf Haikus - wird das Strukturelement der Wiederholung insbesondere in den ersten beiden Haikus eingesetzt. Insgesamt achtmal kommt es zur Wiederholung des Wortes < Tag >, welches dann in den folgenden Strophen nicht mehr in Erscheinung tritt. Betrachtet man den strukturellen Aufbau dieser ersten zwei Haikus, wird man kaum von einer mechanischen Formelhaftigkeit sprechen können, die der Kinderlyrik mit dem Element der Wiederholung gerne zugesprochen wird. Vielmehr zeichnen sich die Zeilen durch eine besonders hohe symbolische Dichte aus, die zusätzlich durch die Zeilensprünge gesteigert wird. Im dritten Haiku wird dann eine neue, minimalistische Form der Wiederholung - die Wiederholung des Konsonanten < f > - realisiert und im vierten und fünften Haiku schließlich ganz auf das Element der Wiederholung verzichtet. Die sprachliche Struktur des Kindergedichts, das bereits aufgrund seines an den Prinzipien des Haiku orientierten Aufbaus stark formalisiert ist, wird durch die Wiederholungen zusätzlich dem formalen Duktus unterworfen. Trotzdem kann hier nicht von einer Formelhaftigkeit im Sinne von konzeptioneller Mündlichkeit die Rede sein, bei der die Wiederholungen als Hilfsmittel des Erinnerns fungieren. Im Gegenteil, der Text von GUGGENMOS zeigt Spuren konzeptioneller Schriftlichkeit - wie z.B. eine ausgeprägte Metaphorik -, die kaum noch an eine mündliche Tradition der Kinderlyrik denken lassen.[126]

2. Das Spiel mit Sprache im Alltagshandeln von Kindern

„Links, zwo, drei, vier, Klopapier.
Links, zwo, drei, vier, Scheißpapier.
Links, zwo, drei, vier, Pupspapier.“
(Lena, 6 Jahre, Ayni, 5 Jahre, Marie, 5 Jahre)

Im Alltag eines jeden Menschen spielt die Sprache eine entscheidende Rolle, denn sie ist das primäre Kommunikationsmittel unserer Gesellschaft. Im täglichen Miteinander verwenden wir Sprache in mündlicher und schriftlicher Form mit einer gewissen Selbstverständlichkeit, d.h. ohne uns jederzeit explizit über ihre Strukturen und Normen bewusst zu sein. Erst in der bewussten Auseinandersetzung mit sprachlichen Regularitäten, z.B. beim Lesen eines literarischen Textes, wird Sprache dem Alltag enthoben und zum Reflexionsgegenstand. Anders verhält es sich im frühkindlichen Umgang mit Sprache, denn das Kind befindet sich noch im Prozess des primären Spracherwerbs.[127] Sprache ist hier nicht nur Kommunikationsmittel, sondern zugleich Lerngegenstand und manchmal auch Lernwiderstand, den es zu überwinden gilt. Diese Prozesshaftigkeit des kindlichen Sprachvermögens bietet dem Kind die Möglichkeit, die Sprache auf vielfältigste Weise zu erproben und sich so sprachliche Regeln und Normen zu erschließen. Das alltagsbegleitende Spiel mit der Sprache ist dabei eine häufig zu beobachtende Form der kindlichen Sprachaneignung, bei der sich verschiedene Spielformen (z.B. Reimspiele, handlungsbegleitende und interaktive Sprachspiele) beobachten lassen, die im Rahmen des Spracherwerbs vom Kind realisiert werden (siehe dazu auch Kap. 3.1.2 in Teil II). Ein solches Spiel ist auch das kindliche Fiktionsspiel, dass ANDRESEN im Hinblick auf die frühe Entwicklung metakommunikativer Strukturen untersucht hat.[128] Das Fiktionsspiel von Kindern zwischen drei und sechs Jahren umfasst Spielhandlungen, bei denen die Kinder innerhalb eines fiktiv gesetzten Rahmens agieren (z.B. Vater-Mutter-Kind-

---

[126] Neben der konzeptionellen Schriftlichkeit des Textes kann hier auch eine mediale Schriftlichkeit präsumiert werden, da sich das Gedicht wohl eher an den kindlichen Leser/die kindliche Leserin wendet, als an ein schriftunkundiges kindliches Publikum.

[127] Gemeint ist hier das Vorschulkind im Alter von bis zu sechs Jahren, welches sich noch nicht im Prozess des schulischen (Schrift-)Spracherwerbs befindet.

[128] Siehe u.a. Andresen, H. (1996): Bedeutungskonstitution im Fiktionsspiel von Vorschulkindern. In: Lompscher, J. (Hrsg.): Entwicklung und Lernen aus kulturhistorischer Sicht. Was sagt uns Wygotsky heute. Bd. 4/2. Marburg, S. 516-532, dies. (1998): Spiel, Zeichen, Kontext. Zur Ontogenese dekontextualisierten Zeichengebrauchs. In: Giese, H. & Ossner, J. (Hrsg.): Sprache thematisieren. Fachdidaktische und unterrichtswissenschaftliche Aspekte. Freiburg i. Breisgau, S. 21-41.

Spiele),[129] wobei die Fiktion weitestgehend sprachlich erzeugt wird, so dass die Sprache im Fiktionsspiel eine zentrale Funktion übernimmt. Das betrifft nach ANDRESEN vor allem die sprachlichen Phänomene Dekontextualisierung, Referenz und Metakommunikation als Indikatoren für das Vorhandensein einer impliziten oder expliziten Sprachbewusstheit. Durch Dekontextualisierung des Zeichengebrauchs wird der Spielkontext hergestellt, wobei das Fiktionsspiel selbst aufgrund seiner Situationsgebundenheit stark kontextualisiert ist. Mit der Spielhandlung schafft das Kind also einen neuen Kontext, innerhalb dessen es sprachlich agiert und somit implizit durch das eigene Handeln oder explizit durch Versprachlichung zwischen Realität und Spiel (Fiktion) differenziert. ANDRESEN sieht diese frühkindliche Beherrschung kontextualisierter Zeichen-Zeichen-Beziehungen als Modalität für den späteren Erwerb des dekontextualisierten Zeichengebrauchs im Rahmen des Schriftspracherwerbs. Mit der Dekontextualisierung verbindet sich die Fähigkeit zum referenziellen Sprachgebrauch, denn die Kinder müssen auf die im Spiel geschaffenen fiktiven Handlungsobjekte sprachlich referieren, um ein Verständnis bezüglich der Handlungssituation und der erforderlichen Interaktionsakte herzustellen.[130] Das Sicherstellen eines gemeinsamen Handlungsrahmens durch Referieren auf die Situation erfolgt - so konnte ANDRESEN beobachten - meist zunächst außersprachlich durch *„explizite Verbalisierung“*[131] und im Anschluss bzw. während des weiteren Spielgeschehens innersprachlich durch Präsuppositionen. Diesem Referieren auf ein Handeln in der Fiktion oder in der Realität ist schließlich die Entwicklung metakommunikativer Kompetenzen inhärent. In der Metakommunikation wechselt das Kind zwischen der Objekt- und der Metaebene - z.B. durch sprachliche Markierung fiktiver Objekte („Du bist jetzt mal das Baby“) - und steuert dadurch den Handlungsverlauf. Mit zunehmendem Alter der Kinder konnte ANDRESEN einen sukzessiven Übergang von einer expliziten zu einer impliziten Metakommunikation feststellen, durch die die Fiktion aufrechterhalten wird.[132]

---

[129] Unterschieden werden muss dabei zwischen Fiktionsspielen und Rollenspielen. Das Rollenspiel steht vor allem im Kontext der Deutschdidaktik, wo es zur Simulation von Sprechhandlungen eingesetzt wird, wohingegen das Fiktionsspiel aus einem intrinsischen Bedürfnis des Kindes erwächst.

[130] Betont sei an dieser Stelle, dass die sprachlichen Leistungen der Kinder vor allem im metakommunikativen Bereich liegen. Sie richten sich in erster Linie auf die Verständigung zwischen den Aktanten des Spiels und versuchen das Spielgeschehen zu organisieren und sind deshalb von den metasprachlichen Handlungen, welche die Kinder im Umgang mit gereimter Sprache im Zuge des Reimspiels vollziehen (siehe Kap. 3.2.2 im zweiten Teil) zu differenzieren. Dennoch beinhalten beide Sprachhandlungen m. E. einen exponierten Zugriff auf Sprache und heben sich damit von der Alltagskommunikation ab.

[131] Andresen, H. (1998), S. 32.

[132] Bereits in ihrer 1985 erschienen Habilitationsschrift *„Schriftspracherwerb und die Entstehung von Sprachbewußtheit“* konstatiert Andresen, dass *„schon kleine Kinder sich explizit zu Sprache verhalten“* (S. 5) und im spielerischen Umgang mit Sprache erste metasprachliche Fähigkeiten entwickeln (Andresen, H., 1985: Schriftspracherwerb und die Entstehung von Sprachbewußtheit. Opladen).

Das Zusammenwirken von Dekontextualisierung, Referenz und Metakommunikation im kindlichen Fiktionsspiel und deren Bedeutung für die sprachliche Entwicklung des Kindes fasst ANDRESEN schließlich wie folgt zusammen:

„Die Möglichkeit, auf die Metaebene zu wechseln, ist gerade in der Frühphase wichtig für die Erzeugung fiktiver Bedeutungen. Damit schaffen die Kinder einen semiotischen Rahmen, den sie innerhalb des Spiels präsupponieren und auf den sie sprachlich verweisen können." (Andresen, 1998, S. 34)

Die sprachlichen Kompetenzen, die das Kind in der Realisierung von Fiktionsspielen erwirbt, deklariert ANDRESEN als Voraussetzung für den weiteren Spracherwerb. Ähnlich beschreiben auch PELLEGRINI & GALDA die ontogenetische Funktion von Fiktionsspielen,[133] legen ihren Fokus dabei aber nachdrücklich auf die Entwicklung der Schriftsprache:

„Wir glauben, daß die Ähnlichkeiten in den Funktionen und im sozialen Kontext zwischen Fiktionsspiel und frühem Lesen- und Schreibenlernen für die gegenseitigen Beziehungen zwischen beiden verantwortlich sind, d.h. wir gehen davon aus, daß die funktionellen Anforderungen, die das Fiktionsspiel an das Kind stellt, nämlich seinen Spielkameraden eine Bedeutung zu vermitteln, ihm Gelegenheit geben, bestimmte Sprachvarianten und ein bestimmtes Vokabular zu lernen und zu üben, das dem der Schule und der geschriebenen Sprache ähnlich ist." (Pellegrini & Galda, 1990, S. 269f)

Die Ähnlichkeiten zwischen der Sprache im Fiktionsspiel und der Schriftsprache ergeben sich nach PELLEGRINI & GALDA in erster Linie aus den situativen Bedingungen, die vom Kind einen fiktiven bzw. imaginativen Sprachgebrauch verlangen. Diese imaginative Sprache unterscheidet sich von der Sprache der Realität - also von der Alltagssprache - durch die Verwendung metakommunikativer Ausdrücke zur Markierung der Fiktion und durch die zeitliche Organisation des Fiktionsspiels. In der Dekontextualisierung, also dem Herausheben aus dem realen Kontext und dem Hineinnehmen in den neuen, fiktiven Kontext, sehen die Autoren demnach eine Übereinstimmung zwischen der Sprache im Fiktionsspiel und den Anforderungen der Schriftsprache.

PELLEGRINI & GALDA - wie auch ANDRESEN - beschreiten einen Pfad, auf dem sich der Erwerb literaler Kompetenzen im Kontext mündlicher Sprachhandlungssituationen nachzeichnen lässt. Im Fiktionsspiel ist die Sprache Gegenstand spielerischer Handlungen und wird implizit und explizit thematisiert. Dabei erfordert der imaginierte Spielkontext vom Kind einen bestimmten Sprachgebrauch, der sich von der Sprache des Alltags abhebt. Hier sehe ich eine mögliche Analogie zum kindlichen Umgang mit lyrischen Ausdrucksformen und

---

[133] Pellegrini, A. D. & Galda, L. (1990): Spiel, Sprache und frühe Kompetenz im Lesen und Schreiben. Children's Play, Language, and Early Literacy. In: Unterrichtswissenschaft, 18/3, S. 269-281.

deren Potenzial für die literale Entwicklung von Kindern.[134] Während die Imagination im Fiktionsspiel vom Kind geleistet wird, indem es eigentätig sprachliche Interaktionsräume schafft, gibt Kinderlyrik sprachliche Strukturen vor und kann vielmehr als Initiator für kindliches Imaginieren angesehen werden. Auf eine mögliche Wechselwirkung von kindlicher Spielaktivität im Fiktiven und der Realisation lyrischer Sprache verweisen hier Angaben von Eltern mit Kindern im Vorschulalter, die im Rahmen dieser Studie befragt wurden (siehe dazu Kap. 3.1.2 in Teil II). Trotz der deutlichen Unterscheidung zwischen den metakommunikativen Handlungen, die Kinder im Kontext von Fiktionsspielen zeigen und dem Umgang mit lyrischer Sprache, bei dem die sprachlichen Strukturen, die das Kind vorfindet ausschlaggebend für seine sprachlichen und metasprachlichen Leistungen sind, ist beiden ein expliziter oder impliziter Zugriff auf Sprache gemein und wird Sprache somit zum Spiel-Gegenstand.
Kinderlyrik als literarische Gattung ist alltagsenthoben (dekontextualisiert), metasprachlich, elaboriert (literal) und zeichnet sich deshalb durch eine spezifische - nämlich eine poetische - Sprache aus. Inwieweit sich die Verssprache der Kinderlyrik von der Alltagssprache unterscheidet und wo in der Kinderlyrik spielerische und sprachliche Momente zusammentreffen, soll im Folgenden aufgezeigt werden.

2.1 Verssprache und Alltagssprache

> „Allein in der Dichtung offenbart die Sprache alle ihre Möglichkeiten, denn die an sie gestellten Anforderungen sind maximal: Alle ihre Momente sind extrem angespannt, dringen bis an die äußersten Grenzen vor; die Poesie presst gleichsam alle Säfte aus der Sprache heraus; und die Sprache übertrifft sich hier selbst."[135]

Diese Überwindung der (poetischen) Sprache durch sich selbst, die BACHTIN in seiner „Wortästhetik" als Gegenmodell zur linguistischen Sprache konzipiert, lässt sich auch auf das Verhältnis von Alltagssprache und Verssprache transferieren, indem die Verssprache als eine „künstlerische Überformung" der Alltagssprache betrachtet wird. Nach SCHMIDT stehen sich die Alltagssprache und die Verssprache dabei nicht als zwei konträre Sprachtypen gegenüber, sondern differieren vielmehr hinsichtlich ihrer Verwendungszusammenhänge innerhalb eines Sprachsystems.[136] Unterschieden werden müssen demnach zunächst einmal die Modalitäten bzw. Kontexte von Verssprache und Alltagssprache und erst in einem

---

[134] Dabei ist zu berücksichtigen, dass es sich bei den kindlichen Sprachäußerungen im Rahmen von Fiktionsspielen um kommunikative Akte handelt, während der spielerische Umgang mit lyrischer Sprache metasprachliche Prozesse beinhaltet.
[135] Bachtin, M. M. (1979): Die Ästhetik des Wortes. Herausgegeben und eingleitet von Rainer Grübel. Frankfurt a. Main, S. 130.
[136] Schmidt, S.-J. (1969): Alltagssprache und Gedichtsprache. Versuch einer Bestimmung von Differenzqualitäten. In: Poetica, 2. Jg., S. 285-303, hier: S. 288.

zweiten Schritt mögliche formale Abweichungen. Auf diesen Sachverhalt geht auch AUSTERMÜHL in ihrer Dissertation zur poetischen Sprache und zum lyrischen Verstehen näher ein.[137] Nachdem sie die verschiedenen literaturtheoretischen und linguistischen Zugangsweisen zur Abgrenzung von poetischer und alltäglicher Sprache untersucht hat - hier fokussiert sie insbesondere den russischen Formalismus -, kommt sie zu dem Resultat, dass sich poetische bzw. lyrische Sprache von der Sprache des alltäglichen Gebrauchs nur graduell unterscheidet:

„Sowohl alltäglicher als auch poetischer Sprachgebrauch bedienen sich der grundlegenden Möglichkeiten der Sprache, Zeichen nicht gemäß eines starren, unveränderlichen Regelkodex zu gebrauchen, sondern sie flexibel und funktional nach Maßgabe individueller Kommunikationsintentionen in der konkreten Sprechsituation zu verwenden.“ (Austermühl, 1981, S. 92f)

In der Tradition des russischen Formalismus gilt die poetische Sprache als ein Mittel der bewussten Normdurchbrechung und Grenzüberschreitung, die einen Kontrast zu der regelhaften alltäglichen Sprachstruktur bildet.[138] Die poetische bzw. lyrische Sprache ist dabei Gegenstand und Ausdruck eines künstlerischen Prozesses, in dem mit den konventionellen Sprachnormen (scheinbar) spielerisch verfahren wird und diese dadurch einem Akt der Entstabilisierung ausgesetzt sind. Verbunden mit dieser Auffassung von einer Dynamik der Verssprache gilt die diametrale Anordnung der Alltagssprache als eine starre, unflexible Sprachstruktur, die erst mit der Lyrik überwunden werden kann. Anders sieht dies AUSTERMÜHL, die die poetische Sprache nicht auf dichterische Texte begrenzt wissen möchte, sondern auch für die Alltagssprache poetische Strukturmomente, wie z.B. Metaphern oder Sprichwörter reklamiert und sich damit gegen eine Dichotomisierung von Alltagssprache und lyrischer Sprache wendet. Darüber hinaus argumentiert sie mit COSERIU, dass jegliches Sprechen eine schöpferische und kreative Sprachverwendung darstellt und deshalb nicht als alleiniges Signum der Verssprache gelten kann.[139] Damit geht AUSTERMÜHL in ihrer Konzeption von Alltagssprache und Verssprache davon aus, dass es sich lediglich um zwei sprachliche Erscheinungsformen eines Zeichensystems handelt, die sich vor allem funktionell unterscheiden.

SCHMIDT, der zwar wie AUSTERMÜHL von Realisierungsmomenten als definierenden Elementen der Verssprache und der Alltagssprache ausgeht, bleibt dennoch der Grundthese des russischen Formalismus treu, wenn er den Terminus

[137] Austermühl, E. (1981): Poetische Sprache und lyrisches Verstehen. Studien zum Begriff der Lyrik. Heidelberg.
[138] Zur Formalistischen Theorie der poetischen Sprache siehe auch Stempel, W.-D. (1972): Texte der russischen Formalisten. Texte zur Theorie des Verses und der poetischen Sprache. Band II. München, S. VIV-LIII und Jauß, H.-J. (1969): Literaturgeschichte als Provokation der Literaturwissenschaft. Konstanz, S. 54 (Fußnote 91).
[139] Austermühl, E. (1981), S. 92f.

„*Differenzqualitäten*"[140], - der ja als der Schlüsselbegriff des russischen Formalismus gilt - übernimmt, um die Unterschiede zwischen beiden Sprachmodalitäten zu erfassen. Danach beschreibt der Begriff „*Differenzqualitäten*" auf der sprachlichen Ebene eine Abweichung des poetischen Textes vom alltäglichen Sprachgebrauch. Um die qualitativen Divergenzen, die der Begriff Differenzqualitäten impliziert, darzulegen, liefert SCHMIDT eine deskriptive sowie komparative Analyse beider Sprachmodi auf der Phonem-, Wort-, Satz- und der semantischen Ebene: Ausgehend von der kleinsten sprachlichen Einheit befindet er die lautliche Dimension der Alltagssprache lediglich als bedeutsam für die Identifikation des Gesprochenen durch den Hörer/die Hörerin, während im Gegensatz dazu die Lautgestalt der Verssprache bereits auf dieser Ebene eine textgestaltende Funktion erfüllt. Durch Lautordnung und -variation wird der lyrischen Sprache eine spezifische Form verliehen und während stilistische Elemente wie z.B. Alliteration und Konsonantenhäufung in der alltäglichen Sprache eher sporadisch auftauchen, haben sie in der Verssprache eine textspezifische Funktion. Die Herausgehobenheit der Verssprache aus der Sprache des Alltags setzt sich - so SCHMIDT - auf der Wortebene fort, indem die einzelnen Wörter in einem Gedicht in einem semantischen und klanglichen Wirkungszusammenhang stehen, so dass eine Änderung in der Wortfolge oder der Austausch eines Wortes den Sinn eines Gedichtes verändern würde.[141] SCHMIDT spricht deshalb von der „*Systembestimmtheit der Wortwahl*"[142] und meint damit die Gebundenheit der Wörter an das System „Gedicht", denn obwohl das Wort in der Verssprache vorrangig als Sinnträger fungiert - hier besteht eine Kongruenz zwischen Vers- und Alltagssprache - ist es zugleich an die anderen Systemebenen (Klang, Rhythmus, Metrum) gebunden. Ähnlich wie die einzelnen Wörter ist auch die Syntax systemgebunden, so dass sich auf dieser Ebene die deutlichsten „Differenzen" zwischen der Alltagssprache und der Verssprache feststellen lassen. Lyrische Sprache durchbricht einerseits die syntaktische Ordnung der Alltagssprache zugunsten von Melodie, Rhythmus und Reim und bindet sich damit auf der anderen Seite an das System der Verssprache. Die syntaktische Struktur der Lyrik unterliegt dabei (sprach-)ästhetischen Kriterien, hinter die jene pragmatischen Interessen der gesprochenen Sprache zurücktreten.

SCHMIDTs Überlegungen hinsichtlich der Differenzqualitäten von Vers- und Alltagssprache beziehen sich auch auf die semantische Ebene. Als Hauptmerkmale einer lyrischen Sprache nennt er die „*Deformierung der Semantik*" und die „*semantische Verschiebung*"[143], womit sich wiederum seine Verbundenheit zum russischen Formalismus offenbart. Beiden ist eine Abgrenzung von der Alltags-

[140] Schmidt, S.-J. (1969) und Jauß, H.-J. (1969), S. 288.
[141] Dies entspricht Lampings Auffassung von einer „*Semantik der Form*" in der Lyrik (siehe Kap. 1.3, S. 45).
[142] Schmidt, S.-J. (1969), S. 293.
[143] Ebd., S. 297.

sprache inhärent, die darauf beruht, dass deren semantische Struktur negiert und damit konventionelle Bedeutungen in Frage gestellt bzw. neu formuliert werden. In diesem Zusammenhang gilt auch die Metaphorik als ein semantisches Merkmal und daher als ein Spezifikum der Lyrik.[144]

Interessant ist die textimmanente Betrachtung von lyrischer Sprache, die SCHMIDT im Hinblick auf die semantische Funktion vornimmt. Hier bewertet er die außersprachliche Situation als entscheidend für die Konfiguration der Alltagssprache und im Gegensatz dazu den textuellen bzw. textinternen Kontext als bestimmenden Faktor der Verssprache und kommt zu dem Ergebnis, dass sich die Schaffung von Bedeutungen in der lyrischen Sprache vorwiegend intratextuell vollzieht:

„Vorhanden ist zunächst der textimmanente Kontext (die Umgebung der einzelnen Wörter), den man genauer ‚Intext' nennen sollte. Dann ließe sich sagen: die Bedeutungserfüllung eines Gedichttextes wird primär vom Intext bestimmt, die Bedeutung ‚zirkuliert' im Intext, während die Bedeutung der Rede in der Alltagssprache weitaus stärker vom Kontext im Rahmen einer semantischen Situation bestimmt wird." (Schmidt, 1968, S. 298)

Mit der Besinnung auf einen „Intext" präferiert SCHMIDT eine Sichtweise, bei der die sprachliche Materialität der Texte zum prävalenten Analysekriterium der Lyrik wird. Die von ihm analysierten Elemente Phonem, Wort, Syntax und Semantik versteht er deshalb als

„Sprachmittel in der Gedichtsprache, [die] einen über ihre Zeichenhaftigkeit hinausgehenden Eigenwert, einen ‚Dingcharakter' bekommen, der sie aus der in der Alltagssprache üblichen Unterordnung unter semantisch-informative Funktionen herauslöst." (Schmidt, 1968, S. 292)

Während also die Alltagssprache vornehmlich dem Zweck der zwischenmenschlichen Kommunikation und Interaktion dient und ihrem Gebrauch entsprechend dialogisch, pragmatisch und redundant organisiert ist, bleibt die Verssprache ein in sich geschlossenes System, bei dem die Sprache selbst *das* Ausdrucksmittel ist. Die besondere Form der Lyrik, die sich bereits auf der Textoberfläche zeigt, evoziert dabei eine über die aktuelle Realisierung hinausgehende Beständigkeit. Auch dies grenzt die Lyrik bzw. die lyrische Sprache von der Sprache des Alltags ab, in

[144] Dass metaphorische Elemente auch in der Alltagssprache realisiert werden, thematisiert Austermühl in ihrer Arbeit zur poetischen Sprache. Sie führt den sprichwörtlichen Gebrauch von Sprache im Alltag und die Sprache der Werbung an, um daran zu verdeutlichen, dass Metaphorik gerade keine besondere Qualität der lyrischen Sprache, sondern eine alltägliche Erscheinung ist (Austermühl, E., 1981, S. 84ff). Ohne davon abzusehen, dass metaphorisches Sprechen auch im Alltag stattfindet, erachte ich die von Austermühl gewählten Beispiele als problematisch, um daran anzuzeigen, dass Metaphorik in der Alltagssprache eine gleichwertige Rolle einnimmt wie in der Verssprache, da beide Realisierungsmomente ebenfalls eine künstlerische Gestaltung und Umsetzung von Sprache darstellen und damit in besonderer Weise eine Herauslösung aus dem alltäglichen Sprechen markieren (sollen).

der der Austausch von Informationen und eine gemeinsame Verstehensleistung von Sprecher/Sprecherin und Hörer/ Hörerin dominieren und somit der Fokus auf dem Inhalt der Sprache liegt und nicht auf der Sprache selbst. VALÉRY schreibt zur Vergänglichkeit der Alltagssprache[145] in seiner „*Rede über die Dichtkunst*":

„In den praktischen oder den abstrakten Anwendungen der Sprache, die spezifisch Prosa ist, bleibt die Form nicht erhalten, sie überlebt nicht das Verstandenwerden, sie löst sich in der Klarheit auf, sie hat gewirkt, sie hat zu verstehen gegeben, sie hat gelebt." (Valéry, 1975, S. 25)

Anders verhält es sich mit der Lyrik, die aufgrund ihrer spezifischen sprachlichen Struktur reproduzierbar und damit über den Augenblick hinaus erhalten bleibt. Die Endlichkeit der Alltagssprache und die Unendlichkeit der Verssprache ergeben sich aus den divergenten Funktionen, die beiden Sprachmodi inhärent ist und die wiederum die sprachliche Struktur prägen. Insofern kann man AUSTERMÜHL in ihrer Aussage zustimmen, dass Alltagssprache und Verssprache sich vor allem hinsichtlich ihrer Verwendungszusammenhänge unterscheiden und es sich letztlich somit um eine funktionelle Verschiebung innerhalb eines Zeichensystems handelt.

2.2 Lyrische Sprache als Spiel mit Signifikanten (Sprachspiele)

In der Lyrik übermittelt die Sprache nicht nur Inhalte, sondern wird selbst zum Bedeutungsträger; die Sprache ist hier maximal. Bereits in Kapitel 1.3 wurden die zwei strukturellen Ebenen - die innere und die äußere (bzw. formale) - in Bezug auf die Kinderlyrik erläutert und es wurde festgestellt, dass die sprachlich-formale Struktur auf der Textoberfläche zugleich eine semantische Funktion erfüllt. Die Fokussierung der äußeren Struktur von Kinderlyrik erfährt an dieser Stelle eine Zuspitzung auf die sprachlichen Einheiten Laut, Wort und Satz. Dabei rückt der Materialcharakter der Sprache in den Mittelpunkt des Interesses und damit verbunden das Moment des Sprachspiels als ein elementarer Bestandteil der Kinderlyrik. Bevor jedoch die drei Sprachebenen im Hinblick auf ihre Funktion in kinderlyrischen Texten betrachtet werden, ist es erforderlich den Begriff des Sprachspiels - verstanden als ein Spiel mit Signifikanten - näher zu erläutern. Nach WITTGENSTEIN ist das Sprachspiel an den Gebrauch der Sprache gekoppelt und vornehmlich durch die Tätigkeit des Sprechens - des Zursprache-

[145] Valéry verwendet in seiner Rede nicht den Begriff „Alltagssprache", sondern spricht umfassender von Prosa, bezieht sich dabei aber explizit auf die Bestimmung und Funktion von gesprochener Sprache, so dass eine gewisse Analogie zur Alltagssprache präsumiert werden kann (Valéry, P., 1975: Zur Theorie der Dichtkunst. Frankfurt a. M.).

bringens - determiniert. Er schreibt dazu in seinen *„Philosophischen Untersuchungen"* [146]:

„Ich werde auch das Ganze: der Sprache und der Tätigkeiten, mit denen sie verwoben ist, das „Sprachspiel" nennen." (Wittgenstein, 1997, S. 241)

WITTGENSTEIN konzipiert das Sprachspiel als ein grenzenloses, nie enden wollendes Unterfangen - er selbst spricht auch von *"verschwommenen Rändern"* [147] -, bei dem das Sprechen Teil einer Tätigkeit bzw. *„Lebensform"* [148] ist. Um die Vielfältigkeit des Sprachspiels zu demonstrieren, benennt er verschiedene Ausdrucksformen, die er als *„Werkzeuge der Sprache"* [149] deklariert, wie z.B. Befehlen, Beschreiben, Geschichten erfinden, Theater spielen, Reigen singen, einen Witz erzählen usf. Folgt man diesem Verständnis von der Allgegenwärtigkeit des Sprachspiels und dessen gleichzeitige Koppelung an das Sprechen, ist jeder sprachliche Akt als Sprachspiel zu verstehen und eine terminologische Fassung nur schwer möglich.[150] Dass Definitionen und damit Grenzsetzungen dennoch vorgenommen werden, zeigen uns u.a. die verschiedenen Arbeiten zur Kinderlyrik, in denen zumeist engere Vorstellungen hinsichtlich dem Wesen und der Bedeutung des Sprachspiels vorherrschen. Beispielsweise verortet REGER Sprachspiele als ein Genre der Kinderlyrik, bei dem in Anlehnung an die konkrete und visuelle Poesie die Materialität der Sprache ausschlaggebend für die Gestaltung und Rezeption der Texte ist.[151] Im gleichen Atemzug mit den Sprachspielen wird sodann der Bereich des Nonsens genannt und dadurch eine in meinen Augen „Infantilisierung" solcher Art von Kinderlyrik betrieben, die dem Strukturelement Sprachspiel nicht gerecht wird.[152] Wenn REGER den Begriff des Sprachspiels zudem durch die Bezeichnungen *„Unsinnspoesie"*, *„komische Versliteratur"* und *„konkrete Lyrik"* [153] ersetzt haben möchte, so vermengt er m. E.

[146] Wittgenstein, L. (1997): Tractatus logico-philosophicus. Philosophische Untersuchungen. Werkausgabe Band 1, 11. Aufl., Frankfurt a. M. (1953).
[147] Ebd., S. 280.
[148] Ebd., S. 250.
[149] Ebd., S. 250.
[150] Fraglich ist, ob eine solche terminologische Bestimmung von Wittgenstein überhaupt erwünscht ist, schreibt er doch: *„Wir kennen die Grenzen nicht, weil keine gezogen sind. Wie gesagt, wir können - für einen besonderen Zweck - eine Grenze ziehen. Machen wir dadurch den Begriff erst brauchbar? Durchaus nicht!"* (Wittgenstein, L., 1997, S. 279).
[151] Vgl. Reger, H. (1996), S. 5ff.
[152] Eine umfangreiche Arbeit zur Unsinnspoesie liegt mit der bereits 1963 erschienenen zweibändigen Ausgabe *„Dichtung als Spiel. Studien zur Unsinnspoesie an den Grenzen der Sprache."* von Alfred Liede vor. Auch hier wird eine Kongruenz von Unsinnspoesie - als Poesie ohne Sinn - und der kindlichen (Sprach-)Entwicklung angedeutet und von einer natürlichen Neigung des Kindes zu komischen Sprachvariationen ausgegangen. Liede gelingt es dabei jedoch, eine Struktur des poetischen Unsinns aufzuzeigen, ohne den frühkindlichen Umgang mit poetischer Sprache zu pädagogisieren und didaktisieren.
[153] Reger, H. (1996), S. 80.

verschiedene Ausdrucksformen der Kinderlyrik, in denen das Sprachspiel zwar das dominante, aber nicht das einzige Element auf der Textoberfläche ist. So ist konkrete Poesie eben nicht Unsinnspoesie und umgekehrt ist Unsinnspoesie nicht automatisch konkrete Poesie. Darüber hinaus sind beide Ausdrucksformen keine Sprachspiele im wittgensteinschen Sinne, sondern sie setzen sich aus solchen zusammen. Im Gegensatz zu REGER ist das Sprachspiel m. E. kein eigenständiges Genre der Kinderlyrik, sondern ein Element der Kinderlyrik, welches in der konkreten, visuellen und experimentellen Poesie - aber auch in anderen Formen der Kinderlyrik - besonders häufig vorzufinden ist. Als Elemente der Lyrik sind Sprachspiele somit textuelle Erscheinungen und in diesem Sinne auf der Textoberfläche anzusiedeln. Abzugrenzen ist davon der spielerische Umgang des Kindes mit poetischer Sprache, zu dem Sprachspiele lediglich animieren können. Das kindliche Sprachspiel könnte man demzufolge als Sprachspiel zweiter Ordnung bezeichnen, im Gegensatz zu den lyrischen Sprachspielen erster Ordnung. Ein solches Verständnis beinhaltet schließlich die von WITTGENSTEIN diagnostizierte Allgegenwärtigkeit von Sprachspielen (erster Ordnung), die folglich auch für andere literarische Gattungen zutrifft.

Eine mit REGER vergleichbare Einschätzung des Sprachspiels formuliert MOTTÉ, indem sie ebenfalls den Materialcharakter der Sprache in den Mittelpunkt stellt, das Sprachspiel jedoch auf jenen Bereich der Kinderlyrik beschränkt, der sich unter Zurücknahme des Inhalts ausschließlich und offensichtlich dem Spiel mit den sprachlichen Zeichen widmet:

„Ein so verstandener Begriff von ‚Sprachspiel' eignet sich als Oberbegriff für alle Texte, die ihren Wert in sich selbst haben und nicht primär auf Mitteilung, Abbildung, Erklärung, Deutung oder Veränderung der Wirklichkeit zielen. Der Begriff umfasst sowohl die so genannte ‚Unsinnspoesie' (Liede), die ‚komische Versliteratur' (Helmers) als auch die ‚konkrete Poesie' (Senger u.a.)" (Motté, 1983, S. 160)

Sprachspiele sind im wörtlichen Sinne zu verstehen als Spiele mit der Sprache, d.h. mit der Materialität der Sprache und als solche haben sie eine existentielle Bedeutung in der Kinderlyrik, wie in der Lyrik überhaupt, in der Sprache *das* Instrument und Organ ist. Überspitzt könnte man sagen, dass jede lyrische Ausdrucksform immer auch Sprachspiel ist, während Sprachspiele nicht notwendigerweise Lyrik sein müssen. Wenn aber das Sprachspiel ein Element der Lyrik ist, dann stellt sich die Frage nach dessen Realisierung in der Kinderlyrik. Wie und wo Sprachspiele als Spiele mit den Signifikanten in der Kinderlyrik erscheinen und die Texte dadurch zum *„Spiel-Raum der Sprache"*[154] avancieren,

[154] Schmitz-Emans wendet diese Formulierung auf die Gedichte Jandls an, in denen er die *„Eigenmächtigkeit der Sprache"* zum Thema seiner Lyrik macht. Diese Funktion der Lyrik als *„Spiel-Raum der Sprache"* gilt m. E. für jegliche Lyrik, in der stets in spielerischer Weise mit dem Gegenstand Sprache verfahren wird (Schmitz-Emans, M., 1990: Poesie als Sprachspiel. Über-

soll deshalb an ausgewählten Textbeispielen exemplifiziert werden. Ausgehend von der kleinsten sprachlichen Einheit - dem Laut - richtet sich der Blick dazu zunächst auf die phonologische Ebene, um sich dann dem Wort und schließlich dem Satz zuzuwenden. Dabei gilt es immer, den Gesamttext als sprachliches Kunstwerk im Auge zu behalten; ohnehin kann eine analytische Gliederung in die drei Ebenen Laut, Wort und Satz nur ein Konstrukt sein, mit dem die Beschreibung der Struktureigenschaften der lyrischen Sprache erleichtert wird.

ottos mops

ottos mops trotzt
otto: fort mops fort
ottos mops hopst fort
otto: soso
otto holt koks
otto holt obst
otto horcht
otto: mops mops
otto hofft
ottos mops klopft
otto: komm mops komm
ottos mops kommt
ottos mops kotzt
otto: ogottogott[155]

JANDL beschränkt sich in seinem Gedicht ausnahmslos auf einen einzigen Vokal: das < o > als langer und kurzer Laut. Der immer wiederkehrende o-Laut kann dabei als Ausdruck des Erstaunens gedeutet werden, was sich schließlich in der letzten Gedichtzeile (*otto: ogottogott*) bestätigt.

„Er singt das hohe Lied vom O, vom O-Tier, vom O-Gott, ogottogott, vom Hundehalter Otto, vom Mops der wieder heimgefunden hat, und wir alle lachen und weinen."[156]

Die Anhäufung von Assonanzen - insgesamt tritt der o-Laut 62-mal in Erscheinung - dominiert den Text auf der Oberfläche. Es ist ein Sprachspiel auf der Lautebene,[157] bei dem die rigorose Verwendung des Vokals < o > und der damit einhergehende Verzicht auf die übrigen Vokale einen sprachlichen

---

legungen zur Poetik Ernst Jandls. In: Zeitschrift für deutsche Philologie 109, S. 551-572, hier: S. 555).

[155] Jandl, E. & Junge, N. (2001). Es handelt sich hierbei um eine Kinderbuchausgabe.

[156] Mayröcker, F. (2001): Requiem für Ernst Jandl. Frankfurt a. M., S. 43.

[157] Zugleich ist es aber auch ein Sprachspiel auf der Wort- und Satzebene. Es erfolgt ein Spiel mit dem Wort „otto", indem es zu Beginn jeder Zeile wiederholt und in der letzten Zeile visuell (und damit auch sprechsprachlich) in den Ausruf integriert wird. Auf der Ebene des Satzes spielt Jandl insofern mit dem sprachlichen Material, als er konsequent die Kleinschreibung einhält und auf Satzzeichen - mit Ausnahme des Doppelpunktes - verzichtet.

Minimalismus darstellt. Trotzdem gelingt es dem Dichter, mit seinem Gedicht Sinn herzustellen, so dass hier keineswegs von einer Unsinnspoesie gesprochen werden kann. Ganz im Gegenteil sind JANDLs experimentelle Gedichte berühmt dafür, dass sie im Durchbrechen der Alltagssprache immer auch eine inhaltliche - zum Teil gesellschaftskritische - Aussage beinhalten.[158] Es wäre geradezu fatal, zu behaupten, der Inhalt bliebe hier hinter dem Spiel mit den sprachlichen Zeichen zweitrangig oder verschwinde gar ganz. Eine Aussage, die für den Bereich der Kinderlyrik gerne getroffen wird, wie z.B. von FRANZ, wenn er konstatiert, dass

„die inhaltliche Aussage nur sekundär [ist], da Elemente des Klanges und Rhythmus dominieren, oder sie tritt ganz zurück wie in Sprachspielen und Nonsens-Versen." (Franz, 1979, S. 54)[159]

Das Spiel mit den Lauten der Sprache ist bei JANDL - und das gilt auch für andere Autoren/Autorinnen der Kinderlyrik - nicht inhaltslos.[160] Vielmehr offenbart sich in dieser Form des Sprachspiels eine doppelte Semantik, denn neben dem Textinhalt wird die Sprache zum Thema. SCHMITZ-EMANS schreibt zu dieser zweiten semantischen Dimension:

„Diverse Gedichte Jandls machen ganz offenkundig die Eigenmächtigkeit der Sprache zum Thema oder führen diese vor: so gesehen sind sie paradigmatische Sprachspiele, die auf den Spiel-Charakter aller gesprochenen und geschriebenen Sprache verweisen."(Schmitz-Emans, 1990, S. 555)

Eine andere Form des Sprachspiels findet sich in den Abzählversen wieder, die nach wie vor im alltäglichen Gebrauch des Kindes vorkommen.[161] Während in „*ottos mops*" eine „Geschichte" erzählt wird - nämlich die vom Verschwinden und Wiederkommen des Mopses - und damit eine inhaltliche Aussage vorliegt, tritt diese semantische Ebene in den Abzählreimen zunehmend in den Hintergrund. Hier dominieren die sprachlichen Konstruktionen, bei denen die einzelnen Gefüge meist keinen (Wort-)Sinn mehr ergeben (z.B. *suptraheni, ixen, karabuti*).

---

[158] Wie z.B. das Gedicht „*lichtung*": *manche meinen/lechts und rinks/kann man nicht/ velwechsern./werch ein illtum!* (Jandl, E., 1990: Laut und Luise. Frankfurt a. M. (1966) S. 169).

[159] Es handelt sich dabei um eine Aussage mit generalisierender Tendenz, da sie zumeist für den Gesamtbereich der Kinderlyrik getroffen wird. Die Folgen einer solchen undifferenzierten Formulierung zeigen sich m. E. auch in dem Status, den die Kinderlyrik in der Kinderliteratur hat.

[160] Dass Jandl an dieser Stelle als ein Autor der Kinderlyrik bezeichnet wird, verdeutlicht noch einmal die bereits diskutierte Problematik einer stringenten Differenzierung zwischen Kinderlyrik und einer so genannten „Erwachsenenlyrik" und spiegelt die Fragwürdigkeit einmal gesetzter Grenzen wider.

[161] Die Aktualität solcher Art von Kinderlyrik zeigt Peter Unbehauen mit seiner 1999 erschienenen Sammlung „*Dass ihr euch ja nich' schietig macht! 111 Lieder und Spiele von Hamburger Hinterhöfen.*" Auch meine eigene Fragebogenerhebung, die ich im Rahmen dieser Arbeit mit Eltern von Kindern im Vorschulalter durchgeführt habe, bestätigt, dass Abzählverse auch heute noch zum Repertoire des frühkindlichen Umgangs mit lyrischer Sprache gehören (siehe dazu Kapitel 3.1.2 im zweiten Teil).

Die Wortneuschöpfungen folgen dabei jedoch den Regeln der deutschen Wortbildung und schaffen somit möglicherweise doch einen Wortsinn. Die Sprache wird dabei neu erfunden, denn auch eine „Unsinnssprache“[162] ist - wie das Wort bereits verrät - eine Sprache und stellt folglich Bedeutungen her. LAMPING schreibt zum Einfluss der Form auf die Semantik in Bezug auf die Versform, dass es ihre Funktion sei, Bezüge zwischen sprachlichen Zeichen herzustellen und im Gegensatz dazu die sprachlichen Zeichen aus ihren grammatischen und syntaktischen Zusammenhängen zu lösen.[163] Die Aufhebung des konventionellen Zeichengebrauchs zugunsten einer eigenen Sprache stellt danach eine sprachliche Überformung dar. Übertragen auf die Abzählreime findet hier auf der Lautebene eine ebensolche sprachliche Überformung statt, bei der die sprachlichen Zeichen neu zusammengefügt und dadurch deren semantischer Gehalt verändert werden. Die Semantik des einzelnen Wortes wird zugunsten einer Semantik der Form aufgehoben und damit die Aufmerksamkeit auf die Materialität der Sprache gerichtet.

Eni beni suptraheni,
divi davi domi neni,
ecca brocca, casa nocca,
zingele, zangele, dus.[164]

Stachus, Kios, Kaos, Kies,
Spinne, Speise, Scheiße, schieß.
Sexu Elefant Asie.
Fische haben nie ein Knie.[165]

Ixen, dixen,
Silbernixen.
Ixen, dixen, daus –
Du bist raus.[166]

Ene mene mente
lokum, tokum tente,
karabuti karabuti
witsch watsch ab drum.[167]

Sprachspiele in Abzählreimen vollziehen sich auch deshalb auf der Lautebene, da sich erst im Sprechen der Reime ein lustvoller und reflexiver Umgang mit den Texten verwirklicht. Dass sich die Reflexion über die sprachliche Form dabei häufig implizit ereignet, veranschaulichen die Reimspiele, welche mit den Kindern im Vorschulalter gespielt wurden. Offensichtlich bereitet es Kindern keine Mühe, scheinbar sinnlose Lautketten fortzusetzen und dabei die sprachliche Struktur des vorgegebenen Textes zu adaptieren (siehe auch Kapitel 3.2 im

[162] Danach ist eine „Unsinnssprache“ keinesfalls eine Sprache ohne Sinn (kann es eine solche überhaupt geben?), sondern vielmehr eine Fantasiesprache, die auf den ersten Blick keine konventionelle Bedeutung herstellt.
[163] Vgl. Lamping, D. (1989), S. 43.
[164] Jacoby, E. & Berner R. S. (1999): Dunkel war's, der Mond schien helle. Verse, Reime und Gedichte. Hildesheim, S. 15.
[165] Der Abzählreim von Ringelnatz stellt in dieser Gruppe insofern eine Besonderheit dar, als er nicht nur mit den Sprachlauten spielt, sondern darüber hinaus in der dritten Zeile mit den Wortgrenzen der Sprache (Sexu Elefant Asie) und dadurch eine weitere Sinnebene anspricht (Ringelnatz, J., 1994: Geheimes Kinder-Spiel-Buch. Zürich, S. 5 (1924)).
[166] Fiedelhänschen. Verse und Sprüche aus der Kinderstube (1995), München, S. 26.
[167] Stöcklin-Meier, S. (1995): Sprechen und Spielen. Ravensburg, S. 91.

zweiten Teil). Gerade jene Abzählreime, die sich aus einer Aneinanderreihung von Lautketten zusammensetzen, nehmen den mystischen Charakter von „Beschwörungs- oder Zauberformeln“ an und verfügen deshalb über einen hohen Aufforderungsgrad. Aber auch die Tatsache, dass Abzählreime in erster Linie handlungsbegleitend umgesetzt werden, mag ein Grund für die Kompetenz jüngerer Kinder zur Reimbildung sein.

Die Spiele auf der Wortebene bilden eine weitere Gruppe von Sprachspielen; hier werden Wortteile vertauscht, ersetzt oder ausgelassen sowie Lautgruppen an Wörter angehängt, um vor allem den Klangcharakter der Sprache hervorzuheben. Ein Beispiel für das Anhängen einer Lautgruppe ist das Gedicht *„Spatzensalat“* von HOFFMANN, bei dem am letzten Wort jeder Zeile der i-Laut hinzugefügt wurde. Das < i > am Wortende ist hier ein Zeichen für die Diminutivform (*klipokleini*), dessen konsequente Verwendung zudem als Karikatur der Sprache des Erwachsenen im Umgang mit Kindern interpretiert werden kann. HOFFMANN geht in seinem Text jedoch noch einen Schritt weiter, indem er Wortneuschöpfungen realisiert (*Tiroteufelbratzki*) und bekannte Wörter und Wendungen verfremdet (*Kirschokenski, Halsumdratski*). Ganz offensichtlich wird hier mit den sprachlichen Konventionen gespielt, indem die Sprache verfremdet wird, ohne dass jedoch der Inhalt, die Aussage verloren geht. Das Zusammentreffen von Laut- und Wortspiel geben der Sprache dabei einen ganz eigenen Charakter, der sich wiederum erst im Sprechen des Textes vollständig entfalten kann:

Spatzensalat

Auf dem Kirschbaum Schmiroschmatzki
Saß ein Spatz mit seinem Schatzi,
spuckt die Kerne klipokleini
auf die Wäsche an der Leini.
Schrie die Bäurin Bulowatzki:
„Fort, ihr Tiroteufelbratzki!“
Schrie der Bauer Wirowenski:
„Wo sind meine Kirschokenski?
Fladarupfki! Halsumdratski!
Hol der Henker alle Spatzki!“[168]

Anders verhält es sich mit dem Gedicht von MORGENSTERN, das sich - wie zuvor die Abzählreime - als Aneinanderreihung von Lauten bzw. Lautketten präsentiert. Hier lassen sich keine konventionellen Wortbedeutungen mehr ausmachen, vielmehr begegnet uns der Text als eine Sprachneuschöpfung. Der Autor hat eine neue, fremdartige Sprache geschaffen, die für den Sprecher eine Herausforderung darstellt.[169]

[168] Hoffmann, F.: Spatzensalat. In: Gelberg, H.-J. (1986), S. 25.

Das große Lalula

Kroklokwafzi? Semememi!
Seiokrontro - prafriplo:
Bifzi, bafzi; hulalemi:
quasti basti bo...
Lalu lalu lalu lalu la!

Hontraruru miromente
zasku zes rü rü ?
Entepente, leiolente
klekwapufzi lü?
Lalu lalu lalu lalu la!

Simarar kos malzipempu
Silzuzankunkrei (;)!
Marjomar dos: Quempu Lempu
Siri Suri Sei !
Lalu lalu lalu lalu la![170]

Besonders deutlich wird an dem Text von MORGENSTERN der Materialcharakter der Sprache, der es ermöglicht, im „*Spiel-Raum der Sprache*"[171] mit den sprachlichen Zeichen zu hantieren. Die Kinderlyrik bietet für solche Sprachspiele nahezu unbegrenzte Möglichkeiten, wobei die sprachlichen Grenzen eigentlich nur vom Autor/von der Autorin selbst gesetzt werden können. Auch das macht die Kinderlyrik im Hinblick auf die kindliche Sprachentwicklung so interessant, denn nirgendwo sonst wird mit den sprachlichen Regeln und Normen derart freizügig und experimentell umgegangen wie hier. Das sprachspielerische Moment vieler Texte der Kinderlyrik ermutigt somit bereits jüngere Kinder, sich mit den phonologischen, morphematischen und syntaktischen Aspekten der Sprache auseinanderzusetzen und kann deshalb als ein Akt der impliziten oder expliziten Metasprachlichkeit beurteilt werden. Die Manifestation des Inhalts bzw. der Bedeutung (Signifikat) wird in den Sprachspielen durch das Spiel mit den Signifikanten hinterfragt, indem die Signifikant-Signifikat-Relation durchbrochen wird. Diese Brechung geschieht in der Kinderlyrik vornehmlich auf der Ebene der

---

[169] Interessant wäre an dieser Stelle auch eine genauere Betrachtung der Satzzeichen, wobei eine solche Analyse sich eher an einem lesenden Publikum ausrichten würde, während es in dieser Arbeit um das noch nicht lesende Kind geht. Die Umsetzung der Satzzeichen in das eigene Sprechen kann bei der genannten Altersgruppe also bis dahin nur ein Nachsprechen sein, welches sich an einem/einer erwachsenen Vorsprecher/in orientiert.

[170] Morgenstern, Ch.: Das große Lalula. In: Ders. (2002): Galgenlieder, München (1979), S.16. Dieses sprachspielerische Gedicht wird immer wieder auch in Kinderlyrik-Anthologien aufgenommen - vermutlich auch aufgrund seiner dadaistischen Komponente - und kann deshalb zum Bestand der Kinderlyrik gerechnet werden (vgl. u.a. Jacoby, E., 1999, S. 17, Kliewer, H.-J., 1989, S. 89)

[171] Schmitz-Emans, M. (1990), S. 555.

Laute und Wörter; aber auch auf der Satzebene kommt es zu Sprachspielen, wie in den folgenden Texten von FRANK und SPOHN:

Uschelreime
Huschel, Kindchen, sei so nett,
wusch ins Tuschelkuschelbett,
kannst dich unter Zuscheldecken
duschelgruschelstruschelstrecken,
noch ein wenig buschelmuscheln
bis die Träume ruschelfluscheln.[172]

Liebe
Ich liebe ein
Radieschen sehr
von Herzen tief
und mehr & mehr
Wie kann ich
das beweisen?
Ich werde es
verspeisen[173]

Das syntaktische Sprachspiel ist vor allem ein Spiel mit den Bedeutungen und dort ein Spiel mit Trennungen und Zusammensetzungen. In den „*Uschelreimen*" werden Wörter oder Morpheme zusammengesetzt und dadurch wird ein neuer Sinn hergestellt (*Zuscheldecken, buschelmuscheln*). Die vierte Zeile besteht schließlich nicht mehr aus einzelnen Wörtern, die zusammen einen Satz oder einen Satzteil ergeben, sondern aus einem einzigen Wort, welches sich wiederum aus vier Morphemen (*duschelgruschelstruschelstrecken*) zusammensetzt. Der Dichter spielt mit den Wörtern, indem er das Morphem „*uschel*" zu konventionellen Lexemen hinzufügt (*Tuschelkuscheldecken*) und darüber hinaus neue Wörter entwickelt, die das Morphem „*uschel*" enthalten (*ruschelfluscheln*). Das Spiel mit den sprachlichen Zeichen findet auch hier auf der Wort- und der Satzebene (bzw. Zeilenebene) statt und ist aufgrund der Dominanz des u-Lautes - wie bereits in den vorherigen Textbeispielen - zugleich ein Spiel mit den Signifikanten. Der Kinderlyriker MANZ hat einen seiner Texte, in dem er in ähnlicher Weise mit der Zusammensetzung von Wörtern spielt, mit folgendem Zusatz versehen: *„Seltsamerweise kann man sich immer etwas vorstellen.*[174]*"* Das trifft auch

[172] Frank, K.: Uschelreime. In: Gelberg, H.-J. (2000), S. 11.
[173] Spohn, J. (1996): DRUNTER & DRÜBER. Verse zum Vorsagen, Nachsagen, Weitersagen. München (1981), S. 38.
[174] Es handelt sich dabei um den Text „Wortsalat", in dem die Wörter „Holz, Kunst, Harz, Tisch, Lack, Glanz" in sechs Zeilen immer wieder neu miteinander kombiniert werden (Manz, H., 1993: Die Welt der Wörter. Sprachbuch für Kinder und Neugierige. 3. Aufl., Weinheim; Basel (1991), S. 125).

auf das Gedicht von FRANK zu, denn trotz der sprachlichen Verfremdungen und Wortneuschöpfungen bleibt der Inhalt des Textes präsent.

Eine andere Art der Textgestaltung findet man in SPOHNs Gedicht „*Liebe*". Hier wird weniger mit einzelnen Wörtern und Wortbedeutungen gespielt, als vielmehr mit der gesamtem Textstruktur. Durch Enjambements findet eine Trennung der Satzgrenzen von den Versgrenzen statt, wodurch der natürliche Sprachfluss - der Rhythmus - durchbrochen wird. Es handelt sich dabei um syntaktische Einschnitte; das Spiel mit den Signifikanten vollzieht sich in diesem Fall also auf der syntagmatischen Ebene. Die Enjambements laden dabei einerseits zum Innehalten ein und drängen andererseits zum Weitersprechen, um schließlich das Textganze zu erfassen. Am Ende jeder Zeile bleibt offen, wie sich der weitere Verlauf gestaltet und dem Autor bleibt die Freiheit für unerwartete Fügungen. Das damit erzeugte Spannungsmoment entfaltet sich in einem Hin- und Herschwanken zwischen dem Einhalten der gesetzten Pausen durch das Versende und dem „Übersprechen" eben jener Grenzen. Dieses Sprachspiel auf der Ebene des Satzes ist sowohl ein Spiel mit den sprachlichen Zeichen (Singifikanten) als auch mit der Semantik (Signifikaten). Es evoziert eine doppelte Form der Auseinandersetzung mit dem Gedicht, indem es zur Reflexion über die inhaltliche Aussage anregt und im Rahmen der verbalen Umsetzung eine implizite Form der Metasprachlichkeit erfordert.

Zu Beginn dieses Kapitels wurde bereits darauf hingewiesen, dass die lyrischen Texte der Kinderlyrik immer auch als sprachliche Kunstwerke in ihrer Gesamtheit zu erfassen sind, denn nur auf diese Weise kann man den Texten aus literarästhetischer Perspektive gerecht werden. In der Kinderlyrik wird mit der Materialität der Sprache gespielt und die Sprache somit zum sprachästhetischen Objekt. Wenn LIEDE in seinen Studien zur „*Unsinnspoesie*" den Kindervers bzw. Kinderreim jedoch als unliterarisch deklariert und ihn von den literarischen Spielen der Erwachsenen qualitativ abgrenzt,[175] dann geschieht dies zum einen im Hinblick auf die traditionelle Kinderlyrik und zum anderen vor dem Hintergrund eines romantischen Kindheitsbildes.[176] Unverständlich bleibt dabei die fehlende Berücksichtigung der Entwicklung der Gattung Kinderlyrik vor allem in den 50er-Jahren, die dort mit ersten Gedichten von GUGGENMOS eine paradigmatische Wende einleitet. So erscheint 1959 erstmals die umfassende Anthologie „*So viele Tage, wie das Jahr hat*" von KRÜSS, in der er unter anderem Gedichte der so genannten „Erwachsenenlyrik" aufnimmt und damit die Frage nach den literarischen Grenzen ein Stück weit aufzuheben versucht. Festhalten lässt sich, dass das

[175] Vgl. Liede, A. (1963), 2. Bd., S. 34ff.

[176] So war Herders Denken geprägt von der Vorstellung einer besonderen Sensibilität des Kindes für die Sprache, insbesondere für deren lautmalerischen Effekte, während sich die kognitiven sprachlichen Leistungen erst zu einem späteren Zeitpunkt der Entwicklung einstellen (siehe hierzu: Ewers, H.-H., 1989, S. 70ff und 77).

kindliche Spiel mit Sprache im Rahmen der Kinderlyrik in erster Linie ein Spiel mit den Signifikanten und damit ein Spiel mit dem sprachlichen Material ist. Die Analyse des sprachlichen Materials hat gezeigt, dass es sich dabei um eine lyrische Sprache handelt und die Texte folglich als literarische Texte zu bewerten sind. Problematisch erscheint deshalb die Rede von sinnleeren bzw. non-literarischen Texten, da ihr Sinn vornehmlich in ihrer Intention liegt, Sprache zu erproben und zu hinterfragen und dadurch eine Brücke zur außerpoetischen Realität herzustellen. Wenn die Texte - wie hier angenommen - literarisch sind, dann ist auch das Spiel mit den Signifikanten als eine Form der sprachlichen Auseinandersetzung ein literarisches Spiel auf der Basis der sprachästhetischen Wahrnehmung des Gesamttextes.

2.3 Das Sprachspiel - ein Kinderspiel ?

In Anlehnung an WITTGENSTEINs Konzept des Sprachspiels wird hier das Sprachspiel als ein Element der Kinderlyrik betrachtet, dessen Wesen sich erst im Sprechen vollständig entfaltet. Damit ist das Sprachspiel als ein textuelles Merkmal auf die mündliche Realisierung angewiesen. Eine Bindung des Sprachspiels an die (sprech-)sprachliche Handlung führt im Kontext der Kinderlyrik zu der Frage, in welchem Verhältnis Sprachspiel und Kinderspiel stehen. Sind die Sprachspiele der Kinderlyrik mit den Kinderspielen gleichzusetzen? ANDRESEN geht in ihren Überlegungen von den Sprachspielen der Kinder aus[177] - sie wurden hier als Sprachspiele zweiter Ordnung bezeichnet - und schreibt dazu:

> „Auf der Ebene der allgemeinen Funktionsbestimmung unterscheiden sich Sprachspiele nicht von anderen Kinderspielen. Spiel ist für Kinder *das* Mittel zur Aneignung von Wirklichkeit, zur Erfahrungsgewinnung (mit Überschreitung der real gegebenen Grenzen) und zur Erfahrungsaneignung.“ (Andresen, 1993, S. 123)

Übertragen auf die Kinderlyrik bedeutet das, dass Sprachspiele - auf der textuellen Ebene - durch den Akt der Verbalisierung in den kindlichen Erfahrungshorizont eingehen. Es handelt sich dabei um mentale Prozesse, in denen Sprache zum Reflexionsgegenstand wird. Das Sprechen von (Kinder-)Lyrik ist eine Inszenierung von Sprache; das hat JANDL mit seinen Poetik-Vorlesungen sehr anschaulich vorgeführt. Es ist mehr als *„Das Öffnen und Schließen des Mundes“*[178]; es ist ein reflexiver Umgang mit und ein bewusster Zugang zur Sprache und somit ein Bewusstwerdungsprozess. So versteht auch ANDRESEN das kindliche Spiel mit

[177] Vgl. Andresen, H. (1993): Sprachspiele als Fenster zu entstehender Sprachbewusstheit bei Kindern. In: Eisenberg, P. & Klotz, P. (Hrsg.): Sprache gebrauchen - Sprachwissen erwerben. Stuttgart, S. 119-133.

[178] Jandl, E. (1985): Das Öffnen und Schließen des Mundes. Frankfurter Poetik-Vorlesung. Darmstadt; Neuwied.

den Signifikanten als Ausdruck von entstehender Sprachbewusstheit beim Kind. Sprachbewusstheit ist dabei - so ihre These - nicht die Voraussetzung für die Sprachspiele, sondern entwickelt sich im Umgang des Kindes mit ihnen.[179] Wenn die ontogenetische Entwicklung von Sprachbewusstheit an das Moment der Handlung als einer Tätigkeit des lyrischen Sprechens gebunden ist, dann ist die Verbalisierung als ein metasprachlicher Akt zu verstehen. Sprache wird zum Spielgegenstand und in der sprachlichen Auseinandersetzung mit den lyrischen Texten zum Abstraktum. Mit der sprecherischen Realisierung von lyrischen Texten geht eine (bewusste oder unbewusste) Distanzierung von der Rede des Alltags einher, so dass der distanzsprachliche Modus zugleich einen Akt der Metasprachlichkeit darstellt, wobei die Metasprachlichkeit als Teilhandlung des Sprachspiels zunächst einmal implizit ist.[180]

„Sprachspiele können nur innerhalb von Sprachspielen reflektiert werden; sie zu thematisieren bedeutet, sie zu potenzieren." (Schmitz-Emans, 1990, S. 570)

Der hier konzipierten Handlungsorientierung des Sprachspiels liegt in Anlehnung an OERTER ein handlungstheoretischer Ansatz zu Grunde, der das kindliche Spiel als Sozialisationsmoment verortet. OERTER sieht das Kinderspiel durch drei Merkmale gekennzeichnet - Handlung als Selbstzweck (Lustgewinn), Konstruktion einer anderen Realität und Ritual und Wiederholung.[181] Es handelt sich dabei um genau jene Aspekte, die auch in der Inszenierung von Kinderlyrik anzutreffen sind. Hinzu kommt schließlich als viertes Merkmal des lyrischen Sprachspiels die Erprobung und Entdeckung der Materialität von Sprache. Insofern können wir ANDRESENs Worten, nach denen sich das Sprachspiel hinsichtlich seiner Funktion in der kindlichen Entwicklung nicht vom (alltäglichen) Kinderspiel unterscheidet, vorerst zustimmen. Diese zunächst sehr allgemeine Aussage bedarf für den Bereich der Kinderlyrik, in dem Sprache *das* Ausdrucksmittel ist, jedoch m. E. einer Konkretisierung. Im Kontext der kindlichen Sprachentwicklung manifestiert sich die Funktionalität des Sprachspiels im Wesentlichen in seinem metasprachlichen und reflexiven Umgang mit der Sprache selbst. Anders als in den übrigen Kinderspielen ist Sprache im Sprachspiel vor allem auf sich selbst gerichtet und die Reflexion über sprachliche Phänomene - ob als ein Akt der impliziten oder expliziten Metasprachlichkeit - ein Motor für die sukzessive Entwicklung von Sprachbewusstheit auf dem Weg des Kindes in die Literalität.

---

[179] Vgl. Andresen, H. (1993), S. 122.

[180] Die von Schmitz-Emans angesprochene „*Thematisierung des Sprachspiels*" kann sowohl eine implizite als auch eine explizite Metasprachlichkeit sein. Versteht man die Thematisierung als die Verwirklichung des Sprachspiels, so bleibt der metasprachliche Akt implizit. Ist mit Thematisierung aber das Sprechen über sprachliche Merkmale und Eigenschaften in Sprachspielen gemeint, so liegt eine explizite Metasprachlichkeit vor.

[181] Oerter, R. (1993): Psychologie des Spiels. Ein handlungstheoretischer Ansatz. München, S. XI.

3. Oralität und Literalität in der Kinderlyrik

In Kapitel 2 wurde der kindliche Umgang mit lyrischen Texten als Sprachhandlung deklariert und die Gattung Kinderlyrik damit eng an das Moment der sprachlichen Realisierung geknüpft. Kinderlyrik bewegt sich demzufolge vor allem im Feld von medialer Mündlichkeit. Das zeigt sich auch im Hinblick auf die Bedeutung kinderlyrischer Texte in den ontogenetischen Entwicklungsphasen des Kindes und in den mit zunehmendem Alter veränderten Rezeptions- und Produktionsweisen. Kinderlyrik, verstanden als sprachliche Handlung, sowie ihre historische Entwicklung, deren Ausgangspunkt in den mündlich tradierten Volksliedern gesehen wird, gerät damit unweigerlich zwischen die Fronten einer Oralitäts-Literalitäts-Diskussion. Dabei entschied bislang der wissenschaftstheoretische Standort des jeweiligen Betrachters darüber, ob Kinderlyrik als eher mündlich oder schriftlich deklariert wurde. Eine eindeutige Positionierung der Kinderlyrik innerhalb des Feldes von Oralität und Literalität ist jedoch bis heute ausgeblieben und so ist es auch ein Anliegen dieses Buches, die Kinderlyrik ein Stück weit aus der literarischen „Grauzone" zu holen. Dazu ist es unumgänglich, den Blick auf die Erforschung der oralen Literatur zu richten, deren Anfänge in Untersuchungen zum mündlichen Epos und in der Frage nach den Einflüssen der Schrift auf eine Kultur liegen. Dieser Schritt in die Vergangenheit mag groß erscheinen und ist dennoch aus mehreren Gründen erforderlich, um den heutigen Stellenwert der Kinderlyrik in der Literaturwissenschaft und ihre Bedeutung für die (schrift-)sprachliche Entwicklung des Kindes nachvollziehen zu können, denn:

1. mündliche Dichtung umfasst im weitesten Sinne zunächst auch jenen Anteil an Texten, die unter der Bezeichnung „Volksdichtung" als Vorreiter der Kinderlyrik präsumiert werden,
2. dabei ist bereits der Terminus „mündliche Dichtung" oder „orale Literatur" umstritten und dessen Gebrauch auch in Bezug auf die Kinderlyrik uneinheitlich (siehe dazu auch den Exkurs ab S.87).
3. die Dichotomisierung von Oralität und Literalität, die vor allem in den frühen Arbeiten zur mündlichen Dichtkunst noch vorherrscht, reicht bis in die Erforschung der Kinderlyrik hinein und mündet dort in einer ebenso kontroversen Debatte.
4. auch die sprachwissenschaftliche Auseinandersetzung um Mündlichkeit und Schriftlichkeit ist von der Oral-Poetry-Forschung beeinflusst.

Eine empirische Studie zur Kinderlyrik im Vorschulalter bewegt sich an den Schnittstellen von Mündlichkeit und Schriftlichkeit und kommt deshalb nicht umhin, ihre beiden Hauptdeterminanten näher zu beschreiben. Das ist ohne die Berücksichtigung der Oral-Poetry-Forschung, die sich wie ein roter Faden durch die gesamte Lyrikdiskussion zieht, unmöglich. Auch im Hinblick auf den zweiten Teil dieses Buches, der verstärkt die literalen Aspekte im Umgang mit Kinderlyrik fokussiert, wird somit ein Brückenschlag von der phylogenetischen zur ontogenetischen Genese von Literalität angestrebt.

3.1 Kinderlyrik aus der Perspektive der Oralitäts-Literalitäts-Forschung

Die Diskussion um Oralität und Literalität hat sich vor allem an der „Homerfrage" entfacht, dessen zentrales Anliegen die Klärung war, ob es sich bei der *Ilias* und der *Odyssee* um mündliche oder schriftliche Werke handelt. Im Mittelpunkt der Untersuchungen stand folglich zunächst das Epos als eine künstlerische Form des mündlichen Erzählens. Vorreiter hierfür waren die bereits erwähnten Untersuchungen von PARRY, der neben den homerischen Epen auf eine umfangreiche Sammlung südslawischer Texte zurückgriff, um darin Merkmale traditioneller Mündlichkeit auszumachen.[182] Das mündliche Epos gehört seitdem zur erzählenden Dichtung und wird entstehungsgeschichtlich schriftlosen Gesellschaften zugeordnet. Die damit bereits terminologisch ausgedrückte Verbindung von Erzählkunst und traditioneller Mündlichkeit beinhaltet eine künstlerische Form des Darbietens, welche die gleichzeitige Produktion der Texte einschließt. Ein wesentliches Kennzeichen mündlicher Epen ist somit ihre Bindung an das Moment ihrer Entstehung und damit an ihre vokale Realisierung. Diesem Aspekt widmet sich auch ZUMTHOR in seiner *„Einführung in die mündliche Dichtung*", welche er selbst als *„ein Buch über die Stimme"*[183] bezeichnet. Um den schöpferischen Akt der mündlichen Dichtkunst näher zu beschreiben, führt er den Begriff der *„performance*" ein:

> „Die *performance* ist die komplexe Handlung, durch die eine poetische Botschaft gleichzeitig übertragen und wahrgenommen wird, hier und heute." (Zumthor, 1990, S. 29)

Erst in dem kurzen, aber doch augenfälligen Nachsatz *„hier und heute*" wird ersichtlich was ZUMTHOR mit dem Begriff *performance* - den er in seinem ursprünglichen Sinne verstanden wissen möchte - auszudrücken versucht. Danach ist die *performance* als theatraler Akt an das Moment der Mündlichkeit gebunden. Ohne dass ZUMTHOR ausdrücklich darauf hinweist, referiert der Begriff m. E. überdies auf den Zustand der Performanz, der jeglicher Darbietung des Sängers inhärent ist, denn die Sprache wird von ihm erst in der konkreten Situation - im Hier und Heute - erzeugt und geformt. Die sprachliche Geformtheit der Texte kann dabei bereits als *„elaborierte Mündlichkeit*"[184] deklariert werden.

---

[182] Fortgesetzt wurde seine Arbeit von seinem Schüler Lord, der mit dem Buch *„The Singer of Tales*" (Der Sänger erzählt) an das aufgrund des frühen Todes von Parry unvollendete Werk anknüpfte (Lord, A. B., 1965).
[183] Zumthor, P. (1990), S. 9.
[184] Koch, P. & Oesterreicher, W. (1994), S.593.

In einem seiner späteren Bücher[185] präzisiert ZUMTHOR seine Aussagen zur *performance* und schreibt:

„Mit dem Wort performance bezeichne ich die vokale Aktion, die den poetischen Text an seinen Adressaten übermittelt, einschließlich der Umstände und Vorgänge, die ihr vorangehen, sie begleiten, ihr folgen. [...] Es ist die performance, die aus einer mündlichen Kommunikation einen poetischen Gegenstand macht, indem sie ihm die soziale Identität verleiht, kraft derer man ihn versteht und erklärt. Die performance ist damit konstitutiv für die Form." (Zumthor, 1990, S. 35f)

Der von ZUMTHOR geprägte Begriff der *performance* beinhaltet demnach verschiedene operative Merkmale, die sich im Akt der Versprachlichung zu einem komplexen Ganzen zusammenfügen. Dazu gehören die Produktion des Textes während des Vortrages, die simultane Übermittlung, die Rezeption durch die Zuhörerschaft, die Aufbewahrung des Textes bzw. des Inhaltes im (individuellen und kulturellen) Gedächtnis und deren generelle Wiederholbarkeit.[186] Herausragendstes Merkmal in diesem Prozess ist die Trinität von Produktion, Übermittlung und Rezeption, denn erst im zeitgleichen Zusammenwirken dieser drei Segmente entsteht ein mündliches Epos. Im Rückgriff auf LORD ist das mündliche Epos somit das Produkt eines *„schöpferischen Augenblicks*[187]*"*, bei dem der Sänger seinen Vortrag mit Hilfe bestimmter sprachlicher und außersprachlicher Techniken entwickelt. Als eine dieser Techniken gilt seit PARRY die formelhafte Gestaltung des Textes (siehe auch Kapitel 1.3.2), welche dem Ansinnen der leichteren Memorierbarkeit entgegenkommt. Die Notwendigkeit einer formelhaften Sprache ergibt sich aus dem Fehlen eines Schriftsystems und wird deshalb als Werkzeug einer oralen Kultur zur Tradierung des Wissens eingesetzt, denn eine Gesellschaft, die ohne Kenntnis eines skripturalen Systems besteht, bedarf einer derartigen Strukturierung ihrer (Laut-)Sprache zur Schaffung ihres kulturellen Gedächtnisses.

Die Erfordernis einer mnemotechnischen Sprache gilt jedoch nur für bestimmte Begebenheiten und Ereignisse, die in das kulturelle Gedächtnis eingehen und entsprechend an nachfolgende Generationen weitergegeben werden sollen. Die Tradierung von Wissen ist in schriftlosen Gesellschaften damit stets auch ein ritueller Akt, bei dem die formale Gestaltung der Sprache eine mnemotechnische Funktion erfüllt. Diese Funktion wird mehrheitlich auch auf die Kinderlyrik übertragen, ungeachtet dessen, dass hier lediglich Realisation und Rezeption der Texte zusammentreffen, das Moment der Produktion - sieht man vorerst von den kindlichen Um-, Weiter- und Neudichtungen ab - jedoch entfällt. Wenn LORD also in einem Vergleich zwischen dem literarischen Gedicht und dem mündlichen Epos konstatiert, dass im mündlichen Epos *„Entstehung und Vortrag nur zwei*

[185] Zumthor, P. (1994).
[186] Zumthor, P. (1990), S. 29 und Zumthor, P. (1994), S. 37.
[187] Lord, A. B. (1965), S. 36.

Aspekte desselben Augenblicks sind", während im literarischen Gedicht *„Entstehung und Vortrag zeitlich voneinander getrennt sind"*,[188] so gilt dies gleichermaßen für die Kinderlyrik als literarische Gattung. Wenn man darüber hinaus davon ausgeht, dass das Verfassen von Texten darüber entscheidet, ob es sich um mündliche oder schriftliche Texte handelt, und sich sodann vor Augen führt, dass die Gattung Kinderlyrik in erster Linie schriftlich verfasste Texte zu ihrem Bestand zählt, so kommt man unweigerlich zu dem Schluss, dass Kinderlyrik vor allem literal strukturiert ist. Eine nicht nur mediale sondern auch konzeptionelle Nähe einiger kinderlyrischer Texte zur Mündlichkeit könnte dann eher mit dem, was GOETSCH als *„fingierte Mündlichkeit"*[189] bezeichnet hat, umschrieben werden. Mündlichkeit verweist danach nicht auf orale Residuen, sondern ist vom Autor/von der Autorin fingiert, um die Illusion einer tatsächlichen Mündlichkeit herzustellen. GOETSCH betrachtet diesen Vorgang des Fingierens als *„eine Komponente des Schreibstils"* und diesen wiederum als *„eine besondere Erscheinung in der Literatur"*,[190] womit er fingierte Mündlichkeit als literal kennzeichnet. Übertragen auf die Kinderlyrik ist die dortige Mündlichkeit somit zum Teil auf die Intention des Autors/der Autorin, Mündlichkeit zu erzeugen, zurückzuführen und als ein bewusster distanzsprachlicher Akt zu verstehen.[191]

Seit dem von PARRY und LORD konzipierten Modell der Formelhaftigkeit - welches später allzu häufig auf den Vorgang des Wiederholens reduziert wurde - gilt eine formelhafte Sprache als zuverlässiger und unumstößlicher Garant für die Mündlichkeit von Texten. Auch die Gleichsetzung von Volksdichtung und traditioneller Mündlichkeit als eine Wiederbelebung des romantischen Gedankengutes lässt sich auf diese Simplifizierung zurückführen (siehe dazu die Kapitel 1 und 1.1). Dahinter verbirgt sich das herdersche Wunschdenken nach einer Dichtung des Volkes, bei der das Volk gleichermaßen Autor und Rezipient ist. Es beinhaltet aber auch eine Abgrenzung von einer literarisch anspruchsvolleren Kunstdichtung, die dann eher der Domäne der Schriftlichkeit zugewiesen wird. Sicherlich gibt es eine nicht unerhebliche Anzahl an traditionellen kinderlyrischen Texten, deren Fortbestand sich vor allem aus der mündlichen Überlieferung nährt und die deshalb eine größere Nähe zur Mündlichkeit aufweisen. Es bleibt aber auch eine Tatsache, dass es heute kaum noch möglich ist, zu den tatsächlichen

---

188 Lord, A. B. (1965), S. 35.

189 Goetsch, P. (1985): Fingierte Mündlichkeit in der Erzählkunst entwickelter Schriftkulturen. In: Poetica, 17, S. 202-218.

190 Ebd., S. 202.

191 Dies gilt nicht für die gesamte Kinderlyrik, kann aber doch für einen großen Bereich der angenommen werden. Sicherlich muss man hier wiederum zwischen traditioneller und moderner Kinderlyrik differenzieren. Wobei aber davon auszugehen ist, dass auch in der traditionellen Kinderlyrik fingierte Mündlichkeit vorzufinden ist, insbesondere wenn man den Aspekt der moralischen und lehrhaften Absicht der frühen Texte berücksichtigt.

Ursprüngen der Texte vorzudringen, denn allein der Umstand, dass sämtliche Texte, auf die heute zurückgegriffen werden kann, in irgendeiner Form schriftlich niedergelegt sind, verweist auf ein hohes Maß an Literalität. Es ist deshalb m. E. angemessener, von Texten mit volkstümlichem Charakter zu sprechen als von Volksdichtung und diese dann auch vom mündlichen Epos zu separieren. Mit der Bezeichnung „volkstümliche Dichtung" greife ich noch einmal die Differenzierung in eine „*volkstümliche*" und eine „*literarische Dichtung*" auf, die FRANZ in Bezug auf die Kinderlyrik vorschlägt.[192] Beide Bezeichnungen können - wie im Verlauf meiner Ausführungen bereits geschehen - auch durch die Begriffe „traditionell" und „modern" ergänzt bzw. ersetzt werden, womit man dann auch endlich dem Stigma des Volkstümlichen entsagen könnte. Denn nach wie vor wird die Kinderlyrik in undifferenzierter Weise als direkter oder indirekter Abkömmling der Volksdichtung angesehen und damit in die Nähe des so genannten Volkstümlichen gestellt. So konstatiert z.B. RÜHMKORF in seinen berühmt-berüchtigten „*Exkursen in den literarischen Untergrund*"[193]:

> „Die Wahrheit des Kinderreims liegt auf der Straße. Das müßte wie eine Binsenwahrheit klingen, wüßten wir nicht an die hundertfünfzig Jahre eifrigen Sammelns, Auslesens, Bewertens und Verfälschens hinter uns." (Rühmkorf, 1995, S. 24)

RÜHMKORF widmet sich in den *Exkursen* ausschließlich dem anzüglichen, schmutzigen und subversiven Kinderreim und bricht mit dieser Arbeit eine Lanze - wie sein geistiger Weggefährte BORNEMANN[194] - für einen bis dahin im öffentlichen und wissenschaftlichen Diskurs ausgesparten Bereich der Kinderlyrik. Er betrachtet den subversiven Kinderreim denn auch als Gegenbewegung des „kleinen" Volkes, in der das Kind als kritischer Hinterfrager gesellschaftlicher und poetischer Strukturen agiert. Nur schwerlich kann man RÜHMKORF einen Hang zur romantischen Verklärung der Kinderlyrik vorwerfen, dennoch wird in seiner Sammlung - die schließlich nicht ohne Grund mit dem programmatischen Titel „*Über das Volksvermögen*" versehen ist - ein nahezu natürlicher Zusammenhang von Kinderlyrik und traditioneller Mündlichkeit evoziert.[195] Zwar spricht RÜHMKORF in seiner Arbeit nur über einen kleinen Ausschnitt aus dem weiten Feld der Kinderlyrik - dem Kinderreim und hier dem subversiven Kinderreim -, ist man sich aber des Wirkungskreises bewusst, den das Buch - auch in Anbetracht seines Erscheinungsjahres 1967 - erzielt hat, ist das darin indirekt konzipierte Verwandtschaftsverhältnis von mündlicher „Volksdichtung"

---

[192] Vgl. Franz, K. (1996), S. 8, Franz, K. (2000), S. 202 und 209ff sowie S. 24 in Teil I.
[193] Rühmkorf, P. (1995).
[194] Bornemann, E. (1973), ders. (1981).
[195] Dass Rühmkorf von einem Verwandtschaftsverhältnis zwischen der Kinderlyrik und der volkstümlichen Lyrik ausgeht, untermauert er in einem späteren Gespräch mit Heide Soltau, in dem er konstatiert, „*der Kindervers [...] ist eine Art nicht schriftlich festgelegter Literatur [...].*" (Heide Soltau im Gespräch mit Peter Rühmkorf in „Talk auf 4", eine Radiosendung des NDR 4 vom 04.03.2002).

und Kinderreim kritisch zu betrachten.[196] Denn auch der subversive Kinderreim ist keine bloße Fortsetzung des „Volksliedes", sondern ein eigenes Genre der Kinderlyrik, in dem volkstümliche Elemente aufgegriffen, verballhornt und auch negiert werden. Die Nähe des Kinderreims zur Mündlichkeit ist dabei, auch ohne dass eine Verbindung zum „Volkslied" hergestellt wird, unbestritten.

Eine Unterteilung in Kunstlieder und Volkslieder - wie sie der Sammlung von RÜHMKORF aufgrund der Aussparung des einen und der Fokussierung des anderen inhärent ist - nimmt in ähnlicher Weise auch LORBE vor, um daran die Entstehungsgeschichte der Kinderlyrik nachzuzeichnen. Wir bereits in Kapitel 1 beschrieben, manifestiert sie das Erwachsenenkunstlied und das Erwachsenenvolkslied ganz explizit als Vorläufer der Kinderlyrik. Der in diesem Zusammenhang von ihr aufgeführte Prozess des „Zersingens" fungiert dabei als Hinweis für eine vornehmlich mündliche Tradierung. Danach ist die Kinderlyrik eine Form der mündlichen Dichtung, die vor allem von Mund zu Mund weitergegeben wird und dabei allmählich fortschreitenden Zersetzungsprozessen ausgesetzt ist.

Solche wie die hier aufgeführten Arbeiten zur Kinderlyrik sind vor dem Hintergrund einer Oral-Poetry-Forschung zu sehen, in der Mündlichkeit und Schriftlichkeit vor allem als zwei konträre Pole der Sprache angesehen werden. Literalität wird dabei an Literarität gebunden und Mündlichkeit dementsprechend an Nicht-Literarität. Kinderlyrik bewegt sich in dieser dichotomen Anordnung auf der Mittelachse mit Tendenz zur Mündlichkeit. Dieses Dazwischen hat bislang bewirkt, dass die Kinderlyrik im wissenschaftlichen Kontext ein scheinbar undefinierbares Phänomen geblieben ist. So versteht BODENSOHN die Kinderlyrik als „*lyrische Vorform*" und positioniert diese damit am äußersten Rand der Literatur. Kinderlyrik wird bei ihr zum Übungsfeld sprachlichen Lernens umfunktioniert und zum „*kindtümlichen Spielraum*" minimiert.[197] Anders hingegen beantwortet MOTTÉ die Frage nach dem literarischen Stellenwert der Kinderlyrik. Sie resümiert:

> „[...]daß sich Kinderlyrik von der allgemeinen Lyrik nicht durch die künstlerische Gestaltung, das heißt qualitativ, zu unterscheiden braucht (das brisante Problem der literarischen Wertung betrifft beide Lyrikarten gleichermaßen)." (Motté, 1983, S. 47)

Uneingeschränkt bleibt diese Fürsprache aber auch bei MOTTÉ nicht, wenn sie im Folgenden Kriterien herausarbeitet, die zur Abgrenzung der Kinderlyrik von

[196] Der subversive Kinderreim, den Rühmkorf als eine Gegenbewegung des Volkes darstellt, signalisiert auf den ersten Blick zwar die Auflehnung des Volkes - hier des Kindes - gegenüber den bis dahin vorherrschenden Traditionen und Strukturen und könnte deshalb als Abwendung des Volkes vom „Volkstümlichen" verstanden werden, gleichzeitig bleibt es jedoch eine Volksbewegung, die lediglich einer neuen - politischen - Form der Volksdichtung den Vorschub leistet.
[197] Vgl. Bodensohn, A. (1965), z.B. auf den Seiten 35f und 64.

der „Erwachsenenlyrik" dienen und Kinderlyrik schließlich nur noch *„im weitesten Sinne"*[198] eine eigenständige literarische Gattung ist. Dass die geforderten Kriterien - wie z.B. Themen und Motive aus dem Lebensbereich der Kinder, eine überschaubare Gliederung, Orientierung am umgangssprachlichen Sprachgebrauch usf. - nur noch für einen Teilbereich der heutigen Kinderlyrik zutreffen, wird dabei allem Anschein nach außer Acht gelassen. So fragt man sich, weshalb MOTTÉ der modernen Kinderlyrik bei der Konzeption ihres Kriterienkataloges nur so wenig Raum zugestanden hat; lediglich in einem kurzen Abschnitt widmet sie der modernen Kinderlyrik ihre Aufmerksamkeit, ohne dabei jedoch auf deren literarische und sprachästhetische Bedeutung einzugehen.[199]

Anhand der bisherigen Ausführungen ist deutlich geworden, dass Kinderlyrik sich immer wieder aufs Neue mit der Frage konfrontiert sieht, ob sie denn Literatur sei. Die bereits angesprochene Gleichsetzung von Literatur bzw. Literarität und Literalität sowie die daraus resultierende Dichotomisierung von Literalität und Oralität macht es jedoch schwer, die Kinderlyrik zu verorten. Obwohl sie Literatur im eigentlichen - und nicht im weitesten - Sinne ist, bleibt sie primär auf ein mündliches Setting ausgerichtet. Ist sie deshalb keine Literatur? Oder ist sie vielleicht mündliche Literatur? Dieser Frage wird in dem folgenden Exkurs, der das Paradoxon „orale Literatur" zu entwirren versucht, nachgegangen.

* *

Exkurs: Das Paradoxon „Orale Literatur"

Begibt man sich auf den Weg, um die Ontogenese und Phylogenese von Literalität zu erkunden, so stößt man unweigerlich auf das, was ONG als eines jener *„monströse[n] Konzepte"*[200] der Forschung bezeichnet: *Orale Literatur*. Dieser Terminus, der das vergängliche Vermächtnis[201] oraler Kulturen zu

[198] Motté, M. (1983), S. 50.

[199] Erst in den späteren Kapiteln wendet Motté sich der modernen Kinderlyrik zu. Während in Kapitel 6 noch eine „Bestandsaufnahme" moderner Kinderlyrik erfolgt, in der vorwiegend bekanntere Anthologien vorgestellt werden, greift sie im siebten Kapitel die anfänglich geführte Diskussion um den literarischen Wert der Kinderlyrik - hier adaptiert für den Bereich der modernen Kinderlyrik - noch einmal auf. Vor dem Hintergrund der Erweiterung des Literaturbegriffs seit den 60er Jahren konstatiert sie eine vorerst theoretische Aufwertung der Kinder- und Jugendliteratur und damit verbunden auch der Kinderlyrik.

[200] Ong, W. (1982), S. 19.

[201] Es handelt sich insofern um ein Vermächtnis, als mündlich tradierte Geschichten, Lieder, Verse und Redewendungen durch die Überlieferung von Generation zu Generation und durch die schriftliche Fixierung erhalten bleiben (wie z.B. die Ilias von Homer). Vergänglich ist das Vermächtnis deshalb, da es sich nicht um wortwörtliche, sondern sinngemäße Weitergaben und Übersetzungen handelt, die literal gefärbt sind, wobei stets ein Teil der oralen Kultur verloren geht.

umfassen versucht, scheint a priori widersinnig. Ein ästhetischer Text[202] kann mündlich konfiguriert sein, im Sinne einer oralen Kunstform wie der Bardendichtung oder schriftsprachlich und damit - so ONG - literarisch. Bindet man Literatur ausschließlich an die Existenz der Schriftsprache (lat. Littera: Buchstabe, Schrift und lat. Litteratura: Buchstabenschrift, Sprachkunst), sind die Formen der oralen Dichtkunst konsequenterweise als nichtliterarisch zu deklarieren.[203] Wenn aber Literatur immer das Ergebnis schriftlicher Formulierungen und Ausdrucksweisen ist, wie kann es dann so etwas wie orale Literatur geben? Und wie ist eine solche orale Literatur konzipiert, wo doch augenscheinlich Oralität und Literalität zwei voneinander unabhängige Größen darstellen?

Die historisch frühe Kulturform einer oralen Gesellschaft hat sich fernab von schriftsprachlichen Denk- und Handlungsstrukturen entwickelt. Von ONG mit dem Etikett „primäre Oralität"[204] versehen, zeichnet sie sich dadurch aus, dass alltägliches Leben und künstlerische Sprachgestaltung sprechsprachlich determiniert sind. Dennoch scheint es bereits in rein oralen Gesellschaften Divergenzen zwischen einer Alltagsprache und einer Kunstsprache[205] zu geben, die ein Nähe-Distanz-Kontinuum darstellen, denn die ästhetischen Sprachproduktionen schriftloser Kulturen weisen eine Vielzahl von Merkmalen auf, welche sie zu einer eigenständigen Kunstform erheben. Vorangestellt sei hierbei als eine fundamentale Eigenschaft die der Tonalität. Orale Sprache ist stets eine lautliche Präsentation, d.h. ihr fehlt jegliche visuelle Präsenz. Sprache existiert lediglich im Moment ihres Entstehens und unterliegt gleich im Anschluss an ihre Verlautlichung der Vergänglichkeit.

Auch das Moment des Vergessens führt zu einem residualen Anteil oraler Tradition in literalen Gesellschaften.

[202]Als Texte gelten dabei schriftliche sowie mündliche Einheiten.

[203] Wobei auch bei Ong die Frage vorerst unbeantwortet bleibt, mit welchen Begrifflichkeiten jene mündlich tradierten Kunstformen zu bezeichnen wären, ohne sie mit dem Stigma der Literalität zu versehen (Vgl. Ong, W. 1982, S. 18).

[204]Ong unterscheidet zwischen einer primären und einer sekundären Oralität. Erstere ist jene, die sich fernab von jeglicher Kenntnis der Schrift entfaltet und die Ong fokussiert, wenn er die kognitiven Leistungen oraler Dichtkunst zu erfassen versucht. Die sekundäre Oralität verdankt ihre Existenz hingegen dem Vorhandensein der Schrift und wird von Ong als Folge der technischen Entwicklung einer Kultur betrachtet. Sie weist schriftsprachliche Einflüsse auf und hat nichts mehr mit der primären Oralität gemein (vgl. Ong, W., 1982, S. 18). Ein ähnliche Differenzierung findet sich z.B. bei Goddy, Havelock und Lord (vgl. Goody, J., (Hrsg.) 1981: Literalität in traditionalen Gesellschaften, Frankfurt a. M. (1968), Havelock, E. A., 1992: Als die Muse schreiben lernte. Frankfurt a. M. und Lord, A., 1965).

[205]Der Terminus „Kunstsprache" wird hier als ein von der Alltagssprache differentes Sprachkonstrukt konzipiert, welches sich durch einen höheren Grad an Elaboriertheit und Explizitheit auszeichnet und zugleich das ästhetische Moment von Sprache prädisponiert (siehe auch Kap. 2.1 in Teil I).

„Er [der Laut] ist nicht nur vergänglich, sondern wesentlich verklingend, und er wird als verschwindender wahrgenommen. Wenn ich das Wort 'Beständigkeit' ausspreche, ist bei der Nachsilbe 'keit' das 'Beständig' schon vergangen." (Ong, 1982, S. 37)

Aus dem tonalen Charakter der gesprochenen Sprache lassen sich zwei Konsequenzen folgern:

1. Mit der Tonalität steht der Zeitfaktor in engem Verbund, denn gesprochene Sprache vollzieht sich im 'Hier und Jetzt' eines aktuellen Geschehens. Ist der Laut/Ton verklungen, so ist auch die (Sprech-) Situation wieder eine andere, gänzlich neue. Darüber hinaus bewegt sich der Laut/Ton selbst auf einer temporalen Skala vom Beginn bis zum Ausklang seiner selbst.
   Einen anderen Zeitaspekt führt ZUMTHOR ein, der die „*integrierte Zeit*" von der Vortragszeit als „*Zeit der Integration*" unterscheidet.[206] Ein mündlicher Vortrag setzt sich danach immer aus der „Jetztzeit" (Erzählzeit) und der vergangenen Zeit (erzählte Zeit) - die im Verlauf des Vortrages repräsentiert wird - zusammen und bewegt sich folglich auf zwei Zeitebenen, die im Vortrag realisiert werden.

2. Die gesprochene Sprache (primärer) oraler Kulturen verfügt nicht über 'Wörter' im Sinne linguistischer Zeichen. Das Denken in Wörtern und Zeichen ist vielmehr eine Neigung skripturaler Gesellschaften, in denen Wörter kodierte Symbole sind, deren Symbolfunktion eine Abstraktion vom Lautsystem der Sprache darstellt. Der referenzielle Charakter der Schrift als sekundäres Zeichensystem erklärt sich aus den Zeichen-Zeichen-Relationen, welche in oralen Kulturen nicht existent sind. Bedeutung und Referenz sind in illiteralen Kulturen vielmehr eine Folge „*semantischer Ratifizierung*"[207] von konkreten Sprachhandlungssituationen, da auf kein konventionelles Zeichenrepertoire außerhalb der gesprochenen Sprache zurückgegriffen werden kann, d.h. Bedeutungen werden erst in der aktuellen Sprecher-Hörer-Konstellation durch vokale Sprache, Gestik und Mimik erzeugt.

Um den Grad der Vergänglichkeit lautlicher Sprachformen zu minimieren, bedarf es in schriftlosen Gesellschaften alternativer Techniken zu denen der Schrift. Die Kunstsprache selbst muss derart strukturiert sein, dass sie das Moment ihrer Entstehung zu überdauern vermag. Komplementär zu den Phonem-Graphem-Korrespondenzen (und -Differenzen) der Schriftsprache, dienen der Kunstsprache in primären oralen Gesellschaften Rhythmus, Versmaß, Reim, Redundanz, mnemotechnische Muster und Epitheta als Aufbewahrungsorte für kulturelle Traditionen und Inhalte. Eine solche Sprache wendet sich ab von der flüchtigen

---

[206] Zumthor, P. (1994), S. 39f.

[207] Als „*semantische Ratifizierung*" deklarieren Goody & Watt den Prozess der direkten, d.h. unmittelbar in Sprechsituationen erzeugten (Wort-)Bedeutungen (in: Goody, J., 1981, S. 48).

(Alltags-)Rede, indem sie als Mittel der Tradierung einen rituellen Gestus erlangt. Nur die Umwandlung des Denkens in ein rhythmisches und formelhaftes Sprechen ermöglicht die Memorierbarkeit und damit Konservierbarkeit von Sprache bzw. sprachlichen Überlieferungen. Während in literalen Gesellschaften die Schrift der Speicherung und Fixierung von Gedanken dient, muss in oralen Gesellschaften das Gedächtnis mündlich erstellt und aufrechterhalten werden. Dies geschieht durch das Memorieren von gesprochener Rede als einer Tätigkeit des Erinnerns. Die Sprache wird dadurch zu einer Gedächtnissprache, die zwischen Mnemosyne und Lesmosyne hin- und herschwingt. Die gedächtnisstiftende und damit einhergehend auch soziale Funktion gesprochener Sprache in oralen Kulturen wird in Platons Phaidros im Zwiegespräch über die Redekunst deutlich:

„[...] Als er aber zu den Buchstaben kam, sagte Theuth: 'Diese Kunde, o König, wird die Ägypter weiser machen und ihr Gedächtnis erhöhen, denn zur Arznei für Gedächtnis und Weisheit wurde sie erfunden.' Der aber erwiderte: 'O kunstreicher Theuth, ein anderer ist fähig, die Werkzeuge der Kunst zu erzeugen, ein anderer wieder zu beurteilen, welches Los von Schaden und Nutzen sie denen erteilen, die sie gebrauchen werden. Auch du sagtest jetzt als Vater der Buchstaben aus Zuneigung das Gegenteil dessen, was sie bewirken. Denn wer dies lernt, dem pflanzt es durch Vernachlässigung des Gedächtnisses Vergeßlichkeit in die Seele, weil er im Vertrauen auf die Schrift von außen her durch fremde Zeichen, nicht von innen her aus sich selbst, die Erinnerung schöpft. Nicht also für das Gedächtnis, sondern für das Erinnern erfandest du ein Mittel [...]'“[208]

Während sich Theuth von der Entdeckung der Schrift eine Erleichterung der Gedächtnistätigkeit und eine Erhöhung der geistigen Fähigkeiten erhofft, warnt Thamus in genau umgekehrter Weise vor der Vergesslichkeit, welche die Schrift beim Menschen verursacht. Die orale Sprache wird hier also als eine lebendige, dynamische Sprache verstanden und die geschriebene Sprache im Gegensatz dazu als starr, unbeweglich und unveränderbar, die, ist sie erst einmal zu Papier gebracht, „*immer nur ein und dasselbe*“ anzeigt und nicht weiß „*zu wem sie reden soll, zu wem nicht*“.[209] Die Schrift, so wird hier befürchtet, vertreibt das kulturelle Gedächtnis und in der Folge die kulturelle Identität der Gemeinschaft und des Einzelnen. Deutlich wird daran die Funktion und Bedeutung der mündlichen Dichtkunst für die Schaffung und Aufrechterhaltung des kulturellen Gedächtnisses.

Neben den kulturellen und kognitiven Funktionen tritt nun in der Diskussion um das Paradoxon orale Literatur das Moment des Ästhetischen hinzu. Die Notwendigkeit der Wiederholbarkeit gesprochener Sprache kann als Ausgangspunkt für deren Rhythmisierung und metrische Gestaltung gesehen werden. Ähnlich wie Kinder eine Geschichte immer wieder hören wollen und dabei auf bestimmte formelhafte Wendungen bestehen, muss orale Sprache entsprechend den Er-

---

[208] Platon: Phaidros, S. 86.
[209] Ebd., S. 88.

fordernissen der Memorierbarkeit gestaltet sein: rhythmisch, gereimt, redundant, usf. Das Memorieren ist dabei nicht lediglich ein mechanisches Wiederholen inhaltloser und sinnentleerter Verse, sondern ein Mittel zur Erstellung kultureller Tradition. Aus der Erfordernis der Memorierbarkeit ist die orale Dichtung entstanden, deren Sprachstruktur heute - aus literaler Perspektive - als poetisch deklariert werden kann und die sich in den Überbleibseln oraler Dichtkunst wie z.B. den homerischen Epen aufspüren lässt. Ein Blick auf die sprachliche Struktur zeigt aber, dass es sich nicht nur um eine pragmatische Sprache handelt, sondern auch um eine ästhetische. In der Wahrnehmung des Rezipienten wird die Sprache zum ästhetischen Objekt, indem - wie z.B. in der Kinderlyrik - die Materialität des Textes zunehmend hervortritt. Ohnehin zeigt sich in der Kinderlyrik in zunehmendem Maße eine Abschwächung der pragmatischen zugunsten einer hedonistischen Funktion, denn sie dient nicht mehr vordringlich dem Zwecke der Information und Wissensspeicherung, sondern beabsichtigt eine experimentelle und reflexive Auseinandersetzung des Kindes mit Sprache. Auch deshalb finden sprachästhetische Komponenten in den letzten Jahrzehnten mehr und mehr Raum in der modernen Kinderlyrik.

Das Paradoxon orale Literatur ist vielleicht weniger paradox als eingangs angenommen, wenn man Oralität nicht auf primäre orale Kulturen begrenzt und stattdessen vor dem Hintergrund der gesellschaftlichen Entwicklung von einer sekundären Oralität, die sich am Vorhandensein der Schrift orientiert, ausgeht.[210] Orale Literatur folgt dann zwar zunächst den Prämissen des gesprochenen 'Wortes', ist aber aus literar-ästhetischer Perspektive derart gestaltet, dass sie als Dichtkunst der Literatur zugewiesen werden kann. Dabei ist es m. E. nicht zwingend erforderlich, die Existenz einer solchen Literatur vom Vorhandensein oder Nicht-Vorhandensein schriftsprachlicher Fassungen abhängig zu machen. Vielmehr scheint es über den Aspekt der Verschriftlichung hinaus - der nach wie vor ein wesentliches Moment von Literarität darstellt - ästhetische Komponenten zu geben, die dafür plädieren, von oraler Literatur zu sprechen. Orale Literatur ist demnach ein Genre der Literatur, das sich auf Texte begründet, die in ihrer Konzeption kunstsprachlich gestaltet sind - wodurch sie sich von der Sprache des Alltags unterscheiden - und vornehmlich in einem mündlichen Setting realisiert werden. Im Gegensatz zu ONG wird in dieser Auffassung von einem sukzessiven Übergang von oralen zu literalen Gesellschafts- und Sprachformen aus-

---

[210] Derartige Überschneidungen prägen beispielsweise auch heutige Liedtexte der Hip Hop- und Pop-Szene, deren Nähe zum Lyrischen Schweikart mit seinem Buch „*Explizit Lyriks*" durch die Zusammenführung von Songtexten und Gedichten anschaulich darstellt. Zur Veränderung der Lyrik in der heutigen Moderne schreibt er: „*Von wegen: Lyrik lebt und ist allgegenwärtig, nur ihre Form hat sich verändert*" (Schweikart, R., 2000, (Hrsg.): Explizit Lyriks. Songtexte und Gedichte. Ausgewählt von Cappuccino, Cora E., Moses Pelham, Schiffmeister, Smudo, Ralf Schweikart. Reinbek bei Hamburg, S.11).

gegangen,[211] der dazu geführt hat, dass ein Großteil der Texte inzwischen schriftlich fixiert ist und Neuschöpfungen oraler Literatur - wie z.B. in der Kinderlyrik – hinzukommen. Eine solche Erweiterung des Oralitätsbegriffes in Bezug auf die orale Literatur findet sich auch bei FINNEGAN:

"Oral poetry is not something of far away and long ago. In a sense it is all around us still. Certainly in most definitions of oral poetry, one should also include the kinds of ballads and 'folk-songs' (both those dubbed 'modern' and 'traditional') sung widely in America or the British Isles, American Negro verse, the popular songs transmitted by radio and television, the chanted and emotional verse of some preachers in the American South, or even the kind of children's verse made familiar in the Opies' collection."[212]

FINNEGAN beruft sich hier ausdrücklich nicht nur auf traditionelle mündliche Texte, sondern erfasst mit ihrer Definition von „*oral poetry*" vielfältige mündliche Ausdrucksformen, zu denen sie schließlich auch den Kindervers zählt. Betrachtet man Kinderlyrik als eine Form oraler Literatur, im Zeichen sekundärer Oralität, wird zugleich ersichtlich, dass Kinderlyrik weder eindeutig der Domäne der Mündlichkeit noch der der Schriftlichkeit zugeordnet werden kann. Auch deshalb scheint der Terminus orale Literatur für den Bereich der Kinderlyrik besonders geeignet, erfasst er doch genau die Existenz dieser Literaturgattung im Dazwischen.

* *

3.2 Kinderlyrik zwischen Medialität und Konzeptionalität

Bislang wurde über Mündlichkeit und Schriftlichkeit gesprochen, ohne beide Entitäten genauer voneinander abzugrenzen. Dies soll in diesem Abschnitt, der das *Wie* gesprochener und geschriebener Sprache fokussiert, nachgeholt werden. Das *Wie* wird seit KOCH & OESTERREICHER auf zweierlei Weise in eine mediale und eine konzeptionelle Dimension unterteilt.[213]

KOCH & OESTERREICHER unterscheiden auf der horizontalen Achse die mediale Dimension, die phonisch (mündlich) oder graphisch (schriftlich) sein kann, d.h. das Medium, in dem sich Sprache ereignet, wird durch den *Akt* der Versprachlichung festgelegt. Mediale Mündlichkeit und Schriftlichkeit stehen sich hierbei als zwei konträre Erscheinungsformen dichotomisch gegenüber. Die

211 Zum Übergang von Mündlichkeit zur Schriftlichkeit siehe auch Kapitel 3.2. in Teil I.
212 Finnegan, R. (1977): Oral Poetry. Its nature, significance and social context. Cambridge, S. 4.
213 Koch, P. & Oesterreicher, W. (1986) und dies. (1994), S. 587-604.

zweite Dimension befindet sich auf der vertikalen Achse und beschreibt die Konzeption von Sprache, die wiederum mündlich oder schriftlich ist.

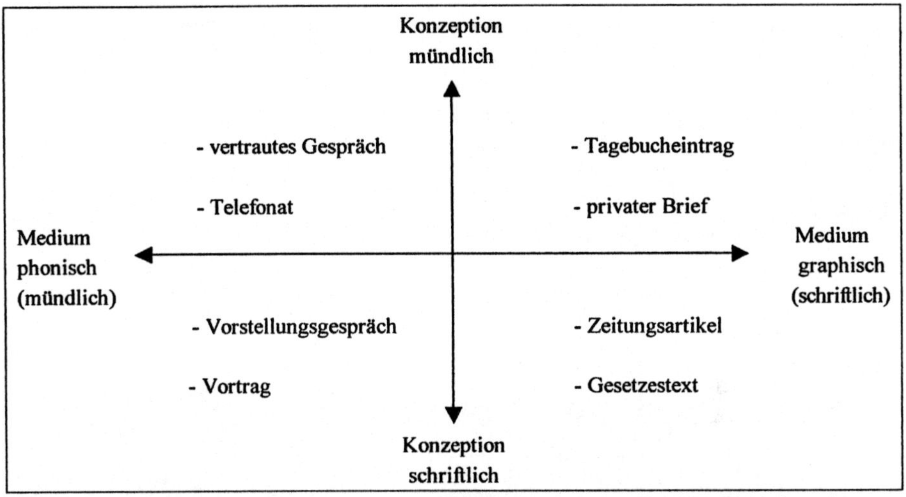

Abb. 2: Zweidimensionale Anordnung von medialer und konzeptioneller Mündlichkeit und Schriftlichkeit (nach Koch & Oesterreicher, 1986 u. 1994)

Während Mündlichkeit und Schriftlichkeit in Bezug auf ihre Medialität eindeutig determiniert sind - denn eine Äußerung oder ein Text kann nur entweder phonisch oder graphisch sein -, lassen sich in konzeptioneller Hinsicht Abstufungen bzw. fließende Übergänge ausmachen. KOCH & OESTERREICHER verstehen konzeptionelle Mündlichkeit versus konzeptionelle Schriftlichkeit deshalb als „*Endpunkte eines Kontinuums*“[214], in dem orale und literale Strukturen sukzessive ineinander übergehen. Um deutlich zu machen, dass es sich hierbei nicht um einen linearen Übergang handelt, sondern das Kontinuum vielmehr in einem mehrdimensionalen Raum anzuordnen ist, führen sie die Termini „*Sprache der Nähe*“ und „*Sprache der Distanz*“ ein und definieren das konzeptionelle Kontinuum

> „als den Raum, in dem nähe- und distanzsprachliche Komponenten im Rahmen der einzelnen Parameter sich mischen und damit bestimmte Äußerungsformen konstituieren“. (Koch & Oesterreicher, 1986, S. 21)

[214] Vgl. Koch, P. & Oesterreicher, W. (1994), S. 587.

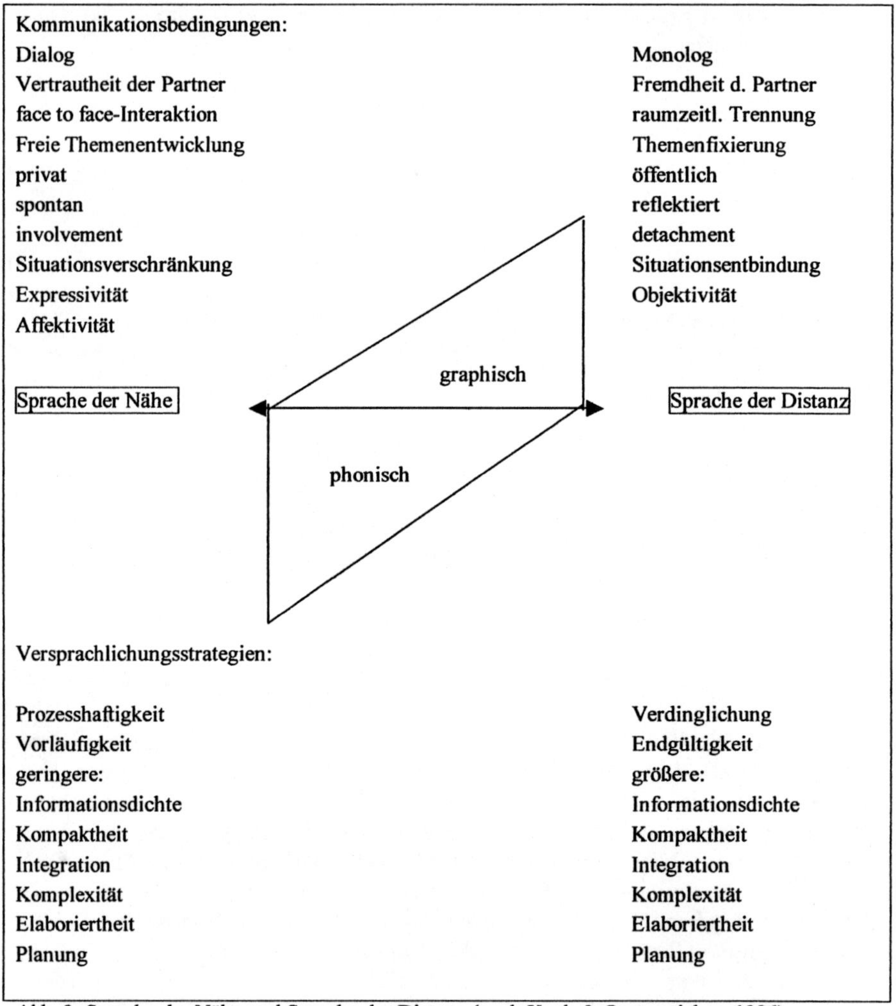

Abb. 3: Sprache der Nähe und Sprache der Distanz (nach Koch & Oesterreicher, 1986)

In dem so erweiterten Modell beschreiben KOCH & OESTERREICHER die Kommunikationsbedingungen und die Versprachlichungsstrategien von mündlicher und schriftlicher Sprache (siehe Abb. 3). Sie gehen von einem mehrdimensionalen Raum aus, in dessen Rahmen die nähe- und distanzsprachlichen Merkmale einen graduellen Übergang von mündlicher und schriftlicher Konzeptionalität anzeigen. Dabei verweist die Kombination von ‚Dialogizität', Vertrautheit', ‚face-to-face-Interaktion', ‚freie Themenentwicklung', ‚Privatheit', ‚Spontaneität', usf. als Parameter der kommunikativen Bedingungen auf mediale und konzeptionelle Mündlichkeit und bewegt sich damit eher im Bereich der *„Sprache der Nähe“*. Aus den nähesprachlichen Voraussetzungen ergeben sich dann für die sprachlichen Vorgänge Präferenzen, die durch Komponenten wie ‚Prozesshaftigkeit’, ‚Vorläufigkeit’, ‚(geringere) Informationsdichte’, ‚(geringere) Kompaktheit’, usf. determiniert sind. Dem gegenüber ist die *„Sprache der Distanz“* durch Modalitäten wie ‚Monolog’, ‚Fremdheit’, ‚raumzeitliche Trennung’, Themenfixierung’, ‚Öffentlichkeit’, usf. kontextualisiert und realisiert sich in sprachlichen Äußerungen, die einen größeren Grad an ‚Informationsdichte’, ‚Kompaktheit’, Integration’, ‚Komplexität’, usf. aufweisen. Auf den Grad der Nähe oder Distanz, der durch die jeweiligen kommunikativen Bedingungen und ihren daraus folgenden sprachlichen Vorgängen erzielt wird, verweisen in dem Gesamtschema von KOCH & OESTERREICHER zwei Dreiecke auf der Mittelachse. Insgesamt wird gerade in diesem Modell die Mehrdimensionalität mündlicher und schriftlicher Sprache sehr deutlich, was GÜNTHER zu dem Resümee kommen lässt, dass *„Schriftlichkeit und Mündlichkeit nicht nebeneinander [existieren], sondern [...] durcheinander“*[215].

Die von KOCH & OSTERREICHER eingenommene Perspektive in der wissenschaftlichen Diskussion von Mündlichkeit und Schriftlichkeit beinhaltet ein differenzierteres Verständnis von mündlicher und schriftlicher Sprache und ihrer Realisierung. Dabei bewirkt vor allem die Unterscheidung in mediale Mündlichkeit bzw. Schriftlichkeit und konzeptionelle Mündlichkeit bzw. Schriftlichkeit eine Aufhebung der Dichotomien. Mündlichkeit und Schriftlichkeit sind hier nur noch in Bezug auf ihre Medialität dichotomisch, während die Konzeptionalität sprachlicher Äußerungen oder Texte durch fließende Übergänge gekennzeichnet ist. Eine solche Differenzierung kann m. E. nicht ohne Folgen für die Überprüfung und Einschätzung oraler Literaturformen - hier in exponierter Weise von Kinderlyrik - bleiben. Um aber Aussagen bezüglich der Medialität und Konzeptionalität kinderlyrischer Texte formulieren zu können, stehen lediglich Forschungsarbeiten zur Verfügung, die Mündlichkeit und Schriftlichkeit vornehmlich auf der Folie traditioneller mündlicher Dichtung untersuchen, sich also nicht explizit der Gattung Kinderlyrik widmen.

LORD, der Mündlichkeit und Schriftlichkeit als zwei sich ausschließende sprachliche Phänomene versteht, stellt die Frage *„Kann ein Text zwischen mündlicher und literarischer Tradition stehen?“*[216]. Er formuliert diese Frage vor dem Hintergrund schriftlicher Fassungen mündlicher Dichtung, die er vorerst als so genannte *„Übergangstexte“*[217] deklariert. Auch wenn er betont, dass sein Blick

[215] Günther, H. (1997): Mündlichkeit und Schriftlichkeit. In: Balhorn, H. & Niemann, H. (Hrsg.): Sprachen werden Schrift. Mündlichkeit. Schriftlichkeit. Mehrsprachigkeit. Lengwil am Bodensee, S. 64-73, hier: S. 68.
[216] Lord, A. B. (1965), S. 190.
[217] Ebd., S. 190f.

sich hier ausschließlich auf Texte und nicht auf (zeitliche) Kontexte richtet, so umfasst seine Antwort, die konsequenterweise negativ ausfallen muss, letztlich doch beides, da die Übergänge stets eine textuelle *und* eine zeitlich bedingte Veränderung des Textmaterials markieren.

Nach LORD handelt es sich bei Formen der mündlichen und schriftlichen Überlieferungen um zwei gänzlich divergente Techniken, die nicht miteinander kombinierbar sind, ohne dass die eine - und zwar die schriftliche - Technik die andere dominiert.[218] Die Einführung der Schrift und die daraus folgende schriftliche Fassung von Liedtexten führen dabei zu einer Verdrängung der oralen Texte. Auch ONG vertritt diese Oralitäts-Literalitäts-Dichotomie, wenn er die Schrift einerseits als Neustrukturierung des Denkens und andererseits als Distanzierung des Wissenden vom Wissen deklariert.[219] Beiden Momenten ist die Entfernung des Menschen vom oralen Sprachduktus inhärent. Der traditionelle mündliche Text gründet sich demnach nicht nur auf das Moment seiner Entstehung - der mündlich ist -, sondern auch auf die Art und Weise seiner Überlieferung und damit seines Fortbestehens in der Gegenwart und Zukunft. Wird ein ursprünglich mündlicher Text zum Zwecke der Aufbewahrung in eine schriftliche Form gebracht, handelt es sich genau betrachtet nicht mehr um den gleichen Text, sondern um einen neuen, der sich vom Ursprungstext formal und strukturell unterscheidet. In letzter Konsequenz führt das zu der von LORD vertretenen These des gegenseitigen Ausschlusses von Oralität und Literalität in mündlicher Literatur.[220]

Auch für ASSMANN & ASSMANN sind die Einflüsse der Schrift auf die orale Dichtung umfassend und reformierend, wenn sie schreiben:

„Aber auch dort, wo die Schrift es schließlich mit der im oralen Überlieferungsprozess geformten Dichtung aufnimmt, schafft sie etwas prinzipiell Neues."[221]

Im Gegensatz zu LORD und ONG sehen sie Mündlichkeit und Schriftlichkeit jedoch nicht durch einen tiefen, unüberwindbaren Graben voneinander getrennt, sondern durch einen kontinuierlichen Prozess der skripturalen *„Überlagerung"* und *„Durchdringung"*[222]. Dementsprechend differenzieren sie drei Übergangsformen, die sich durch eine sukzessive Zunahme der Literalität auszeichnen:

---

[218] Vgl. ebd., S. 191f.
[219] Vgl. Ong, W. (1982), S. 15 und 48.
[220] Lord räumt zwar ein, dass der literarische Versaufbau aus dem mündlichen Versaufbau entstanden ist, bestreitet aber die Möglichkeit eines Überganges zwischen beiden Formen, da in seiner Theorie die Schrift *der* Usurpator der mündlichen Dichtkunst ist (Lord, A. B., 1965, S. 193 und 205).
[221] Assmann, A. & J. (1983): Schrift und Gedächtnis. In: Assmann, A. & J. & Hardmeier, C. (Hrsg.): Schrift und Gedächtnis. Beiträge zur Archäologie der literarischen Kommunikation. München, S. 265-284, hier: S. 272.
[222] Ebd., S. 272.

1. Mündliche Texte werden schriftlich festgehalten, wobei die Schrift sich in diesem ersten Stadium noch gänzlich in den Dienst einer oralen Sprach- und Denkstruktur stellt. Der Text bleibt mündlich konfiguriert und seine Form mnestisch.
2. Die Schrift versucht, residuale und vom Vergessen bedrohte mündliche Texte zu bewahren und übernimmt damit die mnemotechnische Funktion der oral strukturierten Sprache.
3. Die Schrift setzt die mündliche Tradition in elaborierter Weise fort, indem sie ihre eigenen sprachlichen Mittel einsetzt. Durch die Einflussnahme der Schrift wird die Sprache bzw. werden die Texte literarisiert.[223]

Ein solcher Übergang wird von ASSMANN noch einmal an anderer Stelle formuliert, wo er aus kulturhistorischer Perspektive einen Übergang von einer rituellen zu einer textuellen Kohärenz beschreibt. [224] Dabei löst die Schrift rituelle und zeremonielle Mündlichkeit nicht ad hoc ab, sondern erst der *„kanonische Text"*[225] erfordert einen literarisierten (Schreib-)Stil. Mündliche und schriftliche Formen der Überlieferung haben somit bereits in der Vergangenheit nebeneinander existiert und erst im Zuge der Kanonisierung kommt es zu einer Vorherrschaft eines schriftkulturellen Gedächtnisses.

Im Rahmen der „Volksliedforschung" hat LINDER-BEROUD das Verhältnis von Mündlichkeit und Schriftlichkeit untersucht[226] und kommt zu einem ähnlichen Ergebnis wie ASSMANN. Auch sie plädiert eher für das Bestehen eines Nebeneinander von mündlicher und schriftlich geprägter Dichtung:

> „Die von Albert Lord in der Schrift *The singer of tales* vertretene These, die Erfindung des Buchdrucks habe die mündliche Kultur zerstört, ist selbstredend für die mittelalterliche Spielmannsdichtung gültig, von einer Verdrängung der gedächtnismäßigen Tradierung schlechthin kann aber wohl keine Rede sein. Schriftliche und mündliche Kulturäußerungen laufen seither parallel nebeneinander her und befruchten sich gegenseitig." (Linder-Beroud, 1989, S. 101f)

LINDER-BEROUD konstatiert hier nicht nur einen Übergang von Mündlichkeit und Schriftlichkeit, sondern geht noch einen Schritt weiter und betrachtet beide als sprachliche Formen, die sich wechselseitig beeinflussen. Während in anderen

---

[223] Vgl. ebd., S. 272.

[224] Vgl. Assmann, J. (1999), S. 87ff. Zur Erscheinungsform der *„rituellen Kohärenz"* siehe auch Kapitel 1.3.1, S. 52 in Teil I.

[225] Assmann definiert den *„kanonischen Text"* als Verkörperung der *„normativen und formativen Werte einer Gemeinschaft"*, dessen Ursprünge er in der hebräischen Bibel und den buddhistischen Tripithaka sieht. Zugleich grenzt er den *„kanonischen Text"* vom *„heiligen Text"* als *„eine Art sprachlicher Tempel, eine Vergegenwärtigung des Heiligen Medium der Stimme"* ab (Assmann, J. 1999, S. 93f).

[226] Linder-Beroud, W. (1989): Von der Mündlichkeit zur Schriftlichkeit? Untersuchungen zur Interdependenz von Individualdichtung und Kollektivlied. Frankfurt a. M.

literar-historischen Untersuchungen bislang zumeist von einem eher einseitigen Verhältnis zwischen Schriftlichkeit und Mündlichkeit ausgegangen wurde, in dessen Genese die Schrift die traditionelle mündliche Sprache nach und nach ablöst, eröffnet LINDER-BEROUD darüber hinaus den Blick für das gegenwärtige Verhältnis von Mündlichkeit und Schriftlichkeit. Geht man davon aus, dass die Interdependenz von Mündlichkeit und Schriftlichkeit bis in die heutige Dichtung hineinreicht, so ist die Oralitäts-Literalitäts-Frage weniger eine ausschließlich kulturhistorische in Bezug auf ihre Ursprünge als auch eine literaturwissenschaftliche und sprachwissenschaftliche, die sich dann verstärkt der textuellen Seite öffnet.

In den bisherigen Ausführungen wurde vornehmlich der historische Übergang von einer oralen zu einer literalen Sprache diskutiert; nun steht zur Debatte, ob es auch so etwas wie textuelle Übergänge oder Überschneidungen gibt. In diesem Zusammenhang wird nach dem textuellen Format der Kinderlyrik und ihrer Nähe zur Mündlichkeit bzw. Schriftlichkeit gefragt. Dazu wird die von KOCH & OESTERREICHER vorgeschlagene Differenzierung in Medialität und Konzeptionalität hier adaptiert.

Einen ersten Ansatzpunkt für die Frage nach der Medialität und Konzeptionalität der Kinderlyrik liefert HURRELMANN, indem sie das von KOCH & OESTERREICHER konzipierte Schema im Hinblick auf die literarische Sozialisation bzw. Lesesozialisation des Kindes modifiziert. Vor diesem Hintergrund ordnet sie die literarischen Präferenzen und Erfahrungen des Kindes im Sinne ontogenetischer Entwicklungsphasen. Dabei sind die einzelnen Tätigkeiten, die HURRELMANN in ihrem Modell (Abb. 4, Seite 99) aufführt, nicht als stringent aufeinander folgende oder aufeinander aufbauende Elemente konzipiert. Vielmehr gibt es in der kindlichen Sozialisation ein Ineinander und Miteinander von literarischen ‚Events' wie der Realisierung von Kinderlyrik, dem Erzählen von Geschichten, dem Lesen von Bilderbüchern und dem Vorlesen.

Auf der vertikalen Achse hat HURRELMANN das Alltagsgespräch als konzeptionell mündlich und die Erwachsenenliteratur als konzeptionell schriftlich einander als Endpunkte gegenübergestellt. Bereits daran ist ersichtlich, dass sie die literarische Sozialisation des Kindes als eine ontogenetische Entwicklung vom Sprechen zum Lesen (bzw. Schreiben) definiert, in dessen Verlauf eine sukzessive Kompetenzerweiterung erfolgt. Die Kinderlyrik - hierunter versteht sie gesprochene und gesungene Texte, die durch Spielhandlungen begleitet werden, wie z.B. Neckverse, Kniereiterverse und Fingerspiele - bewegt sich dabei tendenziell in einem Feld konzeptioneller und medialer Mündlichkeit, da sie weniger an das Vorhandensein des Mediums Schrift gebunden ist als beispielsweise das Bilderbuchbetrachten und Vorlesen. Dies wird in dem Schema durch eine gestrichelte Pfeillinie angedeutet.

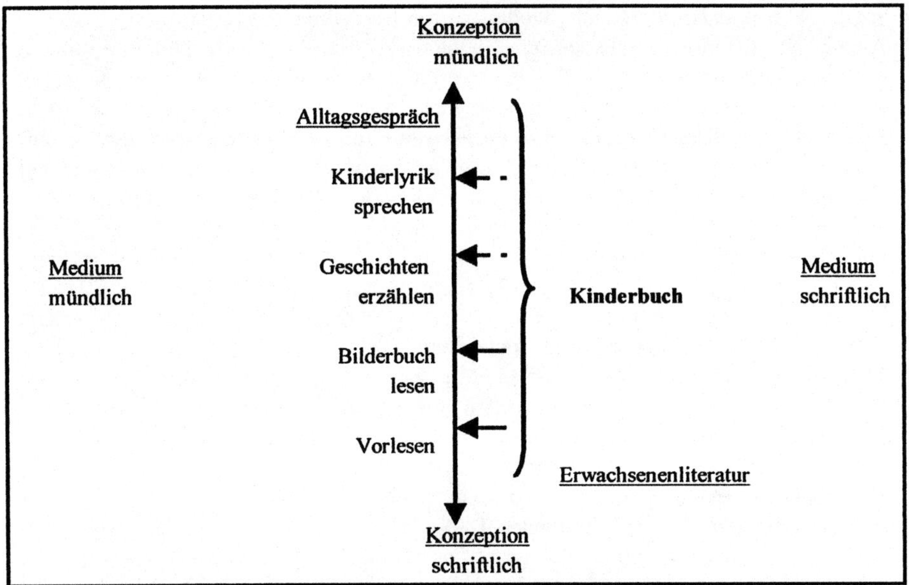

Abb. 4: Kinderlyrik am Übergang von Mündlichkeit und Schriftlichkeit (Hurrelmann, 2000)[227]

HURRELMANN versteht die Realisierung von Kinderlyrik[228] als eine Ausdrucksform familialer Kommunikation, die insbesondere am Anfang der kindlichen Entwicklung im Rahmen der Eltern-Kind-Interaktion eingeübt wird.[229] Die Kinderlyrik wird dabei nach und nach durch das Medium Kinderbuch abgelöst, so dass eine Entwicklung vom Mündlichen zum Schriftsprachlichen stattfindet, dessen Endpunkt im obigen Modell durch den Pol „konzeptionelle Schriftlichkeit" erfasst wird. Während demzufolge Kinderlyrik eher alltagssprachlich kontextualisiert und im Zuge mündlicher Kommunikationsprozesse realisiert wird, sind das Bilderbuchbetrachten und Vorlesen wesentlich stärker an die schriftsprachliche Medialität gebunden. HURRELMANNs Unterscheidungskriterium für Medialität und Konzeptionalität ist das Interaktionsgeschehen, welches sich zwischen Er-

[227] Das von Hurrelmann erstellte Modell wurde einem Vortrag entnommen, den sie im März 2000 auf einem Deutsch-Symposion in Burscheid gehalten hat. Das Thema des Vortrages lautete: *„Lesesozialisation im Übergangsraum zwischen Mündlichkeit und Schriftlichkeit"*.
[228] Eindeutiger wäre es, an dieser Stelle von Kinderreimen und Kinderversen zu sprechen, auf die Hurrelmann eigentlich referiert, wenn sie den frühkindlichen Umgang mit literarischer Sprache beschreibt (Briefwechsel zw. Hurrelmann & Wildemann vom Mai 2000).
[229] Dass von einer prävalenten Bedeutung der Familien als primäre Instanz der kindlichen Sozialisation auch für den vorschulischen Umgang mit Kinderlyrik ausgegangen werden kann, bestätigt die im Rahmen dieser Untersuchung durchgeführte Fragebogenerhebung in Familien (siehe Kap. 3.1.2 in Teil II).

wachsenem und Kind abspielt, wobei sie die Medialität des Kinderbuches als ein Anzeichen für konzeptionelle Schriftlichkeit wertet. Das Sprechen und Singen von lyrischen Texten sowie das Erzählen von Geschichten ordnet sie hingegen tendenziell dem Bereich der „Sprache der Nähe“ zu, da beide Ereignisse ohne Präsenz eines Kinderbuches und damit ohne einen unmittelbaren Bezug zur Schriftsprache stattfinden. Konzeptionelle Schriftlichkeit ist danach auch bei HURRELMANN an das Medium Schrift bzw. Buch gebunden.

Die Begriffe „konzeptionell mündlich“ und „konzeptionell schriftlich“ bleiben somit in Bezug auf die Kinderlyrik auch nach der von KOCH & OESTERREICHER vorgenommenen Differenzierung uneindeutig, da sie einerseits kulturelle Gebrauchsformen und andererseits Textstrukturen bezeichnen können. M. E. beziehen sich alle bisher genannten Arbeiten zum Thema Mündlichkeit und Schriftlichkeit in erster Linie auf eben jene kulturellen Gebrauchsformen. Eine andere Herangehensweise in der Diskussion um Kinderlyrik ist jedoch m. E. erst mit dem Blick auf die Textstrukturen gegeben, wie hier geschehen. Konzeptionelle Schriftsprachlichkeit ist dann nicht mehr eine Frage des unmittelbaren Vorhandenseins geschriebener Texte in der Interaktion, sondern liegt auch vor, wenn mündlich repräsentierte Literatur über schriftsprachliche[230] Determinanten verfügt. So verstanden, ist Kinderlyrik eine Ausdrucksform der Literatur, die in erster Linie in einem mündlichen Setting realisiert wird (mediale Mündlichkeit), dabei aber Spuren von Literalität aufweist (konzeptionelle Schriftsprachlichkeit).[231]

---

[230] Im Folgenden wird der Begriff „Schriftsprachlichkeit“ von dem der „Schriftlichkeit“ unterschieden. Schriftlichkeit beinhaltet danach ein auf die Schrift selbst gerichtetes Handeln und Denken, deren oberstes Ziel die schriftliche Kompetenz darstellt und in der Lese- und Schreibfähigkeit - im Sinne des traditionellen Verständnisses von Kulturtechniken - mündet. In der Bezeichnung Schriftsprachlichkeit wird hingegen die Symbiose von *Schrift* und *Sprache* sichtbar. Unter Schriftsprachlichkeit subsumiere ich deshalb umfassende und vielfältige Verwendungs- und Bewusstseinsformen im Umgang mit Schrift-Sprachlichem, also auch solche Formen, die auf den ersten Blick nicht an das Medium Schrift gebunden sind. Die Begriffe Schriftsprachlichkeit und Literalität werden hier synonym verwendet.

[231] Beispielsweise verfügt das Fingerspiel „*Das ist der Daumen*“ über einen hohen referentiellen Wert, wobei der Zeigegestus des Reimes stark an die mündliche Sprache gebunden ist, denn gesprochene Sprache und Gestik verbinden sich hier. Man könnte also sagen, das Fingerspiel „*Das ist der Daumen*“ ist in Bezug auf seinen referentiellen Charakter eher im Bereich konzeptioneller Mündlichkeit anzusiedeln. Referenz ist aber zugleich ein Aspekt von Schriftsprache, so dass der Fingervers eine einfache Form des Verweisens darstellt - hier deiktisch realisiert - , die im Verlauf des Schriftspracherwerbs weiterentwickelt wird. Aus dieser Perspektive ist der Fingervers auch konzeptionell schriftsprachlich. Zur Bedeutung des „*Referieren[s] auf einen Redegegenstand*“ im Rahmen von Fingerspielen siehe auch Haueis, E. (1985): Sprachspiele und die didaktische Modellierung von Wissensstrukturen. In: Stötzel, G. (Hrsg.): Germanistik - Forschungsstand und Perspektiven. Vorträge des Deutschen Germanistentages 1984, 1. Teil., Berlin; New York, S. 658-667, hier: S. 663.

3.3 Orale Poetik und literale Noetik - über die Kohärenz des Augenblicks hinaus?

Die Begriffe „orale Poetik" und „literale Noetik" bilden hier kein Gegensatzpaar, wie es auf den ersten Blick vielleicht anmuten mag. Von einem Antagonismus kann nämlich nur dann gesprochen werden, wenn man orale Poetik im Sinne ONGs als rein mündliche Kompositionstechnik versteht, die sich auf eine oral noetische Gedankenwelt stützt. Es konnte aber bereits festgestellt werden, dass Kinderlyrik - insbesondere moderne Kinderlyrik - sich im Spektrum sekundärer Oralität bewegt und damit literal gefärbt ist. In dem vornehmlich oralen Setting, in dem Kinder sich in ihren ersten Lebensjahren bewegen, sind die sprachlichen Diskurse jedoch stark kontextgebunden. BROCKMEIER spricht in diesem Zusammenhang in Anlehnung an BÜHLERs Sprachzeichentheorie deshalb auch von einer *„sympraktischen Eingebundenheit"*[232] des kindlichen Sprachgebrauchs. Erst mit den ersten Erfahrungen des Kindes mit (sichtbar) Geschriebenem ist es danach in der Lage, Sprache kontextfrei, also distanzsprachlich, zu verwenden. In dieser Entwicklung markiert der kindliche Umgang mit Kinderlyrik wiederum einen Übergang von der mündlichen zur schriftlichen Sprache, denn die Sprache wird hier zugleich kontextfrei (alltagsenthoben) und kontextgebunden gebraucht. Da distanzsprachliche Fähigkeiten auch Ergebnis kognitiver Prozesse sind, ist Kinderlyrik - so meine These - zugleich ein Wegbereiter für die noetische Entwicklung des Kindes. Das literal geprägte Denken des Kindes könnte man damit beschreiben, was BROCKMEIER *„literales Bewußtsein"*[233] nennt. Es stützt sich auf eine literale Kultur und beinhaltet die Teilhabe an eben jener Kultur, ihren Traditionen und Werten. Nachdrücklich betont BROCKMEIER, dass die Teilhabe eben nicht ausschließlich darin besteht, lesen und schreiben zu können, sondern darin, sich als Individuum in einer literalen Kultur zurechtzufinden[234]:

> „Literales Bewußtsein geht einher mit vielfältigen Formen von Handlungsfähigkeit, eben jenen Formen, die das gesellschaftliche Leben unseren so unterschiedlichen ‚Literalitätswelten' erfordert." (Brockmeier, 1997, S. 202)

Übernimmt man diese These BROCKMEIERs, so kann das Rezipieren von Kinderlyrik eine Form der kognitiven Auseinandersetzung auf dem Weg des Kindes in die Schrift darstellen. Indem das Kind beispielsweise über Laute, Wörter und Wortbedeutungen reflektiert, vollzieht es eine distanzsprachliche Betrachtung und Sprache wird aus eben jenem sympraktischen Zusammenhang entbunden. Texte

---

[232] Brockmeier, J. (1997), S. 255. Vgl. auch Bühler, K. (1965): Sprachtheorie. Die Darstellungsfunktion der Sprache. 2. unveränd. Aufl., Stuttgart (1934), S. 158f.

[233] Brockmeier, J. (1997), S. 45.

[234] Eine ähnliche Auffassung vertritt Dehn, die den Begriff der *„Schriftkultur"* als *„Gegenbegriff zum Verständnis von Lesen und Schreiben als Kulturtechnik"* formuliert und darunter vielfältige literal determinierte Daseinsformen versteht (vgl. Dehn, M., 1994, S.26f).

der Kinderlyrik bieten dafür eine Vorlage bzw. Grundlage, auf der eine sukzessive Erweiterung der sprachlichen und kognitiven Kompetenzen erfolgen kann. Diesen Prozess möchte ich als „literales Lernen“ bezeichnen und betone dabei die schriftsprachlichen Anteile, die im kindlichen Umgang mit lyrischer Sprache zunächst versteckt, d.h. implizit bzw. unbewusst vorhanden sind.[235] Auch Autoren und Autorinnen der Kinderlyrik machen sich solche distanzsprachlichen Fähigkeiten der Kinder zu Nutze, wie es z.B. der Text von FREI zeigt.

Der Text spielt mit den sprachlichen Konventionen, indem Wortendungen am Zeilenende durch das Hinzufügen des Buchstaben < l > eine Verniedlichung - im Sinne einer diminutiven Sprachform - erfahren. Es soll das Verliebtsein des Fabeltieres veranschaulichen und dient damit indirekt der Karikatur aller Verliebten. Beim Kind evoziert die sprachliche Form des Gedichtes jedoch vor allem ein lustvolles Agieren mit der Sprache. Es greift die vorgegebene Struktur auf, setzt sie fort und überträgt sie auf andere sprachliche Situationen. Genau dieses Agieren mit und Ausprobieren von Sprache beinhaltet Momente des literalen Lernens, denn Sprache wird dekontextualisiert und metasprachlich gebraucht.[236]

Wolpertinger und Liebe

Liebst du michel
lieb ich dichel
ganz sichel
inniglichel

Kleine Stichel
mag ich nichel
Komm mir ja nicht
auf die Schlichel

Im Geringel
und Gerangel
macht der Schlingel
mit der Schlangel

Wolpertingeltangel.[237]

---

[235] Eine genauere Beschreibung jener literal gefärbten Sprachleistungen, zu denen Kinder im Kontext von lyrischer Sprache fähig sind, erfolgt im zweiten Teil dieser Arbeit, in der das produktive und reflexive Vermögen des Kindes im Umgang mit Reimen im Zentrum meiner Überlegungen steht.

[236] Der dekontextualisierte und metasprachliche Sprachgebrauch des Kindes im Umgang mit lyrischer Sprache wird im zweiten empirischen Teil (Kap. 3) ausführlich erörtert.

[237] Frederike Frei: Wolpertinger und Liebe. In: Gelberg, H.-J. (Hrsg.) (2000), S. 48.

Kinderlyrik als orale Poetik etabliert somit primäre literale Denkstrukturen, die über den aktuellen Augenblick ihrer Produktion hinausreichen. Das hat m. E. auch WEINHOLD mit ihrer Arbeit zur Textkompetenz gezeigt, in der sie unter anderem auf poetische Texte von Erstklässlern und Erstklässlerinnen gestoßen ist, die auf eben solche lyrischen „Primärerfahrungen“[238] verweisen.

Text von Johann:

DAS IST DIE MAUS
SIE SCHAUT GERADE-
AUS DAS IST DIE
MAUS SIE IST IM HAUS[239]

Text von Anna:

Erik
Liebt
Ariel
Si lben sech
Ariel
Sucht
Erik
Findet nicht Erik
Ariel
Vermißt
Erik[240]

Johann und Anna greifen in ihren Texten anscheinend auf frühere literarische Erfahrungen im Umgang mit Kinderlyrik zurück. Diese können aus dem elterlichen Vorlesen oder dem gemeinsamen Sprechen von kinderlyrischen Texten herrühren. Beide finden nun in ihren ersten Schreibversuchen einen spielerischen und experimentellen Zugang zur Schriftsprache, indem sie ihre Texte durch die räumliche Anordnung auf dem Papier visualisieren. Sie schaffen dadurch Bedeutung und strukturieren ihre Texte auf eine spezielle Weise, mit der sie signalisieren, dass es sich um Texte handelt, die einen besonderen Raum benötigen. Während Anna sich auf die gestalterische Anordnung der Sprache beschränkt und damit ein Merkmal lyrischer Sprache in ihrem Text aufnimmt, schreibt Johann einen gereimten Text und setzt somit ein zusätzliches Element lyrischer Sprache um. Auch die Tatsache, dass Anna das Schreiben scheinbar noch Mühe bereitet - in graphomotorischer und syntaktischer Hinsicht - minimiert die Wirkung ihres Textes in keiner Weise; im Gegenteil, es ist ihr gelungen, einen Text herzustellen, der von der räumlichen Anordnung der kurzen Sätze getragen wird. In beiden Texten wird ersichtlich, dass Erfahrungen mit lyrischer Sprache in späteren Schreibversuchen ihren Niederschlag finden können. Dabei können die frühen

---

[238] Mit dem Begriff „Primärerfahrungen“ sind hier jene Erfahrungen angesprochen, die Kinder vor dem Eintritt in die Schule sammeln konnten. Diese etablieren sich zumeist im Umfeld von Familie und vorschulischen Erziehungseinrichtungen.

[239] Weinhold, S. (2000), S. 304. Vgl. auch Wildemann, A. (2000): „Das ist der Daumen...“ Kinderreime als intermediärer Raum ästhetischer und literaler Erfahrung. In: Wildemann, A. u.a., (Hrsg.): Schnittmengen ästhetischer Erziehung. Zwischen Künsten, Medien, Wissenschaften und ihrer Didaktik. München, S. 71-78, hier: S. 73f.

[240] Weinhold, S. (2000), S. 295.

Erfahrungen und Kenntnisse, die Kinder im mündlichen Umgang mit lyrischer Sprache gewinnen, einerseits dazu ermuntern, spielerisch und kreativ mit Sprache zu verfahren und andererseits über mögliche Schwierigkeiten mit der Schriftsprache hinweghelfen. So berichtet z.B. ANDRESEN von der großen Erleichterung eines Mädchens, dem die Rechtschreibung noch große Schwierigkeiten bereitet, als diese auf folgendes Gedicht von JANDL stößt.

reihe

eis
zweig
dreist
vieh
füllf
ächz
silben
ach
neu
zink[241]

In der Kinderlyrik vereint sich, so lässt sich abschließend vorerst feststellen, orale Poetik *und* literale Noetik. Dieses Ergebnis bezieht sich vorerst auf die Struktur kinderlyrischer Texte, die Kindern zum überwiegenden Teil in Anthologien und Gedichtbüchern einzelner Autoren und Autorinnen präsentiert werden.[242] Die Struktur der Texte beeinflusst aber auch die kindlichen Umgangsweisen mit dem dargebotenen Material,[243] wie die Textbeispiele von Anna und Johann gezeigt haben. Aber bereits lange bevor Kinder eigene Texte verfassen, werden durch das Sprechen und Singen von Reimen, Versen, Liedern und Gedichten literale Wissensstrukturen generiert. HURRELMANN & HAMMER & NIEß wählen für diese mündlichen Präsentations- und Realisierungsformen die Bezeichnung *„Prä- und paraliterarische Kommunikationsformen“*[244] und versuchen, dadurch auf einen der Schrift zugewandten Modus zu verweisen, in dem sich diese Art der Kinderliteratur bewegt. Damit beschäftigt sich auch der zweite empirische Teil meines Buches, in dem nunmehr der familiale und kindliche Umgang mit Kinderlyrik im Hinblick auf den frühkindlichen Literalisierungsprozess verifiziert wird.

---

[241] Andresen, U. (1992), S. 29.

[242] Wobei die Anthologien und Gedichtbücher sich genaugenommen zunächst einmal an die Erwachsenen als Vermittler kinderlyrischer Texte wenden und erst sekundär an das Kind als den eigentlichen Rezipienten.

[243] Welchen Einfluss das sprachliche Material auf die kindlichen Umgangsweisen mit demselben hat, zeigt die Untersuchung zur Reimfähigkeit von Vorschulkindern im zweiten Teil des Buches.

[244] Hurrelmann, B. & Hammer, M. & Nieß, F. (1993): Leseklima in der Familie. Bd. 1: Lesesozialisation. Gütersloh, S. 41.

Teil II: Kinderlyrik im Vorschulalter - Empirische Studie zur Realisierung von Kinderlyrik in der Familie und zum kindlichen Reimvermögen

1. Anlage der Untersuchung

Vor dem Hintergrund der bisherigen Forschungsdiskussion soll im Folgenden die Konzeption des von mir durchgeführten Projektes zur familialen Realisierung von Kinderlyrik und zu kindlichen Umgangsweisen mit Reimen beschrieben werden. In dieser Studie wird zweierlei versucht; zum einen wird gefragt, welche Bedeutung der aktive Umgang mit Kinderlyrik in Familien hat und zum anderen wird die Reimfähigkeit sowie das Reimwissen von Kindern im Vorschulalter untersucht, um aus den kindlichen Handlungsmustern Erkenntnisse zu ontogenetisch frühen Literalisierungsprozessen zu gewinnen.

Die Materialerhebung der Studie gliedert sich in zwei Teile. Am Anfang steht eine Fragebogenerhebung in Familien aus verschiedenen Bezirken der Stadt Hamburg. Das Sample für die Fragebogenerhebung bilden Familien, deren Kinder zwischen drei und sechs Jahre alt sind.[245] Alle Kinder besuchen eine vorschulische Erziehungseinrichtung - einen Kindergarten oder ein Kindertagesheim - über die auch eine erste Kontaktaufnahme zu den Eltern erfolgt ist. Anhand des Fragebogenmaterials sollen erste Aussagen bezüglich familialer Umgangsweisen mit Kinderlyrik getroffen werden. Hierbei finden die Variablen Schicht und Bildung Berücksichtigung, denn es ist zu vermuten, dass eine familiale Tradition bezüglich oraler Literatur vermehrt in Familien der mittleren und höheren Bildungs- und Sozialschicht vorzufinden ist. Die Analyse der Fragebögen orientiert sich dabei an folgenden Leitfragen:

1. In welchem Verhältnis stehen Bildungs- und Sozialschicht und die Realisierung von Kinderlyrik in Familien?

2. Welche Bedeutung haben spielerische Umgangsformen mit lyrischer Sprache in Familien?

3. Welchen Einfluss hat die Familie als primäre Sozialisationsinstanz auf das kindliche Reimvermögen?

An das Verfahren der Fragebogenerhebung schließt sich eine Beobachtung zur Reimfähigkeit und zum Reimwissen von Vorschulkindern an. Die Reimaufgabe, bei der die Kinder dazu aufgefordert werden, verschiedene Reime zu ergänzen,

[245] Das Alter der Kinder liegt zwischen 3,2 Jahren und 6,8 Jahren. Keines der Kinder besuchte zum Zeitpunkt der Erhebung eine Grundschule.

gibt vor allem Auskunft über das implizite Wissen von Kindern im Vollzug lyrischer Sprache, während das Gespräch zum Reimwissen („*Weißt du eigentlich, was ein Reim ist?*“) das bewusste, explizite Wissen von Kindern fokussiert. Eine komparative Analyse beider Untersuchungseinheiten soll schließlich Einsichten über mögliche Wirkungszusammenhänge von unbewussten und bewussten Wissensstrukturen liefern sowie den Prozess der sukzessiven Bewusstwerdung von sprachlichen Phänomenen, die literal determiniert sind, beschreiben. Es handelt sich dabei um eine erste Annäherung an die Frage der vorschulischen sprachlichen Entwicklung des Kindes, die ihren Schwerpunkt im Kristallisationspunkt von Mündlichkeit und Schriftlichkeit hat. Dabei gilt es auch zu überlegen, welche Sprachhandlungen als mündlich und welche als schriftsprachlich deklariert werden können und wo beide Sprachmodi miteinander verwoben sind.

Die Daten der Fragenbogenerhebung werden in erster Linie tabellarisch festgehalten, so dass die so gewonnenen Zahlenwerte zunächst als quantitative Größen vorliegen. Die weitere Auswertung der Fragebögen erfolgt dann interpretativ-deskriptiv und orientiert sich damit - neben dem quantitativen Duktus einer solchen standardisierten Methode - auch an den Prämissen qualitativer Forschung. Das beinhaltet eine komparative Analyse der Fragebögen, die Rückschlüsse in Bezug auf unterschiedliche literar-ästhetische und kulturelle Traditionen in den Familien zulässt, welche sozial- und bildungsspezifisch determiniert scheinen. In ähnlicher Weise wird bei der Auswertung der Beobachtung zur Reimfähigkeit und zum Reimwissen von Vorschulkindern verfahren, deren Ergebnisse ebenfalls deskriptiv dargestellt werden. Dazu werden die spielbegleitenden Kommunikationsinhalte und Gesprächsausschnitte für die Gesamtgruppe tabellarisch und für sechs Kinder vollständig abgebildet und analysiert. Der Fokus richtet sich dabei auf solche Beobachtungssequenzen, in denen sich sprachliche Phänomene, die einen Einblick in frühe literale Prozesse erkennen lassen, ereignen.

1.1 Die Familien

Für die Durchführung der Fragebogenerhebung wurden drei Kindergärten und vier Kindertagesheime aus verschiedenen Gebieten der Stadt Hamburg ausgewählt. Nach Absprache mit den Erziehern/Erzieherinnen der einzelnen Einrichtungen wurden die Eltern über Elternbriefe und Elternabende kontaktiert. Eine Einrichtung ermöglichte es darüber hinaus, das Anliegen der Fragebogenerhebung in ihrer Kindertagesheimzeitung abzudrucken und die Eltern dadurch zusätzlich auf das Projekt aufmerksam zu machen. Als Anliegen der Untersuchung wurde sowohl den Erziehern/Erzieherinnen als auch den Eltern vorgetragen, dass für die Durchführung einer wissenschaftlichen Studie zum Umgang von Vorschulkindern mit Kinderreimen, -versen und -liedern Eltern mit einem oder mehreren Kindern im Alter von drei bis sechs Jahren gesucht werden, die sich bereit erklären, einen Fragebogen zu diesem Thema auszufüllen.

Für die Kontaktierung der Eltern hat sich die persönliche Ansprache als besonders ergiebig erwiesen. In fünf der sieben Einrichtungen fand ein Elternabend und in einer Einrichtung ein Gespräch im Rahmen einer Konferenz der Elternsprecher/ Elternsprecherinnen statt. In einer Einrichtung erfolgte die Kontaktaufnahme aus organisatorischen Gründen lediglich über einen Elternbrief und die Vermittlungsversuche der Erzieher und Erzieherinnen. Gemessen an der Rückgabequote der einzelnen Einrichtungen muss die Art der Kontaktaufnahme, die sich ohne ein persönliches Zusammentreffen der Untersucherin mit den Eltern vollzog, als unzureichend bewertet werden. In der betreffenden Einrichtung wurden von den Eltern schließlich nur zwei Fragebögen (in Prozent: 6,7%) beantwortet zurückgegeben. Als weitere Ursachen für den geringen Rücklauf von 6,7% sind jedoch, so ist anzunehmen, multikausale Faktoren verantwortlich, wie z.B. die Tatsache, dass sich die Einrichtung in einem „sozialen Brennpunkt" der Stadt befindet, in dem sozial schwache Familien, ein großer Anteil allein erziehender Mütter sowie ein hoher Anteil an Familien verschiedener Herkunft mit meist geringen Deutschkenntnissen leben.

Einrichtung	Mütter	Väter	Großmütter
KTH 1	6 [8][246]	1	-
KTH 2	9	6	-
KTH 3	1 [2]	-	-
KTH 4	10 [13]	6	-
KTH 5	18	7 [8]	-
KG 1	7	5	1
KG 2	19 [20]	14	-
Insgesamt In Prozent (%)	70 [77] 63,6%	39 [40] 35,5%	1 0,9%

Tab.1: Anzahl der teilnehmenden Mütter und Väter (Großmütter)

246 Die Zahlen in den eckigen Klammern geben jeweils die Anzahl der teilnehmenden Mütter und Väter pro Einrichtung und insgesamt an. Die Zahlen ohne Klammern geben Auskunft über die Anzahl der tatsächlich verwertbaren Fragebögen. Die Angabe in Prozent bezieht sich auf die Gesamtzahl der beteiligten Mütter und Väter.

Jede Familie[247] erhielt einen Umschlag mit zwei Fragebögen; ein Fragebogen sollte von der Mutter und ein Fragebogen vom Vater ausgefüllt werden. Insgesamt haben 77 Mütter, 39 Väter und eine Großmutter an der Erhebung teilgenommen. Von insgesamt 280 ausgeteilten Fragebögen wurden 117 Fragebögen zurückgegeben, womit sich die Rücklaufquote auf 41,8% beläuft. Für die Untersuchung verwertbar waren schließlich 110 (bzw.109[248]) Fragebögen, d.h. sieben (acht) Fragebögen konnten in der späteren Auswertung nicht berücksichtigt werden. Entscheidend für den Ausschluss dieser Fragebögen war in allen Fällen die unzureichende oder fehlende Altersangabe des Kindes.

	Mütter	Mütter (insgesamt)	Väter	Väter (insgesamt)	Elternpaare (Mütter und Väter)
Anzahl der beantworteten Fragebögen	35	70	4	39	70 (35 Väter, 35 Mütter)
In Prozent %	32,1%	64,2%	3,7%	35,8%	64,2%

Tab. 2: Beteiligung der Väter und Mütter an der Fragenbogenuntersuchung

Von den 109 Eltern-Fragebögen wurden 70 Fragebögen von je beiden Elternteilen ausgefüllt. In 39 Familien wurde jeweils ein Fragebogen von nur einem Familienmitglied beantwortet; davon 35 Fragebögen von Müttern und 4 Fragebögen von Vätern. Die Beteiligung der Mütter lag damit bei insgesamt 64,2% und die der Väter bei 35,8%. Während in bisherigen Studien immer wieder die vorrangige Rolle der Mütter in der kindlichen Sozialisation konstatiert wurde,[249] konnte diese im Rahmen dieser Untersuchung nur zum Teil bestätigt werden. Die auffällig hohe Teilnahmequote der Väter von 35,8% wird als ein vorläufiges Indiz dafür angesehen, dass sich die von der Gesellschaft tradierten Rollensysteme in einem Auflösungsprozess zu befinden scheinen, was sich auch darin ausdrückt, dass die

[247]Da Pluralisierung und Individualisierung in der postmodernen Gesellschaft zur Deinstitutionalisierung der bürgerlichen „Normalfamilie“ geführt haben, konstituiert sich Familie vornehmlich im *„gemeinschaftlichen Lebensvollzug“* (Schneewind, K. A., 1991, S. 43) und wird durch die Art und Weise der intimen Bindungen geprägt. Die Bezeichnung „Familie“ umfasst hier deshalb eine Vielzahl familialer und ‚alternativer' Lebensformen, die im Gegensatz zur modernen Kleinfamilie, bestehend aus Vater, Mutter und Kind(ern), *„die Auflösung und Ent-koppelung des bürgerlichen Familienmusters“* (Peuckert, R., 1996, S. 37) repräsentieren (vgl. u.a. Nave-Herz, R., 1994: Familie heute. Wandel der Familienstrukturen und Folgen für die Erziehung. Darmstadt, Peuckert, R., 1996: Familienformen im sozialen Wandel. Opladen, Schneewind, K. A., 1991: Familien als intime Beziehungssysteme. In: Schmidt-Denter, U. & Manz, W. (Hrsg.): Entwicklung und Erziehung im öko-psychologischen Kontext. München; Basel, S. 42-55, Vaskovics, L. A. & Lipinski, H., (Hrsg.) 1996: Familiale Lebenswelten und Bildungsarbeit. Interdisziplinäre Bestandsaufnahme 1, Opladen).

[248] Der Großmutter-Fragebogen wurde in der weiteren Auswertung nicht berücksichtigt.

[249] Vgl. u.a. Braun, B. (1995), Feneberg, S. (1994), Hurrelmann, B. & Hammer, M. & Nieß, F. (1993), Schneider, S. (1995), Wieler, P. (1997).

Väter häufig in umfassendem Maße dazu in der Lage waren, Auskünfte über die Entwicklung ihrer Kinder zu geben. Die recht große Beteiligung der Väter an der Fragebogenerhebung kann folglich als ein Indikator für ein sich wandelndes Rollenverständnis bewertet werden, wonach die geschlechtsspezifische Trennung von Familien- und Erwerbsleben allmählich aufgehoben wird. Im Zuge dieser fortschreitenden gesellschaftlichen Umstrukturierung werden die Väter mehr und mehr aus der Position des alleinigen Versorgers gedrängt und zugleich in zunehmendem Maße mit erzieherischen Aufgaben konfrontiert. Ob aber die relativ hohe Teilnahmequote der Väter ein ausreichendes Indiz für deren zunehmende Erziehungsbeteiligung ist, wird im Laufe der Analyse der Eltern-Fragebögen noch zu überprüfen sein.

Die Vorgehensweise, Kindergärten (KG) und Kindertagesheime (KTH) aus verschiedenen Stadtteilen Hamburgs aufzusuchen, unterliegt der Intention, Familien aus divergenten sozialen Milieus in der Studie zu erfassen. Aus diesem Grund wurden zudem zwei strukturell unterschiedliche vorschulische Erziehungsinstitutionen in der Auswahl berücksichtigt. Insbesondere die voneinander abweichenden Betreuungszeiten beider Einrichtungstypen - in den Kindergärten liegt diese vornehmlich in den Vormittagsstunden, während in den Kindertagesheimen eine ganztägige Betreuung angeboten wird -, lassen vermuten, dass sich die Verteilung der Familien auf die Institutionen aus ihren aktuellen Lebenssituationen und den daraus resultierenden Bedürfnissen ergibt.[250] Trotz der Bemühungen um eine Erfassung von Familien aus unterschiedlichen sozialen Settings erhebt die Studie keinen Anspruch auf Repräsentativität. Bereits die Mitwirkung der Eltern im Rahmen einer solchen Fragebogenerhebung, die den Beteiligten ein relativ hohes Maß an Offenheit abverlangt, wird als ein Indiz für eher günstige Bedingungen der literarischen und schriftkulturellen Sozialisation in der Familie gewertet. Dies wird auch durch die geringe Anzahl an Familien aus der „unteren Mittelschicht" bestätigt (siehe dazu Tab.4, S. 112). Es ist deshalb anzunehmen, dass eine vergleichbare Untersuchung in Familien der unteren Sozialschicht in wesentlich stärkerem Maße das Fehlen kinderliterarischer und vor allem kinderlyrischer Umgangs- und Kommunikationsformen in der Eltern-Kind-Interaktion zu Tage fördern würde. Eine solche weiterführende Studie, die

[250] So ist die Mehrzahl der Mütter, deren Kinder in einem Kindertagesheim betreut werden, berufstätig, während Mütter, deren Kinder einen Kindergarten besuchen, häufiger ihre berufliche Laufbahn zugunsten der Kinderbetreuung zurückstellen (können). Von den an der Fragebogenerhebung beteiligten Müttern waren insgesamt 43,3% der Mütter (= 26), deren Kind/er einen Kindergarten besuchte/n berufstätig und 57,7% zur Zeit der Befragung nicht berufstätig. Von diesen 43,3% berufstätiger Mütter waren 15,4% halbtags und 26,9% stundenweise berufstätig. Einer ganztätigen Beschäftigung ging keine der Mütter nach. Im Vergleich dazu waren von den 44 Müttern, deren Kind/er ein Kindertagesheim besuchte/n 77,3 % berufstätig und nur 22,7% zum Zeitpunkt der Befragung nicht berufstätig. Von diesen Müttern waren 27,3% ganztags, 34,1% halbtags und 15,9% stundenweise beschäftigt.

speziell dieses familiale Klientel fokussiert, könnte dann auch die vorschulischen Erfahrungen mit Kinderlyrik im Hinblick auf die schulische Lese- und Schreibsozialisation untersuchen und somit Aussagen zu den Voraussetzungen, die diese Kinder mit in die Schule bringen, formulieren.

Die soziale Einschätzung der Familien orientiert sich zum einen am Grad der Bildung, der sich aus dem Schulabschluss und dem erlernten Beruf der Eltern ergibt, sowie an den innerfamilialen kulturellen Traditionen. Von den 109 Eltern haben 62 die allgemeine Hochschulreife, 18 die Fachhochschulreife, 20 den Abschluss der Mittleren Reife und neun Eltern einen Hauptschulabschluss. Insgesamt verfügen damit 100 Eltern über einen höheren oder mittleren Bildungsabschluss - das entspricht einer Prozentzahl von 91,7% - während lediglich neun Eltern (8,3%) einen niedrigeren Schulabschluss vorzuweisen haben. Nähme man allein den Schulabschluss als Indikator für den Bildungsgrad der Eltern, so gehörten 73,4% (80) der Eltern der oberen Bildungsschicht an. Diese Eltern haben die allgemeine Hochschulreife oder die Fachhochschulreife. 18,3% (20) der Eltern - sie haben einen Realschulabschluss - wären zur mittleren Bildungsschicht zu zählen und 8,3% (9) der Eltern, die einen Hauptschulabschluss haben, würden der unteren Bildungsschicht angehören (siehe Tab.3)

Schulabschluss	In Zahlen	In Prozent
Hauptschulabschluss	9	8,3%
Realschulabschluss (Mittlere Reife)	20	18,3%
Hochschulreife (Abitur)	62	56,9%
Fachhochschulreife	18	16,5%
Kein Schulabschluss	-	-

Tab. 3: Schulabschluss der Eltern

Da es in der vorliegenden Untersuchung keine Gruppe von Familien gibt, die sich deutlich von den Familien der mittleren Sozialschicht unterscheidet, liegt der Studie auch kein strenges antinomisches Verständnis der sozialen Schichten zugrunde. Vielmehr erfolgt eine Einteilung der Familien in eine „obere Mittelschicht", eine „mittlere Schicht" und eine „untere Mittelschicht",[251] die nicht als

[251] Diese Differenzierung orientiert sich an der von Wieler in ihrer Studie zum „*Vorlesen in der Familie*" vorgenommenen Gliederung der Mittelschicht in die drei Untergruppen „obere Mittel-

starre Positionen zu verstehen sind, sondern als soziale und kulturelle Grundorientierungen. Neben dem Schulabschluss wird deshalb auch die berufliche Qualifikation der Eltern als *ein* Indikator für die Schichtzugehörigkeit einer Familie gewertet. Im Sinne BOURDIEUs[252] unterliegt die weitere Einschätzung der Familien in Bezug auf ihr soziales und kulturelles Milieu multikausalen Faktoren, wie z.B. der Verteilung von Erziehungsaufgaben innerhalb einer Familie oder den außerfamilialen Beschäftigungen eines nichtarbeitenden Elternteils. Erst das Zusammenwirken der verschiedenen Attribute kann demnach ein genaueres Bild von einer Familie vermitteln und somit zu schichtspezifischen Aussagen führen:

„Eine soziale Klasse ist definiert weder durch *ein* Merkmal (nicht einmal das am stärksten determinierte wie Umfang und Struktur des Kapitals), noch durch eine *Summe* von Merkmalen (Geschlecht, Alter, soziale und ethnische Herkunft - z.B. Anteil von Weißen und Schwarzen, von Einheimischen und Immigranten, etc. - Einkommen, Ausbildungsniveau, etc.) noch auch durch eine *Kette* von Merkmalen, welche von einem Hauptmerkmal (der Stellung innerhalb der Produktionsverhältnisse) kausal abgeleitet sind. Eine soziale Klasse ist vielmehr definiert durch die *Struktur der Beziehungen zwischen allen relevanten Merkmalen*, die jeder derselben wie den Wirkungen, welche sie auf die Praxisformen ausübt, ihren spezifischen Wert verleiht.“ (Bourdieu, 1982, S. 182)

Mit dem Blick auf die *„Struktur der Beziehungen zwischen allen relevanten Merkmalen“* wird die Schichtzugehörigkeit der Familien erst schrittweise im Prozess der Auswertung näher eingegrenzt. Die Determinanten „Schulabschluss“ und „Beruf“ der Eltern dienen an dieser Stelle somit einer vorläufigen Zuordnung zu einer sozialen Schicht, die es im weiteren Untersuchungsverlauf zu überprüfen gilt. Dieses Vorgehen, dass sich an den Grundlagen einer qualitativen Sozialforschung orientiert, hat sich insofern als günstig erwiesen, als die generelle Problematik einer Schichtzuordnung auch für die vorliegende Studie zutrifft. So liegen beispielsweise für Familien, in denen nur ein Elternteil einen Fragebogen ausgefüllt hat - entweder nur die Mutter (35) oder nur der Vater (4) - lediglich die Daten eines Familienmitgliedes vor, so dass bei einer Zuordnung zu einer Schicht nur diese Daten berücksichtigt werden können. Als schwierig erweist sich die Zuordnung jedoch auch für die 35 Elternpaare, von denen beide Elternteile jeweils einen Fragebogen beantwortet haben, da Schul- und Berufsausbildung der Elternteile in einigen Fällen stark voneinander abweichen (z.B. Mutter: Hauptschulabschluss und Arbeiterin und Vater: Fachhochschulreife und akademischer Beruf oder umgekehrt: Mutter: Hochschulreife und Angestellte und Vater: Hauptschulabschluss und Arbeiter). Aus diesem Grund werden die Daten der Elternpaare (insg. 35) von denen der Mütter (insg. 35) und Väter (insg. 4), bei denen der

---

schicht“, „mittlere Schicht“ und „untere Mittelschicht“, mit der sie versucht hat, der Problematik einer exakten Trennung einzelner Schichten gerecht zu werden (vgl. Wieler, P., 1997).

[252] Bourdieu, P. (1982): Die feinen Unterschiede. Kritik der Urteilskraft, Frankfurt a. Main, S. 182ff.

Partner/die Partnerin - soweit vorhanden - keinen Fragebogen beantwortet hat, getrennt dargestellt.

Schichtzugehörigkeit	Mütter	Väter	Elternpaare	Insgesamt
Obere Mittelschicht	9	3	19 (38)	50 45,9%
Mittlere Mittelschicht	23	1	15 (30)	54 49,5%
Untere Mittelschicht	3	-	1 (2)	5 4,6%

Tab. 4: Zugehörigkeit der Eltern zu einer Bildungs- und Sozialschicht

Übertragen auf die Fragebogenerhebung verteilt sich die Anzahl der beteiligten Familien danach wie folgt:

- Von den 35 Müttern gehören neun und von den vier Vätern drei der oberen Mittelschicht an. 19 Elternpaare (= 38 Eltern) sind ebenfalls der oberen Mittelschicht zuzuordnen. Von den 109 Eltern gehören damit 50 der oberen Mittelschicht an. Das sind gemessen an der Gesamtzahl der beteiligten Familien 45,9%.
- 23 der 35 Mütter gehören der mittleren Bildungs- und Sozialschicht an.[253] Einer der vier Väter ist ebenfalls zur mittleren Schicht zu zählen und aus der Gruppe der Elternpaare sind 15 (30 Eltern) dieser Schicht angehörig. Insgesamt sind das 54 Eltern - in Prozent 49,5% -.
- Zur unteren Mittelschicht sind drei Mütter und ein Elternpaar (= zwei Eltern) zu rechnen. Diese Schicht ist damit mit 4,6% deutlich unterrepräsentiert.

Als ein Indiz für die Zugehörigkeit zur oberen Mittelschicht wird die Erlangung der Hochschulreife oder Fachhochschulreife eines oder beider Elternteile gewertet. Ein zweites Kriterium ist eine gehobene berufliche Stellung eines Elternteils - meist des Vaters - , d.h. ein akademischer Beruf, eine höhere Anstellung oder eine Beschäftigung als Beamter oder Beamtin im gehobenen Dienst. Die Eltern der mittleren Bildungs- und Sozialschicht verfügen über einen Realschulabschluss und die berufliche Position beider Eltern oder eines Elternteils ist das eines/einer Angestellten oder eines Beamten/einer Beamtin im mittleren

[253] Davon verfügen drei der Mütter zwar über die Hochschulreife oder Fachhochschulreife und sind aufgrund ihres Schulabschlusses eher der oberen Mittelschicht zuzuordnen, alle drei Mütter befinden sich aber noch in der Ausbildung (Studium), so dass ihre finanzielle Position stärker der mittleren Schicht entspricht. Hier wird wiederum deutlich, wie schwierig die Trennung zwischen den einzelnen Schichtzugehörigkeiten ist.

Dienst. In der unteren Mittelschicht haben beide Eltern oder ein Elternteil einen Hauptschulabschluss und arbeiten als Angestellte/r oder Arbeiter/in.[254]

Die zahlenmäßige und prozentuale Verteilung der Eltern auf die einzelnen Schichten bestätigt wiederum die eingangs präsumierten Übergänge zwischen den Schichten. Dabei erfolgt die Einordnung der Familien bereits ausschließlich auf der Folie der mittleren Schicht und ihren spezifischen sozialen Ausprägungen. So lassen sich aufgrund der großen Anzahl von Familien aus der oberen und der mittleren Schicht - die jeweils mit 45,9% und 49,5% vertreten sind - in erster Linie Aussagen für dieses familiale Klientel formulieren, während die Familien der unteren Mittelschicht mit 4,6% kaum erfasst werden konnten. Dieses erste Ergebnis kann m. E. einerseits dahingehend interpretiert werden, dass es mittels einer Fragenbogenerhebung möglicherweise nicht gelingt, Eltern der unteren Mittelschicht zu erfassen und es deshalb anderer empirischer Methoden bedarf (wie z.B. eines Leitfadeninterviews), um Auskünfte über diese Familien zu erhalten. Andererseits kann die geringe Teilnahme von Eltern aus der unteren Mittelschicht auch als eine geringere Teilnahmebereitschaft, verbunden mit einer skeptischen oder ablehnenden Grundhaltung, verstanden werden, die diese Eltern gegenüber empirischen Untersuchungen, die das familiale Miteinander fokussieren, entgegenbringen.

Neben der sozialen Grundorientierung, die durch die Aspekte Schulabschluss und berufliche Ausbildung determiniert wird, lässt eine Analyse der kulturellen Traditionen der einzelnen Familien umfangreichere Aussagen bezüglich familialer Sozialisationsmomente zu. Die kulturelle Orientierung einer Familie wurde dabei an den Aspekten Buchbesitz und -gebrauch, Freizeitgestaltung und Realisierung mündlicher (Kinder-)Literatur gemessen. Dabei konnte ein Zusammenhang von familialen Lesegewohnheiten, gemeinsamer Freizeitgestaltung und der Realisierung von Kinderliteratur festgestellt werden. Diese Korrelation stimmt mit bisherigen Untersuchungen überein, wie z.B. die von HURRELMANN & HAMMER & NIEß,[255] die ebenfalls ein reziprokes Verhältnis von familialer Lektürepraxis und Freizeitgestaltung konstatieren. Während die Lektüregewohnheiten in den Familien unterschiedlich stark ausgeprägt sind, scheint die Realisierung von Kinderlyrik hingegen in fast allen an der Studie beteiligten Familien eine Rolle zu spielen, wobei die Analyse der Fragebögen Divergenzen in der Intensität der familialen Interaktionen andeutet, die sich wiederum aus der sozialen und kulturellen Orientierung der Eltern rekrutieren. Zusätzlich scheinen Unterschiede zwischen Müttern und Vätern zu bestehen, denn während der Großteil der Mütter über ein vielfältiges Repertoire an Kinderreimen, -liedern und -gedichten verfügt, werden von der Mehrzahl der Väter zum einen eher

[254] Es gab in der Untersuchung keine Eltern ohne Schulabschluss.
[255] Hurrelmann, B. & Hammer, M. & Nieß, F. (1993).

bekanntere und zum anderen deutlich weniger Texte der Kinderlyrik im gemeinsamen Spiel bevorzugt.

1.2 Die Kinder

Der zweite Teil der im Rahmen dieser Studie durchgeführten Untersuchung setzt sich aus zwei Beobachtungssequenzen zusammen, welche die Reimfähigkeit und das Reimwissen von Vorschulkindern fokussieren. Im Rahmen der Überprüfung der Reimfähigkeit wurde mit den Kindern ein Reimspiel gespielt, das eine produktive Auseinandersetzung mit Reimen evoziert und dabei neben den impliziten auch die expliziten Wissensstrukturen, die dem kindlichen Sprachhandeln zu Grunde liegen, zu verifizieren versucht. Ergänzt wird die Reimaufgabe durch ein Gespräch über Reime, in dessen Verlauf die Kinder ihr implizites Wissen verbalisieren und damit verbunden explizieren sollen.

Insgesamt wurden die Aufgaben zur Reimfähigkeit und zum Reimwissen mit 27 Kindern, von denen zwölf einen Kindergarten und 15 ein Kindertagesheim besuchten, durchgeführt. Alle Kinder sind von der Untersucherin zuvor gefragt worden, ob sie an der Beobachtung teilnehmen möchten. Dabei wurde den Kindern gesagt, dass die Untersucherin ein Spiel mit ihnen spielen wolle. Um eine Repräsentanz beider Geschlechter zu erzielen, wurde die Verteilung von Mädchen und Jungen aus beiden Einrichtungsarten einander angeglichen. Beobachtet wurden 14 Mädchen - fünf Mädchen aus einem Kindergarten und neun Mädchen aus einem Kindertagesheim - und 13 Jungen - sieben Jungen aus einem Kindergarten und sechs Jungen aus einem Kindertagesheim. Das Alter der Kinder liegt auch hier zwischen drei und sechs Jahren, wobei die Gruppen der Vier- bis Fünfjährigen überwiegt. Die Altersverteilung gestaltet sich wie folgt: Zwei Kinder sind drei Jahre alt (3,8 und 3,9), elf Kinder vier Jahre alt (4,1 bis 4,11), zwölf Kinder fünf (5,2 bis 5,10) und zwei Kinder sechs Jahre alt (6,2 und 6,3).

Von den insgesamt 27 Kindern, die an der Beobachtung zur Reimfähigkeit und zum Reimwissen teilnahmen, hatten bereits 18 Eltern im Vorfeld einen Fragebogen beantwortet. Davon beantworteten acht Eltern, deren Kinder einen Kindergarten besuchten, einen Fragebogen und zehn Eltern, deren Kinder zur Zeit der Befragung in einer ganztägigen Einrichtung betreut wurden. Diese zweigleisige Ausrichtung der Studie ermöglicht schließlich eine vergleichende Perspektive, die einerseits die elterlichen Angaben zur Realisierung von Kinderlyrik in der Familie beinhaltet und andererseits die kindlichen Fähigkeiten und Kenntnisse im Umgang mit Reimen untersucht. Dabei lassen sich dann auch mögliche Wirkungszusammenhänge zwischen dem tatsächlichen Gebrauch von Kinderlyrik in den Familien und dem von den Kindern in der konkreten

Beobachtungssituation repräsentierten (meta-)sprachlichen Handlungsrepertoire nachzeichnen.

Eine Voraussetzung für die Teilnahme der Kinder an der Beobachtung zur Reimfähigkeit und zum Reimwissen war die ausreichende Verfügbarkeit der deutschen Sprache. Aus diesem Grund rekrutiert sich der Großteil der Stichprobe aus Kindern deutscher Muttersprache, die bereits eine gewisse Sensibilität für ihre Sprache entwickelt haben. Dennoch nahmen an der Untersuchung auch drei Kinder nichtdeutscher Muttersprache teil, deren Sprachkenntnisse im Deutschen eine Bewältigung der ihnen gestellten Aufgaben erwarten ließen. Eine komparative Perspektive bezüglich der Auseinandersetzung mehrsprachiger Kinder mit lyrischer Sprache wird mit der vorliegenden Studie nicht angestrebt. Da sich die Kinderlyrik in den verschiedenen Kulturen durch unterschiedliche Strukturen und Inhalte auszeichnet,[256] ist die Integration intentionaler Kinderlyrik im Sinne einer kulturvergleichenden Studie, in der die gesellschaftlich-kulturellen Gemeinsamkeiten und Divergenzen zur Diskussion stehen, im Rahmen dieser Studie nicht vorgesehen. Sie sieht ihren Schwerpunkt vielmehr in der Herausarbeitung der mündlichen und schriftsprachlichen Anteile von Kinderlyrik und deren Zusammenhang zu frühen Literalisierungsprozessen von einsprachig deutschen Kindern.

2. Erhebungsmethoden

In der vorliegenden Studie werden quantitative (Fragebogenerhebung) und qualitative (Beobachtung zur Reimfähigkeit und zum Reimwissen) Methoden miteinander verbunden, um das Spektrum der Ergebnisse möglichst weit zu streuen. Im Sinne des Triangulationsprinzips erfolgt somit eine Annäherung an den Forschungsgegenstand von zwei Punkten.[257] Hier ist es die Verknüpfung zweier methodischer Verfahren - dem der quantitativen Erhebung auf der einen Seite und dem der Beobachtung auf der anderen Seite. Dabei dient die Triangulation nicht so sehr der gegenseitigen Validierung, sondern vielmehr der gegenseitigen Ergänzung, versteht sich also als komplementäres Verfahren. Während die Fragebogenerhebung zunächst dazu dient, die familiale Realisierung

---

[256] Dass es im Bereich der Kinderlyrik auch zahlreiche Texte gibt, deren Varianten ein über die Landesgrenzen hinausgehendes Verwandtschaftsverhältnis offenbaren, zeigt u.a. Rudolf Schenda in seinem Beitrag „*'Das ist der Daumen'oder vom kleinsten Kindertheater der Welt (in fünf Aufzügen)*“ (1985). In: Kinderwelten. Kinder und Kindheit in der neueren Literatur. Festschrift für Klaus Doderer, hrsg. vom Freundeskreis des Instituts für Jugendbuchforschung Frankfurt. Weinheim; Basel, S. 154-169.

[257] Siehe dazu auch: Kelle, U. & Erzberger, Ch. (2000): Qualitative und quantitative Methoden: kein Gegensatz. In: Flick, U. & von Kardorff, E. & Steinke, I. (Hrsg.): Qualitative Forschung. Reinbek bei Hamburg, S. 299-309.

von Kinderlyrik zu erfassen, stellt die Beobachtung zur Reimfähigkeit und zum Reimwissen die kognitiven und literalen Leistungen des Kindes in den Mittelpunkt. Es wäre ohne Weiteres möglich, beide Erhebungen unabhängig voneinander durchzuführen und für die einzelnen Bereiche (Familie oder Fähigkeiten des Kindes) zu Ergebnissen zu gelangen. Aber erst mit der Verbindung beider Verfahren ist es m. E. möglich, komplementäre sowie komparative Resultate in Bezug auf die primäre vorschulische Literalisierung von Kindern zu erzielen. Denn es wird davon ausgegangen, dass die Kompetenzen der Kinder im Umgang mit Kinderlyrik in einen unmittelbaren Zusammenhang mit dem Familienklima und den familialen Umgangsweisen mit Kinderlyrik stehen. Diese hypothetische Annahme des Zusammenspiels von familialem Miteinander und kindlicher Kompetenz begründet sich aus zwei grundlegenden und forschungsleitenden Ergebnissen bisheriger Empirie:

1. Kinder sind in dieser frühen Lebens- und Entwicklungsphase noch in besonders starkem Maße in die Familie eingebunden. Ihre Eltern (und Geschwister) sind ihre engsten Bezugspersonen, mit denen ein kommunikativer und sozialer Austausch stattfindet. Anders als in späteren Lebensphasen, in denen Schule und Peer-Group zunehmend an Bedeutung gewinnen, ist die Familie das Setting, in dem sich die ersten Erfahrungen des Kindes konfigurieren. Sie ist die primäre Sozialisationsinstanz, in der die sprachlichen, sozialen und kognitiven Fähigkeiten des Kindes ihren Anfang nehmen.[258]

2. Die sozialisierende Funktion der Familie konnte bereits im Rahmen der Forschung zur Lesesozialisation herausgearbeitet werden. Dabei stellen im deutschsprachigen Raum vor allem die Studien von HURRELMANN & HAMMER & NIEß und WIELER[259] die Reziprozität von familialer kultureller Orientierung und kindlicher Entwicklung heraus und konstatieren, dass

---

[258] Im Hinblick auf die literarische Sozialisation und Mediensozialisation siehe u.a. Bonfadelli, H. & Fritz, A. & Köcher, R. (1995): Lesesozialisation (Bd. 2). Leseerfahrungen und Lesekarrieren. 2. Aufl., Gütersloh (1993), Eggert, H. & Garbe, Ch. (1995): Literarische Sozialisation. Stuttgart; Weimar, Hurrelmann, B. (1990b): Familiale Voraussetzungen des Fernsehens und des Lesens von Kindern - eine interaktionistische Perspektive auf die Mediensozialisation. In: Neumann, K. & Charlton, M. (Hrsg.) (1990): Spracherwerb und Mediengebrauch. Tübingen, S. 169-194, Rosebrock, C. (Hrsg.) (1995): Lesen im Medienzeitalter. Biographische und historische Aspekte literarischer Sozialisation. Weinheim; München.
Zur sprachlichen Entwicklung des Kindes im Kontext von Familie vgl. u.a. Bruner, J. (1977): Wie das Kind lernt, sich sprachlich zu verständigen. In: Zeitschrift für Pädagogik, 23. Jg., ders. (1987): Wie das Kind sprechen lernt. Bern (1983), Papoušek, M. & H. (1997): Stimmliche Kommunikation im Säuglingsalter als Wegbereiter der Sprachentwicklung. In: Keller, H. (Hrsg.): Handbuch der Kleinkindforschung. 2. vollst. überarb. Aufl. Bern, S. 535-562.
[259] Hurrelmann, B. & Hammer, M. & Nieß, F. (1993), Wieler, P. (1997).

„sich die Lesemotivation und die Leseinteressen von Kindern ganz wesentlich aus der Dynamik von Familienbeziehungen und Identitätsprozessen speisen [...]" (Hurrelmann & Hammer & Nieß, 1993, S. 66)

[und das] „die für die jeweilige Ausprägung der primären Literatur-Erfahrungen von Kindern entscheidenden Grenzen zwischen den sozialen Schichten [...] verlaufen." (Wieler, 1997, S. 314)

Es ist deshalb zu vermuten, dass die Angaben der Eltern aus dem Eltern-Fragebogen bezüglich der familialen Aktivitäten und Präferenzen Rückschlüsse auf das familiale Beziehungsgeflecht zulassen. Die elterliche Wahrnehmung hinsichtlich der Bedeutung von Kinderlyrik in den Familien fließt schließlich in die Einschätzung der Familien ein. Mit der Beobachtung der Kinder zur Reimfähigkeit und zum Reimwissen, die damit *einen* Aspekt kinderlyrischer Sprache untersucht, ist es schließlich möglich, die familienspezifischen Kommunikationsformen mit den Kompetenzen der Kinder zu vergleichen. Da jedoch nur ein Teil der Kinder, deren Eltern einen Fragebogen ausgefüllt haben, an der Beobachtung teilgenommen hat, können die Aussagen lediglich Tendenzen in der Wirkungsweise der Familien auf die lyrischen und literalen Fähigkeiten der Kinder aufzeigen. Dennoch wird mit der Fragebogenerhebung offenkundig, welche Ausdrucksformen der Kinderlyrik in den Familien bevorzugt realisiert werden, so dass Rückschlüsse auf die frühkindlichen Erfahrungen gezogen werden können.

2.1 Der Eltern- Fragebogen

Der in der Untersuchung konzipierte Fragebogen wurde für Eltern entwickelt, die ein Kind oder mehrere Kinder im Alter zwischen drei und sechs Jahren haben.[260] Er setzt sich zusammen aus offenen, geschlossenen und solchen Fragen, die hier als „halb offen" deklariert werden, da sie weder eindeutig der einen noch der anderen Kategorie zugeordnet werden können. Die halb offenen Fragen zeichnen sich dadurch aus, dass zwar keine Antwortkategorien vorgegeben sind, die erforderliche Antwort jedoch lediglich aus einem Wort oder einer Zahl besteht. Das Verhältnis von offenen, geschlossenen und halb offenen Fragen ist 13:22:4, wobei die geschlossenen Fragen ein breites Spektrum an Antwortalternativen vorgeben, um von den Eltern möglichst präzise Auskünfte zu erhalten. Darüber hinaus ist dieser Fragetyp zumeist mit einer zusätzlichen Antwortkategorie versehen; die Eltern können unter „Sonstiges" ergänzende Angaben und Anmerkungen hinzufügen. Die Relevanz der Kategorie „Sonstiges" hat sich durch den Prétest be-

[260] In den Elternbriefen und während der Elternabende, die im Vorfeld der Untersuchung stattfanden, wurden die Eltern auf die Möglichkeit hingewiesen, dass auch Großeltern an der Fragebogenerhebung teilnehmen können, wenn sie maßgeblich an der Erziehung ihrer Enkelkinder beteiligt sind. Dieses Angebot wurde von einer Familie aufgegriffen, in der anstelle des Vaters die Großmutter einen Fragebogen beantwortet hat.

stätigt, in dem Eltern das Angebot zu ergänzenden Antworten wiederholt nutzten und dadurch für die spätere Ergebnisformulierung wichtige Daten bereitstellten. Da einige Eltern darüber hinaus ihre Zusatzinformationen an den Rand des Fragebogenformulars notierten, insbesondere bei Fragen, denen die Kategorie „Sonstiges" fehlte, wurde im Anschluss an die Voruntersuchung ein weiterer Anteil an Fragen um diese Kategorie erweitert. Neben der exakteren Auswertung und Formulierung der Ergebnisse ist ein weiteres Ziel eines solchen Vorgehens, welches die Methode einer strikten Antwortvorgabe durchbricht, die Eigeninitiative der Eltern zu erhöhen. Dabei kann die verstärkte Nutzung dieser alternativen Antwortkategorie möglicherweise auch ein Indiz für einen höheren Bildungsstand sowie für ein ausgeprägteres soziales und familiales Engagement sein.

Einzelne Inhalte des Fragebogens erscheinen als aufeinander folgende Themenkomplexe (wie z.B. Freizeitinteressen und -aktivitäten), wodurch die Eltern schrittweise von einem Thema zum nächsten geführt werden. Die Feststellung der sozialen Daten, welche zur Einordnung in eine Sozialschicht benötigt werden, erfolgt an zwei Stellen des Fragebogens. Zunächst wird zu Beginn des Fragebogens nach dem Geschlecht und dem Alter des antwortenden Elternteils gefragt. Es handelt sich dabei um Fragen, die von den Eltern meist noch nicht als „bedrohlich" oder als „zu intim" wahrgenommen werden und deren Beantwortung deshalb ohne Scheu durchgeführt werden kann. Eine zweite Sequenz zur Feststellung der sozialen Daten befindet sich am Ende des Fragebogens - hier wird nach dem Familienstand, der Schulbildung und dem Beruf oder anderen Tätigkeiten der Eltern gefragt. Es handelt sich dabei um Fragen, die vom Einzelnen nicht immer als angenehm empfunden werden, weshalb sie nicht zu Beginn des Fragebogens gestellt werden sollten.[261] Sie könnten zu Verunsicherungen und Missstimmungen führen, die bewirken, dass die Eltern den Fragebogen nicht zu Ende beantworten, sondern die Beantwortung bereits an dieser Stelle abbrechen.

Der Fragebogen enthält 33 Fragen, die sich zum Teil aus a- und b-Fragen zusammensetzen und besteht aus sechs Doppelseiten (= zwölf Seiten), an deren Ende jeweils ein Kinderreim oder der Ausschnitt eines Kinderliedes abgebildet ist. Das hat zweierlei Gründe: Zum einen transferieren die Reime und Lieder auf eine andere, spielerische Weise das Thema des Fragebogens, und zum anderen sollen sie die relativ starre Struktur des Fragebogens ein wenig auflösen und den Eltern damit mögliche Hemmungen oder Unsicherheiten nehmen. Es handelt sich bei einem Teil der Reime und Lieder um solche, die in der Gesellschaft einen recht hohen Bekanntheitsgrad haben (z.B. „*Ringel, rangel, Rose*", „*Schlaf, Kindlein, schlaf!*") und im Vergleich dazu um weniger bekannte Texte, in denen meist

---

[261] Vgl. Mayntz, R. & Holm, K. & Hübner, P. (1974): Einführung in die Methoden der empirischen Sozialforschung. Opladen (1969), S.114.

das sprachspielerische Moment dominiert (z.B. „*Ixen, dixen, Silbernixen*“, „*Annchen, Dannchen, Dittchen, Dattchen*“).

2.1.1 Das Problem einer Fragebogenerhebung: Eltern zwischen Kontrollinstanz und Expertentum

Eine Befragung mittels Fragebogen muss sich in Bezug auf ihre Ergebnisse kritischen Fragen stellen. Wie repräsentativ ist eine solche Erhebung, an der meist nur die ohnehin schon engagierten Eltern teilnehmen? Wie ehrlich sind die Antworten der Eltern, die schließlich versuchen, sich in einem guten Licht darzustellen? Wie aussagekräftig sind die Ergebnisse, welche sich aus Antworten ergeben, die im Nachhinein nicht kontrolliert und gegebenenfalls revidiert werden können? Die Liste der Fragen, die eine solche Erhebungsmethode anzweifeln, ließe sich noch weiter fortsetzen.

Die Erfassung von Daten aus Familien bedeutet immer einen Eingriff in deren intimes Beziehungsgefüge, der, um zu validen Ergebnissen zu gelangen, möglichst gering gehalten werden sollte. Eltern fühlen sich, wenn es um die Beantwortung familienspezifischer Themen geht, schnell kontrolliert und passen ihre Antworten dem gesellschaftlich Erwünschten an. Diese Einflussnahme der Untersucherin auf das untersuchte Feld - die als Faktor jeglicher empirischer Forschung zu berücksichtigen ist - gilt insbesondere für die Methode der Fragebogenerhebung, die den Eltern durch die Vorgabe von Antwortkategorien nur wenig Raum für eine ausführliche und persönliche Darstellungsweise lässt. Eine solche standardisierte Befragung mittels Fragebogen erlaubt den Befragten weniger Spontaneität und liefert Ergebnisse, die sich auf im Voraus bedachte Fragen richten. Aber sie garantiert auch die Vollständigkeit und Vergleichbarkeit der Antworten und zeichnet sich deshalb durch eine größere Zuverlässigkeit aus. Die Vergleichbarkeit der familialen Realisierung von Kinderlyrik soll durch eine möglichst große Anzahl an Familien gewährleistet werden und in der Formulierung von familialen Gemeinsamkeiten und Dispositionen münden.[262] Mit der Befragung wird versucht, Sachverhalte zu erfassen, die in diesem Maße nicht beobachtbar sind. Die Eltern sollen sich dabei als „Experten für ihre Kinder“ angesprochen fühlen. Hierbei hängt die Bereitschaft der Eltern zur Mitarbeit an einer solchen Fragebogenerhebung ganz wesentlich mit dem Aufbau des Fragebogens zusammen, der sie motivieren soll, möglichst alle Fragen zu beantworten.

---

[262] Dabei kann jedoch die Erfassung einer großen Anzahl von Familien nur innerhalb eines komplexen Forschungsschwerpunktes oder Forschungsverbundes erfolgen, in dem verschiedene Wissenschaftler/Wissemnschaftlerinnen interdisziplinär zusammenarbeiten. Im Vergleich zu anderen Studien ist die hier vorliegende Erhebung deshalb bedeutend kleiner angelegt, so dass die erzielten Ergebnisse und daraus abgeleiteten Aussagen lediglich Tendenzen widerspiegeln.

Das Kriterium der Gültigkeit kann bei der Erhebung mittels eines Fragebogens m. E. nicht vollständig erfüllt werden, da die Beantwortung der Fragen durch die Merkmale „Unkenntnis", „Irrtum" und „Unwahrheit" beeinträchtigt werden kann. Das kann zum einen an der ungenauen Formulierung einzelner Fragen liegen, was dazu führt, dass die Beantwortung dieser Fragen ebenso ungenau oder im schlimmsten Fall gar nicht erfolgt. Andererseits können unterschiedliche Wissensbestände und Lebenserfahrungen sowie sprachliche Divergenzen dafür verantwortlich sein, dass die elterlichen von den intendierten Antworten abweichen.[263] Grundsätzlich muss aber bei jeder Fragebogenerhebung von einem handlungsleitenden Interesse der Teilnehmer/Teilnehmerinnen und einer daraus resultierenden Bereitwilligkeit zur Mitarbeit ausgegangen werden. Dennoch müssen bei der Auswertung der Antworten im Einzelfall widersprüchliche, ungenaue oder lückenhafte Aussagen berücksichtigt werden. Damit wird den Eltern keinesfalls unterstellt, bewusst unkorrekt zu antworten, sondern vielmehr wird dem Tatbestand der „Unzulänglichkeit" - der für das untersuchte Feld wie für die Untersucherin gleichermaßen vorliegt - Rechnung getragen.

2.1.2 Zum Aufbau des Eltern-Fragebogens

Im Folgenden soll der in der Untersuchung verwendete Eltern-Fragebogen im Einzelnen vorgestellt und damit verbunden das methodische Vorgehen dargelegt werden. Die Fragen des Fragebogens lassen sich in insgesamt neun Kategorien gliedern:

1. Alter und Geschlecht des Elternteils
2. Alter des Kindes/der Kinder
3. Familienstand
4. Sozialer Status
5. Buchbesitz und Buchlektüre
6. Freizeitgestaltung
7. Andere Medien
8. Umgang des Kindes mit Kinderlyrik
9. Realisierung von Kinderlyrik im familialen Kontext

[263] Als von der Untersucherin intendierte Antworten sind dabei solche gemeint, die im Rahmen eines möglichen Antwortenspektrums von den Befragten gegeben werden könnten, wobei auch solche Antworten denkbar sind, die im Vorfeld der Befragung nicht „vermutet" wurden, die aber eine sinnvolle, d.h. eine auf die Frage zutreffende Antwort darstellen. Ein Elternteil gab beispielsweise auf die Frage, ob gemeinsame Familienaktivitäten in seiner Familie eher in der Woche oder am Wochenende stattfinden, die Antwort „Garten, Spaziergang". Diese Antwort kann als nicht sinnvoll bewertet werden.

1. Alter und Geschlecht des Elternteils
Die *Fragen 1* und *2* des Fragebogens fragen nach dem Alter und dem Geschlecht des jeweiligen Elternteils. Als einleitende Fragen sind sie deshalb besonders geeignet, da sie von den Eltern als noch relativ „harmlos" wahrgenommen werden. Das hat zur Folge, dass die Eltern sich nicht bereits mit den ersten Fragen in die Enge gedrängt oder überfordert fühlen und als Konsequenz die weitere Beantwortung verweigern oder nur sehr zögerlich fortsetzen.

2. Alter und Geschlecht des Kindes/der Kinder
Mit der Beantwortung der *Frage 3* geben die Eltern Auskunft über das genaue Alter und das Geschlecht ihres Kindes/ihrer Kinder. Dazu sollen sie den Namen und das Geburtsdatum ihres Kindes/ihrer Kinder notieren. In allen sieben Eltern-Fragebögen, die in der Auswertung nicht berücksichtigt werden können, ist die Altersangabe unvollständig oder fehlt gänzlich.

3. Familienstand
Die *Frage 27* betrifft den Familienstand der Eltern und die *Frage 28* fragt nach der jeweiligen Wohnform. Die Beantwortung der Frage 28 gibt damit indirekt Auskunft über die familiale Struktur und ist zugleich, indem sie zur sozialen Positionierung der Eltern beiträgt, eine Variable der vierten Kategorie „ Sozialer Status".

4. Sozialer Status
Neben der bereits genannten *Frage 28* gehören zu dieser Kategorie die *Fragen 30, 31, 32, 32a und 32b*. Es handelt sich dabei um Fragen zur Schul- und Berufsausbildung sowie zur derzeitigen Ausübung eines Berufes. Dabei wird auch nach dem zeitlichen Aufwand, den die Berufstätigkeit zum Zeitpunkt der Befragung in Anspruch nimmt, gefragt. Darüber hinaus richtet sich die Frage 32b an diejenigen Eltern, die zur Zeit der Fragebogenerhebung nicht berufstätig sind, so dass auch alternative Tätigkeiten erfasst werden können.

5. Buchbesitz und Buchlektüre
In dieser Kategorie wird zum einen der Buchbesitz der Eltern und der Kinder festgehalten sowie die Lektürepraxis der Eltern thematisiert. Der Buchbesitz der Eltern wird mit der *Frage 7* erfasst und der Buchbesitz der Kinder mit den *Fragen 10a* und *10b*, wobei die Frage 10b nach den kinderliterarischen Gattungen, die es im elterlichen Haushalt gibt, fragt. Die *Fragen 4, 5, 6, 8 und 9* erfassen die Lesepräferenzen der Eltern, indem sie die Lieblingslektüre und die Häufigkeit des Lesens in den Mittelpunkt stellen. Bei der Frage 4 handelt es sich um eine so genannte Meinungsfrage, in deren Zuge die Eltern dazu aufgefordert werden, ihre Vorliebe oder Abneigung gegenüber dem Lesen zu äußern. Die Fragen 4 bis 9 ergänzen einander; es handelt sich um ein Wechselspiel aus Inhalts- und Kontrollfragen, wobei keine der Fragen ausschließlich als Kontrollfrage dient. Erst das

Zusammenwirken des gesamten Themenkomplexes ermöglicht eine Einschätzung der elterlichen sowie alle Familienmitglieder umfassenden Lektüregewohnheiten. Die Einbindung des Kindes/der Kinder in das familiale Lesen wird zusätzlich mit den *Fragen 11a und 11b* festgehalten.

6. Freizeitgestaltung
Angaben zu den Freizeitinteressen und zur Freizeitgestaltung der Eltern, der Kinder sowie der gesamten Familie werden durch die *Fragen 15, 16, 17, 18, 19* und *20* gewonnen. Von besonderem Interesse sind in dieser Fragenabfolge die Fragen nach den Ausprägungen der gemeinsamen Freizeitaktivitäten einer Familie (Frage 16, 17, 19, 20), denn es wird vermutet, dass in Familien, in denen vielfältige gemeinsame Freizeitaktivitäten stattfinden, auch in erhöhtem Maße ein spielerischer Umgang mit Kinderlyrik praktiziert wird.

7. Andere Medien
Die *Fragen 12, 13* und *14* fokussieren, nachdem zuvor die familialen Lesegewohnheiten im Blickpunkt standen, den Besitz von und Umgang mit audiovisuellen Medien. Die Frage 13, die nach der Lieblingsfernsehsendung bzw. -fernsehserie fragt, ist hierbei eine so genannte „Erholungsfrage“, die den Eltern eine kurze Ruhepause ermöglicht, bevor sie mit der Beantwortung der übrigen Fragen fortfahren. Es wird bewusst das positiv konnotierte Wort *Lieblings*fernsehsendung/-serie verwendet, denn es ist anzunehmen, dass eine Beantwortung dadurch von den Eltern als relativ konfliktfrei empfunden wird. Die Erfragung des Besitzes audiovisueller Medien bildet im Rahmen der Fragebogenerhebung keinen Schwerpunkt, da es nicht Ansinnen der Untersuchung ist, audiovisuelle, buchbezogene und mündliche Umgangsweisen miteinander zu vergleichen und zu diskutieren. Vielmehr werden die audiovisuellen und am Buch orientierten Umgangsformen als zusätzliche Indikatoren für die Realisierung von literarischer Mündlichkeit in der Eltern-Kind-Interaktion betrachtet, die in den einzelnen Familien mehr oder weniger stark ausgeprägt sind.

8. Umgang des Kindes/der Kinder mit Kinderlyrik
Das von den Eltern beobachtete Verhalten ihres Kindes/ihrer Kinder im Umgang mit lyrischer Sprache wird mit den *Fragen 24, 24a, 24b* und *25* erfasst. Dabei steht die Frage im Vordergrund, ob zwischen dem von den Eltern beobachteten kindlichem Verhalten und dem kulturell orientiertem Verhalten der Eltern ein Zusammenhang besteht. Zudem besteht die Annahme, dass sich die in der Familie vorherrschenden Situationen, in denen Kinder Gereimtes sprechen (Frage 24a), von denen institutioneller Interaktionen unterscheiden und die Familie damit auch im Bereich der lyrischen vorschulischen Erfahrungen ihrer Kinder eine primäre Funktion erfüllt.

9. Realisierung von Kinderlyrik im familialen Kontext
Die Einbindung von Kinderlyrik in das familiale Miteinander wird in den *Fragen 21, 22, 23, 25* und *26* thematisiert. Die Beantwortung dieser Fragen ermöglicht Einblicke in die Art und Weise der Realisierung von mündlicher Literatur in den Familien. Die Frage 23 fragt darüber hinaus nach der familialen und außerfamilialen (Kindergarten, Schule) Tradierung von Kinderlyrik. In den Fragen 21, 25 und 26 werden die Eltern dazu aufgefordert, die Fingerspiele, Reime und Lieder zu notieren, die in der Familie gesprochen und gesungen werden, um zu gewährleisten, dass die Antworten der Eltern dem tatsächlich praktizierten Handlungsrepertoire entsprechen. Eine Ja-Nein-Antwort wäre in diesen Fällen nicht ausreichend, da sie möglicherweise auch diejenigen Eltern dazu verleitet, mit „Ja" zu antworten, bei denen lyrische Sprachformen im Alltag eher keine Rolle spielen. Der Frage nach den Reimen und Liedern ist somit ein kontrollierendes Moment inhärent, welches die Richtigkeit der elterlichen Antwort überprüft. Die Anzahl der genannten kinderlyrischen Texte kann zudem ein Hinweis auf familiale Traditionen sein, die sich in dem kinderlyrischen Repertoire manifestiert. Darüber hinaus kann mit der Aufzählung der in den Familien gestalteten Reime, Verse und Lieder erfasst werden, ob es so etwas wie einen Kanon der in den Familien präferierten Kinderlyrik gibt.

Nicht erwähnt wurden bislang die *Fragen 29* und *33*, die zu keiner der Kategorien eindeutig zugeordnet werden können. Die Frage 29 fragt danach, wer in der Familie vorrangig für die Kindererziehung verantwortlich ist und gibt damit Auskunft über familienspezifische Konstellationen, die auch in Abhängigkeit zur Berufstätigkeit einzelner Familienmitglieder zu sehen sind. Die *Frage 33* ist eine offene Frage,[264] die den Eltern keine Antworten vorgibt, aus denen sie auszuwählen haben, sondern die das selbständige Formulieren einer Antwort offeriert. Da sie sehr allgemein danach fragt, was Eltern zum Umgang ihres Kinder/ihrer Kinder über die bis dahin gestellten Fragen ergänzend hinzuzufügen haben, kann ihre Beantwortung einerseits zur sozial-kulturellen Einschätzung einer Familie beitragen und andererseits neue, zusätzliche Informationen zur Realisierung von Kinderlyrik im familialen Alltag liefern. Mit der Frage 33 als letzter Frage des Fragebogens wird den Eltern somit die Möglichkeit gegeben, ihr „Expertenwissen" ausführlicher darzulegen, wobei die Formulierung der Frage deutlich machen soll, dass der Fragebogen keinesfalls den Anspruch erhebt, vollständig und deshalb nicht mehr ergänzbar zu sein. Vielmehr sollen die Eltern, gerade weil es sich um die letzte Frage handelt, auch diejenigen sein, die das letzte Wort

[264] Frage Nr. 33: Fällt Ihnen noch etwas zum Umgang Ihres Kinder/Ihrer Kinder mit Kinderreimen, Kinderversen und Liedern ein, was Ihnen wichtig erscheint und was in diesem Fragebogen nicht gefragt wurde? Bitte schreiben Sie es auf!

haben. Dieses fakultative Angebot ist von insgesamt 36,7% der Eltern genutzt worden.[265]

Die unterschiedlichen Kategorien des Eltern-Fragebogens vermitteln ein recht umfassendes Bild von den einzelnen Familien und deren sozialer wie kultureller Orientierung. Dennoch kann mit Hilfe des Fragebogens nur ein Einblick in die Sozialisationsinstanz Familie erfolgen, der eine Basis für weitere empirische Erhebungsverfahren (wie z.B. Elterninterviews) sein kann. Ein Fragebogen muss sich auf einige - für die Untersucherin - wesentliche Fragen beschränken, kann im Nachhinein nicht nachfragen und ist deshalb mit Leerstellen versehen. Dennoch ist der Fragebogen ein geeignetes Messinstrument, um komparative Ergebnisse zu erlangen, die erforderlich sind, um erste Aussagen zum familialen Umgang mit Kinderlyrik zu formulieren.

2.1.3 Durchführung der Befragung

Die Eltern erhielten die Fragebögen im Februar, März und April 2000 und hatten für deren Beantwortung vier Wochen Zeit. Die Rückgabe der Fragebögen ist in erster Linie über die Kindergärten und Kindertagesheime erfolgt, so dass der organisatorische und zeitliche Aufwand für die Eltern möglichst gering gehalten wurde. Nur drei Eltern schickten ihre Fragebögen postalisch an die Untersucherin zurück. Die vierwöchige Rücklauffrist wurde von allen Eltern überschritten, so dass die Rückgabe durchschnittlich erst nach sechs bis acht Wochen erfolgte. Die letzten Fragebögen wurden im Juni 2000 zurückgegeben.

In fünf Einrichtungen wurde der Fragebogen im Anschluss an einen Elternabend, auf dem die Eltern ausführlich über das Vorhaben der Untersuchung informiert wurden, ausgeteilt. In einem Kindertagesheim ging der Verteilung der Fragebögen, welche von den Erziehern und Erzieherinnen übernommen wurde, eine Elternsprecherkonferenz und die Bekanntmachung der Untersuchung in der eigenen Kindertagesheimzeitung voraus. Und in einem weiteren Kindertagesheim erfolgte der Kontakt zu den Eltern ausschließlich über die Erzieher/ Erzieherinnen.[266] In allen Einrichtungen waren die Erzieher/ Erzieherinnen oder Leiter/Leiterinnen die primären Ansprechpersonen der Eltern und stellten eine Brückenfunktion zwischen den Eltern und der Untersucherin dar.

---

[265] Von den 36,7% haben drei Mütter statt der Beantwortung der Frage 33 ihrem Fragebogen einen Brief beigelegt, der in Anlehnung an die Fragestellung ergänzende Aussagen enthält.

[266] Die Eltern erhielten im Vorwege einen Elternbrief, der sie von der Fragenbogenerhebung in Kenntnis setzte.

Die Eltern wurden mündlich im Rahmen von Elternabenden, schriftlich durch die Elternbriefe und in Form eines einleitenden Textes zu Beginn des Fragebogens darauf hingewiesen, für welche Altersgruppe (bezogen auf das Alter des Kindes) sie diesen Fragebogen ausfüllen sollen. Um ausreichend Daten für die spätere Ergebnisformulierung bereitzustellen, wurden die Eltern gebeten, nach Möglichkeit alle Fragen zu beantworten. Für jedes Elternteil war ein Fragebogenexemplar vorgesehen, womit darüber hinaus eine Vergleichbarkeit der elterlichen Aussagen angestrebt wurde. Auch die geschätzte Zeit, die das Ausfüllen eines Fragebogens in Anspruch nimmt, wurde den Eltern mitgeteilt. Der Elternbrief enthielt außerdem den Hinweis, dass sowohl verheiratete Paare als auch allein erziehende Mütter/Väter, Lebenspartner/-partnerinnen, getrennt lebende Eltern sowie Großeltern an der Fragebogenerhebung teilnehmen konnten. Dies wurde den Eltern auch in den Gesprächen, die im Rahmen der Elternabende stattfanden, mitgeteilt.

2.2 Die Beobachtung zur Reimfähigkeit und zum Reimwissen von Vorschulkindern

Während der Eltern-Fragebogen den familialen Umgang mit Kinderlyrik aus der Sicht der Eltern hinterfragt, gilt im zweiten Teil der Untersuchung die Aufmerksamkeit dem Kind selbst. Hier stehen das frühkindliche Reimvermögen und Reimwissen im Zentrum der folgenden Fragestellungen:

1. Wie gestaltet sich die Reimfähigkeit von Kindern im aktuellen Vollzug, d.h. in der konkreten Sprachhandlungssituation?

2. Inwieweit ist für das spontane Reimen von Kindern ein implizites oder explizites sprachliches Wissen nachweisbar?

3. Äußert sich im Sprechen über Reime ein explizites Sprachwissen, auf das die Kinder bewusst zurückgreifen können?

4. Welche metasprachlichen und kognitiven Prozesse und Kompetenzen werden im Umgang des Kindes mit Reimen und in der Reflexion über Reimstrukturen transparent?

Um Antworten auf die Fragen zu erhalten, werden in diesem Teil der Studie die Fähigkeit zum Reimen und das Wissen über formale Reimkriterien in zwei aufeinander folgenden Beobachtungseinheiten untersucht. Mit der Gliederung in zwei Beobachtungssequenzen wird eine komparative Perspektive eingenommen und versucht, die möglicherweise strukturell differenten Wissensmodi in Bezug auf lyrische Sprache beim Kind zu explizieren.

2.2.1 Die Reimaufgabe

Zur Überprüfung der Reimfähigkeit von Vorschulkindern, wurde mit den Kindern ein Reimspiel gespielt und auf Tonband aufgenommen. Aufgabe der Kinder war es dabei, Reime (Zweizeiler), die von der Untersucherin vorgesprochen wurden, um das jeweils fehlende Reimwort oder um mehrere Reimwörter zu ergänzen. Die an die Kinder gerichtete Reimaufgabe lautete wie folgt:
„Ich möchte mit dir ein Spiel spielen und das geht so: Ich spreche einen Reim, aber bei diesem Reim fehlt immer der Rest, z.B. das letzte Wort oder auch mehrere Wörter. Das sollst du dann sagen. Ich nenne einmal ein Beispiel, damit du weißt, wie ich das meine: >Auf einem Klavier, da steht ein...< *(kurze Pause). Und du könntest dann z.B. sagen >ein Tier< oder >ein Bier< oder etwas Anderes. Du kannst sagen, was dir gerade einfällt. Hast du das verstanden?"*

Bei der Formulierung der Reimaufgabe wurde darauf geachtet, das spielerische Moment hervorzuheben und den Kindern deutlich zu machen, dass es in diesem Spiel nicht darum geht, die „richtigen" Lösungen zu finden. Es wurde auch unterlassen, den Kindern die Bedeutung des Wortes „Reim" zu erklären oder diesbezüglich ein gemeinsames Verständnis herzustellen, da das Inhalt des zweiten Teils der Beobachtung ist, in der das explizite Wissen der Kinder untersucht wird. Vielmehr wurde versucht, an dem bei Kindern in diesem Alter vorherrschenden lustvollen Umgang mit Sprache anzuknüpfen, wobei das Wissen um Reimprinzipien als unbewusst, sich im Sprachhandeln zeigend, vorausgesetzt wurde. Auch die Gestaltung der Reime - alle Reime sind Zweizeiler - orientiert sich am kindlichen Reimspiel, denn Kinder realisieren im spontanen, alltagsbegleitenden Sprechen eher kurze, sinnspruchartige Reime mit Endreim. Reimlänge und Reimstruktur verfügen somit über einen Aufforderungscharakter, der die Kinder zum Mitmachen und zum eigenständigen Handeln anregen soll. Die Gestaltung der Beobachtungseinheit als Spielsituation orientiert sich an der Lebenswelt der Kinder, die vornehmlich durch spielerische Aktivitäten geprägt ist. Der spielerische Umgang mit Sprache stellt damit für die meisten Kinder ein Agieren in vertrauten Handlungskontexten dar. Ein weiteres Anliegen des Reimspiels war es, den Kindern das spätere Sprechen über Reime zu erleichtern, indem die im Spiel thematisierten Inhalte bereits in Form eines Sprachhandlungswissens - also eines impliziten Wissens - vorhanden sind. Die chronologische Anordnung von Reimspiel und Reimgespräch soll beim Kind eine positive Grundhaltung bewirken, die dazu beiträgt, das Gespräch über die strukturellen Aspekte von Reimen als ein sinnvolles Thema erscheinen zu lassen.

Die verschiedenen Reime - insgesamt wurden zehn Reime vorgesprochen - unterscheiden sich nach ihrem semantischen oder strukturellen Gehalt, wobei jeweils fünf Reime mit inhaltlicher Aussage (Reim 1-5) und fünf sinnleere Reime (Reim 6-10), in denen das sprachspielerische und sprachschöpferische Moment überwiegt, ausgewählt wurden. Ein Reim präsentiert darüber hinaus den Anfang eines bekannten Kinderreimes (*Morgen's früh um sechs kommt die kleine...*), wodurch ihm eine Wiedererkennungsfunktion im Kontext der kindlichen Erfahrungswelt zukommt, auf die in der nachfolgenden Analyse der Reimaufgabe noch eingegangen wird.

Die Reimabfolge gestaltet sich wie folgt:

Inhaltsvolle Reime	**Inhaltsleere Reime**
1. Muh, muh, muh, ruft im Stall die...	6. Schnick, schnack, schneck, gleich bist du ...
2. Morgens früh um sechs kommt die kleine...	7. Ding, dang, dong, sching, schang, ...
3. Drei kleine Mäuschen, die wohnen in einem...	8. Wulle, wulle, mink mank, ene bene, pink ...
4. Jetzt ist's aus, da rennt eine...	9. Mio, mio, morle, nero, nero, ...
5. Bim, bam, beier, die Katz' mag keine...	10. Olenko elo padeia, tirle, tirle ...

In der Darbietung der Reime erfolgt ein sukzessiver Übergang von inhaltsvollen zu inhaltsleeren Reimen und damit verbunden eine Steigerung des Abstraktionsgrades, wobei in der Konzeption der erste Reim als am einfachsten und der letzte Reim als am schwierigsten eingeschätzt wurde. Vermieden wurden Reime mit subjektbezogenen Formulierungen, wie z.B. die direkte Anrede, die eher eine Antwort auf inhaltlicher Ebene beim Kind evoziert. Auf eine solche ungewollte Provokation inhaltsorientierter Ergänzungen stießen DEHN und HÜTTIS-GRAFF in der von ihnen durchgeführten Schulanfangsbeobachtung, in welcher der Reim „*Ene mene muppe, ich wünsche mir 'ne...*" einige Kinder dazu verleitet hat, ihre persönlichen Wunschvorstellungen zu äußern (z.B. Meerschweinchen, Hund, Fahrrad) ohne sich dabei an der vorgegebenen Reimstruktur zu orientieren.[267] Das lässt vermuten, dass eine weniger auf das Subjekt des Kindes ausgerichtete Formulierung eher die Einhaltung des Reimschemas bewirkt. Weniger problema-

[267] Die Schulanfangsbeobachtung wurde im Auftrag der Behörde für Schule, Jugend und Berufsbildung der Stadt Hamburg durchgeführt und ist Bestandteil des von 1992 bis 1995 laufenden Hamburger Modellversuchs der Bund-Länder-Kommission „*Elementare Schriftkultur als Prävention von Lese-/Rechtschreibschwierigkeiten und Analphabetismus bei Grundschulkindern (Vorschulklasse bis Klasse 2)*" unter der wissenschaftlichen Leitung von Mechthild Dehn. Untersucht wurden dabei u.a. die Buchstabenkenntnis und das Reimvermögen von Schulanfängern und -anfängerinnen im Hinblick auf den Beginn des Lesen- und Schreibenlernens und den damit verbundenen Anforderungen. Die Ergebnisse der Reimaufgabe wurden im Rahmen der Schulanfangsbeobachtung jedoch nicht veröffentlicht (Behörde für Schule, Jugend und Berufsbildung, 1996, Hamburg).

tisch ist der in der vorliegenden Untersuchung aufgenommene Reim „*Schnick, schnack, schneck, gleich bist du...*“ zu beurteilen, der zwar auch die direkte Anrede des Kindes beinhaltet, jedoch aufgrund seiner strukturellen Nähe zum Genre der Abzählreime eher zum alltäglichen Repertoire des Kindes gehört.

Die Aufgabe des Reimergänzens wurde in dieser Untersuchung so angelegt, dass die Kinder immer ein bis zwei (Reim-)Wörter hinzufügen mussten, um den Reim zu beenden. Damit wird zum einen den kindlichen Gedächtnisleistungen und zum anderen dem Moment der medialen Mündlichkeit Rechnung getragen. Außerdem wurde jeder Reim von der Untersucherin maximal zweimal vorgesprochen; erfolgte nach dem zweiten Vorsprechen keine Reimbeendigung vom Kind wurde der Reim als nicht beendet bewertet und der nächste Reim vorgesprochen.

2.2.2 Untersuchung zum Reimwissen

Im Anschluss an das Reimspiel wurde jedes Kind bezüglich seines Wissens über das Wesen und die Struktur von Reimen befragt. Das Gespräch diente dazu, die sprachlichen und kognitiven Leistungen, die das Kind während des Reimspiels vollbracht hat, zu explizieren und dadurch eine Differenzierung zwischen implizitem und explizitem Wissen vorzunehmen. Als Einstieg in diesen zweiten Untersuchungsteil zum expliziten Reimwissen von Vorschulkindern diente die Frage „*Weißt du eigentlich, was ein Reim ist?*“. Der weitere Gesprächsverlauf richtete sich dann danach, ob und wie das einzelne Kind die Eingangsfrage beantwortet hat. Dazu wurde im Vorwege ein Leitfaden konzipiert, der folgende Fragen enthält:

- Weißt du eigentlich, was ein Reim ist?
- Weißt du was es bedeutet, wenn man sagt, das sich etwas reimt? *(nur als Folgefrage bei bejahender Antwort der Eingangsfrage)*
- Ist das hier ein Reim: „In einem Haus, da sitzt eine Maus“?
- Weißt du auch, was sich hier reimt?
  (nur als Folgefrage bei positiver Antwort der vorigen Frage)
- Ist das hier auch ein Reim: „Ich habe eine Katze und die hat sieben Junge“?
- Warum, glaubst du, dass das kein Reim ist?
  (nur als Folgefrage bei Verneinung der vorigen Frage)
- Kennst du selbst einen Reim oder Wörter, die sich reimen?

Im Zentrum des zweiten Teils der empirischen Studie steht somit das bewusste und reflexive Wissen des Kindes. Während der Begriff „Reim“ und die damit verbundene sprachliche Tätigkeit im Zusammenhang mit dem vorherigen Reimspiel von der Untersucherin nicht erläutert wurden, sollen die Kinder im Rahmen dieser zweiten Beobachtungssequenz erklären, was ein Reim ist oder was sie dafür halten. Dazu werden den Kindern im Verlauf der Befragung u.a. zwei Beispielsätze vorgesprochen - und damit noch einmal auf ihr prozedurales Wissen zurückgegriffen -, bei denen sie entscheiden sollen, ob es sich dabei jeweils um einen Reim handelt oder nicht. Das Sprechen über Reime und Reimstrukturen vollzieht sich hier auf einer Metaebene als ein Sprechen über die Regularitäten, wobei davon ausgegangen wird, dass die bis dahin unbewussten Wissensstrukturen, die den produktiven Umgang des Kindes mit Reimen ermöglichen, in bewusste Wissensstrukturen transferiert werden. In welchem Ausmaß dies geschieht und wo es mögliche Schnittstellen zwischen beiden Wissensmodi gibt, soll durch die Analyse der kindlichen Antworten verifiziert werden.

Am Ende des Gespräches werden die Kinder auch gefragt, ob sie selbst einen Reim kennen oder Wörter, die sich reimen. Diese Aufforderung zu einem enaktiven Umgang mit lyrischer Sprache unterscheidet sich vom Reimspiel insofern, als die Kinder sich nicht mehr an einem vorgegebenen Textmuster orientieren können. Dabei steht die Frage im Vordergrund, ob das soeben präsentierte explizite Reimwissen nun auch auf die eigenen Reimversuche zurückwirkt oder ob sich das Reimvermögen der Kinder vielmehr als ein implizites Reimwissen darstellt, das sich möglicherweise erst in einer späteren Entwicklungsphase exterritorisiert.[268]

3. Ergebnisse

3.1 Auswertung und Interpretation der Eltern-Fragebögen

Die Analyse der Fragebögen orientiert sich an der Segmentierung einzelner Bereiche des familialen Miteinanders. Dazu gehören neben der Einschätzung der sozialen und kulturellen Grundorientierung einer Familie im Einzelnen die Determinanten Buchbesitz und Lektürepräferenzen der Eltern, Freizeitgestaltung sowie der Umgang mit Kinderlyrik in der Familie. Im Folgenden erfolgt zunächst eine Bestimmung des sozialen und kulturellen Milieus der Familien, anhand der Daten zur schulischen und beruflichen Bildung bzw. Tätigkeit der Eltern, der familialen Lebensformen sowie deren kulturellen Interessen[269], die in den Familien vorherrschen. Im Anschluss daran soll der familiale Umgang mit Kinderlyrik näher

---

[268] Die Aufgabe erfordert von den Kindern darüber hinaus ein metasprachliches Wissen bezüglich des Alltagsbegriffes „Wort" und provoziert somit eine doppelte metasprachliche Leistung.

[269] Die Bezeichnung "kulturelle Interessen" umfasst dabei nicht einseitig eine anspruchsvollere Form der Auseinandersetzung mit den kulturellen Gütern unserer Gesellschaft, sondern ist im Sinne Brockmeiers als *„gesellschaftlicher Lebenszusammenhang insgesamt"* zu verstehen (Brockmeier, J., 1997, S. 76), der demnach vielfältige Formen des Umgangs beinhaltet.

betrachtet und mögliche Zusammenhänge zwischen familialen Lebenskontexten und der Realisierung von Kinderlyrik beschrieben werden.

3.1.1 Das soziale und kulturelle Milieu der Familien

Um Aussagen über die soziale Struktur einer Familie treffen zu können, wurden für die vorliegende Erhebung zunächst Daten zur schulischen und beruflichen Bildung beider Eltern erhoben. Darüber hinaus wurden auch außerberufliche Tätigkeiten, wie z.B. Kindererziehung, Haushaltsführung oder Studium erfasst. Dies betrifft in dieser Untersuchung vor allem die Mütter, die mehrheitlich keiner ganztätigen Berufstätigkeit nachgehen, sondern sich anderen alternativen Beschäftigungen widmen, die dann zumeist neben der Kindererziehung und Haushaltsführung stattfinden (vgl. auch Tab. 9, S. 133).

Als eine relevante Größe für die soziale Einschätzung der Familien hat sich die Altersstruktur der Eltern erwiesen, mit der bestimmte bildungs- und berufsbezogene Divergenzen einhergehen. Dabei kann das Alter natürlich nur *ein* Indiz für die schulische und berufliche Laufbahn der Eltern sein. In der vorliegenden Studie gestaltet sich die Altersstruktur der Eltern wie folgt:

Altersklassen	Anzahl der Mütter (in Zahlen)	Anzahl der Mütter (in Prozent)	Anzahl der Väter (in Zahlen)	Anzahl der Väter (in Prozent)
20 - 29 Jahre	5	7, 2%	1	2,6%
30 - 39 Jahre	46	65,7%	22	56,4%
40 - 49 Jahre	19	27,1%	14	35,9 %
50 - 59 Jahre	-	-	2	5,1%

Tab. 5: Altersstruktur der Mütter und Väter

In der Gruppe der Mütter sind die 20-29 jährigen Mütter kaum vertreten, es überwiegt die Anzahl derjenigen Mütter ab 30 Jahre. Dabei ist die jüngste Mutter 23 Jahre und die älteste Mutter 46 Jahre alt. Die Mehrzahl der Mütter ist zwischen 31 und 41 Jahre alt, so dass das Durchschnittsalter bei 36 Jahren liegt. Ähnlich, aber mit ansteigender Tendenz, sieht es bei den teilnehmenden Vätern aus. Hier ist der jüngste Vater - und gleichzeitig einzige Vertreter der Gruppe der 20-29 jährigen - 29 Jahre und der älteste Vater 58 Jahre alt. Das Durchschnittsalter der

Väter liegt bei 39 Jahren. Insgesamt besehen deutet das durchschnittliche Lebensalter der teilnehmenden Eltern damit auf eine Lebensphase, in der die schulische und berufliche Ausbildung zumeist abgeschlossen sind. Das bestätigen auch die Aussagen der Eltern hinsichtlich ihrer beruflichen Qualifikationen. Alle Eltern verfügen über einen Schulabschluss, lediglich drei Mütter gaben an, keine Berufsausbildung absolviert bzw. beendet zu haben und acht Mütter befanden sich zur Zeit der Befragung noch in der Ausbildung (Studium). Insgesamt verfügen 56,9% der Eltern über die Hochschulreife und 16,5% über die Fachhochschulreife (vgl. Tab. 3, S. 110) und haben damit einen längeren Bildungsweg hinter sich, an den sich zumeist ein Studium anschließt, welches ebenfalls mehr Zeit in Anspruch nimmt als eine nichtuniversitäre Ausbildung. Die berufliche Position der Eltern steht damit in einem Kausalverhältnis zum durchschnittlichen Lebensalter und kann mehrheitlich als relativ sicher und stabil bewertet werden; fast alle Eltern haben eine oder mehrere Berufausbildungen abgeschlossen (siehe Tab. 7).

Während der Großteil der Mütter und Väter gleichermaßen über eine berufliche Ausbildung verfügen, gestaltet sich die derzeitige berufliche Tätigkeit der Eltern weniger ausgewogen. Mit 89,7 % befinden sich fast alle Väter zum Zeitpunkt der Befragung in einer beruflichen Anstellung, die sie ganztägig ausüben. Lediglich ein Vater übt keinen Beruf aus und widmet sich stattdessen der Erziehung seiner Kinder und der Haushaltsführung. Auch einer zeitlich reduzierten Berufsausübung gehen nur drei der insgesamt 39 Väter nach. Anders sieht es bei den Müttern aus, von denen 51,4 % angeben, halbtägig, stundenweise, zu dreiviertel oder als Teilzeitkraft beschäftigt zu sein. Hinzu kommen 34,3% Mütter, die neben der Erziehung ihrer Kinder keiner Beschäftigung nachgehen. In beiden Gruppen handelt es sich vornehmlich um Mütter, deren Partner entweder voll berufstätig sind und/oder um Mütter, die sich in erster Linie der Kindererziehung und Haushaltsführung widmen (siehe Tab. 9).

Mütter **Väter**	Akadem. Beruf	BeamtIn im geh. Dienst	Angest.	ArbeiterIn	Studium	Keine Ausbild.	Freiberufl. o. selbstst.	Keine Angab.
Hochschulreife	17 **17**	3 **3**	8 **3**		7	2*	2	2
Fachhochschulreife	**1**		7 **4**	1 **1**	1		1	
Realschule			9 **4**	5 **2**				
Hauptschule			**1**	4 **3**		1		

Tab. 6: Schulabschluss und Berufsausbildung der Eltern (* einmal ein abgebrochenes Studium)

Anzahl der Berufsausbildungen	Mütter	Väter
Eine Berufsausbildung	48	26
Zwei Berufsausbildungen	15	7
Drei Berufsausbildungen	0	2
Vier Berufsausbildungen	1	1
Andere zusätzliche Qualifikationen	1	2
Keine Berufsausbildung	3*	1**
Keine Angaben	3	2

Tab. 7: Anzahl der Berufsausbildungen der Mütter und Väter in Zahlen (*abgebrochenes Studium, ** abgebrochenes Studium)

Hinsichtlich der Verteilung einzelner Aufgaben in den Familien, die sich um die Bereiche Kindererziehung, Haushaltsführung und Versorgung gruppieren, wird an den hier befragten Familien deutlich, dass traditionelle Rollenverteilungen auch heute noch bestehen. Nach wie vor sind es dabei die Mütter, die eher für den häuslichen Bereich zuständig sind - wenn dies inzwischen auch häufig nur für eine begrenzte Zeitspanne der Fall ist. Die Mütter verzichten auch eher auf eine berufliche Karriere zugunsten der Erziehung ihrer Kinder - insbesondere in deren ersten Lebensjahren - und arrangieren sich mit beruflichen Alternativen, bei denen sie Kindererziehung und Beruf miteinander vereinbaren können. Im Gegensatz dazu steht für die meisten Väter der Beruf an erster Stelle; dies gilt auch dann häufig, wenn die Partnerin über einen höher qualifizierten Berufsabschluss verfügt. Demnach verbringen die Mütter also durchschnittlich mehr Zeit mit ihrem Kind bzw. ihren Kindern als die Väter, die dann auch angeben, sich vor allem am Wochenende mit ihrem Kind/ihren Kindern zu beschäftigen. Der zu Beginn der Erhebung gezogene Rückschluss von der hohen Teilnahmequote der Väter auf deren erhöhte Beteiligung und Verantwortung im erzieherischen Bereich muss hier folglich korrigiert werden. So sind die Väter zwar theoretisch inzwischen verstärkt an Entscheidungen und Fragen in Bezug auf die Erziehung ihrer Kinder beteiligt, praktisch äußert sich diese Teilhabe (z.B. gemessen an der mit dem Kind verbrachten Zeit) jedoch nach wie vor kaum.

Berufstätigkeit	Mütter	%	Väter	%	insges.	%
Ja, ganztags	10	14,3%	35	89,7%	45	41,3%
Ja, halbtags	19	27,1%	1	2,6%	20	18,3%
Ja, stundenweise	14	20%	0	0%	14	12,8%
Nein	24	34,3%	1	2,6%	25	23%
Ja, dreiviertel	1	1,4%	2	5,1%	3	2,8%
Ja, teilzeit	2	2,9%	0	0%	2	1,8%

Tab 8: Berufstätigkeit der Mütter und Väter (in Zahlen und Prozent)

Sonstige Tätigkeiten	Mütter	Väter
Kindererziehung	21	1
Haushaltsführung	23	1
Studium	5	0
Arbeitssuche	3	0
Erziehungsurlaub	2	0
Sonstige Tätigkeiten	5	0

Tab 9: Sonstige Tätigkeiten von nichtberufstätigen Müttern und Vätern[270]

Dass in insgesamt 77,1% der Familien die Eltern gemeinsam mit dem Kind/den Kindern in einem Haushalt leben, ist ein weiteres Indiz für das Fortbestehen der klassischen Rollenverteilung von Frau und Mann bzw. Mutter und Vater, die bereits in anderen Studien zur familialen Sozialisation festgestellt werden konnte.[271] Denn insbesondere der hohe Anteil an nichterwerbstätigen Müttern (34,3%) rekrutiert sich aus den Familien, in denen beide Elternteile mit dem Kind/ den Kindern zusammenleben.

Familienstand	Häufigkeit der Nennungen	In Prozent
Verheiratet	71	65,1%
Geschieden u. das Kind/die Kinder leben bei der Mutter	4	3,7%
Geschieden und das Kind/die Kinder leben beim Vater	0	0%
Geschieden und das Kind/die Kinder leben abwechselnd bei Mutter und Vater	2	1,8%
Allein erziehend, aber mit Partner/ Partnerin	6	5,5%
Allein erziehend, ohne Partner/ Partnerin	6	5,5%
Nicht verheiratet, aber lebt mit der Mutter/dem Vater des Kindes/der Kinder zusammen	13	12%
Sonstiges (z.B. verheiratet, aber getrennt lebend)	7	6,4%

Tab. 10: Familienstand

270 Die Zahlen spiegeln die Häufigkeit der Nennungen wieder. Mehrfachnennungen waren möglich (z.B. Haushaltsführung und Kindererziehung).

271 Vgl. u.a. Braun, B. (1994), Hurrrelmann, B. & Hammer, M. & Nieß, F. (1993), Wieler, P. (1997).

Ein weiteres Indiz für die Aufgabenverteilung von Frau und Mann findet sich in den Angaben der Eltern zur Kindererziehung. Hier wurde danach gefragt, wer in der Familie in erster Linie für die Erziehung der Kinder zuständig ist (Tab. 11). Es handelt sich dabei um eine Selbsteinschätzung der Eltern. 48% der Mütter gaben an, dass die Kindererziehung in erster Linie ihre Aufgabe sei. Bestätigt wird diese Zahl von den Vätern, die mit 40,5% ihre Partnerin für die Kindererziehung verantwortlich erklären. Interessant ist aber auch, dass beide Elternteile ebenfalls angeben, gemeinsam für die Kindererziehung zuständig zu sein; hier korrelieren die Angaben der Mütter (44,3%) wiederum mit denen der Väter (45,2%). Die größere Zuständigkeit der Mütter auf der einen Seite und die gleichzeitige gemeinsame Verantwortlichkeit beider Elternteile auf der anderen Seite, deutet auf zwei Tendenzen im familialen Miteinander hin. Einerseits bestehen in den Familien weiterhin die klassischen Rollenzuteilungen und andererseits scheinen sich die Väter zunehmend für die Erziehung ihrer Kinder zu engagieren. Vergleicht man diese Angaben jedoch mit den Daten zur Berufstätigkeit der Väter und mit der Zeit, die sie mit ihren Kindern verbringen, so scheint die Beteiligung der Väter an der Erziehung der Kinder eher ein Wunschdenken beider Elternteile widerzuspiegeln als das Ergebnis einer tatsächlich geteilten Erziehungstätigkeit zu sein. Die Mehrheit der Väter beschäftigt sich nach eigenen Angaben vorwiegend am Wochenende mit ihren Kindern - hier aber doch in ausgiebigem Maße. Es lässt sich deshalb festhalten, dass die Erziehung der Kinder nach wie vor in den Händen der Mütter liegt - sie sind die Alltagsbegleiterinnen ihrer Kinder -, die Väter jedoch verstärkt in die Kindererziehung eingebunden werden (wollen). Dies gilt für den Großteil der Mittelschichtfamilien, wobei sich kaum Unterschiede zwischen Familien der oberen, mittleren und unteren Mittelschicht feststellen lassen.

Kindererziehung	Angaben der Mütter*	In Prozent	Angaben der Väter*	In Prozent
Ich selbst	38	48%	5	11,9%
Meine Frau		0%	17	40,5%
Mein Mann	1	1,3%		0%
Beide zusammen	35	44,3%	19	45,2%
Die Großmutter	1	1,3%		0%
Der Großvater	1	1,3%		0%
Mein Partner/meine Partnerin	1	1,3%		0%
Andere Personen (z.B. Schule, Kindergarten)	2	2,5%	1	2,4%

Tab. 11: Angaben zur Kindererziehung (Mehrfachnennungen waren möglich)

Als weitere Indikatoren für die soziale und kulturelle Orientierung der Familien gelten in der hier vorliegenden Studie der Buchbesitz sowie die Buchlektüre der Eltern, die Ausstattung der Haushalte mit Kinderbüchern und die familiale Freizeitgestaltung. Der Buchbesitz der meisten Familien liegt zwischen 50 und 500 Büchern, Zahlen die eindeutig darunter oder darüber liegen bilden dabei eher eine Ausnahme (Tab. 12). Dies gilt für die Familien der mittleren und der oberen Mittelschicht, die ja die große Mehrheit der in dieser Studie vertretenen Familien darstellt. In den Familien der unteren Mittelschicht beläuft sich der Buchbesitz hingegen auf einen Bestand von ca. 20 Büchern. Da die untere Mittelschicht in der hier durchgeführten Studie in äußerst geringer Zahl vertreten ist, ist es m. E. nicht möglich, stichhaltige Aussagen zum durchschnittlichen Buchbesitz dieser Familien zu formulieren. Die geringe Anzahl an Büchern, welche die hier befragten Familien nennen, kann lediglich ein Hinweis für einen vergleichsweise geringeren Buchbestand sein, bedarf jedoch unbedingt der weiteren Überprüfung.

Buchbesitz	Untere Mittelschicht	Mittlere Mittelschicht	Obere Mittelschicht
Keine	1	-	-
weniger als 20	3	1	-
20	1	5	-
50	-	13	5
100	-	11	1
150	-	2	3
200	-	6	10
300	-	6	9
mehr als 300	-	3	-
400	-	2	3
500	-	-	8
600-700	-	-	3
800-900	-	-	2
1000	-	-	5
1200-1400	-	1	1
1500-2000	-	3	-
Keine Angaben	-	2	-

Tab. 12: Angaben zum Buchbesitz der Eltern (in Zahlen)

Auffällig ist, dass bei einem Teil der Familien die Angaben zum Buchbesitz erheblich voneinander abweichen, während der andere - weitaus größere - Teil der Eltern weitestgehend übereinstimmende Angaben macht. Beispielsweise gab ein Vater auf die Frage „Wie viele Bücher besitzen Sie?“ 50 an, während die Mutter eine Anzahl von 300 Büchern nennt. Dieses Auseinander driften der Angaben führe ich auf die Art der Fragestellung zurück, die ja nicht nach dem Buchbesitz der Familie, sondern nach dem des einzelnen Familienmitgliedes fragt. Es ist somit möglich, dass jedes Elternteil den persönlichen Buchbesitz aufführt und diesen vom Buchbesitz des Partners/der Partnerin in seiner Antwort separiert.

Andererseits lassen die übereinstimmenden Angaben der anderen Eltern den Schluss zu, dass hier der gemeinsame Buchbesitz aufgeführt wurde.

Die Art der elterlichen Buchlektüre gestaltet sich in allen Familien der Mittelschicht als sehr vielfältig (Tab. 13).[272] Das zeigt auch die Kategorie „Sonstige Bücher", in der die Eltern neben den bereits aufgeführten Buch- und Literaturgenres noch weitere Bücher nennen, die sie in ihrer Freizeit lesen. Im Hinblick auf die spätere Umsetzung von lyrischer Sprache im Umgang mit ihren Kindern fällt dabei auf, dass Lyrik in der elterlichen Lektüre eher auf einem der hinteren Ränge rangiert. Das deutet auf eine Unterscheidung zwischen erwachsener und kindlicher Lektüre hin und zeigt zudem, dass die Realisierung von Kinderlyrik nicht notwendigerweise an die elterliche Rezeption von Lyrik gebunden ist.

Buchlektüre	Untere Mittelschicht	Mittlere Mittelschicht	Obere Mittelschicht	Insgesamt
Krimis	1	28	23	52 (10,7%)
Historische Romane	1	19	22	42 (8,7%)
Frauenliteratur	2	18	16	36 (7,4%)
Biographien	-	17	17	34 (7%)
Naturwissensch. Bücher	1	14	15	30 (6,2%)
Reiseberichte	-	15	12	27 (5,6%)
Bücher zur Zeitgeschichte, Politik, Wirtschaft	-	12	15	27 (5,6%)
Abenteuerromane	1	15	9	25 (5,2%)
Bücher über Kunst	1	9	12	22 (4,6%)
Liebesromane	1	13	7	21 (4,3%)
Bücher über Gesundheit	-	11	9	20 (4,1%)
Märchen und Sagen	1	9	10	20 (4,1%)
Do-it-yourself-Bücher	-	8	7	15 (3,1%)
Gedichte u. Lyrik	-	8	7	15 (3,1%)
Bücher über Sport	1	9	2	12 (2,5%)
Klassiker wie Goethe, Schiller, Lessing	-	7	5	12 (2,5%)
Politische Bücher	-	2	9	11 (2,3%)
Sonstige Bücher[273]	4	37	22	63 (13%)

Tab. 13: Buchlektüre der Eltern

[272] Die Angaben der Familien der unteren Mittelschicht sind auch hier wieder unter Vorbehalt zu betrachten, da die geringe Teilnehmerzahl aussagekräftige Rückschlüsse nicht zulässt.

[273] Unter der Kategorie "Sonstiges" wurden von den Eltern eine Vielzahl verschiedener Literaturgattungen und Bucharten genannt, wie: Zeitgenössische Literatur, Kinderbücher, Fachliteratur, Kochbücher, Science-Fiction-Bücher, Thriller, esoterische, philosophische, psychologische und pädagogische Bücher, Musikliteratur, Bücher zur Kulturgeschichte und Ethnologie, Design- und Interieurbücher, amerikanische Literatur, Horrorbücher (sowie Zeitungen und Zeitschriften).

Alle Familien geben an, dass es in ihrem Haushalt Kinderbücher gibt, wobei deren Anzahl mit weniger als 20 und bis zu 400 Kinderbücher stark variiert. Hier besteht ein Zusammenhang zwischen dem elterlichen und dem kindlichen Buchbesitz, denn in Familien, in denen gerne gelesen wird und in denen Bücher demzufolge eine herausragende Bedeutung haben, ist auch der Bestand an Kinderbüchern zumeist höher. Das lässt sich m. E. auf den Wunsch der Eltern zurückführen, das Kind an der eigenen Leselust teilhaben zu lassen und in ihm eine Vorliebe für Literatur zu wecken. So geben beispielsweise fünf Eltern an, in ihrer Freizeit selbst gerne Kinderbücher zu lesen.

Anzahl der Kinderbücher	Untere Mittelschicht	Mittlere Mittelschicht	Obere Mittelschicht
weniger als 20	-	1	-
ca. 20	4	3	-
zw. 20 u. 50	1	13	12
ca. 50	-	15	13
mehr als 50	-	5	2
ca. 70-90	-	8	11
ca. 100	-	3	5
ca. 120-150	-	3	4
ca. 200-250	-	3	2
ca. 400	-	-	1

Tab. 14: Anzahl der im Haushalt befindlichen Kinderbücher

In Bezug auf die Art der Bücher, die den Kindern zur Verfügung stehen, zeigen die Antworten der Eltern ganz deutlich, dass es keinen einheitlichen Lektürekanon gibt, sondern dass vielfältige kinderliterarische Formen nebeneinander existieren. Dieses Ergebnis stimmt mit dem Resultat WIELERS überein, die in ihrer Vorlesestudie die Vorlesegewohnheiten niederländischer und deutscher Familien miteinander verglichen hat. Während in den niederländischen Familien so etwas wie ein Lektürekanon hinsichtlich der Vorleselektüre für Vorschulkinder besteht, der schichtübergreifend wirkt, konnte sie eine ähnliche Kanonbildung für die deutschen Familien nicht feststellen.[274] In der vorliegenden Studie zeigt sich lediglich eine Tendenz zu solchen Büchern, die sich besonders gut zum Vorlesen, Anschauen und Mitmachen eignen (wie z.B. Vorlese-, Bilder-, Märchen-, und Liederbücher). Ausschlaggebend dürfte dabei das Alter der kindlichen Rezipienten/Rezipientinnen sein, die selbst noch nicht lesen können und somit auf die Vermittlungsversuche erwachsener Leser und Leserinnen angewiesen sind. Die Auswahl der kindlichen Lektüre ist - wie bereits WIELER konstatiert hat - recht groß, was sich an der Häufigkeit, mit der die einzelnen Buchformen und Literatur-

[274] Wieler, P (1997), S. 223f.

gattungen genannt werden, ablesen lässt (Tab. 15). Im Gegensatz zur elterlichen Lektüre spielen hier Gedichte noch eine größere - wenn auch keine herausragende - Rolle.[275] Die eher geringfügigere Bedeutung lyrischer Kinderbücher kann auch ein Hinweis darauf sein, dass Kinderlyrik in den Familien vermehrt mündlich realisiert wird und nicht so sehr an das Medium Buch gebunden ist.

Art der Kinderbücher	Untere Mittelschicht	Mittlere Mittelschicht	Obere Mittelschicht	Insgesamt
Vorlesebücher	5	54	42	101 (14,4%)
Bilderbücher	3	53	43	99 (15,1%)
Märchenbücher	4	50	41	95 (14,5%)
Liederbücher	4	44	35	83 (12,7%)
Sachbücher	1	42	32	75 (11,5%)
Erzählungen	3	31	26	60 (9,2%)
Gedichtbücher	-	26	30	56 (8,5%)
Fantasiegeschichten	1	31	22	54 (8,2%)
Comics	1	12	9	22 (3,4%)
Sonstige Bücher[276]	-	5	5	10 (1,5%)

Tab 15: Art der im Haushalt befindlichen Kinderbücher

Als ein weiteres Indiz für die soziale und kulturelle Einschätzung einer Familie gilt deren gemeinsame Freizeitgestaltung. Im Eltern-Fragebogen wurde deshalb nach den Freizeitinteressen und -aktivitäten der Mütter und Väter sowie der Kinder gefragt. Diese werden hier nicht im Einzelnen aufgeführt, dennoch lässt sich festhalten, dass es besonders häufig Übereinstimmungen zwischen den elterlichen und den kindlichen Freizeitaktivitäten gibt und in der Mehrzahl der Familien das integrierende Moment vorherrscht, bei dem versucht wird, die Interessen der Erwachsenen mit denen des Kindes zu vereinbaren. Auch zeigt die nachstehende Tabelle (Tab. 16) eine Vielfalt an gemeinsamen familialen Freizeitaktivitäten - insbesondere in den Familien der mittleren und oberen Mittelschicht. In keinem der Fragebögen wurde unter der Kategorie ‚Freizeitgestaltung' von den Eltern das Sprechen, Singen und Spielen von Kinderreimen, -gedichten oder -liedern genannt. Das bestätigt m. E. die Hypothese, dass Kinderlyrik in erster Linie alltagsbegleitend realisiert und von den Eltern unbewusst - d.h. nicht geplant - inszeniert wird (siehe dazu auch Kapitel 3.1.2 in Teil II).

[275] Unberücksichtigt bleiben dabei die Anteile lyrischer Sprache in Vorlese-, Bilder- und Märchenbüchern, die hier nicht gesondert erfasst wurden.

[276] Unter der Kategorie "sonstige Bücher" wurden von den Eltern folgende aufgelistet: Kinderlexika, Rätselbücher, Kinderatlas, Kinderbibel, Pixi-Bücher, englische Kinderbücher und naturwissenschaftliche Bücher.

Art der Tätigkeit	Obere Mittelschicht	Mittlere Mittelschicht	Untere Mittelschicht
Schwimmen gehen	11	27	-
Fahrrad fahren	6	25	-
Spielplatz	10	21	2
Spielen	13	20	1
Ausflüge	8	19	-
Spazieren gehen	3	16	1
Verkleiden, Rollenspiele, schmusen, Tiere ansehen, Flohmärkte besuchen, an die See/ans Wasser fahren, Theaterbesuche, Eis essen gehen	-	2	1
Zoo/Tierpark	6	13	-
Basteln/Handwerken	19	12	-
Malen	6	11	2
Vorlesen	15	10	-
Kino	6	9	-
Spiele spielen	13	9	-
Backen/Kochen	7	-	-
Im Freien spielen	7	-	-
Ausstellungen/Museen besuchen	6	8	-
In den Garten gehen	4	7	-
Lesen	-	7	-
Fernsehen	1	6	-
Turnen	5	5	1
Musik hören	-	4	-
Aufs Land fahren	3	3	-
Sportveranstaltungen besuchen	-	3	-
Puppentheater besuchen	-	3	-
Fußball spielen	1	2	-
Ins Wochenendhaus fahren	3	-	-
Schminken	-	1	-
Zirkusbesuche, auf die Kinder eingehen, segeln, zu eigenen Aktivitäten mitnehmen, Natur erkunden, Videos drehen, einkaufen, Geschichten ausdenken, aufräumen,	-	3	1
Freunde besuchen	9	14	1
Kneten, Hockey spielen, in d. Bibliothek/ Bücherhalle gehen, Sachen sammeln, in die Kirche gehen	-	1	-
Singen	3	3	-
Tanzen	-	3	-
Mit der Eisenbahn spielen	-	1	-
Rollschuh laufen	1	6	-
Reiten	-	3	1
Toben	-	4	-
Bauen	5	4	-
Sport	2	4	-
Freizeitpark/Dom	1	4	-
Reisen	1	1	-
Wandern	1	1	-

Tab. 16: Gemeinsame Freizeitaktivitäten in den Familien (in Zahlen)

Insgesamt zeigt die Mehrheit der Familien eine vielseitige und an den Interessen des Kindes orientierte Ausrichtung und Gestaltung ihrer Freizeit. In der Zusammenschau des schulischen und beruflichen Hintergrundes der Eltern, deren Buchbesitz und Lektürepräferenzen sowie der Ausstattung der Haushalte mit Kinderbüchern bestätigt sich somit die Zugehörigkeit der Familien zur Mittelschicht. Auch die eingangs konzipierte Gliederung in Familien der unteren, mittleren und oberen Mittelschicht erweist sich m. E. als sinnvoll, da sie das Verschwimmen der Grenzen zwischen den einzelnen Schichten berücksichtigt.

Es wurde zu Beginn dieser Untersuchung davon ausgegangen, dass bereits die Teilnahme der Familien an einer solchen Erhebung auf eine eher aufgeschlossene und der Schrift zugewandten Grundeinstellung der Eltern zurückzuführen ist. Damit erklärt sich m. E. zum Teil auch die geringe Anzahl an Familien aus der unteren Mittelschicht, die sich möglicherweise durch diese Art der Befragung nicht ausreichend angesprochen fühlten. Die recht hohe Teilnahmequote von Familien aus der oberen und mittleren Mittelschicht deutet aber auch auf eine in diesem Klientel ausgeprägtere Umsetzung kinderlyrischer Texte im alltäglichen Miteinander hin.

In bisherigen Studien wurde bereits auf das Zusammenspiel von elterlicher Lektürepraxis, dem familialen Miteinander und der Einbindung des Kindes in das familiale Geschehen sowie deren Bedeutung für die kindliche schriftsprachliche Sozialisation Bezug genommen.[277] So konstatieren HURRELMANN & HAMMER & NIEß, die in ihrer Studie das Familienklima als Prädisposition für die kindliche Lesesozialisation untersuchen, dass sich die

„[...] ausgeprägteste Lesepraxis bei Kindern [findet], deren Familien eine anregungsreiche und aktive Interaktionsstruktur aufweisen, was sich insbesondere in einem hohen Potential gemeinsamer Freizeitgestaltung manifestiert." (Hurrelmann & Hammer & Nieß, 1993, S. 46)

Familien, die viel Zeit für gemeinsame Aktivitäten und Interessen aufbringen, verwenden auch mehr Zeit auf gemeinsame Gespräche über situationsabstrakte Themen und fördern somit nachhaltig die schriftsprachliche Entwicklung ihrer Kinder. Im Hinblick auf die familiale Realisierung von Kinderlyrik - die das Autorenteam als prä- und paraliterarische Kommunikationsformen bezeichnet - wird für die Eltern eine *„Sensibilität für Sprachliches"*, welche in Korrespondenz mit einer *„kindzentrierten Einstellung"* steht, angenommen.[278] Sie gehen davon

---

[277] Vgl. u.a. Bonfadelli, H. & Fritz, A. & Köcher, R. (1993), Fritz, A. (1991): Lesen im Medienumfeld. Gütersloh, Hurrelmann, B. (1989): Fernsehen in der Familie. Auswirkungen der Programmerweiterung auf den Mediengebrauch. Weinheim; München, Hurrelmann, B. (1990b), Hurrelmann, B. & Hammer, M. & Nieß, F. (1993).
[278] Hurrelmann, B. & Hammer, M. & Nieß, F. (1993), S. 143.

aus, dass eine offene und gemeinschaftliche Beziehungs- und Interaktionsstruktur in den Familien das Sprechen kinderlyrischer Texte begünstigt. Gleichzeitig konstatieren HURRELMANN & HAMMER & NIEß für ihre Studie, dass die Auskünfte der Eltern bezüglich des spielerischen Umgangs mit Sprache im Vergleich zu anderen leseförderndenden Situationen (wie z.B. dem Vorlesen) wesentlich seltener und zurückhaltender ausfallen. Der Grund für die vagen Angaben der Eltern ist m. E. in dem Lebensalter der Kinder zu suchen, die mit 9 bis 11 Jahren nicht mehr zu *den* RezipientInnen dieser Art von Kinderliteratur zählen. So konnten in der hier durchgeführten Befragung zur familialen Realisierung von Kinderlyrik im frühen Kindesalter bereits für die Jahre vom dritten bis zum sechsten Lebensjahr Unterschiede in der familialen Umsetzung lyrischer Sprache festgestellt werden, die diesbezüglich auf eine sukzessive Abnahme solcher Interaktionsakte zugunsten anderer Formen des Umgangs mit Literatur schließen lassen. Die Angaben der Eltern in Bezug auf das Vorkommen lyrischer Sprache im alltäglichen Miteinander sind wesentlich umfangreicher als dies in der Studie von HURRELMANN & HAMMER & NIEß der Fall war. Das gilt insbesondere für die Nennung von Fingerspielen, Kinderreimen und -liedern, während konkrete Interaktionssituationen von den Eltern auch hier scheinbar schwerer erinnert wurden.

3.1.2 Die Realisierung von Kinderlyrik in den Familien

Im Rahmen der Fragenbogenerhebung sollte den Eltern die Möglichkeit gegeben werden, ihre subjektive Wahrnehmung und Einschätzung hinsichtlich der Realisierung von Kinderlyrik im familialen Miteinander darzulegen. Dabei gelten die Fragen einerseits der Umsetzung von kinderlyrischen Texten im Rahmen der Eltern-Kind-Interaktion und andererseits der kindlichen Auseinandersetzung mit lyrischer Sprache. Beide Formen der Realisierung von Kinderlyrik unterscheiden sich strukturell in der Art und Weise ihrer Organisation und in den sprachlich-kognitiven Leistungen, die vom Kind erbracht werden müssen. Die Einbettung lyrischer Sprache in die Interaktion zwischen Eltern und Kind ist dabei - ähnlich wie die Vorlesesituation zwischen Erwachsenem und Kind - dialogisch strukturiert. Der Erwachsene agiert in der *„Zone der nächsten Entwicklung“*[279], indem er die momentanen kindlichen Fähigkeiten sukzessive überschreitet und damit die Voraussetzung für die kognitive und sprachliche Wissenserweiterung des Kindes schafft. Während jedoch beim Vorlesen über das Gelesene gesprochen wird - der Dialog also explizit stattfindet - werden beim gemeinsamen Sprechen und Spielen von Kinderlyrik zumeist die Texte selbst dialogisch strukturiert, indem z.B. das Zeilenende vom Erwachsenen fortgelassen und das Kind zum Weitersprechen bzw. Weiterreimen aufgefordert wird. Es wird also mit der Materialität der Texte

[279] Wygotsky, L. S. (1993) und Bruner, J. (1983).

agiert - als ein Prozess der impliziten Metasprachlichkeit. Aber auch das Sprechen über kinderlyrische Texte gestaltet sich anders als vorlesebegleitende Gespräche, nämlich weniger als ein Sprechen über die Inhalte, sondern vielmehr als ein Sprechen über die äußere Form. Insgesamt zeichnet sich die Eltern-Kind-Interaktion ähnlich wie beim Vorlesen oder gemeinsamen Bilderbuchbetrachten durch eine vom Erwachsenen initiierte Situation aus, in der er sich in sensibler Weise auf die Fähigkeiten des Kindes einstellt - von BRUNER als *scaffolding* bezeichnet[280] - und diese immer nur so weit überschreitet, dass das Kind den nächsten Entwicklungsschritt vollziehen kann.

Anders als die Eltern-Kind-Interaktionen gestalten sich die intrapersonalen Umgangsweisen mit lyrischer Sprache, die vom Kind zumeist spielbegleitend realisiert werden. Es handelt sich dabei nicht um ein egozentrisches Sprechen im Sinne PIAGETs, der das egozentrische Sprechen des Kindes vor allem als ein auf sich selbst gerichtetes Sprechen, das monologisch strukturiert ist und zur Steuerung des eigenen Handelns und Denkens dient, verstanden wissen will.[281] Beispielsweise konnte ANDRESEN im Fiktionsspiel von Vierjährigen beobachten, dass die Sprache hier elaborierter ist als PIAGET dies für das egozentrische Sprechen, im Sinne eines verkürzten Sprechens präsumiert. Darüber hinaus konstatiert sie, dass bereits Vierjährige in der Lage sind, Nichtsprachliches sprachlich zu präsupponieren und somit Zeichen-Zeichen-Beziehungen auszudrücken.[282] Überträgt man ANDRESENs Beobachtungen auf den kindlichen Umgang mit Kinderlyrik, so lassen sich Analogien herstellen, die auf eine ähnliche sprachliche Entwicklung hinweisen. Im Gegensatz zu den Realisationsmomenten lyrischer Sprache zwischen Eltern und Kind findet die intrapersonale Umsetzung auf den ersten Blick monologisch statt; das Kind kommuniziert scheinbar mit sich selbst, ohne darauf angewiesen zu sein, von anderen verstanden zu werden. Da solche Realisierungsmomente lyrischer Sprache vorwiegend handlungs- und spielbegleitend stattfinden, sind sie überdies relativ kontextunabhängig. Das Sprechen von Kinderlyrik ist jedoch - anders als das Fiktionsspiel, bei dem das Kind den Spielkontext zunächst sprachlich herstellt - keine eigenständige Spielform, die vom Kind inszeniert wird.[283] Vielmehr findet das lyrische Sprechen zumeist begleitend zu anderen Tätigkeiten statt; das zeigen auch die Antworten

---

[280] Bruner spricht hier auch von der so genannten „*Feinabstimmung*", welche die Mutter in Bezug auf die sprachlichen Äußerungen im Rahmen des kindlichen Spracherwerbs vornimmt (siehe Bruner, J. (1983), S. 106 und Bruner, J. (1977)).

[281] Piaget, J. & Inhelder, B. (1980): Die Psychologie des Kindes. Stuttgart (1966), S.120f.

[282] Andresen, H. (1998), S. 33ff.

[283] Dass das Sprechen lyrischer Texte auch eine eigenständige Spielform sein kann, wird hier nicht ausgeschlossen. Dies gilt z.B. für die so genannte „Unsinnspoesie" oder für das Sprechen von Kettenreime, bei denen das sprachspielerische Moment dominiert. Insbesondere für das frühe Kindesalter lässt sich jedoch beobachten, dass Reime, Verse und Lieder mehrheitlich in Verbindung mit anderen Tätigkeiten realisiert werden.

der Eltern auf die Frage, in welchen Situationen sie beobachten konnten, dass ihre Kinder Reime und Verse sprechen (siehe Tab. 17)

Beobachtete Situationen	Häufigkeit der Nennungen	In Prozent
Beim Spielen	77	36,7%
Beim Spazieren gehen	6	2,9%
In der Badewanne	5	2,4%
Beim Fingernägel schneiden	1	0,5%
Während der gemeinsamen Busfahrt/U-Bahnfahrt	2	1,0%
Beim Fahrrad fahren	3	1,4%
Vor oder während gemeinsamer Mahlzeiten	22	10,5%
Vor dem Einschlafen	6	2,9%
Zur Unterhaltung anderer (z.B. jüngerer Geschwister)	2	1,0%
Beim Herumalbern/Quatschmachen	2	1,0%
Bei guter Laune	2	1,0%
Beim Unterhalten/im Gespräch	2	1,0%
Beim Anziehen/Ausziehen	4	1,9%
Um Aufmerksamkeit/Lob zu erhalten	1	0,5%
Im Auto	10	4,8%
Im Spiel mit Geschwistern/anderen Kindern	3	1,4%
Im Spiel mit Erwachsenen	1	0,5%
Im Anschluss an den Kindergarten	2	1,0%
Auf dem Weg in den Kindergarten	2	1,0%
Bei Regelspielen (Auszählen)	1	0,5%
Beim Malen/Basteln	1	0,5%
In entspannten Situationen	1	0,5%
Im Anschluss an die musikalische Früherziehung	1	0,5%
Zu Hause, für sich allein	1	0,5%
Beim Auszählen	1	0,5%
Beim Ins-Bett-gehen	2	0,5%
Beim Kuscheln	2	1,0%
Beim morgendlichen Aufwachen	2	1,0%
Nachmittags	2	1,0%
Beim Einkaufen	1	0,5%
Nach der Mittagspause	1	0,5%
Als Inszenierung („Performance")	1	0,5%
Beim Schaukeln	1	0,5%
In der Adventszeit	1	0,5%
Im Bett	1	0,5%
Beim Langweilen	1	0,5%
Beim Trödeln	1	0,5%
In der Hängematte	1	0,5%
Um Streitigkeiten zu klären (z.B. mit Geschwistern)	1	0,5%
Zwischendurch/zu allen Gelegenheiten	14	6,7%
Unterwegs	5	2,4%
Spontan	6	2,9%
Keine Angaben	8	3,8%

Tab. 17: Kindliche Realisierung von Kinderlyrik (aus der Sicht der Eltern)

Bereits an der Anzahl der elterlichen Antworten zeigt sich, welche Bedeutung der Kinderlyrik im Alltag der Kinder zukommt. Das Sprechen von kinderlyrischen Texten findet danach gerade nicht in exponierter Weise statt, sondern verbindet sich mit den unterschiedlichsten Alltagssituationen (z.B. während gemeinsamer Mahlzeiten oder Autofahrten). Eine besondere Rolle fällt jedoch dem kindlichen Spiel zu, welches mit 36,7% von den Eltern am häufigsten genannt wurde.[284] Das mag zunächst einmal daran liegen, dass das Spielverhalten bei Kindern dieser Altersgruppe noch sehr stark ausgeprägt ist und diese ihre Welt vor allem spielerisch erkunden und erfahren. Ein weiterer Grund für das beobachtete Verhalten und die sich darin andeutende Nähe von Spiel und Kinderlyrik scheint sich jedoch aus der Struktur des kindlichen Spiels zu erklären. Im Spiel schafft sich das Kind eine neue, fiktive Welt, in der es zum einen sprachlich die Alltagswelt nachbildet und zum anderen imaginierte Situationen konstruiert und damit in der Fiktion agiert. Diese Fiktion muss während des Spielgeschehens vom Kind aufrecht erhalten werden, damit das Spiel auch ‚sinnvoll' zu Ende gebracht werden kann. Im Spiel mit anderen Kindern bedarf es dazu einer gewissen Verständigung, die sich außerhalb des eigentlichen Spielverlaufs als ein Akt der expliziten Metakommunikation vollzieht.[285] Bei älteren Kindern - dies hat ANDRESEN für das Fiktionsspiel aufgezeigt - geht die explizite Metakommunikation zurück und es findet zunehmend ein innerer Dialog statt, der auf einen Übergang zu intrapsychischen Prozessen verweist.[286] Diese Entwicklung gilt auch für das Spiel ohne Spielpartner/-partnerin, das ebenso eines Spielrahmens und handlungsleitender Momente bedarf, um aufrecht erhalten zu werden. Da das Kind hier jedoch auf keinen Dialogpartner/-partnerin Bezug nehmen und mit ihm den Inhalt und den Verlauf des Spiels sprachlich aushandeln kann, bleibt sein Sprechen auf sich selbst gerichtet. Das ist weniger eine Form des egozentrischen Sprechens, im Sinne einer noch nicht ausgebildeten sozialen kommunikativen Kompetenz, als vielmehr eine andere autodynamische Form der Spielorganisation.[287] Das Sprechen von Reimen und Versen im Kontext solcher Spiele ist dabei m. E. Ausdruck jener intrapersonalen Vorgänge. So ist z.B. zu beobachten, dass Kinder besonders häufig klingende, reimende und sich wiederholende Texte vor sich hinsprechen, um ihre spielerischen Aktivitäten zu begleiten. Spiel und Sprachfluss verbinden sich zu einer Einheit, ohne dass ein inhaltlicher Sinnzusammenhang

---

[284] Die Antwortkategorie „Beim Spielen" umfasst sowohl das alleinige Spielen des Kindes als auch das Spielen mit Spielpartnern/-partnerinnen; dies können andere Kinder, Geschwister oder auch Erwachsene sein.
[285] Siehe dazu auch Andresen, H. (1998).
[286] Vgl. ebd., S. 35.
[287] Inwieweit jedoch die von den Eltern beobachtete Verbindung von kindlichem Spiel und der Realisierung von lyrischer Sprache als Fiktionsspiele im Sinne Andresens eingestuft werden können, kann hier nicht genau beurteilt werden. Um ein mögliches Zusammentreffen von lyrischer Sprache und Fiktionsspielen - insbesondere jene ohne SpielpartnerIn - zu untersuchen, wären über die Elternbefragung hinaus detailierte Einzelbeobachtungen erforderlich.

bestehen muss. Vielmehr scheint die äußere Struktur lyrischer Texte (Reim, Rhythmus, Wiederholung, Klang) in besonderer Weise geeignet, das Spiel der Kinder zu strukturieren. Betrachtet man die Spielhandlungen als Übergangsphänomene in der geistigen Entwicklung des Kindes, in dessen Verlauf Bewusstseinsvorgänge zunächst explizit durch Versprachlichung und später implizit durch innersprachliche Prozesse ablaufen, so nimmt das lyrische Sprechen eine intermediäre Position ein.[288] Mit der lyrischen Sprache markiert das Kind ganz eindeutig ein Agieren in der Fiktion, wobei Sprache und Spiel sich wechselseitig konfigurieren. Damit erhält die lyrische Sprache einen referenziellen Charakter, wobei der Verweis auf das fiktive Moment im Spielkontext jedoch implizit bleibt und - so meine Vermutung - auch unbewusst. Handlungsstrategien werden nicht explizit thematisiert, sondern werden in der Wahl einer lyrischen Sprache, die sich von der Alltagssprache abhebt, implizit ausgedrückt. Anders als in den ANDRESEN untersuchten kindlichen Fiktionspielen liegt mit der Realisierung kinderlyrischer Texte vor allem ein Akt der impliziten Metasprachlichkeit vor, bei dem die Versprachlichung selbst jedoch explizit ist. Im Sinne der von SCHMIDT beschriebenen *Differenzqualitäten* zwischen Alltags- und Verssprache (siehe Kap. 2.1 in Teil I) markiert die lyrische Sprache somit eine Abweichung vom alltäglichen Sprachgebrauch. Diese Durchbrechung vollzieht sich strukturell auf der Phonem-, Wort- und Satzebene und schließlich auch als eine Form der *„semantischen Verschiebung“*[289], bei der die *„Systembestimmtheit“*[290] ausschlaggebend für die formale Gestaltung ist.

Die Beobachtung der Eltern, dass ihre Kinder häufiger in Spielkontexten als in anderen Situationen lyrische Sprache realisieren und in das eigene Spiel einbinden, bestätigt die basale Funktion, die das kindliche Spiel für die kognitive und sprachliche Entwicklung des Kindes hat. Die Verbindung von Spiel und lyrischer Sprache begründet sich dabei m. E. in der Kongruenz des äußeren Aufbaus beider (Sprach-)Handlungsmodi. Wie die Kinderlyrik ist auch das Kinderspiel eine ritualisierte Handlungsfolge, welche sich vor allem durch Prozesse des Wiederholens auszeichnen. Selbst die im Spiel hergestellten Ordnungshierarchien stimmen mit der stringenten Strukturierung der Kinderlyrik überein (vgl. Kap. 2.3, S. 80). Überspitzt könnte man deshalb sagen, dass das kindliche Spiel das lyrische Sprechen aufgrund seiner äußeren Merkmale geradezu herausfordert. Die formale Nähe von Spiel und lyrischer Sprache wurde bereits in Kap. 2.3 im ersten Teil des

---

[288] Die Bezeichnungen „explizit“ und „implizit“ beschreiben hier nicht die Zustände der expliziten und impliziten Sprachbewusstheit, sondern sind zu verstehen als äußere und innere Form der Versprachlichung, bei denen der Übergang zu einer inneren Sprache eine Zunahme an Bewusstheit markiert. Inter- und intrapersonales Sprechen sind somit abzugrenzen von der Fähigkeit zur metasprachlichen Explikation, die Andresen als ein Zeichen von expliziter im Sinne von bewusster Sprachbewusstheit versteht.

[289] Schmidt, S.-J. (1969), S. 297 und S. 67f in diesem Buch.

[290] Vgl. ebd., S. 293 und S. 67 in diesem Buch.

Buches erörtert, dort in Bezug auf das sprachspielerische Moment, welches der Kinderlyrik innewohnt. Als Sprachspiel erster Ordnung auf der textuellen Ebene dominiert es dort das kindliche Sprachspiel (zweiter Ordnung) und strukturiert das Handeln in der Fiktion. Dabei wurde das Sprachspiel in Anlehnung an WITTGENSTEIN als ein Element der Kinderlyrik klassifiziert, welches sich vornehmlich im Akt der Verbalisierung entfaltet.[291] Die Realisierung sprachspielerischer Aspekte wurde außerdem als ein Agieren auf der Materialebene beschrieben, das sich als ein Spiel mit den Siginfikanten darstellt. In einer ausführlichen Analyse verschiedener kinderlyrischer Texte konnte im ersten Teil meines Buches aufgezeigt werden, dass dort mit den Signifikant-Signifikat-Beziehungen gespielt wird und Kinder dadurch zu einem experimentellen und kreativen Sprachgebrauch angeregt werden. „Sprache wird zum Spielgegenstand" und damit aus seinem pragmatischen Kontext gelöst. Die Verbindung von kindlichem Spiel und lyrischer Sprache stellt in diesem Zusammenhang eine Form der Dekontextualisierung - bei gleichzeitiger Neukontextualisierung - dar.

Die frühe Sozialisation des Kindes besteht neben dem kindlichen Spiel zu einem großen Teil aus der Interaktion zwischen Erwachsenem und Kind. Deshalb wurden die Eltern auch gefragt, welche Bedeutung Kinderlyrik in ihrem familialen Miteinander zukommt. Die Tabelle 18 zeigt an, welche Ausdrucksformen der Kinderlyrik in der Eltern-Kind-Interaktion umgesetzt werden. Mit 27,1% geben die Eltern dabei an, mit ihren Kindern besonders häufig Kinderreime und Kinderverse zu sprechen. Andere Ausdrucksformen wie z.B. Abzählreime (12,3%), Fingerspiele (14,5%), Rollenspiele (16,3%) und Sing-Tanz-Spiele (14,9%) werden in den Familien ebenfalls - jedoch in etwas geringerem Umfang - realisiert. Interessant ist dabei die relativ geringe Anzahl an Eltern, die angeben, mit ihren Kindern Fingerspiele zu spielen. Dies steht in einem Widerspruch zu der Frage 21 des Fragebogens, bei der 74,3% der Eltern angeben, mindestens ein Fingerspiel zu kennen, welches sie ihren Kindern häufiger vorsprechen bzw. vorspielen (nur 6,4% der Eltern haben hier kein Fingerspiel genannt). Dieses Ergebnis ist m. E. ein weiteres Indiz für die unbewusste Verwendung von lyrischer Sprache in der alltäglichen Interaktion. Eltern setzen Kinderlyrik scheinbar weniger bewusst zur literarischen und kulturellen Sozialisierung ihrer Kinder ein, als sie z.B. zum Buch greifen, um ihren Kindern Kompetenzen und Freude im Umgang mit den literarischen und literalen Kulturtechniken zu vermitteln.

Ein weiterer Aspekt im familialen Miteinander ist das Moment der Tradierung von Kinderlyrik innerhalb der Familien. Dabei hat sich herausgestellt, dass das Medium 'Buch' neben seinen schrift- und kulturvermittelnden Eigenschaften auch für die Übermittlung von Kinderlyrik eine Rolle spielt. Parallel dazu ist die mündliche Tradierung von Kinderlyrik ein zusätzliches Moment in der kindlichen

[291] Vgl. Kap. 2.2, S. 69f in Teil I.

Sozialisation - was ein weiteres Indiz für die intermediäre Position dieser Gattung zwischen den Polen Oralität und Literalität sein kann. Hier zeigt sich zudem die herausragende Rolle der weiblichen Traditionslinie, die der männlichen eindeutig überlegen ist. Der Anteil an Vätern und Großvätern, der als Vermittler von Kinderlyrik gelten kann ist mit 5% und 1% verschwindend gering. Dies lässt vermuten, dass nach wie vor die Mütter diejenigen sind, die ihren Kindern neben der Leselust - denn auch hier dominieren die Mütter - den Umgang mit lyrischer Sprache vermitteln. Wie schon EGGERT & GARBE für die literarische Sozialisation und den literar-ästhetischen Umgang mit Literatur eine eher weibliche Linie konstatiert haben,[292] lassen auch die vorliegenden Ergebnisse auf eine vergleichbare Vorherrschaft der Mütter in der Realisierung von Kinderlyrik in den Familien schließen. Trotz eines sich wandelnden Rollenverständnisses in der Gesellschaft werden literarische und literale Vermittlungsprozesse in den Familien demzufolge noch immer in erster Linie von den Müttern wahrgenommen. Dies gilt in besonderer Weise für die kindliche Erfahrung im Umgang mit literar-ästhetischer Sprache. Die Zurückhaltung der Väter zeigt sich hier auch in der geringen Anzahl an Kinderreimen, Fingerspielen und Kinderliedern, die von ihnen genannt werden. Während die Mütter über ein vielfältiges kinderlyrisches Repertoire verfügen, greifen die Väter scheinbar auf einige wenige, aber bekannte Texte der Kinderlyrik zurück.[293]

Art der Beschäftigung	Häufigkeit der Nennungen	In Prozent
Abzählreime	27	12,3%
Fingerspiele	32	14,5%
Rollenspiele	36	16,3%
Kinderreime/Kinderverse	60	27,1%
Sing-Tanz-Spiele	33	14,9%
Sonstiges	22	9,9 %
Keine der genannten Beschäftigungen	1	0,5%
Keine Angaben	10	4,5%

Tab. 18: Familiale Realisierung von Kinderlyrik

[292] Eggert, H. & Garbe, Ch. (1995), S. 76ff. Zur weiblichen Tradierung von Lesefreude und Lektürepräferenzen siehe auch Hurrelmann, B. & Hammer, M. & Nieß, F. (1993), S. 51ff und 108ff.

[293] Interessant ist dabei, dass es anscheinend in den einzelnen Familien in Bezug auf kinderlyrische Texte so etwas wie innerfamiliale „Favoriten“ gibt, die von allen Familienmitgliedern präferiert werden. Dem liegt m. E. ein beziehungsstiftendes Moment zugrunde, welches alle Familienmitglieder miteinander verbindet.

Neben der familialen wurde die institutionelle Vermittlung von Kinderlyrik in der elterlichen Befragung berücksichtigt. 16,1% der Eltern kennen die Reime, Verse und Lieder, die sie gemeinsam mit ihren Kindern sprechen und singen, noch aus ihrer eigenen Schulzeit. Im Gegensatz dazu geben nur 8% der Eltern an, die Texte aus dem Kindergarten oder Kindertagesheim ihrer Kinder zu kennen. Dieses Ergebnis überrascht zunächst, da alle Kinder zum Zeitpunkt der Befragung eine vorschulische Erziehungseinrichtung besuchten und deshalb angenommen werden konnte, dass der Vermittlungsanteil hier weitaus höher liegt. M. E. deutet das vorliegende Resultat auf zwei Entwicklungstendenzen hin: Zum einen findet die frühkindliche Sozialisation des Kindes primär im familialen Kontext statt, so dass kinderlyrische Elemente auch eher dort anzutreffen sind. Und zum anderen ist die Gattung Kinderlyrik in der multimedialen Gesellschaft eine im Schwinden begriffene Erscheinungsform, die immer mehr zur Randerscheinung avanciert, denn auch Kindergarten und Schule die sich den aktuellen Entwicklungen im Bereich der audio-visuellen Medien anzupassen versuchen - bevorzugen zunehmend medienorientiertere Formen der sprachlichen Auseinandersetzung.[294]

Herkunft der Reime, Verse, Lieder	Häufigkeit der Nennungen	In Prozent
Buch/mehrere Bücher	71	24,8%
Mutter	66	23,1%
Vater	14	5%
Großmutter	28	9,8%
Großvater	3	1,0%
Schulzeit (der Eltern)	46	16,1%
Kindergarten (des Kindes)	23	8,0%
Sonstiges	29	10,1%
Keine Angaben	6	2,1%

Tab. 19: Tradierung von Kinderlyrik

Für die Realisierung von Kinderlyrik hat sich gezeigt, dass auch hier die Familie die primäre Sozialisationsinstanz darstellt, in der Kinder erste Erfahrungen mit lyrischer Sprache sammeln. Es ist aber auch deutlich geworden, dass die familiale Realisierung von Kinderlyrik vorwiegend ungeplant, ungesteuert und unbewusst abläuft und sich deshalb vermutlich noch verstärkt im Feld von impliziter Sprachbewusstheit und Metasprachlichkeit ereignet. Die Familie ist zwar der Raum, in dem Kinder erstmals mit lyrischer Sprache in Berührung kommen, sie

[294] Vor dem Hintergrund der jüngst erschienen PISA-Studie stellt sich dabei die Frage, welche entwicklungspsychologische Prägnanz der (meta-)sprachliche Umgang mit vielfältigen sprachlichen Ausdrucksformen bereits in Vor- und Grundschule haben kann und welchen Einfluss der Kindergarten hier nehmen könnte.

ist jedoch nicht die Instanz, die den kindlichen Bewusstwerdungsprozess durch bewusst gesteuerte Interaktionen forciert. Die primäre Bedeutung der Familie in Bezug auf die Kinderlyrik ist in einem unmittelbaren Zusammenhang mit dem Alter der Kinder zu sehen, die in dieser frühen Phase ihrer Entwicklung hauptsächlich in das familiale Setting eingebunden sind. Kinder zeigen dabei eine besondere Affinität zu den verschiedenen Ausdrucksformen der Kinderlyrik in einer Entwicklungsphase, in der sie selbst noch die Modalitäten der Sprache kennen lernen und erproben.[295] Dieser Zeitraum in der kindlichen Entwicklung ist geprägt durch Formen der spielerischen Aneignung von Sprache. Kinderlyrik bietet dafür einen optimalen Rahmen, da sie ihrem Wesen nach selbst ein „Sprachspiel" im wittgensteinschen Sinne ist.

3.2 Zur Reimfähigkeit von Kindern im Vorschulalter

In der Untersuchung zur kindlichen Reimfähigkeit steht das produktive Vermögen im Umgang mit Reimen im Mittelpunkt, d.h. es wird überprüft, ob das Kind über die Fähigkeit, sich am Lautlichen der Sprache zu orientieren, produktiv verfügt. Dazu wurde die spielerische Aufgabe des „Reimergänzens" gewählt, da sie eine große Nähe zu den frühen Formen des kindlichen Sprachspiels aufweist und ihr gleichzeitig aufgrund ihrer rhythmisch-klanglichen Gestaltung ein ausgeprägtes Aufforderungsmoment inhärent ist. Trotz einer einleitenden Aufgabenstellung seitens der Untersucherin sind es somit vielmehr die Reime selbst, welche die Kinder zum Weitersprechen animieren sollen. Dabei richtet sich das Augenmerk auf die lautliche Sensibilität der Kinder im Umgang mit Reimen als ein möglicher Ausdruck für das Vorhandensein einer phonologischen Bewusstheit im Vorschulalter.

3.2.1 Kindliche Reimfähigkeit als Indikator für phonologische Bewusstheit

Die Reimfähigkeit von Kindern wurde bereits in früheren Untersuchungen als eine Vorläuferkompetenz im Rahmen des Schriftspracherwerbs untersucht. Diese lehnten sich an Studien aus dem englischsprachigen und skandinavischen Raum an,[296] in denen „*phonological awareness*" (phonologische Bewusstheit) als eine

---

[295] So gaben mehrere Eltern im Rahmen der Fragebogenerhebung an, dass ihre Kinder besondere Freude an subversiven Reimen haben, mit denen sie ihre sprachlichen und sozialen Grenzen auf die Probe stellen können. Rühmkorf beschreibt diese Grenzüberschreitungen als eine Art Befreiungsakt und resümiert: „*[...]erst wo das das tabuierte Reizwort augesprochen ist, beginnt die Freiheit. Erst nach der symbolischen Grenzüberschreitung ist der Bann gebrochen, das Spiel möglich.*" (Rühmkorf, P., 1967, S. 32).

[296] Vgl. u.a. Bradley, L. & Bryant, P. (1985): Rhyme and Reason in Reading and Spelling. University of Michigan, Bryant, P. E. & Bradley, L. & MacLean, M. & Crossland, J. (1989):

Schlüsselkompetenz für das spätere Lesen- und Schreibenlernen diskutiert wurde.[297] Dabei ist die Debatte um die Entwicklung von phonologischer Bewusstheit in der empirischen Forschung von Beginn an äußerst kontrovers geführt worden und hat sich bereits an dem terminus technicus entfacht. Während „phonological awareness“ einerseits als eine globale Kompetenz im Umgang mit den Lauten der Sprache beschrieben wird, der sich verschiedene sprachliche Teilfähigkeiten unterordnen lassen,[298] wollen andere Forscher und Forscherinnen diese als spezifische linguistische Fähigkeit verstanden wissen, die sich vornehm-

---

Nursery rhymes, phonological skills and reading. In: Journal of Child Language, 16, S. 407-428, Clark, E. (1978): Awareness of Language: Some Evidence from what Children Say and Do. In: Sinclair, A. & Jarvella, R. J. & Levelt, W. J. M. (Eds.): The Child's Conception of Language. New York, S. 17-43, Goswami, U. & Bryant. P. E. (1990): Phonological skills and Learning to Read. East Sussex, Jusczyk, P. W. (1977), Kirtley, C. & Bryant, P. & MacLean, M. & Bradley, L. (1989): Rhyme, Rime, and the Onset of Reading. In: Journal of Experimental Child Psychology, 48, S. 224-245, Knafle, J. D. (1973), dies., (1974), Lenel, J. C. & Cantor, J. H. (1981), Lundberg, I. & Frost, J. & Petersen P. (1988): Effects of an extensive program for stimulating phonological awareness in preschool children. In: Reading Research Quarterly, 23, S. 261-284, Morais, J. (1991a): Phonological Awareness: A Bridge between Language and Literacy. In: Sawyer, D. J. & Fox, B. J. (Eds.): Phonological Awareness in Reading. The Evolution of current Perspectives. New York, S. 31-71, ders. (1991b): Constraints on the Development of Phonemic Awareness. In: Brady, Susan A. & Shankweiler, Donald, P. (Eds.): Phonological Processes in Literacy. A Tribute to Isabelle Y. Liberman. Hillsdale; New Jersey, S. 5-27. Olofsson, Å. & Lundberg, I. (1983): Can phonemic awareness be trained in kindergarten? In: Scandinavian Journal of Psychology, 24, S. 35-44, Treiman, R. & Zukowski, A. (1991): Levels of Phonological Awareness. In: Brady, S. A. & Shankweiler, D. P. (Eds.), S. 67-83.

297 Für den deutschsprachigen Raum siehe u.a. Andresen, H. (1985), Blässer, B. (1994): Die Bedeutung der phonologischen Bewußtheit für das frühe Lesen und Schreiben: Theoretische Fundierung und Förderungsmöglichkeiten. Würzburg, Jansen H. (1992): Untersuchungen zur Entwicklung lautsynthetischer Verarbeitungsprozesse im Vorschul- und frühen Grundschulalter. Egelsbach; Köln; New York, Küspert, P. (1998): Phonologische Bewußtheit und Schriftspracherwerb. Zu den Effekten vorschulischer Förderung der phonologischen Bewußtheit auf den Erwerb des Lesens und Rechtschreibens. Frankfurt a. M., Landerl, K. & Linortner, R. & Wimmer, H. (1992): Phonologische Bewußtheit und Schriftspracherwerb im Deutschen. In: Zeitschrift für Pädagogische Psychologie, 6, S. 17-33, Mannhaupt, G. & Jansen, H. (1989): Phonologische Bewusstheit: Aufgabenentwicklung und Leistungen im Vorschulalter. In: Heilpädagogische Forschung. Zeitschrift für Pädagogik und Psychologie Behinderter, Band XV., H. 1, S. 50-56, Schneider, W. & Visé, M. & Reimers, P. & Blaesser, B. (1994): Auswirkungen eines Trainings der sprachlichen Bewußtheit auf den Schriftspracherwerb in der Schule. In: Zeitschrift für Pädagogische Psychologie, 8, S. 177-188, Skowronek, H. & Marx, H. (1989): Die Bielefelder Längsschnittstudie zur Früherkennung von Risiken der Lese-Rechtschreibschwäche: Theoretischer Hintergrund und erste Befunde. In: Heilpädagogische Forschung, Zeitschrift für Pädagogik und Psychologie Behinderter, Band XV, H. 1, S. 38-49.

298 Vgl. u.a. Blachman, B. A. (1991): Phonological Awareness: Implications for Prereading and Early Reading. In: Brady, S. A. & Shankweiler, D. P. (Eds.), Bradley, L. & Bryant, P. (1985), Fowler, A. E. (1991): How Early Phonological Development Might Set the Stage for Phoneme Awareness. In: Sawyer, D. J. & Fox, B. J. (Eds.), Lundberg, I. & Frost, J. & Petersen, O.-P. (1988), Treiman, R. (1991): Phonological awareness and Its Roles in Learning to Read and Spell. In: Sawyer, D. J. & Fox, B. J. (Eds.).

lich auf die Phonemanalyse und -segmentierung bezieht.[299] In der deutschen Lese- und Schreibforschung wird die sprachanalytische Fähigkeit mit dem Terminus „phonologische Bewusstheit" erfasst, der sich hier vornehmlich auf den Umgang mit den distinktiven Lauteinheiten im Sinne einer metasprachlichen Bewusstheit bezieht. Während metalinguistische Bewusstheit somit in erster Linie eine Auseinandersetzung mit der linguistischen Seite von Sprache beinhaltet, schließt metasprachliche Bewusstheit vielfältige Sprachhandlungen - wie z.B. die sprachlichen Selbst- oder Fremdkorrekturen, spontanen Sprachreflexionen, spielerischen Sprachproduktionen usf. - ein und versteht die Sprache als komplexes System, in dem linguistische, kommunikative, kognitive und emotionale Momente zusammentreffen. Die Bezeichnung „metasprachliche Bewusstheit" kann somit eher als ein Oberbegriff für sämtliche Formen metasprachlicher und metakognitiver Aktivitäten gelten, von denen der reflexive Umgang mit den Phonemen einer Sprache (phonematische Bewusstheit) *eine* Subkompetenz darstellt. Trotz der hier skizzierten terminologischen Differenzierung zieht sich der gleichzeitige Gebrauch verschiedener Bezeichnungen (phonological awareness, linguistic awareness, metalinguistic awareness, language awareness, phonemic awareness) zur Beschreibung der Fähigkeit, die lautlichen Einheiten der Sprache wahrzunehmen und mit diesen analytisch und synthetisch umzugehen durch die gesamte englischsprachige Literatur und erschwert damit auch die Adaption ins Deutsche. So beschreiben z.B. TUNMER & ROHL „phonological awareness" als einen von vier Bereichen metalinguistischer Fähigkeiten:

„Phonological awareness can be defined as the ability to reflect on and manipulate the phonemic segments of speech. Elsewhere, we have suggested that phonological awareness is one of four general types of metalinguistic ability, which may be described as a developmentally distinct kind of linguistic functioning that develops seperately from, and later than, basic speaking and listening skills." (Tunmer & Rohl, 1991, S. 2)

TUNMER & ROHL konzipieren ein Modell, in dem „phonological awareness" lediglich eine von vier Kategorien darstellt, die zur Entwicklung der metalinguistischen Fähigkeiten des Kindes beiträgt. Die übrigen drei Bereiche untergliedern sie in Wortbewusstheit (*word awareness*), syntaktische Bewusstheit (*syntactic awareness*) und pragmatische Bewusstheit (*pragmatic awareness*).[300] Eine solche

---

[299] Vgl. u.a. Mann, V. (1991): Phonological Awareness and Early Reading Ability: One Perspective. In: Sawyer, D. J. & Fox, B. J. (Eds.), Morais, J. (1991a, 1991b).

[300] Vgl. Tunmer, W. E. & Rohl, M. (1991), S. 3. Damit greifen sie das bereits an anderer Stelle von Tunmer & Bowey konzipierte viergliedrige Modell der metalinguistischen Bewusstheit wieder auf, um daran die Prozesshaftigkeit der Entwicklung metasprachlicher Fähigkeiten aufzuzeigen. Phonologische Bewusstheit ist nach dieser Auffassung ein frühes Stadium der metalinguistischen Bewusstheit, zu dem hier aber - anders als bei Morais - auch die Fähigkeit zur Phonemsegmentation zählt (vgl. Tunmer, B. W. & Bowey, J. A., 1984: Metalinguistic Awareness and Reading Acquisition. In: Tunmer, W. E. & Pratt, C. & Herriman, M. L. (Eds.): Metalinguistic Awareness in Children. Theory, Research, and Implications. Berlin; Heidelberg; New York; Tokio. S. 144-168, hier: S 150).

eher linguistische Perspektive nimmt beispielsweise auch VALTIN ein, die *„(meta-)linguistic awareness“* als eine vor allem auf die Schriftsprache bezogene Fähigkeit verstanden wissen will.[301] In Anlehnung an ANDRESEN unterscheidet sie zwischen drei ontogenetischen Stadien der Sprachbewusstheit: 1. *„Unconscious awareness or automatic use of language”*, 2. *“Actual awareness”* und 3. *“Conscious awareness”*[302] und zeichnet damit eine sukzessive Entwicklung von einer impliziten zu einer expliziten Sprachbewusstheit nach.[303]

Nach einer anderen Auffassung beinhaltet „phonological awareness“ in erster Linie die Fähigkeit, mit den Phonemen einer Sprache reflexiv zu verfahren. Diese Position wird vor allem von MORAIS vertreten, der dazu den Begriff *„phonemic awareness“* als *„a special case of phonological awareness“*[304] bevorzugt und damit eine terminologische Differenzierung von „phonological awareness“ - als einer übergeordneten Struktur - und dem Spezifikum „phonemic awareness“ anstrebt:

„Phonological awareness subsumes at least the following: awareness of phonological strings (a global, nonanalytical level of awareness); awareness of syllables; awareness of phonemes (also called segmental awareness); and awareness of phonetic features [...].” (Morais, 1991b, S. 6)

Auch LUNDBERG und seine Mitarbeiter und Mitarbeiterinnen verstehen phonologische Bewusstheit als eine umfassende und komplexe Fähigkeit, der sie drei verschiedene Teilkompetenzen zuordnen:

„We have shown (Lundberg, Frost & Petersen, 1988) that phonological awareness can be subdivided into three interrelated factors: rhyming, word-syllable manipulation, and phoneme segmentation skills.” (Lundberg & Høien, 1991, S. 77)

Eine Übereinstimmung mit MORAIS existiert jedoch nur scheinbar, denn spätestens mit der inhaltlichen Füllung des Terminus „phonological awareness“ und der Frage nach deren zeitlichen Auftreten in der kindlichen Entwicklung werden die konträren Positionen nur allzu deutlich. Die Frage, ob phonologische Bewusstheit eine Voraussetzung oder eine Folge des Schriftspracherwerbs - insbesondere des Lesenlernens - darstellt, wird von beiden Autoren unterschiedlich beantwortet. Während MORAIS „phonological awareness“ bzw. “phonemic awareness” nachdrücklich an den Prozess des angeleiteten Lesenlernens bindet,[305]

---

[301] Vgl. Valtin, R. (1984): The Development of Metalinguistic Abilities in Children Learning to Read and Write. In: Valtin, R. & Downing, J. (Eds.): Language Awareness and Learning to Read. New York, S. 207-226, hier: S. 207.

[302] Vgl. ebd., S. 214.

[303] Siehe auch Andresen, H. (1985), S. 62ff.

[304] Morais, J. (1991b), S. 7.

[305] Vgl. Morais, J. (1991a), S. 32f, (1991b), S. 6 und S. 16. Wobei zu berücksichtigen ist, dass Morais sehr klar zwischen “phonological awareness” und “phonemic awareness” unterscheidet,

plädiert LUNDBERG in seinen verschiedenen Aufsätzen zu diesem Thema immer wieder dafür, dass phonologische Bewusstheit - und phonemische Bewusstheit - bereits vor dem schulischen Schriftspracherwerb entwickelt werden kann.[306] Dies belegt er anhand verschiedener Trainingsstudien, die er zusammen mit seinen Kollegen und Kolleginnen durchgeführt hat. Exemplarisch ist hierbei eine Trainingsstudie, die LUNDBERG et al.[307] mit insgesamt 390 dänischen Vorschulkindern, von denen 235 Kinder zur Experimentalgruppe und 155 Kinder zur Kontrollgruppe gehörten, über einen Zeitraum von acht Monaten durchgeführt haben. In dieser Zeit wurden die Kinder der Experimentalgruppe jeden Tag im Rahmen einer Trainingseinheit in verschiedenen metasprachlichen Spielen und Aufgaben unterrichtet (wie z.B. Reimspiele, Spiele zur Wortlänge, zur lautlichen Diskrimination und zur Phonemidentifikation). Dabei zeigen die Ergebnisse eine dramatische Entwicklung im Bereich der metaphonologischen Kompetenzen der Kinder, und hier insbesondere im Umgang mit den phonemischen Einheiten der Sprache. Bereits in einer früher durchgeführten Trainingsstudie sind LUNDBERG & OLOFSSON der Frage nachgegangen, ob „phonemic awareness" schon im Kindergartenalter trainiert werden kann und kommen auch in dieser vergleichsweise kleineren Untersuchung - die Trainingsdauer betrug hier insgesamt nur 6-8 Wochen - zu einem ähnlichen Resultat:

„[...] phonemic awareness skills can be trained at the preschool level and outside the context of reading instruction" (Lundberg & Olofsson, 1983, S. 43)

Auch zum Zusammenhang von phonologischer Bewusstheit und kindlicher Reimfähigkeit wurden zunächst vorrangig im englischsprachigen Raum unterschiedliche Studien durchgeführt, die hier aufgeführt werden sollen, um vor diesem Hintergrund die kindlichen Reimergänzungen, die im Rahmen dieser Studie erhoben wurden, zu analysieren. Ergänzend dazu werden auch Untersuchungen aus dem deutschen Sprachraum hinzugezogen, in denen die Ergebnisse

---

wenn er konstatiert : *„[...] my conclusion is that people can acquire phonological awareness without reading instruction, but they can acquire phonemic awareness only when provided with instruction on some written code*" (Morais, J. , 1991b, S. 16).

306 Vgl. Lundberg, I. (1991): Phonemic Awareness an be Developed without Reading Instruction. In: Brady, S. A. & Shankweiler, D. P. (Eds.), S. 47-53, Lundberg, I. & Frost, J. & Petersen, O.-P. (1988), Lundberg, I. & Høien, T. (1991), S. 73- 94, Lundberg, I. & Olofsson, Å. (1983), S. 35-44 und Lundberg, I. & Oloffson, Å. (1985), S. 21-34. Dabei erweist es sich m. E. als problematisch für die Diskussion, dass Lundberg in seinen Arbeiten die Termini „phonological awareness" und „phonemic awareness" weniger klar voneinander differenziert als dies bei Morais der Fall ist. Deutlich wird diese terminologische Unschärfe, wenn er einerseits zu dem Ergebnis kommt, "[...]*most prereaders seem to have developed some phonological awareness in a superphonemic level without having been explicitly taught such skills. Most prereaders at the preschool level lack phonemic awareness or have very limited ability to explicitly handle phonemes*", um kurz darauf festzustellen, „*phonemic awareness is a critical precursor of reading acquisition rather than mere consequence of being literate*" (Lundberg, I., 1991, S. 50).

307 Vgl. Lundberg, I. & Frost, J. & Petersen, O.-P. (1988).

der anglo-amerikanischen und skandinavischen Forschung in Bezug auf das deutsche Sprachsystem kritisch hinterfragt werden.

Erste Untersuchungen zur kindlichen Reimfähigkeit und deren Bedeutung für die schriftsprachliche Entwicklung wurden bereits in den 70er-Jahren von KNAFLE (1973 und 1974), LENEL & CANTOR (1979) und JUSCZYK (1977) durchgeführt. Dabei liefern diese frühen Studien erste Ergebnisse für die Entwicklung bzw. das Vorhandensein einer phonologischen Bewusstheit im Vorschulalter. So hat beispielsweise KNAFLE untersucht, ob es jüngeren Kindern gelingt, Reimwörter auf phonematischer Ebene zu differenzieren. Sie hat dazu drei verschiedene Testkategorien konzipiert, in denen sich jeweils ein *„Stimulus word*", ein Nichtreimwort (*„nonrhyming word*") und ein Reimwort (*„rhyme word*") konsonantisch voneinander unterscheiden. Dabei variiert die Stellung der konsonantischen Dissonanz in jeder Kategorie, während die Vokale unverändert bleiben. KNAFLE kommt zu dem Ergebnis, dass es Kindern mehr Mühe bereitet, einen Reim zu erkennen, wenn Differenzen am Wortende auftreten als wenn sich die Divergenzen im Wortinneren abspielen.[308] Eine ähnliche Studie hat JUSCZYK mit Erst- und Drittklässlern durchgeführt, indem er ihnen Reime und Nichtreime präsentierte, in denen die Aspekte Reim, Rhythmus und Alliteration abwechselnd dominierten und die Kinder entscheiden sollten, welche sprachlichen Formen (Reim oder Nichtreim) ihnen besser gefallen. Auch er konstatiert eine kindliche Sensibilität für Reime, die zudem größer zu sein scheint, als die Fähigkeit zur Erkennung von Alliteration.[309] Während JUSCZYK sich in seiner Studie Kindern zuwendet, die bereits die Schule besuchen und damit einer schriftsprachlichen Unterweisung unterliegen, widmet sich die Untersuchung von LENEL & CANTOR Schulkindern (1. Klasse) sowie Nichtschulkindern (Kindergarten und Vorschule), um mögliche ontogenetische und schulisch bedingte Divergenzen in der Entwicklung der kindlichen Reimfähigkeit aufzuzeigen. Wie zuvor KNAFLE - an die sie ihre eigene Arbeit stark anlehnen - arbeiten sie mit *„stimulus words*" *„rhyme words*" und *„nonrhyming words*" sowie der Variation der Stellung eines oder mehrerer Phoneme. Ergänzend zu dem von KNAFLE erzielten Resultat, konnten LENEL & CANTOR beobachten, dass es Kindern die

[308] Vgl. Knafle, J. D. (1973), S. 484f und dies. (1974), S. 371.
Diese Erkenntnis ist auch deshalb forschungsrelevant, da jüngeren Kindern häufig die Fähigkeit zu einem formalen Umgang mit sprachlichen Qualitäten abgesprochen wird (vgl. z.B. bei Brockmeier, J., 1997, S. 234f und Januschek, F. & Paprotté, W. & Rohde, W., 1979: Zur Ontogenese metasprachlicher Handlungen. In: OBST 10, S. 37-69).

[309] Vgl. Jusczyk, P. W. (1977), S. 605f.
Eine größere Schwierigkeit von jüngeren Kindern bei der Bewältigung von Alliterationsaufgaben im Vergleich zu Aufgaben, die einen Endreim oder Mittelreim aufweisen, haben später auch die Studien von Bradley & Bryant sowie von Kirtley & Bryant & MacLean & Bradley ergeben. Beide Studien - die im Folgenden noch vorgestellt werden - korrelieren mit den Aussagen von Jusczyk zum frühkindlichen Reimvermögen (vgl. Bradley, L. & Bryant, P., 1985, S. 49 und Kirtley, C. & Bryant, P. & MacLean, M. & Bradley, L., 1989, S. 241f).

größte Mühe bereitet einen Reim zu erkennen, wenn das Stimuluswort und das Nichtreimwort über zwei identische Phoneme verfügen, d.h. wenn die lautliche Nähe von Stimuluswort, Reimwort und Nichtreimwort besonders groß ist. Die Autorinnen vermuten dahinter eine kindliche Strategie im Umgang mit Reimen, die sich darin äußert, dass Kinder diejenigen Wörter als Reimwörter identifizieren, deren phonologische Übereinstimmung am größten ist.[310]

Neben diesen frühen Studien aus der Mitte und dem Ende der 70er-Jahre spielt in der Diskussion um eine Kausalität von frühkindlichem Reimvermögen als Indiz für phonologische Bewusstheit und dem Schriftspracherwerb insbesondere die Studie von BRADLEY & BRYANT eine herausragende Rolle.[311] Sie stellt m. E. - neben den Arbeiten von LUNDBERG - eine der umfangreichsten Arbeiten zur Entwicklung der phonologischen Bewusstheit dar, indem sie auch mögliche Langzeitwirkungen einer metasprachlichen Förderung, die sich bis in die Schule erstrecken, untersucht. Darüber hinaus fokussieren BRADLEY & BRYANT in ihrer Studie in exponierter Weise die Reim- und Alliterationsfähigkeit als eine frühe und familial geprägte Form des kindlichen Umgangs mit lyrischer Sprache.[312] Eine solche Kontextualisierung von kindlicher Reimkompetenz und phonologischer Bewusstheit am Beginn des vorschulischen Schriftspracherwerbs wird auch in dem vorliegenden Buch angestrebt.

BRADLEY & BRYANT haben eine longitudinale Studie zur Erfassung der kindlichen Fähigkeiten im Umgang mit Reimen mit einer anschließenden Trainingsstudie kombiniert. Insgesamt wurden in der Längsschnittstudie die Daten von 368 Kindern und in der Trainingsstudie die von 65 Kindern erfasst. Die Studie erstreckte sich bis ins 3. Schuljahr, so dass die Kinder zu Beginn der Erhebung zwischen 4 und 5 Jahre und an deren Ende 8 bis 9 Jahre alt waren; die Dauer des Trainings betrug insgesamt zwei Jahre. Ausgehend von der Hypothese, dass die vorschulischen Erfahrungen der Kinder mit Reim und Alliteration Einfluss auf deren Schriftspracherwerb (Lesen, Buchstabieren, Orthographie) haben,[313] untersuchten BRADLEY & BRYANT im ersten Teil ihrer Studie - der

---

310 Vgl. Lenel, J. C. & Cantor, J. H. (1979), S. 65.

311 Vgl. Bradley, L. & Bryant, P. (1985).

312 Dabei ist auch die kritische Frage zu stellen, inwieweit die Ergebnisse von Studien aus anderssprachigen Ländern - in diesem Fall mit der Muttersprache Englisch - auf deutschsprachige Kinder adaptiert werden können oder, ob es aufgrund der divergierenden Sprach- und Schulsysteme auch Unterschiede in der (schrift-)sprachlichen Entwicklung von Kindern gibt. Mit dieser Frage - die in einem späteren Abschnitt noch einmal aufgegriffen wird - haben sich u.a. Wimmer & Hartl & Moser in ihrem Artikel *„Passen ‚englische' Modelle des Schrift-spracherwerbs auf ‚deutsche' Kinder?"* auseinandergesetzt (Wimmer, H. & Hartl. M. & Moser, E., 1990: Passen ‚englische' Modelle des Schriftspracherwerbs auf 'deutsche' Kinder? Zweifel an der Bedeutsamkeit der logographischen Stufe. In: Zeitschrift für Entwicklungspsychologie und Pädagogische Psychologie, H. 2, S. 136-154).

313 Vgl. Bradley, L. & Bryant P. (1985), S. XI und S. 25.

Längsschnittstudie - die Fähigkeit von noch nicht lesen- und schreibenkönnenden Kindern, Reim und Alliteration zu erkennen. Dazu führten sie mit den Kindern verschiedene Tests zur „*sound categorization*“[314] durch, wie das Ergänzen von Reimen und die Diskrimination von Reim- und Nichtreimwörtern mit Anfangsreim (*rot-rod-rock-box*), Endreim (*pin-win-sit-fin*) und Mittelreim (*fog-dog-mug-log*).[315] Am Ende der Studie - nach vier Jahren - wurde mit allen Kindern der „*sound categorization test*“ wiederholt und zusätzlich zwei Lesetests, ein Sprachtest, ein Intelligenztest sowie ein Mathematiktest durchgeführt. Die Ergebnisse dieses Teils der Studie verweisen darauf, dass Kinder sehr wohl über eine Bewusstheit für phonologische Strukturen verfügen, bevor sie Instruktionen im Lesen (und Schreiben) erhalten.[316] Im Einzelnen lassen sich die Leistungen der Kinder wie folgt zusammenfassen:

- Es konnte eine hohe Korrelation zwischen „*sound categorization*“ und späteren Lese- und Sprechleistungen festgestellt werden.[317]
- Jüngeren Kindern (*“nursery group“*[318]) fällt es leichter, einen phonologischen Gleichklang am Ende und in der Mitte von Reimwörtern zu identifizieren als am Anfang, d.h. Alliterationen bereiten ihnen die größten Schwierigkeiten.[319] Dieses Ergebnis stimmt mit den früheren Resultaten von KNAFLE und JUSCZYK überein.
- In der Gruppe der Fünfjährigen („*primary group*“) konnte überraschender Weise ein Zusammenhang zwischen den Alliterationsfähigkeiten - die hier ausgeprägter waren - und den mathematischen Fähigkeiten festgestellt werden. BRADLEY & BRYANT schließen daraus, dass die Alliterationskompetenzen in der basalen kognitiven Entwicklung eine größere Rolle spielen und erklären sich damit auch deren Nähe zu den mathematischen Fähigkeiten, während die Komponenten Endreim und Mittelreim spezifisch für die Entwicklung des Lesens und Sprechens sind.[320]

---

[314] Vgl. Bradley, L. & Bryant, P. (1985), S. 37.
Die englischsprachigen Termini werden in der vorliegenden Arbeit immer dann übernommen, wenn eine Übertragung ins Deutsche aufgrund einer damit einhergehenden semantischen Verzerrung nicht möglich ist. Wie problematisch die Übersetzung englischer Fachtermini ins Deutsche ist, hat beispielsweise Andresen am Beispiel der Begriffe “awareness” und “consciousness” verdeutlicht (vgl. Andresen, H., 1985, S. 62).
[315] Vgl. ebd., S. 37ff.
[316] Vgl. ebd., S. 48.
[317] Vgl. ebd., S. 51ff.
[318] Bradley, & Bryant haben ihr Untersuchungssample in zwei Gruppen unterteilt; einer „*nursery group*“, in der die Kinder zu Beginn der Erhebung vier Jahre alt waren und einer „*primary group*“, in der die Kinder fünf Jahre alt waren, als die Untersuchung begann.
[319] Vgl. Bradley, L. & Bryant, P. (1985), S. 49 und S. 63.
[320] Vgl. ebd., S. 63ff.

- Der Zusammenhang von „*sound categorization*" und der schriftsprachlichen Entwicklung vollzieht sich unabhängig von intellektuellen und verbalen Fähigkeiten.[321]

Im zweiten Teil der Studie wurde mit 65 Kindern über einen Zeitraum von zwei Jahren ein Training der phonologischen Bewusstheit durchgeführt.[322] Das Training konzentrierte sich in Anlehnung an die Längsschnittstudie auf die lautliche Diskriminierung von Anfangs-, Mittel-, und Endreim und die Unterscheidung von Reim- und Nichtreimwörtern. Die Trainingsstudie lieferte folgende Resultate:
- Beide Experimentalgruppen schnitten in den anschließenden Tests zum Lesen und Sprechen wesentlich besser ab als die beiden Kontrollgruppen. Gleichzeitig sind die Unterschiede in den mathematischen Leistungen zwischen den Gruppen gering. BRADLEY & BRYANT schlussfolgern daraus, dass ein Training der phonologischen Bewusstheit einen positiven Effekt für den Schriftspracherwerb hat.[323]
- Die Kinder der Experimentalgruppe, die neben dem „*sound categorization*"-Training auch mit Plastikbuchstaben arbeiteten, erzielten die besten Ergebnisse, was ein Indiz dafür ist, dass eine Kombination aus lautlicher und alphabetischer Diskrimination für die Entwicklung der phonologischen Bewusstheit und der schriftsprachlichen Fähigkeiten am effektivsten ist.[324]

Die Ergebnisse der Studie von BRADLEY & BRYANT zeigen, dass Kinder bereits frühzeitig über die Fähigkeit verfügen, lautliche Einheiten der Sprache wahrzunehmen und damit manipulativ zu verfahren. Darüber hinaus ist es mit Hilfe eines Trainingsprogramms möglich, die phonologischen Fähigkeiten der Kinder bereits im Vorschulalter zu fördern und in Verbindung mit der Einführung der

---

[321] Vgl. ebd., S. 54 und S. 56. Die Feststellung, dass sich die phonologischen Fähigkeiten und der Schriftspracherwerb unabhängig gegenüber intellektuellen und verbalen Einflüssen zeigen, halte ich für fragwürdig, da mit diesem Schluss eine Interdependenz von ontogenetischer und sprachlicher Entwicklung negiert wird. Bereits Piaget hat aufgezeigt, dass sich die kindliche Entwicklung vielmehr in einem mehrdimensionalen Raum vollzieht, in dem sich kognitive, emotionale und sprachliche Aspekte wechselseitig beeinflussen. Einen Zusammenhang von allgemeiner (Alter und Entwicklungslevel) und phonologischer Entwicklung vermutet beispielsweise auch Mann in Bezug auf den Erwerb phonematischer Fähigkeiten (vgl. Piaget, J., 1975: Das Erwachen der Intelligenz beim Kinde. Stuttgart (1959), Piaget, J. & Inhelder, B., 1998 und Mann, V. A., 1991, S. 58).

[322] Dazu haben sie die Kinder in zwei Experimentalgruppen und zwei Kontrollgruppen gegliedert. In der ersten Experimentalgruppe erhielten die Kinder lediglich ein „*sound categorization*" - Training , während in der zweiten Experimentalgruppe zusätzlich mit Plastikbuchstaben gearbeitet wurde. Nur eine der beiden Kontrollgruppen erhielt keinerlei Training oder zusätzliche Förderung, während in der zweiten Kontrollgruppe ein Training auf der Basis der konzeptuellen Kategorisierung im Gegensatz zu einer lautlichen Kategorisierung durchgeführt wurde.

[323] Vgl. Bradley, L. & Bryant, P. (1985), S. 91.

[324] Vgl. ebd., S. 92.

alphabetischen Schrift schließlich auch den Erfolg beim schulischen Schriftspracherwerb zu forcieren.

BRADLEY & BRYANT sind der Frage nach einem Zusammenhang von kindlicher Reimsensibilität und Schriftspracherwerb in einer weiteren Studie, die sich nun vermehrt dem kindlichen Umgang mit dem konsonantischen Anfangslaut (*onset*) und dem mit einem Vokal beginnenden Rest (*rime*) widmet, zusammen mit KIRTLEY & MACLEAN nachgegangen.[325] Während in den bisher genannten Untersuchungen die (Reim)-Wörter von den Kindern in ihre silbischen und phonemischen Bestandteile zerlegt werden sollten, tritt hier mit der onset-rime-Unterscheidung eine zusätzliche Stufe der phonologischen Verarbeitung hinzu. Für TREIMANN & ZUKOWSKI nimmt die onset-rime-Differenzierung in der kindlichen Entwicklung eine mittlere Position zwischen der Silbenerkennung und der Phonemdifferenzierung ein; sie prädestinieren mit dieser Unterteilung ein Konzept von verschiedenen „Graden“ phonologischer Bewusstheit.[326] Auch KÜSPERT schreibt in Bezug auf die englische und skandinavische Forschung, dass eine

„zunehmende[r] Ausdifferenzierung phonologischer Fähigkeiten zu beobachten ist [sind]: so geht die Bewußtheit für Silben der Bewußtheit für Reime voraus, diese zieht die Bewußtheit für Phoneme nach sich. (Küspert, 1998, S. 87)

Eine derartige Entwicklungslinie, auf der ein gradueller Übergang zwischen den einzelnen phonologischen Fähigkeiten der Kinder stattfindet, scheint die Studie von KIRTLEY et. al. zu bestätigen. Darin kommen sie zu dem Ergebnis, dass Kindern, die noch nicht Lesen und Schreiben können *(„prereaders“)*, die onset-rime-Diskrimination leichter fällt als die Phonemerkennung; sie sind vor allem in der Lage, den onset eines Reimwortes zu isolieren, während sie den rime nur dann identifizieren können, wenn dieser auf einem Reim endet.[327] Aufgrund dieser und früherer Untersuchungen halten die Autoren und Autorinnen die onset-rime-Unterscheidung für einen wesentlichen Indikator in der Entwicklung der phonologischen Bewusstheit, der sich auf der Basis der kindlichen Reimfähigkeit entfaltet.

„There is more to the phonological awareness of very young children than their evident skill with rhyme: they can isolate single phonemes when these form the onset of the words that they hear. Moreover their widely acknowledgement facility with rhyme is readily explained by the onset-

---

[325] Kirtley, C. & Bryant, P. & MacLean, M. & Bradley, L. (1989).

[326] Sie selbst definieren die Bezeichnung „level of phonological awareness“ auf zweierlei Weise; 1. als *„degree of explicit awareness“* und 2. als *„linguistic level“*, wobei sie letzteren, den sie auch als kognitiven Level verstehen, in ihrem Modell favorisieren (Treimann, R. & Zukowski, A., 1991, S. 67). Eine solche Annahme von verschiedenen Graden phonologischer Bewusstheit formulieren auch Bradley & Bryant in ihrer Arbeit (vgl. Bradley, L. & Bryant, P., 1985, S. 16).

[327] Vgl. Kirtley, C. & Bryant, P. & MacLean, m. & Bradley, L. (1989), S. 233.

rime distinction, because rhyming words are words with common rimes." (Kirtley et al., 1989, S. 243)

Die hier aufgeführten Studien aus dem englischsprachigen und skandinavischen Raum haben eine Vorreiterfunktion für Untersuchungen zur schriftsprachlichen Entwicklung von „deutschen" Kindern. Ihre Relevanz für die Forschung ist nicht in Frage zu stellen und dennoch ist danach zu fragen, ob ihre Ergebnisse ohne Weiteres auf deutsche Kinder übertragen werden können (siehe Kap. 3.2.2). Verschiedene Untersuchungen zur Entwicklung der phonologischen Bewusstheit von deutschsprachigen Kindern setzen sich mit dieser Problematik auseinander.[328] Ein wesentliches Resultat liefert dabei m. E. KÜSPERT, die resümiert, dass phonologische Bewusstheit allein kein hinreichendes Indiz für den Erfolg im Lesen- und Schreibenlernen ist, sondern dass vielmehr andere Faktoren hinzutreten, die die literale Entwicklung des Kindes nachhaltig beeinflussen.[329]

3.2.2 Reimergänzungen als Ausdruck metasprachlicher Kompetenz

Vor dem Hintergrund bisheriger Studien, die sich mit den Voraussetzungen und Anfängen der schriftsprachlichen Entwicklung von Kindern beschäftigt haben, und mit dem Blick auf die frühe, d.h. vorschulische literale Entwicklung von Kindern, orientiert sich die Analyse der Reimaufgabe an folgenden Leitfragen:

1. Orientieren sich die Reimergänzungen der Kinder eher an der semantischen oder mehr an der phonologischen Dimension von Sprache?

2. Inwieweit realisieren die Kinder Kriterien des „Reimprinzips"?

3. Kann das Ergänzen von Reimen als ein Indikator für phonologische Bewusstheit angenommen werden?

---

[328] Vgl. u.a. Blässer, B. (1994), Jansen, H. (1992), Küspert, P. (1998), Landerl, K. & Linortner, R. & Wimmer, H. (1992), Mannhaupt, G. & Jansen, H. (1989), Scheerer-Neumann, G. (1998), Schneider, W. & Visé, M. & Reimers, P. & Blässer, B. (1994), Waller, M. (1988), Wimmer, H. & Hartl, M. & Moser, E. (1990). In einem weiteren Sinne gilt dies auch für die Habilitationsarbeit von Andresen, die sich darin vor allem mit dem von Clark konzipierten Modell einer metasprachlichen bzw. metakognitiven Entwicklungschronologie auseinandersetzt (vgl. Andresen, H., 1985, in Bezug auf das clarksche Modell siehe auch: Clark, E. V., 1978).

[329] Zu diesem Resultat kamen zuvor auch schon Bradley & Bryant im Rahmen ihrer Einzelfallanalysen: *„We must note at the outset that on their own our tests will never be anything like perfect predictors. [...] But learning to read and write is a complicated business to which many factors contribute. [...] There are many important influences other than the particular one we have been pursuing."* (Bradley, L. & Bryant, P., 1985, S. 97).

Die Auswertung der Reimaufgabe sowie die Darstellung der Ergebnisse erfolgt in zwei Schritten. Zunächst wird eine Gesamtübersicht über die Antworten aller beteiligten Kinder erstellt, an der bereits erste Tendenzen in Bezug auf das kindliche Reimvermögen deutlich werden (Kap. 3.2.3). Die Globalanalyse dient dazu, Konvergenzen und Divergenzen im kindlichen Umgang mit gereimter Sprache zu erfassen und daraus mögliche Schlüsse für den distanzsprachlichen und metasprachlichen Umgang mit Sprache als einer Annäherung an Schriftsprachlichkeit zu ziehen. Im Anschluss daran werden die Reimergänzungen von sechs Kindern (K7, K9, K12, K19, K24, K26) ausführlich dargestellt und analysiert (Kap. 3.2.2). Mit der Analyse einzelner Reimspiele richtet sich die Perspektive auf einen Ausschnitt der Gesamtuntersuchung und ermöglicht die genauere Betrachtung sprachlicher Phänomene auf der Folie des Spielverlaufes. Wie sich bereits bei einer ersten Sichtung des Materials herausgestellt hat, reicht es nicht aus, einzelne Ergänzungen der Kinder aus dem Spielkontext herauszufiltern und einzelsprachliche Phänomene dann als die Summe der kindlichen Antworten darzustellen. Vielmehr werden die Antworten bzw. Ergänzungen der Kinder erst nachvollziehbar, wenn man sie in Relation zu den bereits realisierten Reimergänzungen setzt.

Mit der Analyse von 27 Reimspielen können noch keine generalisierenden Aussagen zum kindlichen Umgang mit lyrischer Sprache und dessen Zusammenhang zur frühen literalen Entwicklung des Kindes formuliert werden. Die Untersuchung der kindlichen Reimfähigkeit beinhaltet vielmehr die Fokussierung eines Strukturmerkmals der Kinderlyrik bei gleichzeitiger Auslassung anderer kinderlyrischer und linguistischer Aspekte und stellt somit eine Auseinandersetzung mit einem Ausschnitt aus der komplexen Struktur der Kinderlyrik dar. Auch die Anzahl der beteiligten Kinder macht es lediglich möglich Entwicklungstendenzen, die in Richtung einer frühen Form von Literalität weisen, aufzuzeigen. Dennoch können mit der Analyse der Reimspiele einzelsprachliche Phänomene beschrieben werden, die darauf verweisen, dass sich Kinder im Vorschulalter in einer spezifischen Art und Weise kinderlyrischer Sprache nähern und damit Sprache zum Gegenstand ihrer Handlungen - die literal gefärbt sind - machen.[330] Die Aufgabe

[330] Dieses frühe Stadium der kindlichen Annäherung an Schriftlichkeit wird in der Literatur zumeist als präliterale Phase deklariert. Beispielsweise sprechen Hurrelmann & Hammer & Nieß in Bezug auf die Kinderlyrik von *„prä- und paraliterarischen Kommunikationformen“* und verleihen den frühen literarischen und literalen Handlungen des Kindes trotz ihrer der Schrift zugewandten Formulierung damit den Status des Noch-Nicht-Literarischen bzw. Semi-Literarischen „Präliteralität“ wird in diesem Sinne als eine Vorstufe der schriftsprachlichen Entwicklung verstanden (Hurrelmann, B. &Hammer, M. & Nieß, F., 1994, S. 140). M. E. handelt es jedoch dabei nicht um eine *Vor*stufe der Schriftlichkeit, sondern um eine *frühe* Stufe, in der die kindlichen Kompetenzen und Wissensstrukturen noch nicht vollständig entwickelt sind. Diese Auffassung von einer frühen Form der Literalität lehnt sich an dem von Dehn & Sjölin konzipierten Begriff des frühen Lesens und Schreibens an, demzufolge *„frühe Formen des Lesens und Schreibens nicht als Vorstufen [betrachtet werden], die im Fortschritt des Lernens überwunden werden, sondern als elementarer Ausdruck konstitutiver Aspekte des Lesens und Schreibens [...].“* Literales

des Reimeergänzens scheint dazu besonders geeignet, da mit ihr Komponenten der Sprachbewusstheit wie Dekontextualisierung, phonologische Bewusstheit und Metasprachlichkeit bzw. Metakognition erfasst werden können, die zugleich als Teilkompetenzen des kindlichen Schriftspracherwerbs gelten.

In diesem Abschnitt werden die Reimergänzungen aller 27 Kinder analysiert, um aus den Antworten der Kinder Rückschlüsse auf deren metasprachliche Fähigkeiten ziehen zu können. Dabei richtet sich das Reimspiel mit seiner Aufforderung, unvollendete Zweizeiler zu ergänzen, vornehmlich an das produktive Vermögen der Kinder im Umgang mit lyrischer Sprache. Die Einbindung der Reimaufgabe in einen Spielkontext setzt hierbei einen Rahmen, innerhalb dessen in gleichem Maße Prozesse der Dekontextualisierung und Kontextualisierung stattfinden. Die Kontextualisierung ist durch das Spiel als spezifischer Handlungs- und Sprachraum gegeben. Diese (Neu-)Kontextualisierung beinhaltet zugleich eine Dekontextualisierung, indem das Spiel sich situativ, zeitlich und sprachlich vom Alltag unterscheidet. Eine solche Herausgelöstheit aus der alltäglichen Kommunikation kann nicht ohne Folgen für die sprachlichen und kognitiven Tätigkeiten des Kindes bleiben, die jetzt nicht mehr in einen unmittelbaren Zusammenhang mit dem (alltags-)praktischen Tun stehen. DONALDSON hat für diese Entwicklung des kindliches Denkens den Begriff des *„Disembedded Thinking"* (abgelöstes Denken)[331] geprägt und versteht dieses als *„eine Art des Denkens [...], die sich von der ursprünglichen, inhaltsgebundenen Struktur, die anfänglich unser gesamtes Denken umgreift, abgelöst hat."*[332] Es handelt sich somit um eine Form der Abstraktion - auch als situationsabstraktes Denken umschrieben -, bei der das Kind Sprache als eigenständiges Gebilde wahrnimmt. Das heißt noch nicht, dass das Kind über Sprache reflektiert und Sprache damit sozusagen auf einer Metaebene zum Gegenstand bewusster sprachlicher Operationen und Denkprozesse avanciert. Vielmehr sind es die sprachlichen Tätigkeiten selbst, die im Kontext einer solchen „losgelösten Situation" auf einen Zustand verweisen, in dem Sprache als Symbolsystem erfahren wird. Die Sprache der Kinderlyrik ist hier aufgrund ihrer distanzsprachlichen Merkmale im Sinne einer Distanzierung von der Alltagssprache (siehe Kap. 2 in Teil I) besonders zur Herstellung einer dekontextualisierten Situation geeignet bzw. sie selbst stellt

---

Handeln ist danach nicht ausschließlich ein auf die Prozesse des Lesens und Schreibens gerichtetes Handeln, sondern vollzieht sich ebenso in Kontexten mündlicher Literalität (Dehn, M. & Sjölin, A., 1994: Frühes Lesen und Schreiben. In: Günther, H. & Ludwig, O. (Hrsg.), S. 1141- 1153, hier: S. 1141).

331 Donaldson, M. (1982), Wie Kinder denken. Bern; Stuttgart; Wien (1978).

332 Ebd., S. 84. Donaldson versteht das "abgelöste Denken" (disembedded thinking) als ein höheres Abstraktionsniveau in der kognitiven Entwicklung des Kindes, welches sich allmählich aus dem situativen Kontext konkreter Ereignisse und praktischer Erfahrungen herauslöst. Paradoxerweise bleibt dabei das „abgelöste Denken" jedoch mit dem praktischen Tun verbunden (vgl. ebd., S. 93), so dass vielmehr von einer Reziprozität ausgegangen werden kann.

bereits eine Dekontextualisierung dar. Sprache wird dabei nicht (nur) handlungsbegleitend realisiert, sondern extrakommunikativ zum eigentlichen „Spielgegenstand". Der Fokus richtet sich in der Realisierung von Kinderlyrik somit nicht so sehr auf die Handlungen, die sprachlich unterstützt werden, sondern auf die (lyrische) Sprache, die oftmals erst im Handlungszusammenhang ihre Umsetzung findet. Eine solche Nähe von kindlichem Spiel und lyrischer Sprache konnte bereits mit Hilfe der Fragebogenerhebung diagnostiziert werden, wobei die strukturelle und pragmatische Konvergenz von Spiel und lyrischer Sprache entscheidend für deren synchrone Realisierung sind.[333] Wenn Kinder also in ihrem Spiel lyrische Sprache szenisch umsetzen, dann geschieht dies nicht zufällig, vielmehr erfüllt lyrische Sprache hier eine spezifische Funktion, die primär zunächst einmal in der Markierung der „losgelösten Situation" besteht und ein Zeichen für deren Explizitheit ist. Lyrische Sprache wird somit als eine von der Alltagssprache differente Form konstituiert, deren Funktion sich nicht so sehr im dialogischen Austausch manifestiert, sondern die in extrakommunikative Kontexte eingebunden wird.

Betrachtet man Studien zur Entwicklung von metasprachlichen Fähigkeiten[334], so mögen die Termini „Kontextualisierung" bzw. „Dekontextualisierung" und „Metakommunikation" für die Beschreibung von lyrischen Sprachhandlungssituationen als zu gewagt erscheinen, beschreiben sie doch im Rahmen der Linguistik besonders exponierte Zustände und Handlungen, die zumeist kompetenteren Sprachbenutzern/-benutzerinnen zugeschrieben werden. LIST schlägt deshalb vor, die sprachspielerischen Produktionen (z.B. das Reimen) von Kindern schärfer von den übrigen metasprachlichen Leistungen abzugrenzen und konzipiert ein binäres Modell metasprachlicher Handlungen, in dem sich *„epilinguistische"* und *„metalinguistische"* Prozesse gegenüberstehen.[335] Als epi-

---

[333] Auch an anderer Stelle wurde die Funktionalität der Kinderlyrik bereits diskutiert - dort vor dem Hintergrund möglicher Handlungskontexte und Realisierungsformen (siehe Kap. 1.2, S. 36ff). Eine funktionale Dimension lyrischer Texte wurde vor allem dem Kinderreim zugeschrieben, während andere lyrische Ausdrucksformen, wie z.B. das Kindergedicht, sich dem zu entziehen scheinen. Folglich scheint sich der Reim besonders gut für die Gestaltung einer spielerischen Form der Auseinandersetzung mit lyrischer Sprache zu eignen.

[334] Vgl. u.a. Andresen, H. (1985), Clark, E. V. (1978), Januschek, F. & Paprotté, W. & Rohde, W. (1979), Küspert, P. (1998), Mannhaupt, G. & Jansen , H. (1989), Mannhaupt, G. & Skowronek, H. (1989): Früherkennung von Risiken im Schriftspracherwerb. In: Balhorn, H. & Brügelmann, H. (Hrsg.): Jeder spricht anders. Normen und Vielfalt in Sprache und Schrift. Konstanz, S. 199-205, Read, Ch. (1974): Kenntnisse der englischen Phonologie bei Vorschulkindern. In: Eichler, W. & Hofer, A. (Hrsg.): Spracherwerb und linguistische Theorien. München, S. 174-212, Skowronek, H. & Marx, H. (1989).

[335] Vgl. List, G. (1992): Zur Entwicklung metasprachlicher Fähigkeiten. Aus der Sicht der Sprachpsychologie. In: Der Deutschunterricht, H. 4, S. 15-23. Andresen geht in ihrer Habilitation sogar noch einen Schritt weiter und stellt den Zustand der Sprachbewusstheit für die metasprachlichen Leistungen der spielerischen Sprachproduktionen von jüngeren Kindern grundsätzlich in Frage. Die Fähigkeit zu reimen ist danach eine metasprachliche Leistung, die sich nicht

linguistische Leistungen qualifiziert sie dabei solche Sprachhandlungen, die ein gewisses Maß an metasprachlicher Kompetenz erfordern, sich jedoch unbewusst und kontextgebunden ereignen. Erst das bewusste Manipulieren von Sprache stellt danach einen Akt der Metasprachlichkeit im vollen Sinne dar. Mit dieser Differenzierung nähert sich LIST der von der Bielefelder Forschungsgruppe[336] vorgenommenen Unterteilung der phonologischen Bewusstheit in eine „phonologische Bewusstheit im weiteren Sinne" und eine „phonologische Bewusstheit im engeren Sinne", mit der die Gruppe bereits Ende der 80er-Jahre versucht hat, die metasprachlichen Handlungen von Kindern detaillierter zu erfassen. Als „phonologische Bewusstheit im engeren Sinne" bezeichnen sie solche *„Sprachleistungen, bei denen explizit mit lautlichen Strukturen operiert werden muß"*[337], während die „phonologische Bewusstheit im weiteren Sinne" metasprachliche Handlungen umfasst, die in einem konkreten Handlungsrahmen (z.B. im kindlichen Spiel) eingebunden sind. Das Erkennen und Ergänzen von Reimpaaren gehört danach zu den Formen der „phonologischen Bewusstheit im weiteren Sinne". Von Interesse sind in diesem Zusammenhang die zum Teil bereits beschriebenen Resultate aus dem englischsprachigen und dem deutschsprachigen Raum, denen zufolge es signifikante Unterschiede in der Bedeutsamkeit der „phonologischen Bewusstheit im weiteren Sinne" für den kindlichen Schriftspracherwerb gibt. Während man lange Zeit davon ausging, dass die Ergebnisse aus der englischen Forschung ohne Weiteres auch auf deutsche Kinder übertragbar waren, konnten inzwischen verschiedene Untersuchungen belegen, dass der Beginn der literalen Entwicklung bei englischen Kindern scheinbar anders verläuft als bei deutschen Kindern.[338] Begründet werden diese Abweichungen zum einen mit den unterschiedlichen phonologischen Regularitäten beider Schriftsprachen und zum anderen mit dem Zeitpunkt des Beginns des institutionalisierten Schriftspracherwerbs, der bei englischen Kindern deutlich früher

---

bewusst ereignet, d. h., die Kinder verfügen noch nicht über einen Begriff und eine Vorstellung von ihrem Tun (vgl. Andresen, H. 1985, S. 68 u. 91). Andresen bindet Sprachbewusstheit damit an den Grad der „Explizitheit" mit der Kinder ihr eigenes Sprechen und Handeln auszudrücken vermögen.

336 Mannhaupt, G. & Jansen, H. (1989), Mannhaupt, H. & Skowronek, H. (1989), Skowronek, H. & Marx, H. (1989) (Sonderforschungsbereich 227 der Universität Bielefeld).

337 Skowronek, H. & Marx, H. (1989), S. 42.

338 Zu Studien aus dem englischen Sprachraum vgl. u.a. bei Bradley, L. & Bryant, P. (1985), Clark, E. V. (1978), Goswami, U. & Bryant, P. (1990), Mattingly, I. G. (1984): Reading, Linguistic Awareness and Language Acquisition. In: Downing, J. & Valtin, R. (Eds.), S. 9-25, Read, Ch. (1974).
Mit dem Zusammenhang von Phonologischer Bewusstheit und Schriftspracherwerb beschäftigen sich im deutschen Sprachraum u.a.: Küspert, P. (1998), Landerl, K. & Linortner, R. & Wimmer, H. (1992), Scheerer-Neumann, G. (1998): Schriftspracherwerb: „The State of the Art" aus psychologischer Sicht. In: Huber, L. & Kegel, G. & Speck-Hamdan, A. (Hrsg.): Einblicke in den Schriftspracherwerb. Braunschweig, S. 31-46, Schneider, W. & Visé, M. & Reimers, P. & Blaesser, B. (1994),Wimmer, H. & Hartl, M. & Moser, E. (1990).

einsetzt als bei deutschen Kindern.[339] Auf der Ebene des Schriftsystems sind es vor allem die Phonem-Graphem-Korrespondenzen, die in der englischen Schriftsprache wesentlich uneinheitlicher als in der deutschen sind. Obwohl auch im Deutschen keine 1:1-Zuordnung vorliegt, so ermöglicht die Beherrschung der Phonem-Graphem-Korrespondenz doch das Lesen und Schreiben von Wörtern. Selbst bei fehlerhaften Schreibungen (z.B. bei Vokallängen) - wie sie bei Schreibanfängern und -anfängerinnen häufig vorkommen - können die geschriebenen Wörter in der Regel identifiziert werden (z.B. Han für Hahn).[340] Damit begünstigt die deutsche Schriftsprache eine *„alphabetische Strategie“*[341] beim Lesen- und Schreibenlernen, welche sich in Abhängigkeit zur phonologischen Bewusstheit entwickelt. Anders verhält es sich mit dem Erwerb der englischen Schriftsprache, deren graphematische Darstellung von Wörtern in Bezug auf die Lautstruktur weitaus komplexer ist. WIMMER & HARTL & MOSER vermuten deshalb, dass diese Irregularität der englischen Schriftsprache in Bezug auf die Phonem-Graphem-Korrespondenzen weniger für den Aufbau einer alphabetischen Strategie spricht und englische Kinder eher das *„logographische Prinzip“* anwenden.[342] Vor diesem Hintergrund sind den Autoren zufolge auch die Ergebnisse englischer Studien zum Zusammenhang von Alliterations- und Reimerkennung und Schriftspracherwerb neu zu bewerten und für den deutschsprachigen Schriftspracherwerb zu revidieren. Die u.a. von BRADLEY & BRYANT in ihrer umfassenden Studie konstatierte Kausalität zwischen kindlicher Reimfähigkeit und den späteren Lese- und Schreibleistungen[343] lässt sich danach nicht ohne Weiteres auf deutsche Kinder transferieren. Ein interessantes und m. E. bislang zu wenig berücksichtigtes Resultat zum Zusammenhang von phonologischer Bewusstheit und Schriftspracherwerb hat dabei die skandinavische Forschungsgruppe um LUNDBERG erbracht. Sie konstatieren einen Langzeiteffekt im Hinblick auf die Lese- und Schreibleistungen von Kindern, welche im Rahmen eines Trainingsprogramms zur Phonologischen Bewusstheit gefördert wurden, der sich bis in das dritte Schuljahr hineinzieht.[344] Zu einem ähnlichen Ergebnis kommen

---

[339] Beispielsweise beginnt in englischsprachigen Ländern die Einführung in die Schriftsprache bereits im Kindergarten, während dies in deutschen Kindergärten nicht der Fall ist.

[340] Siehe dazu auch Dehn, M. (1985): Über die sprachanalytische Tätigkeit des Kindes beim Schreibenlernen. In: Diskussion Deutsch, 16, S. 25-51.

[341] Vgl. Scheerer-Neumann (1998), S. 33f.

[342] Vgl. Wimmer, H. & Hart, M. & Moser, E. (1990), S. 138.
Das „logographische Prinzip“ geht auf Frith zurück, die es in dem von ihr konzipierten Stufenmodell des Schriftspracherwerbs als erste von drei Entwicklungsstufen (logographische - alphabetische - orthographische) deklariert, auf der geschriebene Wörter nicht phonologisch als Buchstabenfolge erfasst werden, sondern als graphische Abbildungen (siehe hierzu: Günther, K. B., 1995: Ein Stufenmodell der Entwicklung kindlicher Lese- und Schreibstrategien. In: Balhorn, H. & Brügelmann, H. (Hrsg.), S. 98-121, Scheerer-Neumann, 1998, S.33ff und Wimmer, H. & Hart, M. Moser, E., 1990, S. 136ff).

[343] Vgl. Bradley, L. & Bryant, P. (1985).

[344] Vgl. Lundberg, I. & Hoien, T. (1991).

SCHNEIDER & VISÉ & REIMERS & BLAESER auch für deutsche Kinder, die daraufhin vermuten, dass sich bei anhaltender und intensiver Förderung langfristige Erfolge für den Schriftspracherwerb einstellen.[345] Dabei wird im Gegensatz zu englischen Studien das Reimeerkennen und -ergänzen als „phonologische Bewusstheit im weiteren Sinne" für den deutschsprachigen Raum als wenig effektvoll für den Schriftspracherwerb beurteilt. Ich halte diese Schlussfolgerung deshalb für verfrüht, weil sie zwei wesentliche Aspekte außer Acht lässt:

Im Rahmen bisheriger Studien wurden die Kinder in erster Linie dazu aufgefordert, mit „echten Wörtern" - d.h. mit Wörtern, die über eine lexikalische Bedeutung verfügen - sprachlich und reflexiv zu verfahren und anhand von Wortreihen (z.B. Sand, Hand, Wand, Hund) zu entscheiden, ob Wörter sich reimen oder nicht. Die frühe Fähigkeit zur Reimerkennung wird somit ausschließlich in einem Feld real existierender Wörter überprüft, ohne dass der Möglichkeit einer semantischen Überlagerung Rechnung getragen wird. Es findet dabei m. E. keine ausreichende Auseinandersetzung mit dem sprachlichen Material, welches den Kindern im Rahmen der Reimaufgaben dargeboten wird, statt. Deshalb bleibt in den bisherigen Studien zur kindlichen Reimfähigkeit die Frage unbeantwortet, welchen Einfluss das dargebotene sprachliche Material auf die Antworten der Kinder hat. Dass semantisch dekodierbare (Reim-)Wörter möglicherweise qualitativ andere Antworten evozieren als kunstsprachliche Reimwörter, die auf keinen konventionalisierten Sinn referieren, zeigen die Ergebnisse meiner eigenen Untersuchung (vgl. Kap. 3.2.3), die damit auch die Frage nach der Bedeutung von früher Reimfähigkeit für die literale Entwicklung von Kindern neu gewichtet.[346]

Bislang unbeantwortet bleibt m. E. auch die Frage - und das ist der zweite Aspekt, den die deutschsprachigen Studien vernachlässigen - inwieweit „phonologische Bewusstheit im weiteren Sinne" als Wegbereiter für „phonologische Bewusstheit im engeren Sinne" fungieren kann. In der Forschung werden beide Phänomene weitestgehend unabhängig voneinander untersucht und mögliche Entwicklungskontinuitäten scheinbar von vornherein ausgeschlossen. Dies ist in der angloamerikanischen und skandinavischen Forschung anders; hier geht man von einem fließenden Übergang zwischen den verschiedenen Graden phonologischer Bewusstheit aus im Sinne eines Mündlichkeits-Schriftlichkeits-Kontinuums wie es

[345] Vgl. Schneider, W. & Visé, M. & Reimers, P. & Blaesser, B. (1994), S. 187.

[346] Dabei ist zu berücksichtigen, dass in Studien, die mehrere Aspekte phonologischer Bewusstheit untersuchen, es oftmals nur schwer möglich ist, den Wirkungszusammenhang der einzelnen Aspekte zu belegen. Fokussiert man hingegen nur einen Aspekt - wie in der vorliegenden Studie - kann man zwar Aussagen zu diesem einen Aspekt treffen, muss jedoch die Kausalität zu den übrigen Aspekten vernachlässigen.

auch von KOCH & OESTERREICHER aufgezeichnet wird.[347] So beschreiben TREIMAN & ZUKOWSKI die Fähigkeit des Kindes zur Silben-, onset-rime- und Phonemdiskrimination in ihrem gleichnamigen Artikel als *„Levels of phonological awareness“* und konzipieren phonologische Bewusstheit damit als ein Kontinuum, bei dem die onset-rime-Erkennung eine Zwischenstufe zwischen der Silben- und Phonemerkennung darstellt.[348] Auch GOSWAMI & BRYANT klassifizieren den Umgang mit Silben als die früheste phonologische Tätigkeit, die für jüngere Kinder noch relativ einfach zu bewältigen ist, während für die Phonemsegmentation wesentlich höhere kognitive Anforderungen erforderlich sind. Onset und rime bilden als *„intra-syllabic units“* auch bei ihnen eine Übergangsform zwischen der Silben- und Phonemanalyse.[349]

Die Frage nach der Bedeutung der Reimfähigkeit für die Entwicklung einer phonologischen Bewusstheit ist für den deutschsprachigen Raum m. E. nicht ausreichend beantwortet. Das mag zum Teil auch daran liegen, dass der Terminus „phonologische Bewusstheit“ für den Bereich der kinderlyrischen Aktivitäten möglicherweise zu eng gesteckt ist. Sinnvoller erscheint deshalb eine Unterteilung der metasprachlichen Leistungen von Kindern, wie sie WALLER in seinem „Drei-Komponenten-Modell“ vorgenommen hat.[350] Er unterscheidet darin sprach (analytisches) Wissen - zu dem dann phonologische Bewusstheit zu zählen wäre -, operative Strategien und prozedurales Wissen und konzipiert daran *„das Konstrukt metasprachliche Bewußtheit“*[351] als sprachliches, kognitives und ontogenetisches Moment in der kindlichen Entwicklung. Metasprachliche Fähigkeiten etablieren sich danach auf der Grundlage des Wissens über Sprache, das im Laufe der Entwicklung zunehmend an Explizitheit gewinnt. Zur Bewältigung metasprachlicher Aufgaben treten schließlich die operativen Strategien, über die ein Kind zur Lösung dieser Aufgaben verfügt und das prozedurale Wissen als eine Art Handlungswissen hinzu. Alle drei metasprachlichen Komponenten bindet WALLER schließlich in die primärsprachliche Entwicklung von Kindern ein, die sozusagen den Rahmen für den Erwerb metasprachlicher Fähigkeiten darstellt. Hier sieht er dann auch einen Wirkungszusammenhang zwischen frühen metasprachlichen Formen - wie den spontanen spielerischen Sprachproduktionen von Kindern - und späteren Entwicklungsphasen:

---

[347] Vgl. u.a. Goswami, U. & Bryant, P. (1990), Kirtley, C. & Bryant, P. & MacLean, M. & Bradley, L. (1989), Tunmer, W. E. & Bowey, J. (1984), Treiman, R. & Zukowski, A. (1991), Olofsson, Å. & Lundberg, I. (1983) und Kap. 3.2 in Teil I.
[348] Vgl. Treiman, R. & Zukowski, A. (1991).
[349] Vgl. Goswami, U. & Bryant, P. (1990), S. 2f.
[350] Vgl. Waller, M. (1988): Komponenten der metasprachlichen Entwicklung und Bedingungen ihres ontogenetischen Aufbaus. In: Zeitschrift für Entwicklungspsychologie und Pädagogische Psychologie, Band XX, H. 4, S. 297-321.
[351] Ebd., S. 303.

„Konzeptualisiert man die Beziehung zwischen kognitiver und metasprachlicher Entwicklung in dieser Weise, so erscheinen auch die im präoperativen Stadium in spontanen Äußerungen oder unter optimalen Aufgabenbedingungen zu beobachtenden metasprachlichen Leistungen in einem neuen Licht. Sie sind keineswegs überraschend, vielmehr geradezu zu erwarten, wenn man mit Karmiloff-Smith annimmt, dass sprachanalytisches Wissen, zumindest als partikulares Wissen über sprachliche Einzelformen oder Subsysteme, bereits entsprechend frühzeitig aufgebaut wird." (Waller, 1988, S. 309)

WALLER geht in seinem Modell davon aus, dass Kinder bereits frühzeitig in der Lage sind, metasprachlich zu handeln und sich mit den formalen Aspekten der Sprache auseinanderzusetzen. Theoretisch begründet er diese Annahme mit der Reziprozität von primärer Sprachentwicklung und metasprachlicher Kompetenz.[352] Gleichzeitig kritisiert er die in der Forschung präsumierte Kausalität zwischen der kindlichen Explikationsfähigkeit und dem Grad der Bewusstheit als unabdingbare Merkmale für Metasprachlichkeit und konstatiert:

„Da Begründungen metasprachlicher Urteile in aller Regel nicht im *online*-Verfahren erhoben werden, ist nämlich nicht auszuschließen, daß bei der Bearbeitung metasprachlicher Aufgaben zwar ein bewußter Zugriff auf sprachanalytisches Wissen erfolgt, daß dieses im Nachhinein aber nicht (mehr) abgerufen bzw. expliziert werden kann." (Waller, 1988, S. 301)

WALLER separiert hier die metasprachliche Handlung, welche implizit und explizit stattfinden kann, von der Explikation als Verbalisierung des angewandten Wissens. Eine andere Auffassung vertritt ANDRESEN, die in ihren Untersuchungen zum Fiktionsspiel jüngerer Kinder von einer impliziten und expliziten Metakommunikation spricht und diese in den Kontext der Entwicklung von Sprachbewusstheit stellt.[353] Im Gegensatz zu WALLER, der einen relativ weiten Begriff von *„metasprachlicher Bewusstheit"*[354] vertritt, plädiert ANDRESEN für eine stärkere Differenzierung (meta-)sprachlicher Bewusstseinszustände.[355] Sie stellt den Zuständen der Sprachbewusstheit (consciousness) und des Sprachbewusstseins (awareness) den Prozess der Bewusstwerdung als einen *„willkürlichen Akt der Aufmerksamkeit"* zur Seite, den sie vor allem im Rahmen des angeleiteten Schriftspracherwerbs realisiert sieht.[356] Die frühkindliche Auseinandersetzung mit

[352] Vgl. ebd., S. 306.

[353] Vgl. Andresen, H. (1996), S. 523f und Andresen , H. (1998), S. 26f.

[354] Dem wallerschen Begriff ist dabei bereits eine Differenzierung zwischen Bewusstheit und Bewusstsein inhärent.

[355] Die Problematik der Explizitheit in Bezug auf metasprachliche Handlungen greift auch Holle auf und konstatiert, dass die Enge oder Breite einer Definition von metasprachlicher Bewusstheit darüber entscheidet, ob eine Sprachhandlung als explizit deklariert wird oder nicht (vgl. Holle, K., 1999: Wie lernen Kinder, sprachliche Strukturen zu thematisieren? Grundsätzliche Erwägungen und ein Forschungsüberblick zum Konstrukt *literale* Sprachbewußtheit (metalinguistic awareness). In: Ders. (Hrsg.): Konstruktionen der Verständigung. Die Organisation von Schriftlichkeit als Gegenstand didaktischer Reflexion, Lüneburg, S. 37-111, hier: S. 39ff).

[356] Andresen, H. (1985), S. 96 und 98ff. Siehe auch Andresen, H. (1984): Gedanken zur spontanen Sprachreflexion bei Kindern und ihrer Bedeutung für den (Recht-)Schreibunterricht. In: Ossner, J.

Sprache im Spiel mit deren Materialität wertet sie als Anzeichen entstehender Sprachbewusstheit und sieht darin einen Übergang in der Entwicklung metasprachlicher Fähigkeiten. In Bezug auf das kindliche Reimvermögen kommt ANDRESEN deshalb zu dem Schluss, dass jüngere Kinder zwar produktiv Reime bilden können und damit über einen metasprachlichen Reimbegriff verfügen, aber noch nicht das Reimprinzip erkennen.[357] Ihr Wissen ist unbewusst und implizit und geht erst allmählich mit der Bewusstwerdung (schrift-)sprachlicher Strukturen in ein bewusstes, weil explizierbares Wissen über. ANDRESEN zufolge ist die Explikationsfähigkeit Ausdruck einer allmählichen Bewusstwerdung, in dessen Verlauf sich das Kind bewusst und reflexiv mit Sprache auseinandersetzt. In ihrer Differenzierung zwischen „*consciousness*" und „*awareness*" geht sie von einem sukzessiven Übergang aus, an dessen Endpunkt Literalität und damit einhergehend literale Denkstrukturen stehen. Die Fähigkeit (eigenes und fremdes) sprachliches Handeln zu explizieren, stellt nach dieser Auffassung somit eine Annäherung an Literalität dar und beinhaltet einen bewussten Zugang zur Sprache. Dieser muss nach ANDRESEN unterschieden werden von den frühkindlichen Sprachspielen, in denen die Kinder zwar die produktiven Regeln der Reimbildung beherrschen, jedoch noch nicht über ein explizites Regelwissen verfügen.

Ich stimme ANDRESEN darin zu, die Explizitheit an das Moment der Bewusstwerdung zu binden und das frühkindliche Reimspiel als in erster Linie unbewussten sprachlichen Vorgang zu klassifizieren. Dennoch erscheint mir WALLERs These, dass Kinder bewusst auf Sprache zurückgreifen, ohne ihr Handeln explizieren zu können ebenso berechtigt. Die in dieser Studie durchgeführte sequentielle Analyse der kindlichen Reimergänzungen und das mit den Kindern im Anschluss geführte Reimgespräch deuten eine solche Möglichkeit an. Die Beobachtungen lassen den ersten Schluss zu, dass die Kinder im Rahmen des Reimspiels vornehmlich im Feld unbewusster Wissensmodi agieren, indem sie Strukturen aktivieren, die ihnen nicht bewusst zugänglich sind. Unbewusst ist das Wissen auch deshalb, da es sich vor allem um ein Handlungswissen handelt, also um ein Wissen, welches im Moment der Realisierung sozusagen ad hoc aktiviert und auf das nicht reflexiv zurückgegriffen wird. Dennoch scheint der Zugriff auf bestimmte sprachliche Strukturen ein bewusst gesteuerter Akt zu sein, der m. E. einen ersten Schritt auf dem Weg der Bewusstwerdung symbolisiert (so z.B. der Einsatz von Wiederholungen).

& Melenk, H. (Hrsg.): Methoden der Sprachdidaktik. Methoden im Sprachunterricht. Beiträge des 5. Symposiums Deutschdidaktik, Ludwigsburg, S. 58- 67, hier: S. 59.

[357] Andresen erläutert diese Differenzierung zwischen der Reimproduktion als Ausdruck eines unbewussten metasprachlichen Reimbegriffs und dem Fehlen eines bewussten Wissens über Reimkriterien anhand einer Beobachtung zur spontanen Reimbildung eines viereinhalbjährigen Kindes: Das Kind bildet den Reim „Fisch-Tisch" und erkennt „Das reimt sich". Anschließend fragt es die Mutter, ob Apfel und Baum sich auch reimen würden (vgl. Andresen, H., 1984, S. 61 und Andresen, H., 1985, S. 91).

In welcher Weise Kinder sich den formalen Determinanten von Sprache nähern und sich dadurch metasprachlich verhalten, soll die folgende Analyse der Reimergänzungen von 27 Kindern aufzeigen. Dabei wird der theoretische Ansatz von WALLER vertreten, dass Kinder bereits frühzeitig metasprachliche Kompetenzen entwickeln und diese frühen (meta-)sprachlichen Fähigkeiten nicht ohne Einfluss auf ihre späteren Leistungen bleiben. Die langfristige Bedeutung metasprachlicher Kompetenzen für den Verlauf des schulischen Schriftspracherwerbs kann im Rahmen dieser Studie nicht beantwortet werden; verwiesen sei hier auf bisherige Untersuchungen zum vorschulischen und schulischen Schriftspracherwerb.[358] Im Mittelpunkt stehen vielmehr die aktuellen Sprachhandlungen und -kompetenzen jüngerer Kinder und die Frage, ob es sich dabei tatsächlich um metasprachliche Leistungen im Sinne einer „phonologischen Bewusstheit im weiteren Sinne“ handelt.

Die Tabellen 20a und 20b (Seite 170 und 171) zeigen sämtliche Reimergänzungen, die von den Kindern im Verlauf des Reimspiels gemacht wurden. Mit allen Kindern wurden alle zehn Reime gesprochen, wobei lediglich acht Reime von sieben Kindern nicht ergänzt wurden. Damit liegen 262 Reimergänzungen vor, die in der Auswertung berücksichtigt werden können.

1. Reim: Muh, muh, muh, ruft im Stall die...

Der erste Reim wurde von den Kindern insgesamt 25x mit einem Reim und einmal ungereimt (Kühe) beendet. Nur einmal erfolgte auf das Vorsprechen des Zweizeilers keine Antwort. Keine Reimbeendigung lag immer dann vor, wenn der Reim auch nach zweimaligem Vorsprechen von den Kindern nicht ergänzt wurde. Von den 25 korrekten Reimergänzungen wurde von den Kindern 23x mal das Reimwort < Kuh > eingesetzt und zweimal das Reimwort < (die) Muh >, welches in diesem Fall zugleich eine Wiederholung des Reimwortes aus der ersten Zeile darstellt. Die Wiederholung des ersten Reimwortes wird in der Auswertung des Reimspiels ebenfalls als korrekte Reimergänzung gewertet, da mit einer solchen

[358] Vgl. u.a. Dehn, M. (1994), dies. (1995): Über die Aneignung des phonematischen Prinzips der Orthographie beim Schriftspracherwerb. In: Balhorn, H. & Brügelmann, H. (Hrsg.), S. 205-219, Osburg, C. (2000): Gesprochene und geschriebene Sprache. Aussprachestörungen und Schriftspracherwerb. Hohengehren, Röber-Siekmeier, Ch. (1993): Die Schriftsprache entdecken. Rechtschreiben im offenen Unterricht. Weinheim; Basel, Scheerer-Neumann, G. (1994): Der Erwerb der basalen Lese- und Schreibfertigkeiten. In: Günther, H. & Ludwig, O. (Hrsg.), S. 1153-1169, Valtin, R. u.a. (1991): Kinder lernen schreiben und über Sprache nachzudenken: Eine empirische Untersuchung zur Entwicklung schriftsprachlicher Fähigkeiten. In: Valtin, R. & Naegele, I. (Hrsg.): „Schreiben ist wichtig!“ Grundlagen und Beispiele für kommunikatives Schreiben (lernen). 2. Aufl., Frankfurt a. M., S. 23-53, Weingarten, R. & Günther, H. (Hrsg.) (1998): Schriftspracherwerb. Hohengehren.

Wiederholung grundlegende Aspekte des Reimprinzips realisiert werden.[359] Mit der Wiederholung übernehmen die Kinder eine ihnen vorgegebene Reimstruktur, indem sie sich an den sprachstrukturellen (Reim, Metrum) und phonologischen (Klang) Kriterien zur Reimbildung orientieren. Deutlich wird daran aber auch, dass jüngere Kinder sich noch auf einer frühen Stufe der phonologischen und literalen Entwicklung befinden, auf der die Reimwiederholung sozusagen als eine ‚Vorform' der Reimbildung fungiert. Die Interdependenz von Wiederholung und Reimneuschöpfung bzw. Reimbildung - denn keines der Kinder wählt das Wiederholungsprinzip durchgängig - signalisiert, dass die Fähigkeit der Kinder im Umgang mit den sprachstrukturellen Determinanten noch nicht gefestigt ist. Welche Funktion in diesem frühen Entwicklungsprozess das Prinzip der Wiederholung hat, soll in Kapitel 3.2.4 ausführlicher diskutiert werden.

Kinder	1. Reim	2. Reim	3. Reim	4. Reim	5. Reim
K1	Kuh	Hex'	Häuschen	Maus	Eier
K2	Kuh	Hex'	Loch	Maus	Meier
K3	-	-	Haus	Maus	Spielzeug
K4	Kuh	-	Häuschen	Maus	Beier
K5	Kuh	Hex'	Häuschen	Maus	Eier
K6	Kuh	Hex'	Häuschen	Maus	Weier
K7	Muh	Kuh	Stall	Maus	Keier
K8	die Muh	Maus	Versteck	Fahrrad	Beier
K9	Kuh	Dinosaurier	Haus	Kuh	Eier
K10	Kuh	Hex'	Häuschen	Maus	Geier
K11	Kuh	Hex'	Haus	Maus	Eier
K12	Kuh	Maus	Haus	Maus	Beier
K13	Kuh	Hex'	Häuschen	Maus	Eier
K14	Kuh	Hex'	Häuschen	Maus	Eier
K15	Kuh	Hex'	Häuschen	Maus	Eier
K16	Kuh	Maus	Häuschen	kleine Maus	Hunde
K17	Kuh	Hex'	Haus	Maus	Eier
K18	Kuh	Ente	Häuschen	Maus	Geier
K19	Kuh	Schwein	Loch	Maus	Katze
K20	Kuh	Hex'	Häuschen	Maus	Weier
K21	Kuh	Hex'	Häuschen	Maus	Feier
K22	Kuh	Hex'	Häuschen	Maus	Weier
K23	die Kuh	Hex'	Häuschen	Maus	Weier
K24	Kühe	Sechs	Häuschen	Maus	Beier
K25	Kuh	Hex'	Mauseloch	Maus	Eier
K26	Kuh	Katze	Häuschen	Katz'	Beier
K27	Kuh	Hex'	Haus	Katze	Geier

Tab. 20a: Übersicht über die Reimergänzungen der Kinder: Reim 1-5 (- = keine Antwort)

359 Darüber hinaus sind den Kindern Wiederholungen als Reimelemente aus der Kinderlyrik bekannt (vgl. Kap. 1.3.2 in Teil I), so dass sie hier ein ihnen bekanntes Schema adaptieren und in ihr eigenes Sprachhandeln transferieren.

Von den insgesamt zehn Reimanfängen wurde der erste Reim von der Mehrheit der Kinder am häufigsten korrekt beendet. Es kann deshalb davon ausgegangen werden, dass den Kindern die Aufgabenstellung bereits zu diesem Zeitpunkt der Untersuchung einsichtig war. Die Antworten der Kinder lassen zudem eine inhaltliche Orientierung erkennen, denn die Ergänzungen ergeben einen Sinn, was - so wird hier vermutet - mit der inhaltlichen Ausrichtung des vorgesprochenen Reimes zusammenhängt.[360]

Kinder	6. Reim	7. Reim	8. Reim	9. Reim	10. Reim
K1	weg	schong	pank	rorle	weia
K2	weg	schong	wink	porle	meia
K3	Käse	Bum	pink	pom	tirl(e)
K4	eine Schneck'	schong	Rosa	forle	ein Tier
K5	weg	schong	-	bore	beia
K6	weg	schong	pank	dolle [dorle]	deia
K7	weg	schong	wink	forle	fadeia
K8	schneck	-	ne Maus	Schnecke	Tier
K9	weg	schong	-	norle	tirle
K10	weg	schong	pank	keule	geia
K11	weg	schong	pank	rolle	schalla
K12	weg	schong	pink	morle	beia
K13	weg	schong	pank	korle	peia
K14	ne Schneck'	schong	pank	norle	eia
K15	weg	schong	Grau	firo	meia
K16	weg	schong	pink pank	gorle	weia
K17	weg	schong	pank	morle	lenka [olenka]
K18	die Schneck'	bimmelt die Kirche	-	norle	weia
K19	schnick schnack du	sching schang schong	wulle wulle mink pank	mio mio rorle	opengo
K20	weg	schong	pank	torde	kodeia
K21	weg	schong	pank	korle	meia
K22	weg	die alte Hex'	Schuh sitzt auf dem alten Tisch [der alte Schuh sitzt auf dem Tisch]	morne	teia
K23	und bist weg	Dong	wink	schink	weia
K24	Peck	die Mäuse sind vergangen	die Maus ist rausgegangen	die Maus ist raus	die Peia ist raus
K25	weg	schong	pank	polle [porle]	meia
K26	schnack	schong	pank	worle	pirle
K27	weg	Kong	-	morle	peia

Tab. 20b: Übersicht über die Reimergänzungen der Kinder: Reim 6-10 (- = keine Antwort)

[360] Auf eine mögliche Kausalität zwischen Aufgabe und kindlicher Antwort wird im weiteren Verlauf der Auswertung noch genauer einzugehen sein.

2. Reim: Morgens früh um sechs kommt die kleine...

Der zweite Reim, der den Kindern vorgesprochen wurde, stammt aus einem bekannten Kindergedicht.[361] Es musste deshalb damit gerechnet werden, dass einige der Kinder den Reim und damit auch das fehlende Reimwort kennen würden. Insgesamt wurde dieser Reim von den Kindern 17x richtig, d.h. mit einem Reim beendet. Davon wurde 16x das Reimwort < Hex' >, welches auch im Originaltext erscheint - und einmal das Reimwort < sechs > (als Wiederholung) gewählt. Die häufige Nennung des Wortes < Hex' > lässt sich m. E. dabei zum Teil auf den relativ hohen Bekanntheitsgrad des Gedichtes zurückführen; die Kinder können hier auf ihre früheren Erfahrungen und Kenntnisse rekurieren. Geht man davon aus, dass einigen Kindern das Gedicht aus früheren Interaktionsformen vertraut ist, so kann man die Antworten der Kinder vor allem als eine mnemotechnische Leistung bewerten, in der das Strukturelement ‚Reim' - ähnlich wie es bereits für schriftlose Gesellschaften von ASSMANN beschrieben wurde[362] - zu einem mnemotechnischen Mittel avanciert und der Bewahrung eines kulturellen bzw. individuellen Gedächtnisses dient. Dennoch ist es m. E. nicht ausreichend, die korrekten Ergänzungen der Kinder nur als Ergebnis einer gelungenen Gedächtnisleistung zu bewerten, die vor allem eine Basis für die Umsetzung eines impliziten Wissens bezüglich einzelner Elemente des Reimprinzips wie Rhythmus, Metrum, Klang und Reim bereitstellt. So wird in keiner der Reimergänzungen von den Kindern das Wort < Hexe >, sondern immer die apostrophierte Form < Hex' > gewählt und damit die Wortform an die lyrische Textform angepasst.[363] Die Kinder agieren also auf der phonologischen Ebene und bewegen sich somit im Feld „phonologischer Bewusstheit im weiteren Sinne".

Von acht Kindern wurde der Zweizeiler ohne Reim beendet, wobei alle Ergänzungen (Kuh, Maus, Dinosaurier, Schwein, Ente, Katze) eine semantische Orientierung erkennen lassen. Interessanterweise bezeichnen die genannten Nichtreimwörter allesamt Tiere. Das könnte ein Hinweis dafür sein, dass diese Kinder inhaltlich noch beim ersten Reim verharren und ihre Antworten somit eher eine inhaltliche Ergänzung dieses Reims andeuten.

3. Reim: Drei kleine Mäuschen, die wohnen in einem...

Der dritte Reim wurde von 16 Kindern korrekt, also gereimt beendet. Bei allen 16 Reimergänzungen wurde das Reimwort < Häuschen > eingesetzt, was darauf

[361] Siehe z.B. bei Kliewer, H.-J. (1989), S. 23.

[362] Siehe dazu auch Kapitel 1.3.1 im ersten Teil (S. 52).

[363] Interessant wäre hier eine vergleichende Untersuchung, in der einer Gruppe von Kindern der ursprüngliche Reim „Morgens früh um sechs, kommt die kleine ..." und einer anderen Gruppe von Kindern eine Variation dessen („Morgens früh um sechse, kommt die kleine ...") vorgesprochen würde. Es ist anzunehmen, dass dabei von den beiden Gruppen unterschiedliche Ergänzungen realisiert würden, die vornehmlich hinsichtlich der Endung des Reimwortes differieren (Hex' versus Hexe).

hindeutet, dass diese Kinder über ein implizites und unbewusstes Reimwissen verfügen, welches sich in der Fähigkeit zur Reimbildung ausdrückt. Sie übernehmen die Diminutivform, die ihnen das erste Reimwort < Mäuschen > vorgibt und verändern lediglich den Anfangskonsonanten, womit sie eines der markantesten Merkmale der Kinderlyrik realisieren - die konsonantische Variation des onset und den vokalischen Gleichklang (auf der rime-Ebene).[364]
Die nichtgereimten Antworten der übrigen elf Kinder deuten aber auch hier darauf hin, dass die Kinder vor allem an der inhaltlichen Aussage des Reimes festhalten, denn in allen Ergänzungen wird im weitesten Sinne ein Gebäude (Haus, Stall, Loch, Mauseloch, Versteck) genannt, in dem die Mäuschen „wohnen".

4. Reim: Jetzt ist's aus, da rennt eine...
Auch der vierte Reim wird von einem Großteil der Kinder - insgesamt 23 - mit einem korrekten Reimwort (Maus, kleine Maus) versehen. Obwohl in dem vorausgegangenen Reim die Diminutivform < Mäuschen > vorkommt, gelingt es den Kindern, davon zu abstrahieren und die richtige einsilbige Form als Reimergänzung zu bilden. Das weist darauf hin, dass Kinder bereits frühzeitig aktiv in der Lage sind zu entscheiden, welche Wortform erforderlich ist, um einen Reim zu bilden und in ihren Erweiterungen somit die von SCHMIDT beschriebene Systemgebundenheit lyrischer Sprache einzuhalten.[365] Dazu müssen sie den Blick jeweils auf das Zeilenende der ersten Zeile richten, wo ihnen die Beschaffenheit des Reimwortes angezeigt wird. Gleichzeitig müssen sie jedoch auch den gesamten Text im Auge bzw. Ohr behalten, um die rhythmische Gestaltung des Reimes wahrzunehmen. Das Reimeergänzen erfordert von ihnen somit einerseits eine analytische Fähigkeit auf der phonologischen Ebene und andererseits eine synthetische Leistung, die eher auf der textuellen Ebene anzusiedeln ist.

Wie bereits in den vorherigen Reimen verweisen die nichtgereimten Antworten der übrigen Kinder (Katz, Katze, Fahrrad, Kuh) auch hier auf eine semantische Orientierung und Dekodierungsleistung. Auf diese Beobachtung komme ich im Rahmen der Einzelanalysen (Kap. 3.2.3) noch einmal zurück.

5. Reim: Bim, bam, beier, die Katz' mag keine...
Der fünfte Reim stellt einen Übergang von den sinnvollen zu den inhaltsleeren Reimen dar; er übernimmt an dieser Stelle eine Brückenfunktion, denn erstmals tauchen nun auch so genannte Kunstwörter auf, die keine semantische Dekodierung mehr zulassen. Das wird sogleich in den 24 gereimten Antworten der Kinder deutlich, von denen nur noch neun eine inhaltliche Orientierung (Eier) er-

---

[364] Vgl. auch Kapitel 1.3.1 in Teil I (S. 46f).
[365] Schmidt deklariert die Gebundenheit lyrischer Sprache als eine phonologische, wörtliche und syntaktische Kongruenz, die sich aus dem System „Gedicht" speist (vgl. Schmidt, S.-J., 1969, S. 293 und Kap. 2.1, S. 67 in Teil I).

kennen lassen. Eine inhaltliche Fokussierung ist auch in den drei nichtgereimten Antworten (Spielzeug, Hund, Katze) erkennbar, während die übrigen 15 korrekten Reimergänzungen eine neue Ebene der Reimbildung markieren, nämlich den am Laut ausgerichteten Reim. Diese lautliche Dimension wurde bereits in den vorherigen Reimergänzungen von einigen Kindern realisiert (Reim 1-4), dort aber zumeist durch die inhaltliche Aussage der Reime verdeckt, denn die Reimergänzungen < Muh-Kuh >, < sechs-Hex' >, < Mäuschen-Häuschen > und < aus-Maus > stellen gleichermaßen eine inhaltliche *und* eine lautliche Komplettierung dar. Erst der fünfte Reim, der selbst mit Kunstwörtern spielt, regt die Kinder dazu an, neue Wörter zu erfinden (weier, keier) oder sich in ihren Antworten doch an der lautsprachlichen Struktur des ersten Reimwortes zu orientieren (geier, feier, meier). Die relativ häufige Wiederholung des Reimwortes „beier“ in den Antworten der Kinder, kann wiederum ein Indiz dafür sein, dass die Kinder sehr wohl das Reimprinzip verstanden haben, es jedoch noch nicht eigengestalterisch umzusetzen vermögen. Es ist zu vermuten, dass diese Kinder sich noch in einer frühen Phase der „phonologischen Bewusstheit im weiteren Sinne“ befinden, in der sie inhaltsleere Reime zwar erkennen, jedoch nur zum Teil - situationsgebunden und textabhängig - selbst bilden können.

6. Reim: Schnick, schnack, schneck, gleich bist du...

Der sechste Reim, der von den Kindern beendet werden sollte, wurde insgesamt 24x gereimt und dreimal nicht gereimt. 19x wurde der Reim mit dem Wort < weg > (davon einmal „und bist weg“) ergänzt und nur einmal mit dem Kunstwort < peck >. Die Dominanz des Wortes < weg> ist m. E. ein Resultat einer kindlichen Identifikation des Reimes mit dem Genre der Abzählreime, das vielen Kindern aus gemeinsamen Spielaktivitäten, in denen es darum geht, Mitspieler/Mitspielerinnen auszuzählen, vertraut ist. Das Wort < weg > kommt dabei neben anderen Wörtern, wie z.B. < raus > und < aus >, besonders häufig vor und steht zumeist am Ende der Abzählreime. Die Kinder setzen hier also frühere Erfahrungen mit Abzählreimen um und greifen dabei auf bereits erworbene Wissensstrukturen zurück, die zu diesem Zeitpunkt ihrer sprachlichen und kognitiven Entwicklung - so meine Vermutung - noch implizit sind. Damit liegt im Sinne WALLERs ein Moment der metasprachlichen Handlungsfähigkeit vor, denn die Kinder verfügen über ein prozedurales Wissen, welches ihnen die Reimbildung ermöglicht. Nach WALLER, der das prozedurale Wissen als dritte Komponente der metasprachlichen Entwicklung definiert, die das *Wann* und *Wie* von sprachlichen Strategien bei der Bewältigung von (meta-)sprachlichen Aufgaben bestimmt, verfügen Kinder danach bereits frühzeitig über ein *„Aufgabenbewusstsein“* und eine Art *„Kontrollwissen“* [366], mit dem sie bereits erworbenes Wissen nutzen und anwenden können. In diesem Fall handelt es sich um ein Wissen über die Form von Abzählreimen. Dass es sich dabei voraussichtlich um

---

[366] Waller, M. (1988), S. 303.

ein implizites Wissen und einen unbewussten Vorgang handelt, schließt dabei keinesfalls Metasprachlichkeit aus. Vielmehr scheint es sich um einen Akt der impliziten Metasprachlichkeit zu handeln - wie ihn auch ANDRESEN für das kindliche Fiktionsspiel beschrieben hat.[367]

7. Reim: Ding, dang, dong, sching, schang...
Der siebte Reim wurde insgesamt 21x richtig gereimt, viermal nicht gereimt, einmal in eine Wiederholung (sching, schang, schong) eingebunden und einmal nicht beendet. Die häufigste Ergänzung bildete das Wort < schong >, welche von 19 Kindern realisiert wurde. Es stellt nicht nur eine lautliche Orientierung am vorgegebenen Stimuluswort < dong > dar, sondern kann zugleich als lautliche Variation der Wörter < sching > und < schang > angesehen werden. Innerhalb der zweiten Reimzeile wurde von den Kindern unter Beibehaltung der basalen Wortstruktur lediglich ein Vokal verändert (i-a-o), womit sie den Reim in seiner minimalsten lautlichen Funktion erfasst haben. Im Hinblick auf das erste Reimwort handelt es sich hingegen um eine konsonantische Variation. Dieser spielerische Umgang mit dem lautlichen Material ist m. E. ein Indiz für ein frühes Vorhandensein einer phonologischen Bewusstheit bei Kindern. Deutlich wird die kognitive Leistung auch an der von einem Kind (K19) vorgenommenen lauten Wiederholung der Wörter < sching > und < schang >, bevor es das Reimwort < schong > hinzufügt. Scheinbar ist die klangliche Variation für dieses Kind erst im Vollzug des lauten Sprechens möglich. Ähnlich wie bei den ontogenetisch frühen Schreib- und Leseversuchen von Kindern dient die Verbalisierung hier demnach einer phonologischen Dekodierung.

Im Rahmen des Reimspiels als einer Form der produktiven Auseinandersetzung mit Sprache ist nicht davon auszugehen, dass die Kinder ihr sprachliches Handeln explizit verbalisieren und ihre Entscheidungen metasprachlich begründen können. Dies bestätigen zum Teil auch die Reimgespräche, die mit allen Kindern im Anschluss an das Reimspiel geführt wurden (siehe Kap. 3.3). Dennoch wird an den Antworten und den sprachlichen Strategien der Kinder sichtbar, dass sie bereits frühzeitig in der Lage sind, die formalen Aspekte der Sprache wahrzunehmen und mit ihnen operativ zu verfahren. Von Interesse sind in diesem Zusammenhang auch die nichtgereimtem Antworten von vier Kindern, von denen drei eine eher semantische Orientierung erkennen lassen. M. E. verfügen diese Kinder noch nicht über die voll entwickelte Fähigkeit, sich mit den strukturellen Merkmalen von Sprache auseinander zu setzen. Dabei handelt es sich keinesfalls um die jüngsten Kinder der Untersuchung; mit 4,2 Jahren 4,7 Jahren und 5,9 Jahren gehören sie eher zu der mittleren bis älteren Gruppe, was wiederum zeigt, dass die Entwicklung der metasprachlichen Fähigkeiten nicht allein eine Frage des Lebensalters ist, sondern sich aus komplexen Komponenten - wie familialer

[367] Vgl. Andresen, H. (1996) und (1998).

Sozialisation, sprachlicher Entwicklung, Weltwissen usf. - zusammensetzt. Dazu gehören vor allem frühkindliche Erfahrungen mit lyrischer Sprache, die zumeist durch das elterliche Vorlesen oder Vorsprechen von Kinderlyrik und anderen Texten, in denen lyrische Sprache vorkommt (wie z.B. in Märchen) gefördert werden. Einige Kinder verfügen - so die Ergebnisse der Fragebogenerhebung - über ausgeprägte und intensive Erfahrungen mit mündlich repräsentierter Literatur, während anderen Kindern diese Erfahrungswerte fehlen und sie deshalb im produktiven Umgang mit lyrischer Sprache über kein ausreichendes Repertoire verfügen, auf das sie zurückgreifen können.

8. Reim: Wulle, wulle, mink mank, ene bene, pink...
Der achte Reim schien den meisten Kindern die größte Mühe zu bereiten; er wurde nur 12x richtig, d.h. gereimt beendet. 10x wurde dieser Reim nichtgereimt beendet und vier Kinder gaben keine Antwort. Interessant sind hierbei weniger die korrekten Reimergänzungen, die alle eine Orientierung an der lautlichen Dimension aufzeigen (siehe Tab. 20b), als vielmehr die nichtgereimten Ergänzungen. Drei Kinder wählen als Ergänzung das Wort < wink > und bilden damit einen Reim, der sich auf das letzte vorgesprochene Wort < pink > ausrichtet. Da der achte Reim sich komplett aus kunstsprachlichen Wörtern zusammensetzt, ist anzunehmen, dass diesen Kindern besonders das zuletzt gehörte Wort im Gedächtnis geblieben ist und sie deshalb ein entsprechendes Reimwort gewählt haben. Sie haben sich dabei also sehr wohl an der lautlichen Dimension des Textes orientiert, ihre Ergänzung jedoch am „falschen" Wort realisiert. Drei andere Reimergänzungen beziehen sich ebenfalls auf das zuletzt gehörte Wort, präsentieren aber eine eher inhaltliche Ausrichtung (rosa, pink, grau), wobei nicht ganz klar ist, ob die Nennung des Wortes < pink > eine Wiederholung darstellt oder die Farbe Pink gemeint ist. Auch die übrigen drei nichtgereimten Ergänzungen deuten eher auf eine semantische Orientierung der Kinder hin („ne Maus", „Schuh sitzt auf dem alten Tisch", „die Maus ist rausgegangen"). Das ist deshalb interessant, da der Reim selbst keine inhaltsvollen Wörter und folglich keine semantisch dekodierbare Aussage enthält. Diese wird erst durch die kindlichen Antworten hergestellt, wobei die Ergänzung „Schuh sitzt auf dem alten Tisch" (K22) vollkommen losgelöst vom vorgegebenen Reim und auch von den bereits im Vorfeld realisierten Reimen erscheint. M. E. ist dies ein Anzeichen dafür, dass dieses Kind sich noch vorwiegend am Inhalt des Gehörten orientiert. Da in diesem Fall kein Inhalt im konventionellen Sinne vorliegt, kreiert es sich seinen eigenen Text, der sich schließlich nicht mehr am vorgesprochenen Textmaterial orientiert. Unterstützt wird diese Annahme m. E. auch durch die Tatsache, dass das Kind nicht ein oder zwei Wörter einfügt, sondern einen Satz konstruiert, den es auf Nachfrage der Untersucherin verändert und vervollständigt („Der alte Schuh sitzt auf dem Tisch"). Das Kind hat sozusagen seinen eigenen Text erfunden - ohne dass dieser sich reimt (siehe dazu auch Kap. 3.2.3).

9. Reim: Mio, mio, morle, nero, nero...
Wie bereits der achte Reim setzt sich auch der neunte Reim vollständig aus Kunstwörtern zusammen, die zusammen keinen semantisch dekodierbaren Text ergeben. Dies verlangt von den Kindern die Umsetzung des phonologischen Aspektes von Sprache, was auch von 18 Kindern geleistet wurde. Von den 18 korrekten Reimergänzungen wurde das Wort < morle > aus der ersten Zeile dreimal wiederholt; die restlichen 15 Ergänzungen sind zugleich Neuschöpfungen im Sinne eines sprachlichen Kunstwerkes. Dabei wurde mehrheitlich der Anfangskonsonant < m > unter Aufrechterhaltung der basalen Wortstruktur verändert. Lediglich in einer Antwort (torde) wurde darüber hinaus ein weiterer Konsonant verändert, was aber auch damit zusammenhängen könnte, dass das Kind beim Vorsprechen das Wort < morde > gehört hat; dies ist im Nachhinein nicht mehr zu klären.

Die korrekten Reimergänzungen der Kinder verweisen m. E. ganz eindeutig auf das Vorhandensein einer frühen Form phonologischer Bewusstheit, denn die Kinder spielen hier mit den lautlichen Aspekten der Sprache. Dabei offenbart sich, ähnlich wie in den Untersuchungen der skandinavischen Forschungsgruppe um LUNDBERG, die Fähigkeit, einzelne Phoneme zu separieren und zu variieren. Eine lautliche Orientierung offenbaren auch die vier nichtgereimten Ergänzungen (keule, rolle, firo, morne),[368] wodurch deutlich wird, dass das Spiel der Kinder im Rahmen von kunstsprachlichen Reimen vornehmlich auf einer phonologischen Ebene stattfindet und damit die Materialität von Sprache zunehmend ins Blickfeld der kindlichen Handlungen rückt.

10. Reim: Olenko elo padeia, tirle, tirle...
Auch der zehnte und letzte Reim konnte von allen Kindern, die an der Untersuchung teilnahmen, beendet werden. 18 Kinder haben diesen Reim korrekt beendet und neun Kinder haben nichtgereimte Ergänzungen realisiert. Die richtigen Reimbeendigungen enthalten alle Wortneuschöpfungen, die sich wiederum an der lautlichen Dimension der Sprache ausrichten. Auffällig sind zwei Ergänzungen (kodeia (K20), fadeia (K7)), die im Gegensatz zu den übrigen (korrekten) Ergänzungen die dreisilbige Struktur des vorgegebenen Stimuluswortes (padeia) übernehmen. Von K7 wurde das Reimprinzip durch die Veränderung des ersten Konsonanten (padeia - fadeia) umgesetzt, d.h. es wurde der onset verändert (< p > zu < f >), während der rime < adeia > des Reimwortes unverändert geblieben ist. Da vor allem der rime für die Reimbildung relevant ist, gelingt es dem Kind, so, einen Reim zu bilden (vgl. Kap. 3.2.3). Eine andere Variation realisiert K22, das nicht nur den onset < p >, sondern auch den rime verändert (< adeia > zu

368 Damit haben 24 von insgesamt 27 Kindern den phonologischen Aspekt von Sprache berücksichtigt und versucht in ihre Antworten zu transferieren.

< odaia >). Die Reimbildung gelingt K22 dennoch, denn es verändert lediglich den ersten Vokal des rimes (< a > zu <o >), so dass die rime-Endung und damit der Endreim erhalten bleibt. Beiden Kindern ist es gelungen, die basale Wortstruktur beizubehalten und gleichzeitig durch eine minimale Veränderung einen Reim zu bilden. Ein solcher Vorgang bedarf m. E. sprachanalytischer und operativer Fähigkeiten im Rahmen einer metasprachlichen Kompetenz, denn die Kinder müssen nicht nur das vorgegebene Lautbild erfassen, sondern zugleich in der Lage sein, dieses auch dann aufrecht zu erhalten, wenn sie Änderungen am Wort vornehmen.

Selbst die nichtgereimten Antworten werden von den Kindern größtenteils als Wortneuschöpfungen gestaltet. Dabei kommt es zweimal zu Wiederholungen des letztgenannten Wortes (tirl/e) und zweimal mit geringen Abweichungen zu Wiederholungen des erstgenannten Wortes (olenka, opengo). Interessant ist die Antwort von K24 („die Peia ist raus"), welche zwar anstatt eines Wortes einen ganzen Satz bildet, der sich strukturell an der vorherigen Reimergänzung (Reim 9) orientiert, zugleich aber das erforderliche Reimwort (< Peia >) für den aktuellen Reim (Reim 10) enthält. Offenbar hat es diesem Kind nicht genügt, lediglich ein Wort hinzuzufügen, das zudem keine inhaltliche Aussage beinhaltet - eine Annahme, die mit seinen anderen Reimergänzungen korreliert. Stattdessen konstruiert es eine neue syntaktische Struktur, in der das Reimwort < Peia > scheinbar unbeabsichtigt realisiert wird. Es kann davon ausgegangen werden, dass es sich hierbei nicht um eine bewusst gesteuerte Einfügung des richtigen Reimwortes handelt. Vielmehr verweist das Reimwort als Bestandteil des Satzes auf ein implizites Wissen, welches dem Kind zur Verfügung steht und unbewusst angewendet wird (siehe Kap. 3.2.3, S. 195ff).

Die Tabelle 21 präsentiert noch einmal eine Übersicht über die gereimten und nichtgereimten Ergänzungen der Kinder sowie über die Anzahl der Wiederholungen und nichtbeendeten Reime.

Deutlich wird an dieser Übersicht, dass die große Mehrheit der Drei- bis Sechsjährigen in der Lage ist, die ihnen vorgesprochenen Zweizeiler mit einem Reim zu beenden. Von insgesamt 270 Reimen konnten die Kinder 201 Reime korrekt, d.h. mit einem Reim beenden, 61 Reime wurden ohne Reim und nur acht Reime wurden nicht beendet. Damit liegt die Anzahl der richtigen Reimergänzungen mit 74,4% gegenüber den nicht korrekten Reimbeendigungen (22,6%) signifikant höher. Bereits Kinder im Vorschulalter sind somit nachweislich zum produktiven Umgang mit gereimter Sprache fähig und verfügen über (implizite) metasprachliche Kompetenzen zur Reimbildung bzw. Reimergänzung.

	1. Reim	2. Reim	3. Reim	4. Reim	5. Reim	6. Reim	7. Reim	8. Reim	9. Reim	10. Reim	Insg.
Gereimt	25	17	16	23	24	24	22	13	19	18	201
Nicht gereimt	1	8	11	4	3	3	4	10	8	9	61
Wiederholung	(2)[369]	(1)	-	-	(5)	(1)	(1)	2[370] [1]	(4)	2 [2][371]	4 [3] (14)
Keine Antwort	1	2	-	-	-	-	1	4	-	-	8

Tab. 21: Anzahl/Art der kindlichen Reimergänzungen sowie Anzahl der nichtbeendeten Reime

Alle Reimergänzungen - ob erfolgreich oder nicht - deuten darüber hinaus auf das Vorhandensein eines impliziten „Wortwissens" der Kinder hin. In der Aufgabenstellung wurden die Kinder zur Hinzufügung von einem oder mehreren Wörtern aufgefordert, ohne dass ihnen die Bezeichnung „Wort" metasprachlich erläutert wurde. Die Häufigkeit der Ergänzungen (97%) - ob gereimt oder ungereimt - lässt darauf schließen, dass diese Kinder über ein Wissen darüber verfügen, was ein Wort ist und dieses implizite Wissen auch in ihren Antworten transferieren können.[372] Dabei korreliert das implizite Wortwissen mit dem impliziten Reimwissen der Kinder insofern, als beide Wissensmodi in den produktiven Sprachgebrauch eingebunden sind und somit als Signum für eine sympraktische Eingebundenheit der frühkindlichen Sprachhandlungen zu bewerten sind.

Um die sprachanalytischen und operativen Strategien der Kinder näher zu bestimmen, sollen im Folgenden die Lösungswege der Kinder genauer betrachtet werden. Dazu wurden nach Sichtung der kindlichen Antworten zwölf Kategorien erstellt, die vor allem die semantische und phonologische Dimension der kindlichen Reimergänzungen erfassen (Tab. 22, S.180).

Von besonderem Interesse sind für die Einschätzung einer eher semantischen oder eher lautlichen Orientierung neben den Kategorien 1 und 2 - die allein noch nicht

[369] Die Zahlen in den runden Klammern geben die Wiederholungen an, bei denen das erste Reimwort (Stimuluswort) oder Versatzstücke aus der ersten Reimzeile, die das Reimwort in Endstellung enthalten, wiederholt wurden. In der Auswertung wurde diese Art der Wiederholung als korrekte Reimergänzung gewertet.

[370] Die Zahlen ohne Klammern geben Wiederholungen aus der ersten oder zweiten Zeile des Reimes an, die als nichtgereimt klassifiziert wurden.

[371] Die Zahlen in den eckigen Klammern markieren Wiederholungen einzelner Wörter aus der ersten Reimzeile, bei denen es sich nicht um das Stimuluswort und somit um nicht korrekte Reimergänzungen handelt.

[372] Dies stimmt mit den Ergebnissen früherer Untersuchungen zum Wortbegriff von Januschek u.a. überein, die konstatieren, dass bereits Vorschulkinder Vorstellungen von „Wort" als einen metasprachlichen Begriff haben, die jedoch noch stark an den kommunikativen Gebrauch gebunden sind. Erst mit der schulischen Vermittlung und in Verbindung mit dem Schriftspracherwerb scheint sich ein abstrakterer Wortbegriff herauszukristallisieren (vgl. Januschek, F. & Paprotté, W. & Rohde, W., 1979 und Januschek, F. & Rohde, W., 1979: Probleme der Erforschung metasprachlicher Begrifflichkeiten bei Erstklässlern. In: OBST 13, S. 79-97).

zur Beurteilung ausreichen - die Kategorien 3, 4, 5, 6, 10, 11 und 12. In allen 201 gereimten Reimergänzungen der Kinder ist eine Orientierung an der phonologischen Struktur des vorgegebenen ersten Reimwortes erkennbar. Denn nur die auditive Wahrnehmung und sprachliche Umsetzung der reimbildenden Sprachlaute führt zu einer korrekten, d.h. gereimten Antwort. Die Realisierung des Reimprinzips, die in den 201 Reimergänzungen erfolgt ist, ist demnach immer zuerst lautbezogen, auch wenn die Kinder hier teilweise bedeutungsbezogene Antworten geben. Die hohe Anzahl der gereimten Ergänzungen ist m. E. ein Indiz für eine frühe Kompetenz der Kinder mit den formalen Aspekten der Sprache spielerisch zu handeln und damit eine Bestätigung der These WALLERs zu den frühen metasprachlichen Fähigkeiten im Kindesalter, in der er davon ausgeht, dass die metasprachliche Entwicklung kognitiv, sprachlich und ontogenetisch determiniert ist. Er hält die vorzugsweise in der kognitivistischen Forschung hergestellte Kausalität von metasprachlichem Handeln und metasprachlicher Bewusstheit, die sich zumeist daran ausrichtet, inwieweit Kinder ihr sprachliches Handeln explizieren können, für nicht gerechtfertigt und unterscheidet im Gegensatz dazu zwischen bewussten sprachlichen Operationen und der Fähigkeit, diese zu explizieren, die er bei jungen Kindern als noch nicht vollständig entwickelt betrachtet (siehe auch Kap. 3.2.2, S. 167f). Ich stimme mit WALLER überein, dass Kinder bereits frühzeitig in der Lage sind, metasprachlich zu handeln, indem sie spielerisch und produktiv mit den verschiedenen Aspekten der Sprache verfahren. Das Reimeergänzen ist eine dekontextualisierte Sprachhandlungssituation, in der die Kinder metasprachlich agieren und damit *„Ansätze zu einer dekontextuali-sierten Sprachauffassung“*[373] zeigen. Dabei sind Metasprachlichkeit und Bewusstheit nicht zwei Seiten ein- und desselben Gegenstandes, vielmehr können metasprachliche Handlungen unbewusst stattfinden - wie es die Ergänzungen der Kinder im Rahmen des Reimspiels verdeutlicht haben - und erst zu einem späteren Zeitpunkt der Entwicklung für die Bewusstseinsbildung bedeutsam werden.

Kategorien	1	2	3	4	5	6	7	8	9	10	11	12
Reim 1	25	1	25	1	24	-	-	1	2	-	-	-
Reim 2	17	8	17	8	16	1	-	2	3	-	-	-
Reim 3	16	11	16	11	16	-	-	-	-	-	-	-
Reim 4	23	4	23	3	23	-	-	-	2	1	-	-
Reim 5	24	3	24	3	13	5	-	-	4	-	-	-
Reim 6	24	3	24	1	22	1	-	-	3	-	-	-
Reim 7	22	4	22	1	-	1	-	1	1	3	-	-
Reim 8	13	10	13	2	-	1	-	4	8	3	3	2
Reim 9	19	8	19	-	-	4	-	-	2	5	-	-
Reim 10	18	9	18	-	-	2	-	-	3	2	1	2
Insg.	201	61	201	30	114	15	-	8	28	14	4	4

Tab. 22: Lösungswege der Kinder (Angaben in Zahlen)

---

[373] Waller, M. (1988), S. 304.

Erläuterungen zu den Kategorien der Tabelle 22:

1 Reim wurde ‚richtig' beendet (d.h. gereimt)
2 Reim wurde beendet, aber nicht gereimt
3 Reimbeendigung orientiert sich am Laut (Lautassoziation)
4 Reimbeendigung erfolgt bedeutungsbezogen (semantisch), aber ohne Reim
5 Reimbeendigung erfolgt bedeutungsbezogen und mit Reim
6 Wiederholung der Reimstruktur der vorherigen Zeile/ einzelner Wörter aus der vorherigen Zeile
7 Wiederholung von Reimstrukturen aus vorherigen Reimen
8 Keine Antwort/keine Reimbeendigung
9 Reim wurde zweimal vorgesprochen
10 Reimbeendigung erfolgt „sinnleer", d.h. weder semantisch noch syntaktisch oder lautassoziativ in Bezug auf den Reim
11 Reim reimt sich auf das letzte vorgesprochene Wort
12 Wiederholung des letzten Wortes

In den Reimergänzungen werden von den Kindern neben der am Sprachlaut orientierten Aufgabenbewältigung auch solche Antworten realisiert, die auf einen eher semantischen Verarbeitungsprozess hinweisen - diese werden mit den Punkten 4 und 5 in der Tabelle 22 erfasst. Punkt 4 gibt Auskunft über die Anzahl der bedeutungsbezogenen Beendigungen der Kinder, die nicht gereimt sind. Dies kommt insgesamt 30-mal vor, davon 26-mal bei den Reimergänzungen der inhaltsvollen Reime 1 bis 5 und nur viermal bei den inhaltsleeren Reimen 6 bis 10. Diese eindeutige Verteilung der semantischen Reimergänzungen auf die inhaltvollen Reime, lässt den Schluss zu, dass Kinder auch dann vermehrt dazu tendieren, bedeutungsbezogene Antworten zu formulieren und den strukturellen Aspekt zu vernachlässigen, wenn ihnen der vorgegebene Reim eine Bedeutung nahe legt. Wird ihnen der Reim hingegen als sprachliches Gebilde ohne konventionelle Bedeutung präsentiert, fällt es den Kindern sichtbar leichter, sich an den sprachstrukturellen Einheiten zu orientieren und einen Reim zu bilden. Dies wird im Weiteren durch den Punkt 5 der Tabelle 22 bestätigt, der die bedeutungsbezogenen gereimten Reimbeendigungen aufzeigt. Auch hier wird eine semantische Aufgabenlösung vor allem im Rahmen der inhaltsvollen Reime angestrebt, während die inhaltsleeren Reime zwar gereimt, aber zumeist nicht inhaltsbezogen beendet werden. Ein Übergang scheint zwischen den Reimen 5 und 6 stattzufinden, die von den Kindern mehrheitlich gereimt *und* inhaltsbezogen beendet werden konnten. Dabei stellt der sechste Reim noch keinen „echten" inhaltsleeren Reim dar, da die Ergänzung < weg > sinnvoll und den Kindern aus anderen Abzählreimen vertraut ist. Erst mit Beginn des siebten Reimes werden den Kindern Reime vorgesprochen, die keine semantische Aussage mehr enthalten. Dabei lässt sich beobachten, dass die Kinder ihre bedeutungsbezogenen

Reimergänzungen zunehmend einstellen und ihre Antworten mehrheitlich an den Lauten der Sprache ausrichten. Die kindlichen Reimergänzungen zeigen also, dass Kinder sich nicht grundsätzlich am Inhalt des Gesagten bzw. Gehörten orientieren, sondern dass ihre sprachlichen Handlungen vielmehr in Korrespondenz mit dem vorgegebenen sprachlichen Material stehen. Werden Kinder vor allem mit inhaltsbezogenen Aufgaben konfrontiert, so ist damit zu rechnen, dass ihre Antworten auch eher inhaltsbezogen ausfallen. Dies ist besonders für die Überprüfung der phonologischen Bewusstheit von Bedeutung, da die bedeutungsbezogenen Antworten der Kinder noch wenig Auskunft über ihre sprachanalytischen Leistungen liefern können. Die vorherrschende Ansicht, dass jüngere Kinder in erster Linie dem Inhalt des Gesagten bzw. Gehörten ihre Aufmerksamkeit schenken und nur wenig Sinn für die strukturellen Aspekte der Sprache haben,[374] konnte im Rahmen der Reimaufgabe somit nicht bestätigt werden. Vielmehr besteht eine Kausalität zwischen dem dargebotenen sprachlichen Material und den daraus resultierenden Verfahrensweisen der Kinder im Umgang damit. Dieses Ergebnis wirft noch einmal ein kritisches Licht auf bisherige Untersuchungen zur Reimfähigkeit und deren Bedeutung für die Entwicklung einer phonologischen Bewusstheit von deutschsprachigen Kindern, in denen die verschiedenen Forscher und Forscherinnen eine solche Kausalität nicht entdecken konnten.[375] Die im Rahmen der vorliegenden Studie gemachten Beobachtungen widersprechen einer Absenz phonologischer Bewusstheit (im weiteren Sinne) beim kindlichen Umgang mit Reimen. Vielmehr untermauern sie die These KÜSPERTs von einer sukzessiven *„Ausdifferenzierung phonologischer Fähigkeiten"*[376], bei der die Reimbildung eine erste Annäherung an die phonologischen Eigenschaften von Sprache darstellt.

Ein abschließender Blick soll nun auf die Punkte 11 und 12 der Tabelle 22 gerichtet werden, unter denen die Reimbildung auf das zuletzt gehörte Wort (Punkt 11) und die Wiederholung des zuletzt gehörten Wortes (Punkt 12) aufgeführt werden. Dies trifft nur auf zwei Reime zu: Reim 8, der zugleich von den wenigsten Kinder korrekt beendet wurde und Reim 10. Die Wiederholung des zuletzt vorgesprochenen Wortes (Reim 8: pink, Reim 10: tirle) beinhaltet m. E. metasprachliche bzw. sprachanalytische Kompetenzen, die mit den Leistungen der korrekten Reimbildung vergleichbar sind, jedoch auf einem anderen Abstraktionsniveau stattfinden. Kinder, die eine Wiederholung als Antwort formulieren, zeigen bereits eine erste Sensibilität für gereimte Sprache, sind jedoch noch nicht in der Lage, eigene Reimergänzungen zu produzieren (vgl. Kap. 3.2.2). Dass sie gerade

[374] Vgl. u.a. Andresen, H. (1984), S. 61, Andresen, H. (1985), S.66, Brockmeier, J. (1979), S. 234f und Januschek, F. & Rohde, W. (1979), S. 80.
[375] Vgl. Kapitel 3.2.2 im zweiten Teil (S. 164ff) und siehe u.a. bei Blässer, B. (1994), Landerl, K. & Linortner, R. & Wimmer, H. (1992), Schneider, W. & Visé, M. & Reimers, P. & Blässer, B. (1994).
[376] Küspert, P. (1998), S. 87.

das zuletzt gehörte Wort wiederholen, kann mit der Schwierigkeit zusammenhängen, den gesamten Reim zu erinnern. Insbesondere die Reime 8 und 10 stellen eine hohe Anforderung an das kindliche Gedächtnis dar, da sie sich komplett aus kunstsprachlichen Wörtern zusammensetzten, die für die Kindern neu und fremd sind. Zudem sind die Kinder im Zuge des Reimspiels ausschließlich auf ihr auditives Gedächtnis angewiesen und können nicht wie bereits des Schreibens und Lesens mächtige Kinder und Erwachsene zusätzlich auf eine visuelle Präsentation der Texte zurückgreifen. Selbst das Auswendiglernen war ihnen nicht möglich, da jeder Reim maximal zweimal vorgesprochen wurde. In Verbindung mit der kindlichen Gedächtnisleistung steht m. E. auch das Phänomen der Reimbildung, die sich auf das letztgehörte Wort bezieht. Dies kam ebenfalls ausschließlich bei den Reimen 8 (pink - wink) und 10 (tirle-pirle) vor und verdeutlicht noch einmal die enormen kognitiven Anforderungen, die diese Reime an die Kinder stellen.

Diese erste Analyse der Daten zum Reimspiel mit Kindern im Vorschulalter hat versucht, Erscheinungsformen des kindlichen Umgangs mit gereimter Sprache aufzuzeigen. Dabei ist festzuhalten, dass Kinder bereits frühzeitig über sprachanalytische Fähigkeiten verfügen, die sie zusammen mit ihrem prozeduralen Wissen und den operativen Strategien in ihren Sprachhandlungen umsetzen. Die sprachlichen Leistungen der Kinder sind jedoch abhängig vom Sprachmaterial, welches ihnen angeboten wird und von den Gedächtnisleistungen, die ihnen das Sprachmaterial abverlangt. Das Ergänzen von Reimen als Aufgabe zur Überprüfung der „phonologischen Bewusstheit im weiteren Sinne“ wird von der Mehrheit der Kinder im Alter zwischen drei und sechs Jahren beherrscht. Inwieweit die hier untersuchten Kinder ihr sprachliches Handeln reflektieren und explizieren können, zeigen unter anderem die Reimgespräche, die mit den Kindern im Anschluss an das Reimspiel geführt wurden (siehe Kap. 3.3 in Teil II). Bevor jedoch das explizite, bewusste Wissen der Kinder verifiziert wird, sollen in Einzelanalysen die Reimergänzungen von sechs Kindern detaillierter dargestellt werden, um daraus Rückschlüsse auf einzelne metasprachliche Phänomene ziehen zu können.

3.2.3 Reimergänzungen – Sechs Einzelanalysen

Für die Einzelanalysen wurden die Reimergänzungen von sechs Kindern ausgewählt. Dabei wurde auf eine möglichst breite Altersstreuung geachtet, um die verschiedenen Lebensalter und Entwicklungsstadien bei der Auswertung berücksichtigen zu können. Die jüngsten Kinder, die an der Untersuchung zur Reimfähigkeit teilgenommen haben und deren Antworten im Rahmen der Einzelanalyse deskriptiv ausgewertet werden, sind zum Zeitpunkt der Untersuchung 3,8 und 3,9 Jahre alt, zwei weitere Kinder gehören der mittleren Altersgruppe an und sind 4,2 und 4,11 Jahre alt und zwei Kinder gehören mit 5,5 und 5,9 Jahren zu der

Gruppe der älteren Vorschulkinder. Neben der Altersstreuung ist das Geschlecht eine weiterer Anhaltspunkt in der Darstellung und Auswertung der kindlichen Reimergänzungen, weshalb für jede Altersgruppe jeweils die Ergänzungen von einem Mädchen und einem Jungen abgebildet werden.[377]

Die deskriptiven Einzelanalysen der Reimergänzungen beginnen jeweils mit der Abbildung der zehn vorgesprochenen Reimanfänge und den dazugehörigen Antworten des jeweiligen Kindes.[378] Aus dem Gesamtbild der kindlichen Ergänzungen werden dann einzelne sprachliche Phänomene herausgelöst und gesondert betrachtet. Daneben findet in den Einzelanalysen stets das gesamte Untersuchungsmaterial zu den kindlichen Reimergänzungen aller 27 Kinder Berücksichtigung, so dass die hier vorgefundenen sprachlichen Leistungen in den Kontext der in Kapitel 3.2.2 getroffenen Aussagen gestellt werden können.

Hale (K7) ist zum Zeitpunkt der Untersuchung 5,5 Jahre alt und besucht seit ihrem dritten Lebensjahr ein Kindertagesheim mit ganztägiger Betreuung in Hamburg. Ihre Muttersprache ist Türkisch; die deutsche Sprache, die sie als Zweitsprache erworben hat, beherrscht sie so umfassend, dass sie das Reimspiel ohne größere Mühe bewältigen konnte.[379]

a) Hale[380] (K7, Mädchen), 5,5 Jahre

Reim 1	Muh, muh, muh, ruft im Stall die **Muh.**
Reim 2	Morgens früh um sechs kommt die kleine **Kuh.**
Reim 3	Drei kleine Mäuschen, die wohnen in einem **Stall.**
Reim 4	Jetzt ist's aus, da rennt eine **Maus.**
Reim 5	Bim, bam, beier, die Katz' mag keine **Keier**[381]**.**

[377] Dabei geht es in der Analyse der kindlichen Reimergänzungen nicht um geschlechterdifferente und geschlechterübergreifende Phänomene im Umgang von Kindern mit gereimter Sprache. Im Mittelpunkt stehen vielmehr „universelle" frühkindliche Kompetenzen in Bezug auf eine Annäherung an Literalität.

[378] Die Antworten der Kinder werden in der Abbildung durch Fettdruck hervorgehoben.

[379] Hales Eltern haben an der Fragebogenerhebung zur Erfassung der familialen Realisierung von Kinderlyrik nicht teilgenommen.

[380] Die Namen der Kinder wurden aus datentechnischen Gründen unter Beibehaltung der Geschlechtszugehörigkeit und des Alters geändert.

[381] Es wurde für das Wort "Keier" die Majuskelschreibung gewählt, da die Satzstruktur eher die Einfügung eines Substantives als die einer anderen grammatikalischen Form (z.B. Verb, Adverb, Adjektiv usf.) befürwortet.

Reim 6	Schnick, schnack, schneck, gleich bist du **weg**.
Reim 7	Ding, dang, dong, sching, schang **schong**.
Reim 8	Wulle, wulle, mink mank, ene bene, pink **wink**.
Reim 9	Mio, mio, morle, nero, nero **forle**.
Reim 10	Olenko elo padeia, tirle, tirle **fadeia**.

Hale hat alle zehn Reime beendet, davon sieben Reime gereimt und drei nichtgereimt. Die erste Reimergänzung ist zugleich eine Wiederholung des Reimwortes der ersten Zeile (Muh). Anzunehmen ist, dass Hale die Aufgabe zwar verstanden hat, jedoch noch unsicher hinsichtlich der Einfügung eines neuen Reimwortes ist und deshalb auf das bereits Gehörte zurückgreift. Die Tatsache, dass sie dabei das erste Reimwort und nicht ein beliebiges Wort aus dem vorgesprochenen Zweizeiler wiederholt, ist ein Indiz für ein vorhandenes implizites Reimwissen. Sie hat das Wort < Muh > als so genanntes „key-Wort“[382] des Reimes entschlüsselt und damit die Position des Reimwortes in Reimen mit Endreim richtig erkannt. Es handelt sich dabei um ein unbewusstes Wissen über gereimte Sprache, welches wahrscheinlich aus früheren Begegnungen mit gereimter Sprache stammt, in denen der Endreim dominantes Strukturelement war. Unbewusst ist das Wissen deshalb, da es an den Akt der Sprachhandlung gebunden bleibt - also prozedural ist. Es beinhaltet ein Wissen über die Stellung der Reimwörter in Kinderreimen mit Endreim, das sich jedoch vornehmlich in der Fähigkeit zu einer solchen Endreimbildung ausdrückt. Die Reimfähigkeit und das damit verbundene Wissen sind somit Formen eines impliziten Wissens, denn das Kind kann seine metasprachlichen Handlungen noch nicht oder nur unzureichend explizieren - wie die anschließende Untersuchung zum Reimwissen zeigt (Kap. 3.3).

Hales Übergang zu den Reimen 2 und 3 gestaltet sich im Anschluss an den ersten Reim problematisch, da ihr anscheinend nicht klar ist, dass es sich dabei um zwei neue Reime handelt, die in keiner inhaltlichen Verbindung zum ersten Reim stehen. Ihre Antworten (Kuh, Stall) deuten eine inhaltliche Orientierung an, wobei die Antwort < Kuh > zugleich die korrekte lautliche Ergänzung des ersten Reimes darstellt. Diese Schwierigkeit ist jedoch m. E. weniger auf die Dominanz einer semantischen Dekodierungsleistung zurückzuführen, sondern vielmehr Ergebnis

[382] Unter dem Begriff „key-Wort“ wird in diesem Zusammenhang das Stimuluswort eines Reimes verstanden, das Auskunft über die strukturellen Bedingungen der Reimbildung gibt. In allen Reimen, die den Kindern vorgesprochen wurden, war das letzte Wort der ersten Zeile das „key-Wort“; es wird hier auch als „erstes Reimwort“ oder „Stimuluswort“ bezeichnet.

einer für das Mädchen nicht eindeutigen Aufgabenstellung. So wird erst der vierte Reim von ihr als eigenständiger Reim wahrgenommen und dann auch semantisch *und* lautlich komplettiert (aus-Maus). Es ist demnach erst mit dem Vorsprechen des vierten Reim gelungen, Hales Aufmerksamkeit verstärkt auf den phonologischen Aspekt der Reime zu lenken. Diese Neuorientierung in der Auseinandersetzung mit dem sprachlichen Material wird während der folgenden sechs Reimergänzungen - in denen das Lautliche immer mehr in den Vordergrund rückt - von ihr beibehalten. Während Hales Antwort zu Reim 4 neben der phonologischen Ausrichtung auch bedeutungsbezogen ist - denn die von ihr gewählte Ergänzung ergibt einen Sinn -, verschwindet der Inhalt ab dem fünften Reim aus ihrem Blickfeld - eine Ausnahme stellt Reim 6 dar, der aber, wie die Globalanalyse der kindlichen Antworten ergeben hat, aufgrund seiner Zugehörigkeit zum Genre der Abzählreime eine semantische Antwort provoziert. Ihre Aufmerksamkeit gilt nunmehr ausschließlich dem Reim als materieller Eigenschaft von lyrischer Sprache, während die inhaltliche Aussage des Textes für die Entscheidung, ob es sich um einen Reim handelt oder nicht, nicht mehr von Interesse ist. Hale verlässt sich auf ihre auditive Wahrnehmung und ergänzt die vorgesprochenen Reime unter Anwendung ihres prozeduralen und sprachlichen Wissens. Inwieweit ihre Antworten ein sprachanalytisches Wissen andeuten, zeigen die Ergänzungen, die sie für die Reime 5, 7, 8, 9 und 10 vornimmt. Im fünften Reim entscheidet sie sich für das Wort < Keier > als Ergänzung zu < beier > und greift damit die Wortstruktur von < beier > auf. Mit der Veränderung des Anfangskonsonanten zur Reimbildung, die sie hier durchführt, realisiert sie zugleich eine der häufigsten Merkmale kinderlyrischer Sprache - den vokalischen Gleichklang (siehe Kap. 1.3.1 in Teil I). Zugleich bewegt sie sich mit der Variation des Anfangskonsonanten auf der Ebene der onset-rime-Diskrimination, indem sie den onset des Stimuluswortes verändert (< b > zu < k >) und den rime (eier) als reimbildendes Element unverändert lässt. In gleicher Weise verfährt Hale bei den Reimen 6, 7, 9 und 10, so dass man daraus schlussfolgern kann, dass ihr das Prinzip des Endreimes mit vokalischem Gleichklang und konsonantischer Dissonanz vertraut ist. Die Fähigkeit zu einer solchen Reimbildung beruht jedoch nicht ausschließlich auf früheren Erfahrungen mit Reimen, sondern ist auch Ausdruck unbewusster Wissensstrukturen, die sich mit diesen Erfahrungen aufbauen. Denn diese Art der Reimbildung unterliegt einem sprachanalytischen Prozess, bei dem das Kind 1. die phonologische Struktur des Reimwortes erfasst, 2. einen Teil des Sprachmaterials - nämlich den Anfangskonsonanten (onset) - variiert, 3. dabei die basale Wortstruktur beibehält (zumeist den rime) und 4. die Elemente Rhythmus und Klang einbindet (z.B. durch die syllabische Gestaltung).

Der achte Reim wurde in der Auswertung als nichtgereimt deklariert, da es sich nicht um eine Reimergänzung des key-Wortes < mank > handelt. Trotzdem wird an Hales Ergänzung ihre Kompetenz hinsichtlich der Veränderung des Anfangskonsonanten (onset) zur Reimbildung deutlich, denn sie hält an dem einmal von ihr gewählten Prinzip der Variation des ersten Konsonanten fest, wendet es jedoch am „falschen“ Wort an (pink-wink). Die Vermutung von ANDRESEN, dass jüngere Kinder spontan Reime bilden können, ohne dabei die Reimkriterien zu explizieren, trifft demnach zu. Auch Hale gelingt es, das Reimkriterium der phonologischen Übereinstimmung in ihren Antworten zu realisieren, ohne dass sie dazu ihr aktiviertes Wissen expliziert (siehe Kap. 3.3). Gleichzeitig ist jedoch zu vermuten, dass Hale in ihren Reimergänzungen zum Teil auch einen bewussten Zugriff auf Sprache vollzieht, indem sie sich beispielsweise mit ihren Antworten bewusst am ersten Reimwort orientiert. Im Sinne der Unterscheidung von *„consciousness“* und *„awareness“* nach ANDRESEN befindet Hale sich m. E. zwischen beiden Bewusstseinszuständen auf dem Weg der allmählichen Bewusstwerdung.

Der letzte Reim wird von Hale wiederum durch die Variation des Anfangskonsonanten gebildet. Anders als die Mehrheit der Kinder, die eine korrekte Reimbildung realisiert, berücksichtigt sie jedoch zusätzlich die silbische Struktur des Reimwortes (padeia-fadeia). Sie wählt als Ergänzung ein dreisilbiges Wort (fa-dei-a) und orientiert sich damit phonologisch und strukturell am ersten Reimwort (pa-dei-a).[383] Neben der Lautwahrnehmung und der onset-rime-Diskrimination agiert Hale somit auch auf der Ebene der Silbensegmentation. Mit dem Blick auf die von TREIMAN & ZUKOWSKI konzipierten verschiedenen Level der phonologischen Bewusstheit[384] sind Hales Reimergänzungen als Zeichen für das Vorhandensein einer phonologischen Bewusstheit im weiteren Sinne einzustufen.

b) Anne (K9), 3,9 Jahre

Reim 1	Muh, muh, muh, ruft im Stall die **Kuh.**
Reim 2	Morgens früh um sechs kommt die kleine **Dinosaurier.**
Reim 3	Drei kleine Mäuschen, die wohnen in einem **Haus.**
Reim 4	Jetzt ist's aus, da rennt eine **Kuh.**
Reim 5	Bim, bam, beier, die Katz' mag keine **Eier.**
Reim 6	Schnick, schnack, schneck, gleich bist du **weg.**

[383] Nur ein weiteres Kind (K20) der Gesamtgruppe hat ebenfalls ein dreisilbiges Reimwort als Reimergänzung gebildet (kodeia).
[384] Vgl. Treiman, R. & Zukowski, A. (1991), S. 67-83.

Reim 7	Ding, dang, dong, sching, schang **schong.**
Reim 8	Wulle, wulle, mink mank, ene bene, pink **[keine Antwort].**
Reim 9	Mio, mio, morle, nero, nero **norle.**
Reim 10	Olenko elo padeia, tirle, tirle **tirle.**

Anne (K9) gehört mit 3,9 Jahren zu den jüngsten Kindern, die an der Untersuchung zur Reimfähigkeit und zum Reimwissen teilgenommen haben. Auch sie besucht ein Kindertagesheim, in dem die Kinder ganztägig betreut werden. Sie hat neun von zehn Reimen beendet - Reim 8 wurde nicht beendet - , davon fünf mit einem korrekten Reim (Reim 1, 5, 6, 7, 9) und vier ohne Reim (Reim 2, 3, 4, 10). Die nichtgereimten Ergänzungen sind mit Ausnahme von Reim 10 (tirle-tirle) alle inhaltsbezogen. Die erste nichtgereimte Ergänzung tritt im zweiten Reim auf, der von Anne mit dem Wort < Dinosaurier > beendet wird. Anne scheint bei ihrer Ergänzung weder auf die lautliche noch auf die grammatikalische Struktur des vorgesprochenen Textes Rücksicht zu nehmen (die kleine Dinosaurier), sondern vielmehr darauf bedacht zu sein, ein bestimmtes Tier zu nennen. Dass es sich dabei nach ihrem Verständnis um ein Tier handeln muss, hat - so meine Vermutung - der erste Reim ihr suggeriert. Von dieser Idee verabschiedet sie sich erst beim dritten Reim, dessen Inhalt eine solche Antwort nicht mehr zulässt. Ihre Antwort < Haus > ergibt einen Sinn, bildet zusammen mit dem ersten Reimwort < Mäuschen > jedoch keinen Reim. Anne orientiert sich hier vor allem an der semantischen Aussage des Reimes, ohne dabei ein Reimprinzip zu realisieren. Dennoch klingt in der Reduktion auf das Grundwort < Haus > auch eine lautliche Ebene an. Wahrscheinlich ist Anne das Wort < Maus > vertrauter als dessen Diminutivform < Mäuschen > und entsprechend ihrem Wissensstand bildet sie (sich) einen „Reim“ auf das für sie relevante Bezugswort < Maus >. In gleicher Weise verfährt sie beim vierten Reim, den sie wiederum mit einem inhaltsbezogenen Wort (Kuh) ergänzt und damit an der semantischen Fokussierung des Gehörten festhält. Offensichtlich evozieren die bedeutungstragenden Reime 1 bis 4 bei Anne vor allem eine inhaltsbezogene Wahrnehmung und Umsetzung und verhindern eine Auseinandersetzung mit dem sprachlichen Material.

Erst mit dem fünften Reim scheint sie auch die lautliche Seite der ihr vorgesprochenen Texte verstärkt wahrzunehmen, hält aber weiterhin am Inhaltsaspekt fest. Durch Reduktion des ersten Reimwortes (beier) gelangt sie zu dem Wort < Eier > und bildet damit einen korrekten Reim. Hier hat sie also erkannt, dass ein Reim durch die minimale Veränderung eines bestimmten Wortes hergestellt wird. Mit der Veränderung des Anfangskonsonanten agiert Anne - wie zuvor Hale - auf der Ebene der onset-rime-Diskrimination. Sie verändert den onset des

Reimwortes (< b > wird weggelassen) und lässt den rime (< eier >) unverändert, der durch die Streichung des onset zum Reimwort wird. Dieses Wissen wendet sie im weiteren Verlauf des Reimspiels auch auf die Reime 6, 7, und 9 an. So beendet sie Reim 6 mit dem Wort < weg >; eine Ergänzung, die sie ebenfalls nach dem Prinzip der minimalen Veränderung auf der onset-rime-Ebene vollzieht. Ähnlich wie in Reim 5 wird hier der Anfangskonsonant bzw. der Anfangslaut variiert, aus dem [ʃ] wird ein [v], während der Mittellaut [ɛ] und der Endlaut [k] erhalten bleiben. In gleicher Weise verfährt sie mit den Reimen 7 (dong-schong) und 9 (morle-norle). In allen Fällen handelt es sich um eine Variation des Anfangslautes unter Aufrechterhaltung der übrigen Lautstruktur. Erst im zehnten Reim weicht Anne von diesem Reimprinzip wieder ab und realisiert eine Wiederholung, indem sie das zuletzt gehörte Wort wiederholt (tirle-tirle). Mit der Wiederholung gibt sie an dieser Stelle zu erkennen, dass sie zwar die grundlegenden Prinzipien - wie die Erzeugung von Gleichklang und die rhythmische Gestaltung - der Reimbildung beherrscht, jedoch noch nicht in der Lage ist, alle Reimprinzipien zu jeder Zeit korrekt anzuwenden. Obwohl alle zuvor gebildeten Reime aus einem Endreim bestehen, bildet Anne für den zehnten Reim keinen Endreim, sondern greift auf das Element der Wiederholung als ein basales Instrument zur Reimbildung zurück. Ihr Fokus richtet sich somit auf die letzte Zeile des Reimes (tirle, tirle...) und nicht auf das erste Reimwort (padeia); eine Verschiebung, die m. E. auch auf eine momentane Überforderung zurückgeht. Bereits beim achten Reim - der sich in der Untersuchung als für die Kinder am schwierigsten zu ergänzen erwiesen hat - war es Anne nicht möglich, ein Reimwort hinzuzufügen. Dies ist vermutlich auf die kunstsprachliche Beschaffenheit des Reimes zurückzuführen, der keine semantische Dekodierung zulässt. Hinzu tritt als weitere Schwierigkeit die Länge des Reimes, die den Kindern in Kombination mit der „Kunstsprachlichkeit“ eine enorme Gedächtnisleistung abverlangt. Im zehnten Reim, der zwar kürzer ist, tritt eine neue Schwierigkeit hinzu, denn dieser Reim besteht zusätzlich aus dreisilbigen Kunstwörtern, von denen die Kinder wenigstens das Reimwort (padeia) erinnern müssen, um einen korrekten Reim bilden zu können.[385] Anne ist es scheinbar nicht gelungen, das Reimwort zu diskriminieren und zu variieren, deshalb greift sie auf das Element der Wiederholung - welches ihr aus früheren Erfahrungen mit lyrischen Texten bekannt ist - zurück. Mit der Einfügung des Wortes < tirle > erhält die zweite Reimzeile einen refrainartigen Charakter, wobei der „Reim“ als Ganzes trotz des fehlenden Endreimes kohärent erscheint:

Olenko elo padeia,
tirle, tirle, tirle.

---

[385] Diese Problematik wird auch an zwei Reimergänzungen deutlich, in denen die Kinder den ersten Dreisilber und nicht das eigentliche Reimwort variiert haben (K17: olenka, K19: opengo).

Insgesamt wird an den Reimergänzungen, die Anne vornimmt, vor allem eines sichtbar: Inhaltsbezogene Antworten werden von ihr vorzugsweise dann gegeben, wenn die Reime eine semantische Dekodierung zulassen. Hier sind die Ergänzungen dann auch mehrheitlich nicht gereimt. Im Gegensatz dazu evozieren die „inhaltsleeren" Reime bei Anne eine eher phonologische Diskriminationsleistung, in dessen Folge die Reimbildung erfolgt (Reim 5, 6, 7, 9) bzw. grundlegende Reimelemente realisiert werden (Reim 10). Auch Anne verfügt also über das, was die Bielefelder Forschungsgruppe als „Phonologische Bewusstheit im weiteren Sinne" bezeichnet hat, wenn sie mit den distinktiven lautlichen Einheiten der lyrischen Sprache spielerisch verfährt.

c) Timo (K12) 3,8 Jahre

Reim 1	Muh, muh, muh, ruft im Stall die **Kuh.**
Reim 2	Morgens früh um sechs kommt die kleine **Maus.**
Reim 3	Drei kleine Mäuschen, die wohnen in einem **Haus.**
Reim 4	Jetzt ist's aus, da rennt eine **Maus.**
Reim 5	Bim, bam, beier, die Katz' mag keine **Beier.**
Reim 6	Schnick, schnack, schneck, gleich bist du **weg.**
Reim 7	Ding, dang, dong, sching, schang **schong.**
Reim 8	Wulle, wulle, mink mank, ene bene, pink **pink.**
Reim 9	Mio, mio, morle, nero, nero **morle.**
Reim 10	Olenko elo padeia, tirle, tirle **beia.**

Timo (K12) ist 3,8 Jahre alt und ist zusammen mit Anne das jüngste Kind, welches am Reimspiel und an dem anschließenden Reimgespräch teilgenommen hat. Er besucht ebenfalls ein Kindertagesheim der Stadt Hamburg. Timo hat alle Reime beendet, nachdem die Reimaufgabe nach dem Vorsprechen des ersten Reimes und dem Ausbleiben einer Reaktion seinerseits ein zweites Mal erklärt worden ist. Insgesamt hat Timo sieben Reime mit einem Reim (Reim 1, 4, 5, 6, 7, 8, 10) und drei Reime ohne Reim (Reim 2, 3, 8) beendet. Der zweite und der dritte Reim wurden von ihm inhaltsbezogen beantwortet (Maus und Haus), ohne Rücksicht auf die Bildung eines Reimes. Besonders in der Beendigung des dritten

Reimes wird die semantische Orientierung deutlich, denn Timo entscheidet sich für das Wort < Haus > - wie vor ihm schon Anne -, welches inhaltlich korrekt ist. Die Nähe zu dem erforderlichen Reimwort ist groß, denn es stellt das Grundwort dar, von dem sich die Diminutivform < Häuschen > ableitet. In der Reduzierung auf das Grundwort < Haus > ist zudem die Reduzierung von < Mäuschen > auf < Maus > impliziert - Timos Ergänzung aus dem zweiten Reim. Er agiert also nicht ausschließlich auf der semantischen Ebene, sondern auch auf der lautlichen Ebene des Textes, wenngleich die inhaltsbezogene Form der Auseinandersetzung hier noch überwiegt.

Der fünfte Reim wird von Timo als Wiederholung realisiert, indem er das erste Reimwort noch einmal spricht (beier-Beier). Hier zeigt sich wieder einmal die Brückenfunktion, die dieser Reim, der ja einen Übergang von inhaltsvollen zu inhaltsleeren Reimen darstellt, innehat. Erstmals erscheinen an dieser Stelle des Reimspiels so genannte Kunstwörter (bim, bam, beier), die auf keine konventionelle Bedeutung referieren. Sie werden mit inhaltsbezogenen Wörtern (die Katz' mag keine) kombiniert, so dass die Kinder die Möglichkeit haben, zwischen beiden Sprachmodi zu wählen. Timo orientiert sich in seiner Antwort an der lautlichen Dimension der (Kunst-)Sprache und nicht am Inhalt des Zweizeilers. Dass er dabei das erste Reimwort wiederholt, signalisiert ein Herantasten an die Materialität von Sprache. Mit der Wiederholung umgeht er zudem die Gefahr einer „falschen" Antwort und schafft Raum für weitere, mutigere Spiele mit der Sprache. Diese Möglichkeit des experimentellen Umgangs[386] mit Sprache transferiert er dann auch in die nachfolgenden Reime (Reim 6, 7, 9, 10).

In dem Reimspiel mit Timo wird auch der achte Reim von ihm als Wiederholung des letztgehörten Wortes beendet. Dies ist ein Phänomen, das mehrfach bei den Reimen zu beobachten war, die eine hohe Gedächtnisleistung erforderten und zugleich kunstsprachlich strukturiert waren (Reim 8 und 10). Diese Art der Wiederholung wurde in der Analyse zwar als nicht korrekt (nicht gereimt) bewertet, dennoch ist auch daran eine lautliche Orientierung erkennbar. Die Kinder, die eine solche Wiederholung realisieren, übernehmen die kunstsprachliche bzw. phonologische Struktur der ihnen vorgesprochenen Reime, die sie dann zu einem späteren Zeitpunkt - so die Vermutung - selbstgestalterisch umsetzen können. Die Wiederholung bietet den Kindern somit eine gewisse Sicherheit im spielerischen Umgang mit lyrischer Sprache und schafft eine sprachliche und emotionale Basis, von der aus gewagtere Sprachspiele stattfinden können. Timo hält an dem Prinzip der Wiederholung fest, wenn er im neunten Reim das erste Reimwort < morle >

[386] Die Bezeichnungen "experimenteller Umgang" bzw. „experimenteller Sprachgebrauch" beinhalten hier Prozesse der Erprobung, der Überprüfung und der Variation phonologischer Aspekte der Sprache. Sie sind nicht als didaktische Konzepte zu verstehen, wie sie im Rahmen der Deutschdidaktik konzipiert wurden.

wiederholt. Gleichzeitig hat jedoch bereits eine Fokusverschiebung stattgefunden, denn wiederholt wird von ihm nun das Reimwort und nicht mehr das zuletzt gehörte Wort. Seine Aufmerksamkeit richtet sich damit bereits auf das key-Wort des Reimes, das er als zentrales Wort des Textes herausgefiltert hat. Schließlich gibt er im zehnten Reim die Wiederholung zugunsten eines selbst konzipierten Reimwortes auf. Diese sukzessive Entwicklung von einer einfachen Wiederholung, bei der das zuletzt gehörte Wort nachgesprochen wird, über die Wiederholung des ersten Reimwortes bis hin zur selbstständigen Bildung eines Endreimes kann als ein Akt der impliziten Metasprachlichkeit deklariert werden. Timo wendet sein sprachanalytisches, prozedurales und operatives Wissen an, um Reime zu bilden, die sich am Lautlichen der Sprache orientieren. Dennoch handelt es sich dabei noch nicht um einen Prozess der *„eigentlichen Bewusstwerdung“*[387] im Sinne ANDRESENs, die die Bewusstwerdung ja als einen willkürlichen, gesteuerten Akt beschreibt. Vielmehr werden die Ergänzungen von Timo scheinbar spontan und intuitiv gebildet, ohne dass er das dazu benötigte sprachliche Wissen explizieren kann - wie auch das spätere Reimgespräch mit ihm gezeigt hat. Das heißt aber nicht, dass Kinder diesen Alters sich nicht extrakommunikativ verhalten können, denn im Spiel mit gereimter Sprache ist bislang deutlich geworden, dass Kinder im Vorschulalter bestimmte Aspekte von Metasprachlichkeit realisieren. Sie verfügen somit bereits über einen metasprachlichen Reimbegriff und sind in der Lage, Reime durch Variation des Anfangskonsonanten auf der onset-rime-Ebene zu bilden und agieren damit eindeutig im Feld von impliziter Metasprachlichkeit.

d) Markus (K19) 5,9 Jahre

Reim 1	Muh, muh, muh, ruft im Stall die **Kuh.**
Reim 2	Morgens früh um sechs kommt die kleine **Schwein.**
Reim 3	Drei kleine Mäuschen, die wohnen in einem **Loch.**
Reim 4	Jetzt ist's aus, da rennt eine **Maus.**
Reim 5	Bim, bam, beier, die Katz' mag keine **Katze.**
Reim 6	Schnick, schnack, schneck, gleich bist du **schnick, schnack, du.**

[387] Andresen bezieht sich mit diesem Terminus auf Wygotskis Ausführungen zur kindlichen Bewusstwerdung, die dieser an die Elemente *„Willkürlichkeit“*, *„Verallgemeinerung“* und *„Systematik“* bindet (siehe Wygotski, L. S., 1977: Denken und Sprechen. Frankfurt a. M., S. 202ff (1934)).

Reim 7 Ding, dang, dong,
sching, schang **sching, schang, dong.**

Reim 8 Wulle, wulle, mink mank,
ene bene, pink **wulle, wulle, mink, pank.**

Reim 9 Mio, mio, morle,
nero, nero **mio, mio, rorle**

Reim 10 Olenko elo padeia,
tirle, tirle **opengo.**

Markus (K19) ist 5,9 Jahre und besucht einen Kindergarten mit Halbtagsbetreuung in Hamburg. Auch er hat alle Reime beendet, davon jedoch nur drei gereimt (Reim 1, 4, 8). Zwei Reime, die von ihm korrekt beendet wurden, können im Rahmen dieser Untersuchung als eher leicht zu ergänzen beurteilt werden, da sie von der Mehrheit der Kinder richtig beendet werden konnten (Reim 1 wurde von 25 Kindern und Reim 4 von 23 Kindern richtig beendet). Auch Markus bereitet es scheinbar keine Mühe, für diese Reime ein passendes Reimwort zu finden. Anders verhält es sich mit den übrigen sieben Reimen, von denen er vor allem die inhaltsvollen Reime (Reim 2, 3, 5) ausschließlich inhaltlich ergänzt. So werden von ihm der zweite Reim mit dem Wort < Schwein >, der dritte mit dem Wort < Loch > und der fünfte mit dem Wort < Katze > ergänzt - alle Ergänzungen deuten eine ausschließlich inhaltsbezogene Orientierung an, ohne Berücksichtigung des lautlichen Aspektes. Es zeigt sich an dieser Stelle wiederum, dass Reime, die eine semantische Entschlüsselung nahe legen, von den Kindern auch semantisch ergänzt werden, während kunstsprachliche Reime eher eine Auseinandersetzung mit dem sprachlichen Material evozieren.

Die sinnleeren Reime (Reim 6 bis 10) werden von Markus vor allem nach dem Prinzip der Wiederholung komplettiert. Die Art und Weise, in der er hier die Wiederholungen gestaltet, unterscheidet sich jedoch von den bisher beobachteten Wiederholungsstrategien. Während Hale, Anne und Timo einzelne Wörter wiederholen, wobei entweder das zuletzt gehörte Wort oder das erste Reimwort von ihnen noch einmal gesprochen wird, reproduziert Markus ganze Verszeilen. Hat er die ersten Reime noch lediglich um ein Wort ergänzt, so ändert er diese Strategie mit Beginn der kunstsprachlichen Reime ohne konventionellen Sinngehalt und wiederholt nun Verszeilen. In Reim 6 wiederholt er die Wörter < schnick, schnack > aus der ersten Zeile und das < du > aus der zweiten Zeile und setzt diese zu einem neuen Vers zusammen. Genau anders herum geht er im siebten Reim vor, wo er die Wörter < sching, schang > aus der zweiten Zeile mit dem Reimwort < dong > aus der ersten Zeile kombiniert. Es scheint so, als erinnert Markus einzelne Segmente des vorgesprochenen Reimes und setzt diese dann relativ wahllos zusammen. Dass die von ihm realisierten Kombinationen nicht ganz so wahllos sind, wie es auf den ersten Blick erscheinen mag, wird jedoch deutlich, wenn man sich seine Ergänzungen einmal genauer ansieht. In

Reim 6 signalisiert er mit dem Wort < du > am Ende seiner Ergänzung die Abgeschlossenheit des Reimes. Es wurde bereits darauf verwiesen, dass der sechste Reim eine große Nähe zum Genre der Abzählreime erkennen lässt. Viele dieser Reime enden auf dem Wort < du >, mit dem zugleich angezeigt wird, wer von den Mitspielern/Mitspielerinnen ausscheidet oder ausgewählt ist. Indem Markus die ersten beiden Wörter der ersten Reimzeile (schnick, schnack) und das „du" aus der zweiten Zeile, dem zugleich ein Zeigegestus inhärent ist, miteinander kombiniert, produziert er so etwas wie einen neuen, eigenen Vers, der nun für sich stehen kann. In gleicher Weise verfährt er mit Reim 7, wo er die beiden letzten Wörter der zweiten Zeile (sching, schang) mit dem letzten Wort der ersten Zeile (dong), das zugleich das erste Reimwort darstellt, zu einem neuen „Reim" zusammenfügt. Hier deutet sich zudem eine erste vorsichtige Orientierung in Richtung des ersten Reimwortes an. Indem er das erste Reimwort in seine Ergänzung integriert und es gleichzeitig in einer Endstellung anordnet, nähert er sich dem Prinzip der Endreimbildung. Es zeichnet sich also eine Entwicklung ab, in der sich der Fokus zunehmend auf das key-Wort des Reimes und dessen Komplettierung verschiebt.

Auch die Ergänzung des achten Reimes wird von Markus mit einer Wiederholung eingeleitet; er wiederholt die ersten drei Wörter der ersten Zeile (wulle, wulle, mink), greift dann aber nicht wie zuvor auf die Einfügung eines weiteren Wortes aus dem vorgesprochenen Text zurück, sondern setzt ein neues, korrektes Reimwort ein (pank). In gleicher Weise verfährt er beim neunten Reim (mio, mio, rorle). Auch für Markus hat die Wiederholung damit eine unterstützende Funktion für die Reimbildung, die ihm anfänglich noch fremd ist und folglich nicht gelingt. Schließlich ist es ihm mit Hilfe seiner Wiederholungsstrategie möglich, einen Reim zu bilden. Ähnlich wie Schreibanfänger und -anfängerinnen das zu schreibende Wort laut vor sich hin sprechen, um das Lautbild in ein Schriftbild zu transferieren, spricht Markus die Reime bzw. Teile der Reime laut nach, um auf diesem Wege ein Reimwort zu finden. Dass ihm dies nur zweimal glückt, spricht dafür, dass Markus bislang nur wenige Erfahrungen mit lyrischer bzw. gereimter Sprache sammeln konnte.[388] Er scheint am Anfang einer Entwicklung zur „phonologischen Bewusstheit im weiteren Sinne" zu stehen. Dennoch zeigen auch seine Reimergänzungen bereits eine Orientierung an der phonologischen Struktur der Sprache. Sichtbar wird dies noch einmal beim zehnten Reim, bei dem Markus das Wort < olenko > in < opengo > verwandelt. Er scheint also erkannt zu haben, dass

[388] Die Angaben der Eltern - die ihm Rahmen des ersten empirischen Teils der Studie beide einen Fragebogen ausgefüllt haben - deuten darauf hin, dass die Realisierung von Kinderlyrik in Markus' Familie in erster Linie durch die Mutter gewährleistet wird. Sie gibt an, dass das Sprechen von Reimen und Versen in ihrer Familie sehr wohl eine Rolle spielt. Anhand der genannten lyrischen Ausdrucksformen kann jedoch resümiert werden, dass Kinderlyrik in dieser Familie zwar eine Rolle spielt, aber nicht in exponierter Weise; es ist auch hier eine Beschäftigung, die vor allem alltagsbegleitend und unbewusst stattfindet.

die Reimbildung auf einer minimalen Veränderung eines bestimmten Wortes beruht und dort zumeist die Variation eines oder mehrerer Konsonanten betrifft, während die Vokale meist unverändert bleiben. Dieses Reimprinzip hat er hier umgesetzt, wenn auch am „falschen“ Wort. Darüber hinaus zeigt sich in seiner Ergänzung eine allmähliche Verschiebung seiner Aufmerksamkeit auf eher sprachstrukturelle Aspekte der Reimbildung, denn er berücksichtigt die dreisilbige Struktur des ersten Reimwortes (pa-dei-a), indem er ebenfalls ein dreisilbiges Wort (o-len-ko) bildet. Unabhängig von der Richtigkeit des Reimwortes in Bezug auf den Endreim ist dies als eine erste Annäherung an die formalen Prinzipien von gereimter Sprache zu verstehen.

Markus' Reimergänzungen - insbesondere die der inhaltsleeren Reime - weisen darauf hin, dass er mit dem spielerischen Umgang mit Sprache weniger vertraut ist als z.B. Hale, Anne und Timo.[389] Deutlich wird aber auch, dass Markus eine eigene Strategie hat, um sich allmählich das Prinzip der Reimbildung zu erschließen. Er geht dabei insofern (sprach-)analytisch und strategisch vor, als er seine Wiederholungen sukzessive variiert, bis er schließlich ein Reimwort findet.

e) Saskia (K24) 4,2 Jahre

Reim 1	Muh, muh, muh, ruft im Stall die **Kühe.**
Reim 2	Morgens früh um sechs kommt die kleine **sechs.**
Reim 3	Drei kleine Mäuschen, die wohnen in einem **Häuschen.**
Reim 4	Jetzt ist's aus, da rennt eine **Maus.**
Reim 5	Bim, bam, beier, die Katz' mag keine **Beier.**
Reim 6	Schnick, schnack, schneck, gleich bist du **peck.**
Reim 7	Ding, dang, dong, sching, schang **die Mäuse sind vergangen.**
Reim 8	Wulle, wulle, mink mank, ene bene, pink **die Maus ist rausgegangen.**

[389] Auch hier offenbaren die elterlichen Fragebögen - von Anne und Timo liegen jeweils beide Elternfragebögen vor, während Hales Eltern sich nicht an der Erhebung beteiligten - eine weibliche Traditionslinie in der Realisierung von Kinderlyrik. Während in Annes Familie die Umsetzung sprachspielerischer Elemente keine so große Rolle spielt - ihre kinderlyrischen Erfahrungen scheinen sich aus dem Kindertagesheim, das sie besucht, zu rekrutieren - werden in Timos Familie in vielfältiger Weise literarische und lyrische Ausdrucksformen realisiert.

Reim 9 Mio, mio, morle,
nero, nero **die Maus ist raus.**

Reim 10 Olenko elo padeia,
tirle, tirle **die Peia ist raus.**

Saskia (K24) ist zum Zeitpunkt der Untersuchung 4,2 Jahre alt und besucht ebenfalls einen Kindergarten.[390] Auch sie hat alle Reime beendet, davon fünf gereimt (Reim 2, 3, 4, 5, 6) und fünf nicht gereimt (Reim 1, 7, 8, 9, 10). Gleich der erste Reim wird von ihr mit dem Wort < Kühe > nicht gereimt beendet. Trotz fehlerhafter Syntax (ruft im Stall die Kühe) deutet diese Antwort auf eine eher semantische Orientierung hin, bei der die lautliche Seite des Gehörten unbeachtet bleibt. Aber bereits mit dem zweiten Reim wandelt sich Saskias Umgang mit dem Sprachmaterial von einer inhaltsbezogenen zu einer sprachstrukturellen Form der Auseinandersetzung, denn sie formuliert ihre Reimergänzung als Wiederholung des Reimwortes (sechs-sechs) - wie wir es bereits bei Hale und Timo beobachten konnten. Auch hier scheint die Wiederholung des Reimwortes eine stabilisierende Funktion im kindlichen Umgang mit der Materialität von Sprache zu haben und eine erste Annäherung an die strukturellen Eigenschaften von Sprache darzustellen. Saskia entscheidet sich für die Wiederholung des Wortes < sechs >, obwohl sie damit nicht dem Inhalt des Reimes gerecht wird; sie stellt also keinen Sinnzusammenhang her, sondern wandelt - ganz im Gegenteil - den inhaltsvollen Reim in einen sinnleeren Reim. Dies ist ein Indiz für die Fokusverschiebung, die von Reim 1 zu Reim 2 stattgefunden hat und mit der ein zunehmend analytischer Umgang mit dem Sprachmaterial einhergeht.

Mit den Ergänzungen zum dritten und vierten Reim gelingt es Saskia nun auch, die Reime korrekt, d.h. gereimt zu beenden. Sie wählt für die dritte Reimergänzung die Diminutivform < Häuschen > und für die vierte die Grundform < Maus > und realisiert damit eine inhaltliche sowie phonologische Komplettierung. Dies ist ein Indiz dafür, dass ihr die grundlegenden Reimmerkmale - wie z.B. Variation und Rhythmus - zur eigenen Reimbildung zur Verfügung stehen und sie darüber hinaus in der Lage ist, auch auf den Inhalt der Reime in ihren Antworten Bezug zu nehmen. Erst mit dem fünften Reim wird ihr erworbenes Wissen wieder vor eine neue Schwierigkeit gestellt, da nunmehr erstmals kunstsprachliche Wörter auftreten, die keinen konventionellen Sinn transportieren. Um den Reim fortsetzen zu können, muss sie ihre Strategie ändern; dies tut sie, indem sie wieder auf das Prinzip der Wiederholung zurückgreift. Sie wiederholt ein zweites Mal das Reimwort (beier-Beier) und entscheidet sich damit wiederum für eine sprachstrukturelle Umgangsweise. Da sie bereits ein zweites Mal die Wiederholungsstrategie erfolgreich angewandt hat, ist es zunächst verwunderlich, dass sie in den nun folgenden Reimergänzungen darauf verzichtet.

[390] Saskias Eltern haben nicht an der Fragebogenerhebung teilgenommen.

Es ist daher anzunehmen, dass die Wiederholung für sie vor allem eine stützende und stabilisierende Funktion hat, aber noch nicht die erfolgreiche Bewältigung der gestellten Aufgabe darstellt. Sie fungiert vielmehr als eine Art Wegbereiter für den Umgang mit der Materialität von Sprache und wird deshalb situativ und problemorientiert eingesetzt. Dies trifft auch auf den fünften Reim zu, für den Saskia ebenfalls die Wiederholung des Reimwortes realisiert und sich damit der zentralen Funktion des ersten Reimwortes versichert, um dann beim sechsten Reim ein geeignetes Reimwort zu finden (schneck-peck). Damit hat sie bis zu diesem Punkt des Reimspiels „gelernt“[391], Reime mit Endreim wahrzunehmen (auf der rime-Ebene), das Reimwort aus dem Textganzen zu isolieren, bei ihren Antworten auf den Inhalt der Texte zu referieren (bei den inhaltsvollen Reimen), die dinstinktiven lautlichen Einheiten zu erkennen und durch Variation des Anfangskonsonanten (onset-Ebene) Reime zu bilden. Sie verfügt damit über vielfältige Teilfertigkeiten im Umgang mit lyrischen Texten und damit verbunden über sprachliche und kognitive Wissensstrukturen im Kontext von impliziter Metasprachlichkeit.

Im Reimspiel mit Saskia vollzieht sich mit dem siebten Reim ein Bruch; während bis dahin eine sukzessive Annäherung an die lautliche Dimension der Reime stattgefunden hat, scheinen ihre Antworten von nun an losgelöst von der Aufgabenstellung zu erfolgen. Sie formuliert Sätze als Ergänzungen, die kaum noch einen Bezug zum Vorgesprochenen erkennen lassen (die Mäuse sind vergangen/die Maus ist rausgegangen/die Maus ist raus/die Peia ist raus). M. E. erklärt sich dieser Bruch mit dem Wechsel von den sinnvollen zu den sinnleeren Reimen. Die Reime 1 bis 6 waren für Saskia semantisch dekodierbar und ergaben folglich einen Sinn; diese Sinnherstellung gelingt ihr für die Reime 7 bis 10 nicht mehr, weshalb sie versucht, selbst einen Sinn herzustellen. Dabei lässt sich von Reim 7 zu Reim 10 eine Entwicklung nachzeichnen, die erst auf den zweiten Blick eine sprachlogische Struktur erkennen lässt. Saskia wählt die < Maus > als Bezugspunkt für ihre Antworten und gestaltet die folgenden Sätze (Reim 7 bis 9) mit Hilfe dieser zentralen Figur. Die Reime 7 und 8 beinhalten lediglich eine Variation; „die Mäuse sind vergangen“ ändert sich in „die Maus ist rausgegangen“. Es handelt sich um eine Änderung auf der syntaktischen und damit verbunden auch auf der semantischen Ebene. Aber auch eine lautliche Sensibilisierung deutet sich in Reim 8 bereits an, denn der von Saskia konzipierte Satz beinhaltet einen „Quasi-Reim“, sozusagen einen versteckten Reim, den sie

[391] Lernen stellt im Sinne Wygotskis einen bewussten Aneignungs- und Vermittlungsprozess (Lehren) im Kontext von Entwicklung dar und ist demzufolge mit dem Prozess der Bewusstwerdung verbunden (Wygotski, L. S., 1977, S. 211ff). M. E. bewegt sich Saskia - wie auch die anderen Kinder dieser Untersuchung - genau zwischen impliziter und expliziter Bewusstheit, wenn sie sich prävalente Reimmerkmale spielerisch aneignet. Ihr Lernen findet jedoch im Rahmen der Reimspiele überwiegend unbewusst statt und kann deshalb nicht mit dem wygotskischen Lernbegriff beschrieben werden.

schließlich in Reim 9 durch Reduzierung des Satzes umsetzt: aus „die Maus ist rausgegangen“ wird nun „die Maus ist raus“. Saskia verwirft also einerseits das von der Untersucherin vorgesprochene Textmaterial, mit dem sie in diesem Moment scheinbar nur wenig anzufangen weiß und kreiert ihre eigenen „Reime“. Auf dem Weg dahin erarbeitet sie sich durch Variation und Reduktion schließlich einen echten Reim (Die Maus ist raus). Das ist eine enorme Leistung, die ihr operative und sprachanalytische Kompetenzen auf der Satz-, Silben- und onset-rime-Ebene abverlangt. Nachdem es ihr nun gelungen ist, einen Reim zu bilden, versucht sie in der Ergänzung zu Reim 10 daran festzuhalten, indem sie die Satzstruktur beibehält und das Wort < Maus > in < Peia > umwandelt (die Peia ist raus). Damit ist zwar ihr eigener Reim wieder aufgelöst, doch ein neuer Reim gebildet, der nun auch wieder auf das vorgesprochene Textmaterial Bezug nimmt, denn < Peia > ist die korrekte Reimergänzung zu dem Reimwort < padeia >, die in der Untersuchung noch von zwei weiteren Kindern (K13 und K27) gewählt wurde.

In Saskias Reimergänzungen lassen sich zwei grundlegende Umgangsweisen differenzieren; zum einen solche, die sich vom vorgegebenen Textmaterial leiten lassen (Reim 1, 2, 3, 4, 5, 6, 10) und zum anderen solche, die eine eigene Reimgenese, unabhängig vom Textmaterial, präferieren (Reim 7, 8, 9, 10)[392]. Ein Prinzip, das Saskia für beide Formen des Umgangs anwendet, ist das der Wiederholung, die anscheinend eine unterstützende Funktion in Bezug auf die Entwicklung sprachanalytischer Fähigkeiten in der Auseinandersetzung mit lyrischer bzw. gereimter Sprache einnimmt. Die Wiederholung ist demzufolge ein Mittel für einen experimentellen Sprachgebrauch und ermöglicht dadurch eine allmähliche Annäherung an die materiellen Eigenschaften von Sprache. Von Saskia werden zwei Arten von Wiederholungen, die im Zusammenhang mit textabhängigen und textunabhängigen Umgangsformen zu sehen sind, eingesetzt. Die textabhängigen Wiederholungen sind Wiederholungen des Reimwortes und die textunabhängigen sind Wiederholungen der Satzstruktur, der von Saskia produzierten Sätze. Welche Funktion die Wiederholung für die Entwicklung der phonologischen Bewusstheit hat, wird in Kapitel 3.2.4 noch einmal ausführlich dargestellt.

f) Henning (K 26) 4,11 Jahre

Reim 1 Muh, muh, muh,
ruft im Stall die **Kuh.**

[392] Die Ergänzung zu Reim 10 nimmt hier eine Zwischenposition ein, da sie eine Orientierung am vorgesprochenen Textmaterial sowie die Fortsetzung der textunabhängigen Reimbildung präsentiert.

Reim 2	Morgens früh um sechs kommt die kleine **Katze.**
Reim 3	Drei kleine Mäuschen, die wohnen in einem **Häuschen.**
Reim 4	Jetzt ist's aus, da rennt eine **Katz.**
Reim 5	Bim, bam, beier, die Katz' mag keine **Beier.**
Reim 6	Schnick, schnack, schneck, gleich bist du **schnack.**
Reim 7	Ding, dang, dong, sching, schang **schong.**
Reim 8	Wulle, wulle, mink mank, ene bene, pink **pank.**
Reim 9	Mio, mio, morle, nero, nero **worle.**
Reim 10	Olenko elo padeia, tirle, tirle **pirle.**

Henning (K26) ist 4,11 Jahre alt und wird ebenfalls halbtags in einem Kindergarten der Stadt Hamburg betreut.[393] Er hat alle Reime beendet - sechsmal gereimt und viermal nicht gereimt. Während er den ersten Reim auf Anhieb korrekt beendet (muh-Kuh), wählt er für den zweiten Reim eine semantische Ergänzung ohne Reim (sechs-Katze). Hier scheint er sich in erster Linie am Inhalt des Gehörten zu orientieren, der für ihn die dominante Eigenschaft des Textes darstellt. Erst im dritten Reim ist es ihm möglich, semantische und lautliche Aspekte miteinander zu verbinden (Mäuschen-Häuschen). Dennoch scheint bei ihm eine inhaltsbezogene Ausrichtung zu überwiegen, dies wird auch an seiner Ergänzung des vierten Reimes deutlich, die wiederum inhaltlich korrekt und dabei ungereimt ist (aus-Katz'). Trotz der Fokussierung des Inhalts ist Hennings Ergänzung zum vierten Reim auch das Ergebnis der Wahrnehmung und Diskrimination von phonologischen Qualitäten. Er hat erkannt, dass < aus > das key-Wort ist, zu dem er eine Ergänzung finden muss und darüber hinaus registriert, dass es sich dabei um ein einsilbiges Wort handelt. In seiner Antwort berücksichtigt er dies, indem er den Zweisilber < Katze > zu einem einsilbigen Wort < Katz' > verkürzt. Henning agiert hier also im Feld von silbischer und lautlicher Wahrnehmung und hat damit wesentliche Reimmerkmale, wie Rhythmus, Klang und Wortstruktur (des Reimwortes), umgesetzt.

[393] Im Rahmen der Fragebogenerhebung wurde von Hennings Mutter ein Fragebogen beantwortet, während sein Vater sich nicht an der Erhebung beteiligt hat. Die Antworten der Mutter deuten darauf hin, dass Henning sich in einem Setting bewegt, in dem literarische und schriftsprachliche Vorlieben das familiale Miteinander prägen. Der Anteil an kinderlyrischen Ausdrucksformen ist jedoch im Vergleich zu anderen familialen Interaktionen eher gering.

Henning entscheidet sich beim fünften Reim - wie zuvor schon Timo und Saskia - für die Wiederholung des ersten Reimwortes (beier-Beier), nachdem der Reim ihm zweimal vorgesprochen wurde. Dabei ist die Notwendigkeit des zweimaligen Hörens als ein Hinweis auf die Schwierigkeit zu verstehen, die dieser Reim, der sich aus inhaltlichen und kunstsprachlichen Wörtern zusammensetzt, einigen Kindern bereitet. Vor diesem Hintergrund kann die vom Kind realisierte Wiederholung hier als sprachliche und emotionale Stütze bewertet werden, die ihm die nötige Sicherheit für nachfolgende Antworten bietet.

Den sechsten Reim beendet Henning nicht gereimt, aber er übernimmt die Struktur des Stimuluswortes und arbeitet mit dem Mittel der Variation, um ein „passendes" Reimwort einzusetzen (schneck-schnack). Gleichzeitig stellt das von ihm produzierte Wort eine Wiederholung des zweiten Wortes aus der ersten Reimzeile dar, so dass nicht ganz eindeutig ist, ob es sich eher um eine Variation des Reimwortes oder um eine Wiederholung handelt. Geht man davon aus, dass es sich um eine Variation handelt, so ist dies ein Indiz für Hennings Kenntnisse darüber, dass die Variation ein wesentliches Mittel zur Reimbildung ist. Er verändert den rime des Reimwortes (< eck > wird zu < ack >) und lässt den onset unverändert (< schn >). Da der Endreim in kinderlyrischen Texten aber zumeist auf vokalischen Gleichklängen und konsonantischen Variationen beruht - also der onset verändert und der rime nicht verändert wird - gelingt es Henning hier nicht, einen Reim zu bilden. Dennoch zeigt seine Antwort, dass er bereits erste Kenntnisse über die Reimbildung durch Variation des Reimwortes besitzt. Bestätigt wird diese Annahme durch seine Ergänzung des siebten Reimes, in der er das Mittel der Variation korrekt anwendet (dong-schong). Während Reim 6 scheinbar noch dazu gedient hat, sich allmählich an das Phänomen der Variation heranzutasten, kann er sein bis dahin erworbenes Wissen nun erfolgreich umsetzen. Dass Henning auch in Reim 8 und 9 mit der Variation des Anfangskonsonanten auf der onset-rime-Ebene arbeitet, zeigt, dass er das soeben erworbene Wissen nun konsequent einsetzt. Dies gilt auch für den zehnten Reim, den er nicht gereimt beendet. Hier variiert er den Anfangskonsonanten des zuletzt gehörten Wortes (tirle-pirle), wendet also das Prinzip der onset-Variation richtig an, orientiert sich dabei jedoch am „falschen" Wort. Der Reim auf das zuletzt gehörte Wort ist dabei m. E. ein Phänomen, welches sich mit der komplexen Struktur des zehnten Reimes und den daraus entstehenden erhöhten Gedächtnisanforderungen erklären lässt. Die Kunstsprachlichkeit der hier verwendeten Wörter erschwert das Erinnern, was bei Henning und einigen anderen Kindern eine Reimergänzung zu dem zuletzt gehörten Wort evoziert.

Nachdem Hennings Reimergänzungen zunächst vor allem inhaltsbezogen waren (Reim 1, 2, 3, 4), richtet sich sein Fokus ab dem fünften Reim zunehmend auf den phonologischen Aspekt der Texte. Das lässt den Schluss zu, dass die inhaltsvollen Reime auch bei ihm eher eine semantische Orientierung bewirken, während die inhaltsleeren, kunstsprachlichen Reime in zunehmendem Maße ein Spiel mit dem Sprachmaterial offerieren. Dabei hat sich gezeigt, dass die Wiederholung des Reimwortes eine sprachliche und emotionale Basis schafft, auf der dann gewagtere Sprachproduktionen stattfinden können.

3.2.4 Das Prinzip der Wiederholung in der kindlichen Auseinandersetzung mit gereimter Sprache

Bevor der Blick sich abschließend noch einmal auf die kindlichen Fähigkeiten im spielerischen Umgang mit lyrischer Sprache richtet und die Reimergänzungen der Kinder als ein Handeln im Feld von Metasprachlichkeit diskutiert werden, soll an dieser Stelle das Prinzip der Wiederholung als ein Mittel der (meta-)sprachlichen Auseinandersetzung näher beleuchtet werden. In der Betrachtung der kindlichen Reimergänzungen ist deutlich geworden, dass einige Kinder in bestimmten sprachlichen Kontexten Wiederholungen realisieren und sich dadurch dem Prinzip der Reimbildung annähern. Die verschiedenen Arten der Wiederholung dienen dabei der mnemotechnischen und sprachstrukturellen Orientierung im produktiven Umgang mit kinderlyrischer Sprache. Es lassen sich zwei Wiederholungstypen unterscheiden: 1. die Wiederholung des zuletzt gehörten Wortes und 2. die Wiederholung des ersten Reimwortes (key-Wortes), wobei die Art und Weise der Umsetzung Rückschlüsse auf die sprachliche Funktion des jeweils angeandten Wiederholungsprinzips zulässt. Eine dritte Form der Wiederholung, die sich als Kombination von Wörtern aus der ersten und zweiten Reimzeile präsentiert, wurde in dieser Untersuchung nur von einem Kind (K19) realisiert und kann deshalb als eine eher individuelle Form der Aneignung des Reimprinzips beurteilt werden. Sie wurde bereits im Rahmen der Einzelanalysen erläutert und wird deshalb in der folgenden Darstellung nicht noch einmal vorgestellt.

1. Wiederholung des zuletzt gehörten Wortes

Eine Wiederholung des zuletzt gehörten Wortes ist von den Kindern insgesamt viermal (bzw. fünfmal)[394] für die Reime 8 und 10 realisiert worden. Es handelt sich dabei um Reime, die besonders hohe sprachliche und kognitive Anforderungen an die Kinder stellen und deshalb im Vergleich zu den übrigen Reimen weniger häufig gereimt beendet werden konnten (siehe hierzu Tab. 22). Dies gilt insbesondere für Reim 8, der viermal gar nicht beendet werden konnte

[394] Ein Kind beendete den Reim mit einer Kombination aus Wiederholung des zuletzt gehörten Wortes und anschließender Einfügung eines korrekten Reimwortes (pink pank). Hier wurde das Prinzip der Wiederholung zwar realisiert, dabei aber durch die zusätzliche Ergänzung des Reimwortes erweitert (siehe auch Tab. 20a und 20b, S. 170 und 171).

und deshalb im Nachhinein auch als der schwierigste Reim des Reimspiels eingestuft wird.

Die Wiederholung des zuletzt gehörten Wortes kann in Bezug auf die Reime 8 und 10 als unmittelbare Konsequenz der kindlichen Gedächtnisleistungen, die im Umgang mit kunstsprachlichen Reimen besonders gefordert sind, verstanden werden. Kindern, die das zuletzt gehörte Wort wiederholen, bereitet es scheinbar noch Mühe, den ganzen Vers zu erinnern, so dass sie auf die Wiederholung des Wortes zurückgreifen, welches ihnen im Gedächtnis geblieben ist. Deutlich wird an dieser Form der Wiederholung auch die fehlende Diskrimination des ersten Reimwortes als so genanntes key-Wort des Reimes. Mit der Wiederholung des zuletzt gehörten Wortes realisieren die Kinder keinen Reim, schließen jedoch auch eine semantische Ergänzung aus und versuchen so, die sprachliche Struktur des Reimes aufzugreifen und in ihre Antwort zu transferieren. Die Aufmerksamkeit der Kinder richtet sich also sehr wohl auf die phonologische Struktur des Gehörten; das wird in ihren Antworten deutlich. Ihnen gelingt es jedoch noch nicht, selbst ein kunstsprachliches Reimwort, das sich an der vorgegebenen Lautstruktur orientiert, zu produzieren, da sie das Schlüsselwort des Reimes nicht erkennen oder nicht erinnern. Gleichzeitig scheinen sie aber ein Gespür dafür zu haben, dass hier keine semantische Ergänzung gefordert ist und greifen deshalb auf die Wiederholung des zuletzt gehörten Wortes zurück. Dahinter verbirgt sich m. E. eine erste Kompetenz zur Differenzierung von phonologischen und semantischen Aspekten von Sprache, welche eine Umsetzung unbewusster Wissensstrukturen impliziert. Darüber hinaus scheint die Wiederholung des zuletzt gehörten Wortes eine Hilfsfunktion in der kindlichen Aneignung des Reimprinzips zu erfüllen, indem sie den Kindern eine vorläufige Erleichterung und Sicherheit im Umgang mit kunstsprachlichen Reimen zugesteht. Zudem ist ihnen das Mittel der Wiederholung aus anderen Erfahrungen mit lyrischer Sprache vertraut - z.B. durch das Singen von Kinderliedern, die oftmals redundante Textstellen aufweisen -, so dass sie auf die Realisierung einer Wiederholung als mögliche Antwort-Alternative zurückgreifen. Sie wahren damit die Kunstsprachlichkeit des Textes und haben zugleich die erste Hürde im Umgang mit dieser Art von Laut-Lyrik genommen. Von den drei Kindern, die für den achten Reim eine Wiederholung des zuletzt gehörten Wortes realisieren (K3, K 12, K16), gelingt es schließlich zwei Kindern, die nachfolgenden Reime mit einem korrekten Reimwort zu beenden (K12, K16). Hier hat die Wiederholung vor allem eine Annäherung an die strukturellen Merkmale des Reimes bewirkt und ist damit für diese Kinder ein Wegbereiter in die erfolgreiche Reimbildung. Anders verhält es sich beim dritten Kind (K3), das mit seiner Wiederholung keinen Raum für anschließende korrekte Reimbildungen schaffen kann und zwischen beiden Strategien hin und her pendelt. Für ihn scheint die Wiederholung in erster Linie eine emotionale Stabilisierung darzustellen und noch nicht so sehr die Aneignung der Prinzipien der Reimbildung zu forcieren. Dieses Kind befindet sich sozusagen

auf einer Vorstufe der Fähigkeit zur Reimbildung; das wird auch aus seinen übrigen Reimergänzungen deutlich, von denen nur eine einen korrekten Reim beinhaltet.
Eine bereits fortgeschrittene bzw. modifizierte Form der Wiederholung wurde von einem Kind (K16) realisiert, welches zunächst das zuletzt gehörte Wort nachspricht, dieses aber durch ein passendes Reimwort komplettiert (pink pank). Während die übrigen Kinder sich an dieser Stelle mit der Wiederholung des zuletzt gehörten Wortes begnügen und erst im darauf folgenden Reim ein Reimwort einfügen, evoziert die Wiederholung bei diesem Kind unmittelbar die Reimbildung. Es ist anzunehmen, dass die Wiederholung hier eine mnemotechnische Funktion hat, die vor allem dem Erinnern der rhythmischen Gliederung des Gehörten dient. Das Kind orientiert sich neben der lautlichen Gestaltung am Rhythmus der Sprache und variiert folglich eine rhythmische Einheit (mink mank-pink pank) anstelle eines einzelnen Wortes.

2. Wiederholung des ersten Reimwortes

Eine zweite Variante der Wiederholung ist die Wiederholung des Reimwortes (key-Wortes), die insgesamt 13-mal (für die Reime 1, 2, 5, 6, 7, 9) von den Kindern realisiert wurde. Auch sie scheint eine unterstützende Funktion im Hinblick auf die kindliche Auseinandersetzung mit gereimter Sprache zu haben, denn mit der Wiederholung des ersten Reimwortes ist es auch denjenigen Kindern, die kein eigenes Reimwort finden, möglich, einen Reim korrekt zu ergänzen. Bestätigt wird diese Hypothese durch die Verteilung dieser Art der Wiederholung auf die inhaltsvollen und inhaltsleeren Reime; während für die inhaltsvollen Reime nur dreimal die Wiederholung des ersten Reimwortes gewählt wurde, konnten die inhaltsleeren, kunstsprachlichen Reime zehnmal mit Hilfe einer solchen Wiederholungsstrategie beendet werden. Die Wiederholung des Reimwortes ist demzufolge vor allem bei kunstsprachlich strukturierten Reimen ein Mittel zur „vorläufigen" Reimbildung, auf das die Kinder zurückgreifen, wenn ihnen keine geeigneten sprachlichen Alternativen zur Verfügung stehen.

Die Wiederholung des ersten Reimwortes vollzieht sich m. E. auf einer höheren kognitiven Ebene als die des zuletzt gehörten Wortes, die zwar eine Orientierung an den phonologischen und strukturellen Eigenschaften der Sprache andeutet, jedoch das „eigentliche" Reimwort nicht berücksichtigt. Indem nun auch das key-Wort des Reimes von den Kindern wahrgenommen wird, hat im Gegensatz zur ersten Form der Wiederholung eine zusätzliche Fokusverschiebung stattgefunden, die einen weiteren Schritt im Aneignungsprozess des Reimprinzips darstellt. Die Diskrimination des Schlüsselwortes ist hierbei eine erforderliche Teilleistung im Rahmen der Entwicklung einer „phonologischen Bewusstheit im weiteren Sinne". Im Verlauf der Untersuchung zur Reimfähigkeit im Vorschulalter konnte dennoch kein Zusammenhang zwischen dem ersten und dem zweiten Wiederholungstyp festgestellt werden. Dies war lediglich bei einem Kind der Fall (K11) - welches zunächst eine Wiederholung des zuletzt gehörten Wortes und im Anschluss daran eine Wiederholung des ersten Reimwortes realisierte -, so dass hier von einem Einzelfall ausgegangen werden muss. Die Wiederholung des zuletzt gehörten Wortes ist der Wiederholung des ersten Reimwortes also nicht vorausgeschaltet und stellt damit keine Vorform bzw. Vorstufe für die zweite Form der Wiederholung dar. Dennoch kann davon ausgegangen werden, dass die zweite Wiederholung auf einem höheren kognitiven Niveau stattfindet als die erste, da die Diskrimination des Reimwortes einen zusätzlichen und abstrakteren Akt der Metasprachlichkeit - neben der lautlichen und sprachstrukturellen Orientierung - beinhaltet.

Die Analyse der kindlichen Reimergänzungen haben gezeigt, dass das Prinzip der Wiederholung - erster oder auch zweiter Art - mnemotechnische, emotionale und sprachliche Funktionen in der Auseinandersetzung mit gereimter Sprache erfüllt. Auf der Ebene des Gedächtnisses signalisiert die Wiederholung eine Orientierung an dem bereits Gehörten und dient der *„Gedächtnisstabilisierung“*[395] (mnemotechnische Funktion), die dem Kind zugleich eine gewisse Sicherheit für nachfolgende Spiele mit dem sprachlichen Material bietet (emotionale Funktion). Das Wiederholungsprinzip beinhaltet dabei bereits eine frühe Form der sprachlichen Auseinandersetzung, indem sich das Augenmerk der Kinder vornehmlich auf die phonologischen und wortspezifischen - bezogen auf das erste Reimwort - Determinanten richtet (sprachliche Funktion). Anders als in den semantischen Ergänzungen - mit und ohne Reim - wird mit der Wiederholung vor allem der Materialcharakter der Sprache fokussiert und es ist anzunehmen, dass dadurch primäre Kompetenzen im Spiel mit Sprache erworben werden. Dies gilt insbesondere für die kunstsprachlichen Reime, die eine sprachspielerische Form der Auseinandersetzung in verstärktem Maße evozieren und damit auch für die Entwicklung einer „phonologischen Bewusstheit im engeren Sinne“ relevant sein dürften.

Mit der Realisierung des Wiederholungsprinzips greifen die Kinder ein Element der Kinderlyrik auf, welches ihnen in traditionellen wie in modernen lyrischen Ausdrucksformen begegnet (vgl. Kap. 1.3.2). Vor dem Hintergrund der Oralitäts-Literalitäts-Frage verweist die Wiederholung auf zwei divergente Sprachmodalitäten: 1. auf ein mündliches Setting, in dem sich das lyrische Sprechen ereignet und 2. auf eine sprachästhetische Dimension, bei der (lyrische) Sprache zum Gegenstand spielerischer Aktivitäten wird. Damit symbolisieren die vom Kind gewählten Wiederholungsstrategien einerseits ein Agieren im Bereich von

---

[395] Vahle, F. (1992a): Kinderlied. Erkundungen zu einer frühen Form der Poesie im Menschenleben. Weinheim; Basel, S. 153.

medialer Mündlichkeit - im Sinne einer *„elaborierten Mündlichkeit“*[396]. Andererseits spricht der sprachästhetische Umgang mit den Texten, der sich in Bezug auf deren Materialität vollzieht, für einen metasprachlichen Entwicklungsprozess in Richtung einer frühen Form von Literalität. Die Kinder bewegen sich somit zwischen den Polen Mündlichkeit und Schriftsprachlichkeit.

3.2.5 Kindliche Sensibilität für die lautliche Dimension von Sprache

Das Reimen ist eine der frühsten Tätigkeiten im spielerischen Umgang des Kindes mit der Sprache. Bereits Kinder im Vorschulalter erproben im Spiel mit Sprache die sozial determinierten und sprachlichen Konventionen, die ihnen seitens der Erwachsenenwelt aufgezeigt werden.[397] Inwieweit die kindliche Reimfähigkeit als Indiz für „phonologische Bewusstheit im weiteren Sinne“ betrachtet werden kann, habe ich versucht zu verifizieren. Dabei wurde die Fähigkeit zur Reimbildung als eine Komponente früher metasprachlicher Kompetenz eingestuft, die sich in Abhängigkeit zur kognitiven und primärsprachlichen Entwicklung des Kindes generiert.

Im Verlauf der Auswertung der kindlichen Reimergänzungen hat sich die sprachliche Konstruktion der Aufgaben, die von den Kindern gelöst werden sollten, als signifikant erwiesen, denn je nach Aufgabentyp - inhaltsvoll oder inhaltsleer bzw. kunstsprachlich - unterscheiden sich die Antworten der Kinder. Reime, die von den Kindern semantisch dekodiert werden konnten, wurden von ihnen auch mehrheitlich semantisch ergänzt, während kunstsprachliche Reime größtenteils lautsprachlich und ohne Bedeutungsbezug ergänzt wurden. Zu beobachten war außerdem, dass eine semantische Orientierung selten zu einer korrekten Reimbildung geführt hat; hier scheint die Aussage den Text zu stark zu dominieren. Anders verhält es sich bei den kunstsprachlich konstruierten Reimen, die von der Mehrheit der Kinder lautsprachlich bearbeitet und gereimt beendet wurden. Entscheidend für die Art der kindlichen Auseinandersetzung ist also auch das sprachliche Material, das den Kindern angeboten wird. Das ist ein Resultat, mit dem bisherige Studien zur frühen Reimfähigkeit von deutschsprachigen Kindern insofern kritisch hinterfragt werden können, als sie ihren Aufgabenformulierungen scheinbar keine Differenzierung zwischen einem semantisch determinierten und einem kunstsprachlich strukturierten Sprachmaterial voranstellen. Deren Feststellung, dass die Reimfähigkeit im Rahmen der Entwicklung einer ontogenetisch frühen phonologischen Bewusstheit bedeutungslos und folglich

---

[396] Koch, P. & Oesterreicher, W. (1994), S. 593.

[397] Es handelt sich dabei häufig um Grenzüberschreitungen, die für die Kinder einen enormen Lustgewinn beinhalten. Die Bedeutung des Lustaspektes in der frühkindlichen Auseinandersetzung mit lyrischer Sprache habe ich bereits an anderer Stelle beschrieben (vgl. Wildemann, A., 2000, hier: S. 72ff).

nicht relevant für die literale Entwicklung von Kindern ist,[398] muss deshalb in Anbetracht der frühkindlichen Leistungen im Umgang mit gereimter Sprache widersprochen werden. Es ist deutlich geworden, dass Kinder im Vorschulalter sehr wohl mit den formalen Prinzipien der Sprache verfahren können. Dies zeigen vor allem die Reimergänzungen zu den kunstsprachlichen Reimen, bei denen die Kinder auf den verschiedenen Levels der *„sound categorization“* agieren. Ihre Ergänzungen lassen sich kategorisieren in die Fähigkeit zur onset-rime-Diskrimination, einer phonologischen Sensibilität und einer Silbenbewusstheit. Es handelt sich dabei insofern um Zustände der Bewusstheit, als es den Kindern gelingt, phonologische und syllabische Differenzierungen zu realisieren. Gleichzeitig bleibt ihr dazu aktiviertes sprachanalytisches und prozedurales Wissen zumeist implizit und unbewusst, da sie nicht reflexiv darauf zurückgreifen (können).

Die kindlichen Reimergänzungen haben gezeigt, dass bereits jüngere Kinder über eine Sensibilität für die Lautseite der Sprache und somit über „phonologische Bewusstheit im weiteren Sinne“ verfügen. Ihr Spiel mit der Materialität von Sprache ist ein Spiel mit den Signifikanten, bei dem die klangliche Assoziation und Selektion einzelner Laute und Lautfolgen im Vordergrund stehen. In diesem Alter dominieren die vokalischen Assoziationsprozesse, die auf vokalischen Assonanzen und konsonantischen Dissonanzen beruhen und damit eine Nähe zu den lyrischen Formen der Kinderliteratur erkennen lassen. Dieses Resultat korreliert mit den bisherigen Untersuchungen zur phonologischen Bewusstheit von Kindern ohne schriftsprachliche Kenntnisse aus dem englischsprachigen Raum, die u.a. von JUSCZYK, KIRTLEY et al. KNAFLE, LENEL & CANTOR durchgeführt wurden (vgl. Kap. 3.2.1).

Wenn Kinder bereits frühzeitig über eine „phonologische Bewusstheit im weiteren Sinne“ verfügen, dann stellt sich die Frage, ob und wie sie diese primären Fähigkeiten für die Entwicklung einer „phonologischen Bewusstheit im engeren Sinne“ nutzen können. Es ist zu vermuten, dass ein intensives Training der primären phonologischen Fähigkeiten des Kindes, bei dem ein Übergang von „phonologischer Bewusstheit im weiteren Sinne“ zu einer „phonologischen Bewusstheit im engeren Sinne“ unter der Perspektive des Schriftspracherwerbs angestrebt wird, die metasprachlichen und kognitiven Kompetenzen von Kindern bereits im Vorschulalter weitaus mehr fördern könnte, als dies bislang der Fall ist. Ein solches Trainingsprogramm zur Förderung der phonologischen Bewusstheit im Vorschulalter haben LUNDBERG & FROST & PETERSEN mit skandinavischen Kindern durchgeführt[399] und sind zu dem Ergebnis gekommen, dass ein intensives Training die metasprachlichen bzw. metaphonologischen Fähigkeiten

---

[398] Vgl. dazu Kap. 3.2.2, S. 164f.

[399] Lundberg, J. & Frost, J. & Petersen, O. P. (1988). Siehe dazu auch Lundberg, I. & Høien, T. (1991).

von Kindern nachhaltig fördert. In ihrem Programm erhielten 235 Kinder über einen Zeitraum von acht Monaten täglich von den Erziehern/Erzieherinnen des Kindergartens Lernstunden mit dem Ziel, die phonologische Struktur der Sprache zu erkennen. Außerdem wurden die Daten von weiteren 155 Vorschulkindern, die als Kontrollgruppe dienten und folglich keinerlei Förderung erhielten, festgehalten, so dass komparative Aussagen hinsichtlich der Entwicklung von phonologischer Bewusstheit getroffen werden konnten. Das Trainingsprogramm begann mit relativ einfachen Hörspielen und einer Periode von Reimspielen (*nursery rhymes*), worauf im Anschluss Spiele zur Silbenwahrnehmung und Phonemidentifikation folgten. Die sprachlichen Fähigkeiten aller Kinder wurden durch einen Pretest und einen Posttest erfasst, die sich aus verschiedenen Subtests zusammensetzten (z.B. „Prereading ability, letter knowledge, language comprehension, vocabulary etc.). Des Weiteren wurde die Langzeitwirkung des Trainingsprogramms überprüft, indem erweiterte Formen des Nachtests im Laufe des ersten und zweiten Schuljahrs wiederholt wurden. LUNDBERG & FROST & PETERSEN kommen schließlich zu folgendem Fazit:

> „We can conclude that metaphonological training over an extensive period of time at preschool level has a positive but selective effect. It does not seem to promote general language comprehension. It does not seem to affect the tendency to learn letters informally. It does affect metaphonological skills, in particular those skills requiring the manipulation of phonems." (Lundberg et al., 1988, S. 277)

In Bezug auf die Langzeitwirkung des Trainings konstatieren LUNDBERG & FROST & PETERSEN außerdem :

> „This consistent superiority over 2 school years thus indicates the beneficial and long-lasting effect of the preschool training, although the superiority was less marked (only marginally significant) at the last assessment point." (Lundberg et al., 1991, S. 85)

Von den im deutschsprachigen Raum durchgeführten Untersuchungen[400] ist lediglich die Studie von SCHNEIDER u.a. als ein Training der phonologischen Bewusstheit über einen längeren Zeitraum (6 Monate) angelegt. Die übrigen Studien präsentieren vielmehr Momentaufnahmen der kindlichen Fähigkeiten an bestimmten ontogenetischen Entwicklungspunkten - wie z.B. zu Beginn und am Ende der ersten Klasse - und treffen damit m. E. vor allem Aussagen über den Erfolg der schulischen Literalisierung.

SCHNEIDER u.a., die mit ihrer Studie zugleich die Trainingseffekte für deutschsprachige Kinder im Vergleich zum lundbergschen Training überprüfen wollen, stellen dabei ähnlich signifikante Effekte für die Bereiche der Phonemanalyse und

[400] Vgl u.a. Jansen, H. (1992), Landerl, K. & Linortner, R. & Wimmer, H. (1992), Schneider, W. Visé, M. & Reimers, P. & Blaesser, B. (1994).

Phonemsegmentation fest.[401] Ihre Ergebnisse korrelieren ebenfalls mit den Befunden von LUNDBERG et al. hinsichtlich fehlender Auswirkungen des Trainings zur phonologischen Bewusstheit auf die Buchstabenkenntnis und das Wortlesen.[402] Damit bestätigen sie zum einen die von LUNDBERG et al. aufgestellte These, dass eine Förderung metasprachlicher Fähigkeiten auch dann möglich und effektiv ist, wenn die Kinder noch nicht über Lese- und Schreibkompetenzen verfügen.[403] Zum anderen zeigt diese Korrelation, dass ein Training der phonologischen Bewusstheit ohne direkten Einfluss auf das Lesen- und Schreibenlernen bleibt und stattdessen vor allem die metasprachlichen bzw. metaphonologischen Kompetenzen - im Sinne von metaliteralen Fähigkeiten - fördert. Inwieweit ein solches Trainingsprogramm jedoch auch langfristige Erfolge für die schriftsprachliche Entwicklung von Kindern hat, können SCHNEIDER u.a. im Rahmen ihrer Replikationsstudie nicht endgültig beantworten. Sie vermuten aber, dass

„langfristige Wirkungen des Förderprogramms auf den Schriftspracherwerb [...] nur für die gut trainierten Kinder nachzuweisen [sind].“ (Schneider u.a., 1994, S. 186)

Die Studien von LUNDBERG et al. und SCHNEIDER u.a. untermauern nicht nur die in diesem Buch eingangs formulierte These, dass Kinder bereits frühzeitig zu metasprachlichen Leistungen fähig sind, sondern liefern darüber hinaus Befunde hinsichtlich der Effektivität einer systematischen Förderung der phonologischen Bewusstheit.[404] Die curricular festgelegte und konsequente Durchführung eines solchen Trainings in Kindergarten und Grundschule hätte demnach unmittelbare Konsequenzen für die Startbedingungen von Kindern beim schulischen Schriftspracherwerb. Insbesondere vor dem Hintergrund der ungleichen Chancenverteilung von Kindern aus unterschiedlichen sozialen Settings, von denen einige bereits in ihrem familialen Umfeld umfangreiche Erfahrungen mit (lyrischer) Sprache sammeln können, während dies anderen Kindern verwehrt bleibt,[405] ist

---

[401] Darüber hinaus beschreiben sie - anders als Lundberg et al. - große Trainingseffekte bei den Reimaufgaben, insbesondere für die Aufgaben zum Endreim und zur Alliteration (vgl. Schneider, W. & Visé, M. & Reimers, P. & Blaesser, B., 1994, S. 183).

[402] Vgl. ebd., S. 186.

[403] Lundberg & Frost & Høien haben zu Beginn des Trainings durch einen „*Prereading test*“ sichergestellt, dass keines der Kinder aus der Trainings- und der Kontrollgruppe bereits lesen konnte (S. 272).

[404] Wobei eine systematische Förderung m. E. keineswegs in Form eines relativ starren Trainingsprogramms durchgeführt werden muss, sondern vielmehr in altersangemessene spielerische Kontexte eingebunden werden sollte.

[405] Einen nachhaltigen Wirkungszusammenhang von sozialen Divergenzen und der Lesekompetenz von 15jährigen Schülern und Schülerinnen hat beispielsweise die 2001 erschienene PISA-Studie für Deutschland und die Schweiz festgestellt. Danach entscheidet die Herkunft und die soziale Schichtzugehörigkeit in Deutschland (und der Schweiz) mehr als in anderen Ländern darüber, ob Kinder im Lesen erfolgreich sind oder nicht (vgl. Deutsches PISA-Konsortium (Hrsg.)

ein vorschulisches Training zur phonologischen Bewusstheit zu befürworten. Die Methode des Reimergänzens kann dabei eine frühe spielerische Form darstellen, mit deren Hilfe die Kinder eine erste Annäherung an phonologische und metasprachliche Aspekte von Sprache erfahren, die sich zudem an die frühkindlichen Umgangsformen mit lyrischer Sprache anschließt.

3.3 Das Reimwissen von Vorschulkindern

Im Anschluss an das Reimspiel wurde mit jedem Kind ein Reimgespräch geführt, in dem das abstrakte und explizite (Reim-)Wissen überprüft wurde. Da die Untersuchung zur kindlichen Reimfähigkeit davon ausging, dass das (meta-)sprachliche Wissen von Vorschulkindern zu diesem Zeitpunkt ihrer Entwicklung noch überwiegend implizit und unbewusst ist - und diese Annahme sich nach der Analyse der kindlichen Reimergänzungen zu bestätigen scheint - war ein zweiter Untersuchungsschritt erforderlich, um die im Reimspiel beobachteten Fähigkeiten näher zu beschreiben und von anderen metasprachlichen Leistungen abzugrenzen. Das Reimgespräch vollzieht sich auf einer Metaebene, auf der der Reim Gegenstand der kindlichen Auseinandersetzung ist. Dazu sollen die Kinder eine Reimdefinition formulieren und ihre Entscheidungen, ob es sich bei den im Reimgespräch aufgeführten Textbeispielen um Reime handelt, begründen. Der implizite Antwortenmodus, der noch im Reimspiel vorherrschte, wird hier also zugunsten eines expliziten Antwortenmodus aufgegeben und dadurch eine Explikation des Wissens angestrebt. Nur auf diesem Wege ist es m. E. möglich, die Reimfähigkeit vom Reimwissen der Kinder zu unterscheiden und beide Wissensmodi einer Bewusstseinsebene (implizit oder explizit) zuzuordnen. Mit der hier angestrebten Explikation des kindlichen Wissens als Beleg für das Vorhandensein einer expliziten Bewusstheit wird die von WALLER geäußerte Kritik an einer Paalelisierung von Explikation und Verbalisierung als Zeichen für Metasprachichkeit und Bewusstheit jedoch wieder akut.[406] Dem wird insofern Rechnung getragen, als bei der Durchführung und Auswertung der Reimgespräche immer auch davon ausgegangen wird, dass Kinder möglicherweise über einen bewussten Zugriff auf Sprache verfügen, ohne diesen explizieren und verbalisieren zu können. Dennoch erscheint es an diesem Punkt der Untersuchung sinnvoll, die im Rahmen des Reimgesprächs von den Kindern formulierten Antworten als Indiz für einen bewussten Zugang zur Sprache zu bewerten, um daraus Rückschlüsse für die primäre Literalisierung ziehen zu können. Die Annahme, dass die kindlichen Äußerungen auf ein vorhandenes bewusstes Wissen referieren, wird schließlich durch die Differenzierung von Reimfähigkeit als ein produktives Ver-

(2001): PISA 2000. Basiskompetenzen von Schülerinnen und Schülern im internationalen Vergleich. Opladen, S. 381ff).

[406] Vgl. Waller, M. (1988) und Kap. 3.2.2. in Teil II in diesem Buch.

mögen im Umgang mit Reimen und Reimwissen als ein abstraktes Wissen ausgedrückt. Mögliche Kontinuitäten und Diskontinuitäten in der Existenz beider Wissensmodi, die einen Übergang zwischen Mündlichkeit und Schriftlichkeit andeuten, werden abschließend in Kapitel 3.3.2 erörtert.

3.3.1 „...‚dass das zusammenpasst“ oder: „Wenn sich etwas reimt, dann ist es ein Reim“

Auf die Frage, ob sie wissen was ein Reim ist, haben zwölf Kinder mit ‚Ja’ und 15 Kinder mit ‚Nein’ geantwortet; insgesamt gaben elf Kinder eine Reimdefinition. Die Definitionen der Kinder sollen hier aufgelistet werden, um sie mit deren übrigen reimspezifischen Äußerungen zu vergleichen und daraus auf ein mögliches bewusst vorhandenes Reimwissen zu schließen. Auf die Frage, was ein Reim ist, gaben elf Kinder folgende Antworten:

- Wenn sich etwas reimt (K1)
- Dass man da Dinge sagt, die nicht so einfach sind (K2)
- Dass man flüstert (K4)
- Wenn ein Spruch sich reimt (K6)
- ..., dass sich etwas reimt, das heißt z.B. Eis - Peis oder so was (K13)
- „Lieber guter Weihnachtsmann“ (K14)
- Wenn einer was vorsagt, dann sagt der andere, es reimt sich (K15)
- Das ist ein Reimspiel. [...] ..., dass das zusammenpasst (K17)
- Das hat sich gereimt [...], das hat sich dann gereimt (K20)
- Das reimt sich, mit Anke - Danke reimt sich (K22)
- Man kann Elefant..., dann kann man sich das reimen mit Wange (K23)

Die Erläuterungen der Kinder lassen sich in vier Antwortkategorien gliedern. Es handelt sich dabei um Definitionen...

1. mit unmittelbarem Bezug auf das vorangegangene Reimspiel
2. mit Bezug auf den (sprachlichen und kognitiven) Schwierigkeitsgrad
3. mit Hilfe von Beispielen
4. auf der terminologischen und strukturellen Ebene

Die erste Antwortkategorie wird von zwei Kindern zur Erläuterung des Reimes gewählt (K15 und K17). Sie orientieren sich dabei anscheinend vor allem an dem kurz zuvor absolvierten Reimspiel und nehmen die dort vollzogenen sprachlichen Tätigkeiten als Kriterien für ihre Reimdefinition. Beide Kinder gehen in ihren Formulierungen jedoch auch schon über die unmittelbare situative Bindung hinaus und nähern sich mit den Zusatzerläuterungen „es reimt sich“ und „dass das zusammenpasst“ der terminologischen und strukturellen Ebene und damit der vierten Kategorie. Eine Beeinflussung des Reimspiels auf die Reimdefinition scheint auch bei K4 vorzuliegen, welches das leise Sprechen als Reimkriterium benennt. Die Tonbandaufzeichnung hat gezeigt, dass Kind und Untersucherin während des Spielgeschehens sehr leise sprechen, was bei dem Kind offenbar zu der Schlussfolgerung geführt hat, dass „Flüstern" ein wesentliches Reimkriterium ist.

Ein anderes Kind (K2) drückt mit seiner Definition die sprachlichen und intellektuellen Schwierigkeiten aus, die das Reimebilden bzw. Reimeergänzen erfordert (zweite Antwortkategorie). Dieses Urteil scheint sich aus den eigenen Erfahrungen, die es im Umgang mit Reimen in dem zuvor absolvierten Reimspiel sammeln konnte, abzuleiten. Obwohl das Kind damit noch nicht erklärt, was ein Reim ist, wird in der Antwort deutlich, dass es über ein Bewusstsein oder ein Wissen hinsichtlich der sprachlich-kognitiven Leistungen verfügt, die das Bilden von Reimen erfordert und darüber hinaus in der Lage ist, diese von anderen sprachlichen Leistungen zu differenzieren. Damit hat es das Reimen - oder im weiteren Sinne das lyrische Sprechen - von dem alltäglichen Sprechen unterschieden und somit ein wesentliches Merkmal von gereimter bzw. lyrischer Sprache benannt.
Auf der Ebene der dritten Antwortkategorie bewegen sich die Kinder, die den Reim mit Hilfe von Beispielen definieren (K13, K14, K22, K23), wobei lediglich ein Kind ein bekanntes Kindergedicht als Beispiel anführt und auf weitere Erläuterungen verzichtet (K14). Es scheint bereits Erfahrungen mit Kindergedichten zu haben, auf die es nun zurückgreifen kann. Die anderen drei Kinder wählen hingegen eine Kombination aus Beispielen in Verbindung mit terminologisch-strukturellen (vierte Antwortkategorie) Erläuterungen. Ihre Reimbeispiele sind zudem Eigenproduktionen (Eis-Peis, Anke-Danke, Elefant-Wange), von denen sich zwei auf der onset-rime-Ebene bewegen und das dritte Beispiel keinen Reim darstellt.
Als vierte Antwortkategorie sind auf der terminologisch-strukturellen Ebene die Antworten von drei weiteren Kindern (K1, K6, K20) und die Teilantworten der bereits genannten Kinder K13, K14 und K23 einzustufen. Es handelt sich hierbei um Definitionen, die sich vornehmlich im Bereich der metasprachlichen Klassifizierung abspielen, wobei Aussagen wie „wenn sich etwas reimt", „wenn ein Spruch sich reimt", „das hat sich dann gereimt" und ähnliche Formulierungen dominieren. Der Reim als sprachliches Gebilde wird hier also anhand seiner prädominanten Eigenschaft definiert, was einerseits die strukturellen Aspekte - auf der Ebene des Textes („...„dass sich etwas reimt,...") - und andererseits die produktiven Aspekte - im Sinne der Reimbildung („...dann kann man sich das reimen mit... ") - betrifft. Deutlich wird an diesen Reimdefinitionen, dass einige Kinder bereits über ein primäres explizites Reimwissen verfügen und dieses auch verbalisieren können. Sie wissen, dass Reime sich durch bestimmte strukturelle Eigenschaften auszeichnen, von denen die beiden markantesten Merkmale der

Gleichklang und die minimale Veränderung sind. Dies veranschaulichen sie mit Hilfe von Beispielen (z.B. Eis - Peis) oder durch den Verweis auf ein bekanntes Kindergedicht, in dem der Reim das prävalente Strukturelement ist („Lieber guter Weihnachtsmann“). Auch die Aussage „wenn ein Spruch sich reimt“ gehört zu dieser Antwortkategorie; hier wird nicht nur die formale Reimeigenschaft benannt, sondern darüber hinaus die Zugehörigkeit zu einem literarischen Genre (Spruchdichtung) markiert und damit eine Verbindung zur Gattung der Kinderlyrik hergestellt.

Dass von den insgesamt 27 Kindern nur elf eine Antwort auf die Frage „Was ist ein Reim?“ geben konnten und davon wiederum nur acht Kinder (K1, K6, K13, K14, K17, K20, K22, K23) eine „echte“ Reimdefinition auf der strukturellen Ebene, ist m. E. ein Beleg für ein vornehmlich unbewusstes und implizites Wissen im frühkindlichen Umgang mit gereimter und lyrischer Sprache. Die Mehrheit der Drei- bis Sechsjährigen ist zwar in der Lage, Reimergänzungen zu bilden - und damit auf der Ebene impliziter Metasprachlichkeit zu agieren -, es gelingt jedoch nur vergleichsweise wenigen Kindern, eine Reimdefinition oder einzelne Reimkriterien zu formulieren. Der Übergang von einer impliziten zu einer expliziten Metasprachlichkeit scheint vor allem dann noch nicht vollzogen zu sein, wenn es den Kindern nicht möglich ist, das Reimen aus seinem sympraktischen Zusammenhang zu lösen. Diese sympraktische Eingebundenheit im Sprechen über Reime wird im weiteren Verlauf des Reimgesprächs deutlich, in dem die Kinder anhand von zwei Beispieltexten (Text 1: „In einem Haus, sitzt eine Maus“ und Text 2: „Ich habe eine Katze und die hat sieben Junge“) entscheiden sollen, ob es sich um Reime handelt oder nicht. Der erste Beispieltext wurde von 22 Kindern als Reim klassifiziert und nur von zwei Kindern als Nicht-Reim[407], während der zweite Text nur von zehn Kindern als Nicht-Reim erkannt wurde, aber von zwölf Kindern als Reim.[408] Daraus lässt sich schließen, dass es den Kindern mehrheitlich leichter fällt, einen Reim zu erkennen als einen Nicht-Reim. Dieses Resultat korreliert mit dem Untersuchungsergebnis von LENEL & CANTOR, nach dem die kindliche Reimidentifikation vor allem auf die Wahrnehmung phonologischer Übereinstimmungen zurückgeht.[409] Gestützt wird diese Schlussfolgerung von den Kommentaren der Kinder, mit denen sie ihre Entscheidungen begründen. Die Frage, weshalb es sich beim ersten Text ihrer Ansicht nach um einen Reim handelt, konnten zwölf Kinder korrekt oder annähernd korrekt beantworten. Dabei wurden von den Kindern folgende Begründungen aufgeführt:

[407] Drei Kinder gaben hier keine Antwort, davon erfolgte bei einem Kind (K8) ein Abbruch des Reimgespräches.
[408] Der zweite Beispieltext konnte von fünf Kindern weder als Reim noch als Nicht-Reim eingeordnet werden; sie gaben keine Antwort (darin enthalten ist der Abbruch von K8).
[409] Vgl. Lenel, J. C. & Cantor, J. H. (1979), S. 65 und Kap. 3.2.1 in Teil II.

- Haus-Maus reimt sich (K1)
- Maus. U: Maus reimt sich? Und womit? K2: Mit Haus (K2)
- Maus (K3)
- Ein' Maus (K7)
- Eine Maus (K9)
- Im Haus sitzt ne Maus; das reimt sich (K11)
- Weil Maus-Haus sich auch reimt (K13)
- In einem Haus sitzt ne Maus. Das reimt sich (K14)
- Die Maus (K18)
- In einem Haus sitzt ne Maus (K20)
- Die Maus (K22)
- Fledermaus (K23)

Die Kinder fokussieren in ihren Erläuterungen entweder eines der beiden key-Wörter (K3, K7, K9, K18, K22) oder beide key-Wörter des Reimes (K1, K2, K11, K13, K14, K20) und signalisieren damit ein implizites Reimwissen, welches sie im Kontext einer konkreten Reimaufgabe auch explizieren können.[410] Mit der Wahrnehmung der Schlüsselwörter des Reimes handeln die Kinder auf einer sprachanalytischen Ebene, indem sie die phonologischen Assonanzen und Dissonanzen herausfiltern und dadurch die Reimwörter identifizieren können. Diese phonologische Diskriminationsleistung spielt sich noch auf der Stufe der „phonologischen Bewusstheit im weiteren Sinne" ab und kann als implizites metasprachliches Handeln deklariert werden. Erst mit der Explikation der eigenen Wahrnehmungs- und Diskriminationsleistungen erfolgt eine Veräußerlichung, die sich dann im Feld expliziter Metasprachlichkeit ereignet. Die Kinder, die zu einer solchen Versprachlichung fähig sind, bewegen sich demnach an der Schnittstelle von unbewusster und bewusster Sprachhandlung und damit an einem Übergang von mündlich zu literal konfigurierten Denk- und Sprachmustern. Offenkundig bleibt dabei, dass jüngeren Kindern der produktive Umgang mit Reimen nachweislich leichter fällt als das Sprechen über Reime und deren Merkmale und dass eine Kontextualisierung von Reimproduktion und Reimreflexion dazu beitragen kann, das implizite Wissen der Kinder zu explizieren.[411]

Von den 22 Kindern, die in dem ersten Beispieltext einen Reim erkannten, begründeten lediglich vier Kinder ihre Entscheidung auf einer eher semantischen Ebene. Ihre Antworten sahen wie folgt aus:

---

[410] Diese praktische Gebundenheit wird besonders bei K23 sichtbar, das auf die Frage „Was reimt sich denn da?" mit der Bildung eines neuen Reimes (Haus-Maus-Fledermaus) antwortet.

[411] So resümierte eines der Kinder (K14) am Ende des Reimgespräches: „*Ich wusste gar nicht, das ich so welche Reime konnte*".

- Weil die Maus in einem Haus sitzt (K6)
- Dass sie in ein Haus, Häuschen sitzt (K10)
- Das stimmt doch, dass ne Maus in ein Haus wohnt (K16)
- Weil das alles zusammenpasst (K17)

Die Antworten von K6, K10 und K16 präsentieren zwar ebenfalls die Schlüsselwörter des Reimes - was auf ein implizites Reimwissen verweist - sind aber nicht formal, sondern inhaltlich determiniert. Während die Begründungen der anderen Kinder sich darauf stützen, dass die Wörter *Haus* und *Maus* sich reimen und sie damit eine formale Eigenschaft als Reimkriterium benennen, fehlt diesen Erläuterungen eine solche formale Ausrichtung. Sie argumentieren nicht auf der Wort- und Lautebene, sondern auf der textuellen Ebene und nehmen die inhaltliche Aussage als Indiz für das Vorhandensein eines Reimes.
Anders scheint es sich mit der Antwort von K17 zu verhalten, die zunächst auf eine formale Orientierung schließen lässt, im Verlauf des weiteren Reimgesprächs jedoch eher eine inhaltliche Auseinandersetzung mit den Texten als Basis für die Entscheidung, ob es sich um einen Reim handelt oder nicht, offenbart. So begründet K17 auch in Bezug auf des zweite Textbeispiel seine Entscheidung, dass es sich dabei um einen Reim handelt, mit der Feststellung „weil das alles zusammenpasst". Dieses Kind legt sein Augenmerk demnach mehr auf die inhaltliche Kohärenz des Textes als auf seine formale Struktur.

Im Gegensatz zu dem ersten Reimbeispiel („In einem Haus sitzt eine Maus") fiel den Kindern der abstrakte und reflexive Umgang mit dem zweiten Reimbeispiel („Ich habe eine Katze und die hat sieben Junge") wesentlich schwerer. Nur zehn Kinder erkannten, dass es sich dabei nicht um einen Reim handelt und lediglich acht Kinder waren in der Lage, ihre Entscheidung metasprachlich zu begründen (K1, K10, K11, K13, K14, K16, K20, K23).[412] Ihre Begründungen dafür, dass es sich bei diesem Beispiel um einen Nicht-Reim handelt, waren folgende:

- Das reimt sich nicht (K1)
- Weil du „Junge" gesagt hast (K10)
- Weil es reimt sich nur, wenn, z.B. sagt, „in einem Haus sitzt ne Maus". Das reimt sich. Und das andere reimt sich nicht, was du gesagt hast (K11)
- Sieben-Junge-Katze. (schüttelt den Kopf). Nur von der Sieben das < s > und Katze hat ja auch'n < s > (K13)
- Weil „ich habe eine Katze", ich hab, die hat sieben Junge" reimt sich nich' (K14)
- Weil „ne Katze hat sieben Junge", das reimt sich nich' einfach (K16)
- (schüttelt den Kopf) Eher gesagt: „Ich habe eine Katze mit vielen Tatzen" (K20)
- Weil, dass muss sich dann reimen (K23)

[412] Wiederum begründeten drei Kinder ihre Entscheidung eher inhaltsbezogen (K17, K18, K19).

Ein Teil der Kinder stellt zusammenfassend fest „das reimt sich nicht“ (K1, K11, K14, K16, K23) und rekurriert damit auf eine wesentliche Eigenschaft von Reimen. Diese Aussage wird von ihnen anschließend nicht weiter ausgeführt und bleibt damit eher universell in Bezug auf den Reim als Strukturelement. Einen Schritt weiter gehen die Überlegungen von K13 und K20, die sich beide explizit auf die phonologische Ebene des Textes beziehen und den Reim an die lautliche Übereinstimmung bestimmter Wörter oder Wortteile binden. Bei K13 gehen die Überlegungen sogar so weit, dass er einen Gleichklang des Lautes < s > bei den Wörtern < sieben > und < Katze > identifiziert - obwohl es sich hier um zwei divergente lautliche Qualitäten handelt - und daraus auf einen möglichen Reim schließt. Ganz offensichtlich ist dieses Kind in der Lage, mit den distinktiven lautlichen Einheiten der Sprache analytisch zu verfahren. Eine solche Kompetenz wird in der Forschung zur schriftsprachlichen Entwicklung als Indikator für phonologische Bewusstheit präsumiert.
Auch K20 agiert auf der lautsprachlichen Ebene, indem es versucht, die Prinzipien der Reimbildung mit Hilfe eines Beispiels zu veranschaulichen (Katze-Tatzen).[413] Der Reimneubildung sind zunächst mehrere analytische Diskriminationsleistungen vorausgeschaltet, die sich aus der Wahrnehmung der key-Wörter (Katze-Junge), deren komparativer Analyse und der Schlussfolgerung, dass es sich dabei nicht um Reimwörter handelt, zusammensetzen. Mit dem Ausschluss des Wortes < Junge > hat K20 das Textbeispiel bereits als Nicht-Reim klassifiziert. Sie agiert nach diesem impliziten Ausschlussverfahren - es ist implizit, da sie es nicht explizit thematisiert - weiterhin auf der phonologischen Ebene, indem sie das Nicht-Reimwort < Junge > durch das Reimwort < Tatzen > ersetzt. Auch dieser Prozess der Reimneubildung verläuft implizit als Ausdruck einer produktiven Reimfähigkeit, offenbart aber gleichzeitig eine bewusste Auseinandersetzung mit den sprachlichen Qualitäten des Textes. An dieser Stelle scheint die von WALLER aufgeworfene Problematik des bewussten Zugriffs auf Sprache bei gleichzeitiger Nichtexplikation besonders deutlich hervorzutreten. Die Ausführungen von K20 und K13 befürworten m. E. die These WALLERs, dass ein bewusstes Sprachhandeln auch ohne Explikation im frühen Kindesalter möglich ist, denn beide Kinder offenbaren eine ausgeprägte und über die primär-sprachliche Entwicklung hinausgehende Sensibilität für die lautliche Dimension der Sprache, die bereits ansatzweise über ein unbewusstes und implizites Wissen hinausgeht.

Zum Abschluss des Reimgesprächs wurden die Kinder dazu aufgefordert, Wörter zu nennen, die sich reimen bzw. Reime zu bilden. Hier konnten insgesamt zwölf Kinder einen Reim bzw. Reimwörter benennen, während 14 Kinder dazu nicht in

[413] Dass ihr die Reimbildung nicht ganz glückt, liegt daran, dass sie neben der phonologischen Ausrichtung - die hier eindeutig dominiert - auch den Textinhalt und die syntaktische Struktur berücksichtigt (eine Katze - mit vielen Tatzen).

der Lage waren.[414] Mit dieser Aufgabe, die noch einmal auf das produktive Reimwissen der Kinder rekurriert, sollte gleichzeitig festgestellt werden, ob die Kinder dazu fähig sind, selbstständig Reime zu bilden, ohne dass ihnen Vorgaben (wie z.B. Reimanfänge) seitens der Untersucherin angeboten werden. Darüber hinaus wird noch einmal überprüft, inwieweit die Kinder über grundlegende Reimprinzipien verfügen. Die Reime, die von den Kindern gebildet wurden, werden im Folgenden aufgelistet:

- Eine Maus gibt einen Strauß. Lampe-Pampe. Mikrofon-Ton (K1)
- Eine kleine Maus, die geht in ein Haus. Ein kleiner Tisch, macht sich in die Misch. (Ein kleines Buch, macht sich in die Hos) (K2)
- Jano-Romario (K5)
- Hallo, hallo Hein, du bist klein. Hallo, hallo Hainzel, du bist'n Mainzel. Mikrofon, du bist aus Ton (K14)
- Auto-Fauto-Pauto-Mauto (K15)
- Eine Maus-zu Haus. (Wohnt ne Katze zu Haus, die hat ein Kind.) Wohnt ne Katze zu Haus und die hat ne kleine Maus (K16)
- Maus-Haus-Klaus. Maus-Klaus-Haus (K17)
- Maus-Haus. (Baum-Eichhörnchen) (K19)
- In einem Haus, wohnt ne klitzekleine Maus (K20)
- Anke-Danke (K22)
- Pille, palle, mo, du bist auf'm Klo. Pille, palle, Po, du bist auf'm Klo (K23)
- Eimer-Peimer. Steine-Peine. Rank-Pank. (Schublade-Schub). Schmetterling-Petterling (K27)

Einige der Kinder bilden in Anlehnung an das Reimspiel kurze Zweizeiler mit einem Endreim (K1, K2, K14, K16, K20, K23), während andere Reimpaare bilden (K1, K5, K15, K16, K17, K19, K22, K27). In allen Reimproduktionen ist erkennbar, dass die Kinder über ein produktives Reimwissen und in diesem Zusammenhang über basale Elemente der Reimbildung im Sinne eines Reimprinzips verfügen. Wie schon im Reimspiel agieren sie dabei auf der phonologischen Ebene der Sprache, auf der sie in erster Linie einen vokalischen Gleichklang und konsonantische Dissonanzen erzeugen. Die Fokussierung der strukturellen Dimension gereimter bzw. lyrischer Sprache wird beispielsweise in den Antworten der Kinder K2 und K16 deutlich. K2 unterbricht sich bei der Reimbildung zweimal (1. „*Ja. Eine kleine Katze, ähm, die ging heimlich >stockt, schweigt< Soll ich noch mal reimen?*“ und 2. *>spricht leise zu sich selbst: „Jetzt lieber den nicht<*“). Beide Unterbrechungen führen schließlich zum Abbruch der begonnenen und zum Versuch einer neuen Reimproduktion. Die Frage „*Soll ich noch mal reimen?*“ signalisiert dabei ganz eindeutig die Fokussierung des Reimkriteriums als strukturelles Textelement. Dem geht die Erkenntnis voraus,

[414] Für ein Kind liegt keine Aussage vor, da es das Reimgespräch vorzeitig beendet hat (K8).

dass der von ihr begonnene Satz nicht gereimt beendet werden kann und deshalb neu konstruiert werden muss. Das Mädchen orientiert sich hier also vornehmlich an der Reimerfordernis und bewegt sich damit auf der sprachstrukturellen Seite der Reimbildung. Ein ähnlicher Fall scheint mit ihrer zweiten Unterbrechung vorzuliegen; hier bleiben ihre Korrekturen jedoch implizit - was nicht heißt, dass ihr Vorgehen unbewusst abläuft. Vielmehr scheint es sich um einen intrapsychischen kognitiven Prozess zu handeln, an dessen Ende ein Urteil hinsichtlich einer Reimidee steht. Wiederum entscheidet sich K2 gegen eine geplante Reimproduktion („*Jetzt lieber den nicht*“) und realisiert einen neuen Reimversuch, der in diesem Fall jedoch keinen Reim darstellt („Ein kleines Buch macht sich in die Hos“). Die phonologisch determinierte Realisation des Reimes gelingt ihr somit diesmal nicht und dennoch setzt sie andere Reimprinzipien, wie z.B. die rhythmische Gestaltung und die Einhaltung der Wortstruktur, um.
Ein vergleichbares Vorgehen ist bei K16 zu beobachten, der einen produzierten Text („Wohnt ne Katze zu Haus, die hat ein Kind“) auf Nachfrage der Untersucherin („*Kannst du das noch mal sagen*?) noch einmal überarbeitet und schließlich in einen Reim umwandelt („Wohnt ne Katze zu Haus und die hat ne kleine Maus“).[415] Während bei dem ersten Textentwurf - und um einen solchen handelt es sich hier offensichtlich - noch eine inhaltliche Orientierung zu erkennen ist, rückt im Zuge der Überarbeitung der Reimaspekt wieder ins Zentrum seiner Auseinandersetzung. Diese Selbstkorrektur verläuft auch hier intrapsychisch als ein Prozess des *monitoring*[416] und kann als bewusster Akt sprachlicher und kognitiver Reflexion angesehen werden.

Diejenigen Kinder, die in der Lage waren, eine Reimdefinition zu formulieren und eigene Reime (oder Reimwörter) zu erzeugen - das waren in dieser Studie acht Kinder[417] - verfügen m. E. bereits über ein primäres explizites Reimwissen, welches sie zum Teil verbalisieren können. Im Sinne ANDRESENs ist bei diesen Kindern ein Bewusstwerdungsprozess festzustellen, der einen allmählichen Übergang von einer impliziten zu einer expliziten Metasprachlichkeit und damit eine Annäherung an Aspekte der Schriftsprachlichkeit markiert. Die überwiegende Anzahl an Kindern, die an dieser Studie teilnahmen, verfügen hingegen noch nicht über ein explizites Reimwissen, auf das sie reflexiv und bewusst zurückgreifen können. Ihr (implizites) Reimwissen drückt sich vor allem in ihrer Kompetenz im spielerischen Umgang mit Reimen aus. Die hier bereits angedeutete Differenzierung von Reimfähigkeit und Reimwissen und eine Klassifizierung der

---

[415] Dabei geht der Nachfrage der Untersucherin bereits eine vom Kind vollzogene Unterbrechung voraus („*Mhm, der ist noch nicht...*“), die es jedoch zunächst (sprachlich) nicht zu Ende führt.

[416] Zur Bedeutung des monitoring für die Entwicklung von Sprachbewusstheit siehe auch Andresen, H. (1993), S. 123, Clark, E. V. (1978), S. 33f.

[417] Von den zwölf Kindern formulierten acht Kinder (K1, K2, K14, K15, K17, K20, K22, K23) eine Reimdefinition (siehe S. 210) und vier Kinder (K5, K16, K19, K27) keine Reimdefinition.

damit verbundenen Wissensstrukturen wird in dem nun folgenden Kapitel vorgenommen.

3.3.2 Zum Verhältnis von Reimfähigkeit und Reimwissen

In der vorliegenden Studie wurden die produktive Reimfähigkeit von Kindern sowie deren Vermögen, über formale Aspekte von Reimen zu reflektieren, untersucht. Dabei hat sich die zu Beginn dieser Untersuchung formulierte Hypothese hinsichtlich einer Differenzierung zwischen der Reimfähigkeit als Ausdruck eines eher impliziten und dem Reimwissen als Ausdruck eines eher expliziten Wissens (vgl. Kap. 1 in Teil II) als zutreffend erwiesen. Überdies konnte festgestellt werden, dass sich das metasprachliche Handeln von jüngeren Kindern noch verstärkt im Feld der impliziten und unbewussten Wissensstrukturierung abspielt. Dieses Agieren im Unbewussten wurde nur von wenigen Kindern durchbrochen, die in ihrem sprachlichen Handeln erste Anzeichen für die Entwicklung eines bewussten Wissens und damit einen Übergang in eine explizite Sprachbewusstheit erkennen lassen. Kinder im Vorschulalter handeln im Umgang mit strukturierter Sprache somit vornehmlich unbewusst, sind aber auch in der Lage, sich explizit zur Sprache zu verhalten, insbesondere wenn das Reflektieren über Sprache in Handlungskontexte eingebunden wird. Es ist demnach nicht ausreichend, die Determinanten ‚implizit' und ‚explizit' zur alleinigen Beschreibung der frühkindlichen Leistungen im Umgang mit gereimter Sprache heranzuziehen und von einer 1:1-Zuordnung - im Sinne implizit = unbewusst und explizit = bewusst - auszugehen.[418] Eine abschließende Betrachtung der kindlichen Leistungen erfolgt an dieser Stelle deshalb in Anlehnung an ANDRESEN, die in ihren Arbeiten die frühe Sprachentwicklung des Kindes im Hinblick auf den Schriftspracherwerb fokussiert und dabei einen Zusammenhang von sprachlichen und kognitiven Wissensstrukturen modelliert.[419] Insbesondere mit ihrer 1985 erschienenen Habilitation hat sie eine terminologische Pionierarbeit geleistet, indem sie die Begriffe „Sprachbewusstheit" und „Sprachbewusstsein" voneinander abzugrenzen versucht. Sie bezieht sich dabei auf die englischsprachige Forschungsliteratur zur kindlichen Sprachentwicklung, die mit den Termini „*consciousness*" (Bewusst-

---

[418] Dass nicht von einem linearen Verhältnis von impliziten und expliziten Wissensmodi in den frühen spielerischen Sprachproduktionen von Kindern ausgegangen werden kann, belegen verschiedene Studien zur Entwicklung der Sprachbewusstheit beim Kind. So konnte beispielsweise Andresen im Fiktionsspiel von Sechsjährigen einen allmählichen Rückgang expliziter Metakommunikation beobachten, ohne daraus jedoch auf einen Rückgang der metasprachlichen Handlungen selbst zu schließen. Sie wertet diese Beobachtung als eine Entwicklung von inter- zu intrapsychischen sprachlichen Vorgängen (vgl. Andresen, H., 1998, S. 35). Auch Brockmeier konstatiert, dass sich „*die Unterschiede zwischen kognitivem und linguistischem Status der Sprachbenutzung sowie zwischen implizitem und explizitem sprachlichen Wissen als graduell [erweisen]*" (Brockmeier, J., 1997, S. 241).

[419] Vgl. Andresen, H. (1984, 1985, 1993, 1998).

heit) und „*awareness*" (Bewusstsein) bereits eine solche Grenzsetzung andeutet.[420] Während die Grenze dort jedoch eher verschwommen zu sein scheint, plädiert ANDRESEN für eine klarere Terminologie und bindet infolgedessen das Sprachbewusstsein sehr eng an den Schriftspracherwerb als unmittelbarsten Ausdruck für die Vergegenständlichung von Sprache.[421] Die Sprachentwicklung des Kindes vollzieht sich demnach bis hin zum schulischen Beginn des Schriftspracherwerbs vornehmlich im Feld der Sprachbewusstheit und geht erst mit der instruierten Auseinandersetzung mit (Schrift-)Sprache sukzessive in den Zustand des Sprachbewusstseins über. Auf der Ebene der Sprachbewusstheit definiert ANDRESEN das unbewusste sprachliche Wissen als „*mentale Basis für Sprachproduktion und -perzeption*" bzw. als „*mentale Repräsentation von Sprache*"[422] und das bewusste, explizite Sprachwissen als Garant für die Entstehung von Sprachbewusstheit.[423] Es handelt sich dabei um einen Prozess der Bewusstwerdung, den ANDRESEN im wygotskischen Sinne als „*eigentliche Bewusstwerdung*" deklariert und in dessen Rahmen Kinder über einen metasprachlichen Zugriff auf Sprache verfügen und Sprache somit zum Gegenstand ihres Denkens machen.[424] Ein sprachliches Mittel der Bewusstwerdung ist die „*Ausgliederung*", bei der „*sprachliche Äußerungen in kleinere Bestandteile zerlegt, z.B. in „Quant-Wörter" oder Silben [werden]*".[425] ANDRESEN beschreibt zwei sprachliche Kontexte, in denen das Mittel der *Ausgliederung* realisiert wird:

> „Ausgliederung kann m. E. sowohl als integrierter Teil sprachlicher Prozesse vorkommen, z.B. bei Abzählreimen und beim Skandieren, wie auch als eigenständige metasprachliche Handlung [...]" (Andresen, 1985, S. 102)

---

[420] Vgl. Andresen, H. (1985), S. 62 und Kap. 3.2.2.
[421] Vgl. dazu Andresen, H. (1985), S. 109ff.
[422] Ebd., S. 46.
[423] Andresen geht sogar so weit, die Bezeichnung „unbewusstes Sprachwissen" für obsolet zu erklären, da sie die Vorstellung von einem bereits vorhandenen Wissen erweckt, welches lediglich der Aktivierung bedarf (vgl. Andresen, H., 1985, S. 47). Trotz der hier befürworteten terminologischen Schärfe, die Andresen in ihrer Arbeit anstrebt, halte ich die Bezeichnung „unbewusstes Sprachwissen" nicht für derart vorbelastet. Der von ihr formulierte Einwand erscheint mir jedoch insofern angebracht, als er zu einem sensibleren, kritischeren und klareren Gebrauch terminologischer Entitäten beiträgt.
[424] Auch hier sieht Andresen eine enge Kausalität zwischen der *eigentlichen Bewusstwerdung* und dem Schriftspracherwerb, da ihrer Ansicht nach erst die direkte Konfrontation mit den schriftlichen Zeichen eine bewusste Auseinandersetzung mit der Materialität von Sprache evozieren kann (siehe Andresen, H., 1985, S. 109 und 113). Einen Gegenpol zur *eigentlichen Bewusstwerdung* stellt deshalb die *aktuelle Bewusstwerdung* dar, die in einen aktuellen Kommunikationsprozess eingebettet ist, in dem z.B. durch Missverständnisse oder Normverstöße das Augenmerk kurzfristig auf die Sprache als Objekt gerichtet ist. Sie ist nach Andresen abzugrenzen von den expliziten sprachlichen Formulierungen, bei denen Sprache zum eigentlichen Erkenntnisobjekt avanciert (ebd., S. 102f).
[425] Ebd., S. 102.

Ausgliederung als integrierter Bestandteil von sprachlichen Prozessen ist danach zumeist in einen spielerischen Kontext eingebunden, bei dem die sprachlichen Handlungen durch den Spielcharakter dominiert werden und deshalb nicht bewusst ablaufen (müssen). So versteht sie beispielsweise das rhythmische, silbische Sprechen als einen Akt der *Ausgliederung*, bei dem der Rhythmus und die Silbenstruktur zwar sprachlich umgesetzt werden, ohne jedoch einen bewussten Zugriff auf das sprachliche Material zu erfordern.[426] Erst im Rahmen von gesteuerten Ausgliederungsprozessen vollzieht sich ein bewusster Umgang mit den sprachlichen Entitäten und damit der Erwerb eines linguistischen Regelwissens. *Ausgliederung* als Vergegenständlichung von Sprache kann demnach unbewusst - eingebunden in dynamische sprachliche Prozesse - und bewusst - durch systematisch gesteuerte Reflexions- und Analyseprozesse - stattfinden. Mit der „*Vergegenständlichung*" von Sprache - ob bewusst oder unbewusst - wird die Sprache selbst zum Gegenstand des kindlichen Sprechens und Denkens,[427] indem sie aus ihrem kommunikativen Gefüge gelöst und in eine extrakommunikative, d.h. metasprachliche Auseinandersetzung eingebunden wird. Dies kann auf der Ebene von Sprachspielen[428] mündlich oder schriftlich, im Umgang mit den schriftsprachlichen Zeichen geschehen. In beiden Fällen realisieren die Kinder metasprachliche Strategien, um sich den verschiedenen formalen Aspekten der Sprache zu nähern. Relevant für die „Qualität" der metasprachlichen Leistungen ist dabei die Frage - folgt man ANDRESEN -, ob es sich um einen spontanen, ungesteuerten (aktuelle Bewusstwerdung) oder um einen epistemologischen, gesteuerten Akt (eigentliche Bewusstwerdung) der Sprachreflexion handelt.

In der von mir durchgeführten empirischen Studie wurden ausschließlich die mündlichen Äußerungen von Kindern hinsichtlich ihres metasprachlichen Status und ihrer Bedeutung für die frühe literale Entwicklung untersucht. In Adaption der von ANDRESEN konzipierten Differenzierung zwischen Sprachbewusstheit und Sprachbewusstsein bewegen sich die metasprachlichen Leistungen der Kinder im Kontext des Reimspiels und des Reimgesprächs folglich im Bereich der Sprachbewusstheit. Es wurde jedoch von der Hypothese ausgegangen, dass eine gesteuerte Sprachreflexion innerhalb eines gesetzten Interaktionsrahmens Prozesse im Sinne der *eigentlichen Bewusstwerdung* evozieren kann, ohne die unmittelbare Existenz eines visuellen Schriftsystems, auf das sich die Kinder beziehen können. Für die Differenzierung von kindlicher Reimfähigkeit und Reim-

[426] Vgl. ebd., S.100f.

[427] Vgl. Andresen, H. (1984), S. 58ff und Andresen, H. (1985), S. 100 und S. 106ff. Wobei Andresen konstatiert, dass die Vergegenständlichung einerseits im Zusammenhang mit der Ausgliederung, d.h. ohne Bewusstwerdung möglich ist und andererseits eine Voraussetzung für die eigentliche Bewusstwerdung darstellt (vgl. Andresen, H., 1985, S. 107).

[428] Bereits in Kapitel 2.2 im ersten Teil wurde das Sprachspiel in Anlehnung an Wittgenstein als „*ein Element der Kinderlyrik*" beschrieben, welches die Materialität der Sprache zum (Spiel-) Gegenstand hat.

wissen werden deshalb die von ANDRESEN vorgeschlagenen Kriterien zur Klassifizierung metasprachlicher Handlungen, die sie eigens für Kinder, die noch nicht lesen und schreiben können, konzipiert hat, herangezogen und diskutiert. ANDRESEN nennt folgende acht Kriterien für das Vorhandensein von Sprachbewusstheit:

„- Intention (z.B. sich verständlich machen können, Aufklärung von Mißverständnissen, Spaß haben)
- Art der Handlung, in die die metasprachliche Handlung eingebettet ist (z.B. Rollenspiel, Witzeerzählen, monologisches Singen und Reimen)
- Chronologie (Zeitpunkt des ersten Auftretens, entwicklungsmäßige Relation zu anderen metasprachlichen Handlungen)
- Grad der Explizitheit (z.B. implizit thematisiert, explizit beschreibend ohne entsprechende Terminologie, explizite begriffliche Analyse)
- objektsprachlicher Gegenstand (z.B. Wirkungen einer Sprechhandlung, Intentionen, syntaktische Beziehungen, Laute,)
- Spontaneität (z.B. völlig spontan produziert, Antwort auf entsprechende Frage in einem Gespräch, in einem wissenschaftlichen Experiment, in der Schule, mit bzw. ohne entsprechende inhaltliche Vorbereitung oder Vermittlung)
- Art der Handlung (zitieren, verbessern, erklären, beurteilen)
- erkenntnistheoretischer Status des Gegenstandes (real oder fiktiv; z.B. ist in dem gesprochenen Wort sehen der Laut [e:] real, ein intervokalisches [h] jedoch fiktiv)" (Andresen, 1985, S. 79f)

Anhand dieser Kriterien lassen sich die Leistungen der Kinder, die sie im Rahmen des Reimspieles und des anschließenden Reimgesprächs erbracht haben, mit Perspektive auf die Existenz einer frühen Sprachbewusstheit wie folgt einordnen: Das Reimspiel, in dessen Verlauf die Kinder Reime ergänzen sollten, wurde von den Kindern in erster Linie als spielerische Tätigkeit wahrgenommen, so dass der Spielcharakter im Vordergrund ihrer Aktivitäten stand. Der Spielverlauf wurde zwar von der Untersucherin gesteuert, indem die Art und Reihenfolge der Reime zuvor festgelegt wurde, dennoch fand keine gesteuerte Sprachreflexion im eigentlichen Sinne statt. Vielmehr sind die metasprachlichen Handlungen der Kinder ein integrativer Bestandteil des Spiels und somit in einen dynamischen Prozess eingebunden. Sprache wird zwar zum Gegenstand der spielerischen Aktivitäten, jedoch nicht in expliziter Art und Weise, sondern vielmehr als spontane und intuitive Realisierung von „Sprachspielen". Dennoch wird auf der Materialebene der Sprache agiert - das zeigen die Ergänzungen der Kindern -, was zu der Schlussfolgerung führt, dass die Kinder hier vornehmlich im Feld der impliziten und unbewussten Metasprachlichkeit handeln. Das dabei aktivierte sprachliche Wissen ist ein unbewusstes Sprachwissen und kann noch nicht als Ergebnis einer *eigentlichen Bewusstwerdung* im Sinne ANDRESENs verstanden werden.[429]

[429] Brockmeier adaptiert zur Beschreibung der impliziten Sprachbewusstheit an dieser Stelle den englischen Begriff *„tacit awareness"* und versteht diesen als Ausdruck einer beginnenden Entwicklung von sprachlicher Bewusstheit. Dem dazu verwendeten Gegenbegriff *„reflexive awareness"*, der eine höhere Stufe der Sprachbewusstheit beschreibt, steht er hingegen eher

Deutlich wird an der von ANDRESEN vorgenommenen Einstufung der metasprachlichen Handlungen von jüngeren Kindern, dass die produktive Reimfähigkeit unterschieden werden muss von der Fähigkeit, strukturelle Elemente aus sprachlichen Äußerungen zu isolieren und zu analysieren. In Bezug auf die kindliche Reimfähigkeit konstatiert ANDRESEN deshalb,

„...daß die Fähigkeit, zu reimen, noch nicht impliziert, daß die Kinder auch einen (zutreffenden) Begriff davon haben, was sie tun, und [...] daß sie sich der Segmente, über die sie operieren, auch bewußt sind." (Andresen, H., 1985, S. 91)

Mit den hier durchgeführten Reimspielen kann somit lediglich das produktive Vermögen der Kinder zur Reimbildung überprüft und als Indiz für eine „phonologische Bewusstheit im weiteren Sinne" interpretiert werden. Anders verhält es sich mit dem gesteuerten Reimgespräch, in dessen Verlauf die Kinder dazu aufgefordert wurden, Reimdefinitionen zu formulieren und Reimkriterien zu benennen. Mit dieser Neukontextualisierung werden die strukturellen Merkmale gereimter Sprache zum eigentlichen Objekt der kindlichen Sprachhandlungen, denn sie agieren nun nicht mehr in spielerischer Weise mit dem sprachlichen Material, sondern sprechen über die materiellen Eigenschaften von Sprache. Mit dem zunehmenden Grad an Explizitheit verringert sich die Spontaneität der kindlichen Äußerungen, die nunmehr Ergebnisse einer reflexiven Auseinandersetzung auf der Materialebene sind. Dabei haben die Antworten gezeigt, dass es der Mehrzahl der jüngeren Kinder noch schwer fällt, ihr implizites Wissen explizit zu thematisieren und dadurch in ein bewusstes Sprachwissen zu transferieren. Das Agieren im Feld der expliziten Metasprachlichkeit bedarf im Vorschulalter demnach eines Steuerungsprozesses, bei dem die Kinder spielerisch und systematisch mit den formalen Aspekten von (gereimter) Sprache vertraut gemacht werden. Eine instruierte Auseinandersetzung mit sprachlichen Phänomenen - wie sie beispielsweise in den Trainingsstudien von LUNDBERG et al. durchgeführt wurde - kann dann m. E. einen Übergang von einer „phonologischen Bewusstheit im weiteren Sinn" zu einer „phonologischen Bewusstheit im engeren Sinne" bereits im Vorschulalter anbahnen.
Eine Gegenüberstellung (Abb. 5) der im Kontext des Reimspiels und des Reimgesprächs beobachteten Handlungen, welche die acht von ANDRESEN genannten Kriterien zur Klassifizierung von Sprachbewusstheit enthält, ermöglicht schließlich eine komparative Sichtung der frühkindlichen sprachlichen Leistungen und eine Einschätzung der damit einhergehenden Bewusstseinszustände:

---

kritisch gegenüber, da die frühkindlichen sprachlichen Aktivitäten sich seiner Ansicht nach noch verstärkt auf die Inhalte und weniger auf die sprachliche Form beziehen (vgl. Brockmeier, J. (1997), S. 234f).

Kriterien der Sprachbewusstheit	Reimspiel	Reimgespräch
Intention	„Spaß haben“	Nachdenken, Sprechen über Sprache
Art bzw. Einbettung der Handlung	Gespräch	Spiel
Grad der Explizitheit	implizit thematisiert	implizit u. explizit thematisiert
Objektsprachlicher Gegenstand	Sprachspiel	Sprache bzw. Reim als sprachl. Mittel
Spontaneität	spontan, intuitiv (ohne Vorbereitung u. Vermittlung)	Beantwortung von Fragen reflexiv (ohne Vermittlung)
Art der Handlung	(Reime) ergänzen	erklären, beschreiben
Erkenntnistheoretischer Status	eher gering	zunehmend

Abb. 5: Aspekte der Sprachbewusstheit in Reimspiel und Reimgespräch[430]

Die Gegenüberstellung des Reimspiels und des Reimgesprächs sowie die damit verbundenen metasprachlichen Leistungen zeigen sehr deutlich den „qualitativen“[431] Unterschied zwischen beiden Sprachhandlungsmodi. Alle Kriterien der Sprachbewusstheit - mit Ausnahme der Chronologie, die nicht in dieser Aufstellung expliziert wird - verweisen für das Reimspiel auf ein kindliches Handeln im Bereich der impliziten und unbewussten Sprachbewusstheit, in dem Sprache zwar zum Spielgegenstand, aber nicht notwendigerweise zum Reflexionsgegenstand wird. Für das Reimgespräch ergibt sich eine solche Schlussfolgerung nicht, denn hier findet in zunehmendem Maße eine Explikation auf metasprachlicher Ebene statt, die vor allem für die Kriterien „Intention“, „Handlungseinbettung“, „Grad der Explizitheit“, „objektsprachlicher Gegenstand“, „Spontaneität“ und

[430] Das Kriterium der „Chronologie“ wird in dem hier adaptierten Modell nicht aufgeführt, da Aussagen zur chronologischen Entwicklung einer Sprachbewusstheit im Rahmen dieser Studie nicht getroffen werden können. Mit der hier durchgeführten Erhebung werden keine Entwicklungsverläufe, sondern aktuelle Entwicklungszustände erfasst. Für die Beschreibung von ontogenetischen Verläufen in der Entwicklung der frühkindlichen Sprachbewusstheit sind Langzeitstudien erforderlich, die m. E. vom vorschulischen Setting bis hinein in das Feld der schulischen Sozialisation reichen müssen, um repräsentative Aussagen formulieren zu können. Eine solche umfassende Studie ist im deutschsprachigen Raum meines Wissens bislang nicht durchgeführt worden.

[431] Mit der Formulierung „qualitative Unterschiede“ ist hier keinesfalls eine pejorative Wertung intendiert, sondern vielmehr eine Einstufung des kindliches Sprachwissens, in der Explizitheit als sprachlich und kognitiv fortgeschrittenere „Entwicklungsstufe“ im Vergleich zur impliziten Thematisierung von Sprache angesehen wird.

„Art der Handlung“ gilt. Infolgedessen ist der „erkenntnistheoretische Status“ als letztes Kriterium der Sprachbewusstheit beim Reimgespräch höher als beim Reimspiel, bei dem das Wissen in erster Linie implizit bleibt. Dass das Sprechen über Reimkriterien dennoch nur einen Anfang in der Entwicklung einer expliziten Sprachbewusstheit darstellt, wird mit einem Blick auf die von ANDRESEN beschriebenen Teilleistungen, die sich hinter den einzelnen Kriterien der Sprachbewusstheit verbergen, ersichtlich. Denn fortgeschrittene Kompetenzen wie z.B. eine explizite Analyse der Reimkriterien unter Verwendung der entsprechenden Terminologie sind auch im Zuge des Reimgesprächs noch nicht erforderlich. Das Sprechen über Reime und ihre formalen Merkmale kann jedoch ein Ausgangspunkt für die *Vergegenständlichung* von Sprache sein, die auf die produktiven Reimfähigkeiten von Kindern aufbaut und schließlich in komplexeren metasprachlichen Handlungen mündet.

Übernimmt man also das von ANDRESEN konzipierte Modell, in dem sie Metasprachlichkeit, Implizitheit, Explizitheit und Sprachbewusstheit miteinander verklammert, so lässt sich abschließend feststellen, dass mit der Überprüfung des Reimwissens Aussagen zu einer frühkindlichen Sprachbewusstheit getroffen werden können, die über die Resultate des Reimspiels hinausweisen. Während im Rahmen des Reimspiels vor allem das implizite Sprachwissen der Kinder untersucht wird, liefert das Reimgespräch auch Daten zur Feststellung einer beginnenden expliziten Sprachbewusstheit. Dabei deutet sich in dem Zusammenwirken von produktiven und reflexiven Sprachhandlungen (im Reimgespräch) ein Wechselspiel von impliziten und expliziten Bewusstseinszuständen an.

Zu Beginn der Untersuchung wurden die Aspekte Metasprachlichkeit und Dekontextualisierung als Indikatoren für Literalität deklariert und deren Vorhandensein in den frühen sprachlichen Aktivitäten der Kinder vermutet. Die Analyse der in dieser Studie zusammengetragenen sprachlichen Leistungen von jüngeren Kindern im spielerischen und reflexiven Umgang mit gereimter Sprache bestätigt die eingangs formulierte Hypothese. Jüngere Kinder sind nicht nur in der Lage, Sprache aus ihrem situativen Kontext zu lösen und in einen neuen Kontext zu transferieren, sondern darüber hinaus fähig, Sprache zum Gegenstand von sprachlichen und kognitiven Operationen zu machen und damit im Feld von impliziter und expliziter Metasprachlichkeit zu agieren. Die metasprachlichen Handlungen der Kinder - vor allem die expliziten - stehen dabei als Anzeichen für die Entstehung eines primären *„literalen Bewusstseins“*[432] und symbolisieren einen Übergang von der Mündlichkeit zur Schriftsprachlichkeit. Sie können als Hinweis

[432] Die Bezeichnung "*literales Bewusstsein*" stützt sich auf die Arbeit von Brockmeier, der darin eine umfassende historische, entwicklungspsychologische und linguistische Literalitätsgenese nachzeichnet (Brockmeier, J.,1997).

für einen Literalisierungsprozess genommen werden, der lange vor dem schulischen Schriftspracherwerb einsetzt.

3.4 Zum Zusammenhang vom familialen und kindlichen Umgang mit lyrischer Sprache

Die Fragenbogenerhebung mit Eltern von Kindern zwischen drei und sechs Jahren hat ergeben, dass Realisationsformen lyrischer Sprache in den Familien der Mittelschicht auch heute noch eine Rolle spielen. In den befragten Familien werden verschiedene Ausdrucksformen der Kinderlyrik - wie z.B. Fingerspiele, Kinderreime und Kinderlieder - umgesetzt. Es hat sich aber auch gezeigt, dass die Realisation dieser Art von mündlicher Literatur überwiegend alltagsbegleitend und unbewusst stattfindet und nicht von den Eltern als ein geplanter und gesteuerter Akt - wie z.B. das elterliche Vorlesen - inszeniert wird. Die sozialisierende Funktion der Familie hinsichtlich der ersten Erfahrungen ihrer Kinder im Umgang mit lyrischer Sprache ist demzufolge vor allem für den Bereich der unbewussten Wissensstrukturierung relevant. Hier bieten die familialen Interaktionen, in denen lyrische Sprache integriert wird, eine erste Annäherung an distanzsprachliche Modalitäten von Sprache. Dass die lyrischen Erfahrungen der Kinder, die sie im Umfeld von Familie sammeln können, vorwiegend ihr unbewusstes Sprachwissen strukturieren und in ein prozedurales Sprachhandlungswissen eingehen, offenbaren die Leistungen der Kinder im Kontext des hier durchgeführten Reimspiels und Reimgesprächs. Die große Mehrheit der Drei- bis Sechsjährigen (74,4%) verfügt über die Kompetenz, spielerisch mit lyrischer Sprache umzugehen und durch Hinzufügung eines oder mehrerer Wörter einen Reim zu bilden (siehe dazu Kap. 3.2.2). Die produktive Reimfähigkeit wurde in dieser Studie als ein Handeln im Feld der impliziten Metasprachlichkeit deklariert, bei dem das dabei aktualisierte und erworbene Sprachwissen vorwiegend implizit und unbewusst bleibt. Das Spiel der Kinder mit lyrischer Sprache findet dabei auf einer Materialebene statt, auf der die Kinder mit den phonologischen und silbischen Elementen verfahren. Es ist ein Spiel mit den Signifikanten und ereignet sich im Feld der „phonologischen Bewusstheit im weiteren Sinne". In der Diskussion um die Anfänge der literalen Entwicklung von Kindern, die hier anhand der Determinanten Metasprachlichkeit, phonologische Bewusstheit und Sprachbewusstheit repräsentiert wird, wurde auch die These WALLERs berücksichtigt, die davon ausgeht, dass sich Kinder explizit zur Sprache verhalten können, ohne ihr metasprachliches Handeln anschließend verbalisieren zu können. Einen expliziten Zugriff auf Sprache im Sinne einer expliziten Metasprachlichkeit ließ sich im Rahmen des Reimspiels jedoch nur sehr selten beobachten und kann deshalb für die Kinder dieser Altersgruppe nicht vorausgesetzt werden. Lediglich im Zuge des Reimgesprächs, welches mit 27 Kindern geführt wurde, waren einige Kinder in der Lage, ihr metasprachliches Wissen zu explizieren. Da den mit den

Kindern geführten Reimgesprächen kein Moment der Wissensgenerierung durch die Untersucherin inhärent war - es handelte sich lediglich um ein Leitfadengespräch - kann auf der Folie der hier skizzierten Trainingsstudien davon ausgegangen werden, dass eine angeleitete und gesteuerte Auseinandersetzung mit lyrischer Sprache bereits im Vorschulalter das explizite und bewusste Sprachwissen von Kindern potenzieren kann. Ein solches systematisches Training scheint besonders im Hinblick auf den Beginn des schulischen Schriftspracherwerbs deshalb sinnvoll, da in den Familien mehrheitlich keine bewusste Auseinandersetzung mit lyrischer Sprache erfolgt. Die Familie als primäre Sozialisationsinstanz des Kindes trägt somit zwar zum produktiven Reimvermögen des Kindes bei, ihr Anteil an der Entwicklung eines expliziten Reimwissens ist dabei jedoch vergleichsweise gering. Um also das implizite Wissen der Kinder in ein explizites zu überführen, bedarf es einer Förderung, die über das familiale Setting hinausgeht.

Eine wesentliche Bedeutung haben lyrische Sprachformen scheinbar auch im Kontext des frühkindlichen Spiels. 36,7 % der Eltern geben an, dass ihre Kinder besonders häufig lyrische Sprache in Verbindung mit spielerischen Aktivitäten realisieren. Vermutet wurde hier eine Kongruenz zwischen den Strukturen des Spiels und denen der Kinderlyrik, die eine derartige Form der Umsetzung befürworten. Kinder, die im Rahmen einer fiktiven Spielsituation agieren und dabei lyrische Sprache realisieren, markieren ihr Handeln in der Fiktion und erfüllen damit wesentliche Aspekte von Metasprachlichkeit. Das Sprechen von Kinderlyrik im Vollzug spielerischer Aktivitäten kann dabei als distanzsprachlicher Akt verstanden werden, mit dem im Sinne einer Dekontextualisierung bzw. Neukontextualisierung eine Abgrenzung von der Sprache des Alltags einhergeht. Kinder erfüllen im Sprechen lyrischer Sprache somit wesentliche Kriterien, die auf eine erste Annäherung an Literalität verweisen und bewegen sich damit zwischen medialer Mündlichkeit und konzeptioneller Schriftlichkeit.

Mit der Befragung der Eltern zur Realisation von Kinderlyrik in den Familien auf der einen Seite und der Beobachtung der kindlichen Reimfähigkeiten und des Reimwissens auf der anderen Seite hat diese Studie eine komparative Perspektive eingenommen, um so Rückschlüsse für den Beginn der kindlichen Literalisierung ziehen zu können. Ein wesentliches Resultat ist dabei, dass Kinderlyrik in der Familie vor allem in alltägliche Situationen und Interaktionen integriert wird, aber kaum bewusste Formen der Auseinandersetzung etabliert werden. Mit diesem Ergebnis korrelieren schließlich auch die Leistungen der Kinder im produktiven und reflexiven Umgang mit gereimter Sprache. Das führt zu der Schlussfolgerung, dass die Familie in erster Linie die produktiven Reimfähigkeiten fördert und nicht so sehr den analytischen und reflexiven Zugriff auf lyrische Sprache. Dennoch kann die Familie als die Instanz betrachtet werden, in der das Kind in spielerischer

Weise erste Erfahrungen mit lyrischer Sprache sammelt, auf die sich dann sein späteres (explizites) Sprachwissen aufbauen kann.

Zusammenfassung:
Kinder zwischen Mündlichkeit und Schriftsprachlichkeit oder:
Die Annäherung an Literalität im Kontext „lyrischer Mündlichkeit"

Im ersten Teil dieses Buches wurde die Kinderlyrik als eine literarische Gattung klassifiziert, der sich Kinderreim, Kinderlied und Kindergedicht als deren lyrische Ausdrucksformen unterordnen. Im Hinblick auf die Entstehungsgeschichte der Kinderlyrik und deren Wandel im Kontext moderner Literatur- und Gesellschaftsformen öffnete sie sich dabei in den letzten Jahrzehnten in zunehmendem Maße experimentellen und sprachspielerischen Formen. Kinderlyrik kann in der Moderne deshalb nicht mehr ausschließlich auf ihre traditionellen Merkmale wie Reim, Rhythmus, Klang und Wiederholung reduziert und als Ausdruck medialer und konzeptioneller Mündlichkeit designiert werden. Mit dieser Öffnung der Kinderlyrik, die ihre Inhalte - mehr aber noch ihre Strukturen - betrifft, tritt sie ein Stück weit aus der „Welt des Kindes" heraus und durchbricht die Grenzen, die ihr seitens einer so genannten „Erwachsenenlyrik" gesetzt werden. Das spiegelt sich vor allem in den lyrischen Texten wider, die einerseits von vielen Autoren und Autorinnen für erwachsene *und* kindliche Rezipienten und Rezipientinnen verfasst werden und die andererseits aus dem Fundus der „Erwachsenenlyrik" entnommen und dem Kind zur Verfügung gestellt werden.

Mit der Zunahme sprachspielerischer Elemente in der Kinderlyrik rückt das sprachästhetische Moment mehr und mehr in den Mittelpunkt einer Auseinandersetzung, in der nunmehr verstärkt ein hedonistischer Umgang mit dem Textmaterial erfolgt. Sprache wird dabei auf ihren Materialcharakter zentriert und hinsichtlich ihrer formalen Aspekte fokussiert. Das Sprachspiel, das hier im Sinne WITTGENSTEINs definiert und als ein Element der Kinderlyrik deklariert wurde, ermöglicht neben einem lustvollen Umgang aber auch einen analytischen und reflexiven Zugang zu verschiedenen sprachlichen Einheiten und damit ein Agieren im Feld von Metasprachlichkeit. Dass Kinderlyrik auch im Rahmen dieser sprachästhetischen Dimension im Moment ihrer Realisierung auf das Mündliche ausgerichtet bleibt, wird hier keinesfalls als Signum für ihre konzeptionelle Mündlichkeit bewertet. Jegliche Lyrik ist in erster Linie dafür vorgesehen, gesprochen und nicht gelesen zu werden;[433] das gilt für den gesamten Bereich der Lyrik und ist somit kein ausschließliches Merkmal der Kinderlyrik. VALÉRY bringt es auf den Punkt, wenn er schreibt: *„Der Vollzug eines Gedichtes im Vortrag ist das Gedicht selbst."*[434] Damit ist der eigentliche Sinn der Lyrik die Lyrik selbst, und dieser Sinn erschließt sich wiederum erst im Sprechen

[433] Eine Ausnahme stellen hier die visuellen Gedichte der konkreten Poesie dar, die auf eine schriftliche bzw. gestalterische Darstellung auf dem Papier angewiesen sind. Sie nutzen das leere Blatt als künstlerischen Raum, um Sprache ästhetisch zu gestalten.
[434] Valéry, P. (1975), S. 215.

der Texte als einem theatralen Akt der Inszenierung.[435] Die Texte sind sozusagen zum Sprechen geschrieben. An diesem Schnittpunkt treffen Mündlichkeit und Schriftlichkeit zusammen, vermengen sich miteinander und geben der Lyrik ihre intermediäre Gestalt, denn die Texte sind zwar als „Sprechgedichte" im Bereich der medialen Mündlichkeit anzusiedeln, weisen aber Spuren konzeptioneller (und medialer) Schriftsprachlichkeit auf.

Während sich somit bereits die Gattung Kinderlyrik mit ihren Texten als eine Schnittmenge aus mündlichen und schriftsprachlichen Determinanten darstellt, so setzt sich diese Existenz im Dazwischen auch in der Rezeption kinderlyrischer Texte fort. Die kindlichen Umgangsweisen mit lyrischer Sprache wurden im zweiten Teil auf zweierlei Weise fokussiert: Zum einen wurde die familiale Realisierung von Kinderlyrik und zum anderen das kindliche Reimvermögen und Reimwissen untersucht. Als Ergebnis einer Elternbefragung kann konstatiert werden, dass die Annäherung an Schriftlichkeit in einer Zeit, in der das Kind selbst noch nicht des Lesens und Schreibens mächtig ist und auch nicht in organisierten Lese- und Schreiblehrgängen angeleitet wird, nach wie vor der Familie als primärer Sozialisationsinstanz unterliegt. Sie bietet aufgrund ihrer intimen Beziehungsstruktur ein Lernumfeld, in dem das Kind in vertrauten Kontexten verschiedene Formen von Schriftlichkeit und Mündlichkeit handelnd erfahren kann. Jene frühen literalen Erfahrungen des Kindes werden in Bezug auf die Umsetzung lyrischer Sprache in den Familien zumeist unbewusst und ungesteuert bereit gestellt. In der überwiegenden Mehrheit der hier untersuchten Mittelschichtfamilien wird Kinderlyrik vor allem alltagsbegleitend realisiert und von den Eltern seltener und weniger bewusst zur sprachlichen und literarischen Sozialisation ihrer Kinder eingesetzt als z.B. das Kinderbuch. Die Familie - insbesondere die Mutter - ist somit zwar auch für den Bereich der Kinderlyrik eine Instanz, in der das Kind erste Erfahrungen im Umgang mit lyrischer Sprache sammeln kann, sie trägt jedoch relativ wenig zu einer bewussten und reflexiven Auseinandersetzung mit den unterschiedlichen Aspekten lyrischer Sprache bei. Ihre Wirkung ist somit begrenzt; das zeigen auch die beiden Untersuchungssequenzen zur Reimfähigkeit und zum Reimwissen von Kindern im Vorschulalter.
Kinder im Alter zwischen drei und sechs Jahren sind danach vor allem dazu in der Lage, produktiv mit gereimter Sprache umzugehen, d.h. eigene Reime zu bilden sowie Reime fortzusetzen und umzugestalten. Ihr sprachliches Wissen bleibt dabei vornehmlich implizit und unbewusst, womit sie im Feld impliziter Metasprachlichkeit handeln. Nur bei wenigen Kindern konnten im Rahmen des Reimspiels Momente expliziter Metasprachlichkeit beobachtet werden, was zu der Schlussfolgerung führt, dass das produktive Vermögen bei Kindern dieser Altersgruppe noch überwiegt. Gleichzeitig offenbaren die Antworten der Kinder das

[435] Wobei bereits das Verfassen lyrischer Texte als ein Akt der Inszenierung angesehen werden kann, in dem der lyrische Text vom Autor/von der Autorin komponiert wird.

Vorhandensein einer phonologischen Bewusstheit, welche sich auf der Silben-, onset-rime- und Phonemebene abspielt und hier in Anlehnung an die Bielefelder Forschungsgruppe um SKOWRONEK als „phonologische Bewusstheit im weiteren Sinne“ bezeichnet wurde. Die Drei- bis Sechsjährigen sind in der Lage, die genannten dinstinktiven Einheiten der Sprache wahrzunehmen und in ihren Antworten zu transferieren und haben damit bereits frühzeitig eine gewisse Sensibilität für Sprache entwickelt. Im produktiven Umgang mit kinderlyrischen Texten erproben und verändern sie das ihnen präsentierte sprachliche Material und lösen hierbei die Sprache aus ihrem Alltagszusammenhang. Die Entkoppelung der Sprache von den alltagssprachlichen Kontexten stellt einen Akt der Dekontextualisierung dar und symbolisiert zugleich einen distanzsprachlichen Umgang mit Sprache. Dabei hat sich herausgestellt, dass jüngere Kinder lyrische Sprache offenbar besonders häufig in das eigene Spielgeschehen integrieren. Die Nähe von kindlichem Spiel und Kinderlyrik wurde hier u.a. in Anbetracht der frühen Fiktionsspiele von Kindern in Anlehnung an ANDRESENs Beobachtungen diskutiert und als Ausdruck einer Markierung fiktiver Rede bewertet. Ähnlich wie die metakommunikativen Äußerungen der von ANDRESEN beobachteten Kinder, die durch Verbalisierung und Präsuppositionen einen fiktiven Spielraum schaffen, können die lyrischen Sprachhandlungen der Kinder als metasprachliche Mittel verstanden werden, denen eine Abgrenzung von der Rede des Alltags inhärent ist. Eine andere Verbindung von kindlichem Spiel und der Realisierung lyrischer Sprache wurde hier auf deren strukturelle Konvergenzen zurückgeführt. Beide unterliegen formalen Ordnungsprinzipien, die als „*Organisationsprinzipien kindlicher Ausdrucksformen*“[436] fungieren.

Während die produktiven Kompetenzen jüngerer Kinder im Umgang mit Reimen Indizien für ein eher implizites und unbewusstes Sprachwissen sind, verweisen die im Rahmen des Reimgesprächs hervorgebrachten Äußerungen auf einen Zustand der expliziten Sprachbewusstheit. Ein solcher Bewusstseinszustand, der einen reflexiven und bewussten Zugriff auf Sprache beinhaltet, konnte nur für einige wenige Kinder festgestellt werden. Die Mehrheit der Drei- bis Sechsjährigen agiert vornehmlich im Bereich der impliziten Metasprachlichkeit und ist nicht in der Lage, ihre sprachlichen Äußerungen zu verbalisieren und damit zu explizieren. Dass es dennoch einigen Kindern gelungen ist, Reimkriterien metasprachlich zu äußern, lässt zwei Schlussfolgerungen zu.

1. Diesen Kindern ist der metasprachliche und reflexive Umgang mit lyrischer Sprache vertrauter als den Kindern, die keine Reimdefinition und Reimkriterien formulieren konnten. Hier scheinen in den Familien in umfangreicherem Maße verschiedene Ausdrucksformen der Kinderlyrik

[436] Ulich, M. (1994): Inszenierungen im Kinderspiel. In: Fatke, R. (Hrsg.): Was macht ihr für Geschichten? Ausdrucksformen des kindlichen Erlebens. Bad Heilbrunn, S. 29-44, hier: S. 30.

realisiert zu werden. Darüber hinaus - und das scheint der signifikante Unterschied zu sein - findet in den betreffenden Familien scheinbar eine andere Art der Auseinandersetzung mit Sprache statt, die über eine unbewusste Umsetzung hinausgeht. Inwieweit in den einzelnen Familien eine bewusste Inszenierung lyrischer Sprache stattfindet, kann im Rahmen der Fragebogenerhebung jedoch nur vermutet werden; hier liefern die Angaben der Eltern zur Realsierung von Kinderlyrik - vor allem die Anzahl und Vielfalt der genannten Ausdrucksformen - lediglich erste Hinweise für mögliche Diskrepanzen. Sie bedürfen einer vertiefenden empirischen Untersuchung, in der die Intensität der familialen Realisierung von Kinderlyrik und deren Einfluss auf die frühe Entwicklung von Kindern fokussiert wird.

2. Ein Teil der Kinder bewegt sich ontogenetisch in zunehmendem Maße zwischen den Polen Mündlichkeit und Schriftsprachlichkeit und befindet sich damit in einem Bewusstwerdungsprozess, der eine sukzessive Annäherung an Literalität markiert.[437] Hier scheint sich zudem ein Übergang zwischen einer „phonologischen Bewusstheit im weiteren Sinne" und einer „phonologischen Bewusstheit im engeren Sinne" anzudeuten, der schließlich in der Schule mit der Einführung der alphabetischen Schrift seinen Abschluss findet. Das Hin- und Herpendeln der Kinder zwischen mündlichen und schriftsprachlichen Aspekten der Sprache, die sich in Interdependenz mit der Gattung Kinderlyrik ereignet, zeigt, dass Kinder im Vorschulalter auch ohne das unmittelbare Vorhandensein eines Schriftsystems bereits eine der Schrift zugewandte Entwicklung durchlaufen. WEINHOLD, die in ihrer Arbeit schriftliche Texte von Erstklässlern und Erstklässlerinnen untersucht - und sich damit der schulischen Seite des Schriftspracherwerbs widmet - konstatiert für die textuelle Gestaltung einiger Kindertexte einen *„oralen Leser"*[438] und verweist damit auf die Existenz konzeptioneller Mündlichkeit in den ersten Schreibversuchen von Kindern. Im Gegensatz dazu können die Leistungen der Kinder im Rahmen des Reimspiels und des Reimgesprächs als Sprachhandlungen deklariert werden, die literale Spuren aufweisen. Jüngere Kinder bewegen sich damit in einem Übergangsfeld zwischen sekundärer Oralität - die als solche schon literal beeinflusst ist - und primärer Literalität.

Mit der Feststellung, dass Kinder im Vorschulalter ihr metasprachliches Handeln in erster Linie implizit und unbewusst organisieren und ausführen, verbindet sich

[437] Diese fortgeschrittene Form in der kindlichen Entwicklung muss zum Teil auch mit dem jeweiligen Lebensalter des einzelnen Kindes ins Verhältnis gesetzt werden, denn mit der hier untersuchten Altersgruppe der Drei- bis Sechsjährigen wird ein relativ großer Entwicklungszeitraum umfasst.
[438] Weinhold, S. (2000), S. 117 und 194f.

die Annahme, dass Verbalisierung und Explikation Zeichen für das Vorhandensein einer expliziten Sprachbewusstheit sind. Gleichzeitig wurde aber auch auf den kritischen Einwand WALLERs verwiesen, demzufolge die Fähigkeit zur Verbalisierung nicht als ausreichendes und einziges Indiz für explizite Sprachbewusstheit herangezogen werden kann. Auf eine solche Möglichkeit - die aufgrund ihrer geringen Überprüfbarkeit nur schwer zu belegen ist - verweisen einige Formulierungen und Handlungen der Kinder (wie z.B. ihre Selbstkorrekturen), die im Kontext des Reimgesprächs beobachtet werden konnten.

Abschließend bleibt die Frage zu stellen, welche Bedeutung die hier gewonnenen Erkenntnisse für den Beginn des schulischen Schriftspracherwerbs haben können. Entscheidend ist hierbei die Tatsache, dass in den Familien zwar lyrische Ausdrucksformen umgesetzt werden, diese aber im Zuge einer unbewussten und ungesteuerten Realisierung auch beim Kind vor allem eine unbewusste und implizite Form der Sprachbewusstheit evozieren. Der Anfangsunterricht der Schule muss also die produktiven Kompetenzen der Kinder aufgreifen, potenzieren und darüber hinaus in reflexive Fähigkeiten transferieren und damit einen Bewusstwerdungsprozess inszenieren, der in einem expliziten Sprachwissen mündet. HAUEIS sieht in Bezug auf das Sprachspiel die Aufgabe der Fachdidaktik darin, „*Unterricht und die Ontogenese des Wissens auf einander zu beziehen*“[439] und postuliert eine stärkere Förderung der Sprachbewusstheit im Rahmen sprachspielerischer Verarbeitungsprozesse.[440] Eine solche Forderung lässt sich auch für den schulischen Umgang mit Kinderlyrik formulieren, ohne sogleich die Gattung Kinderlyrik zu Instrumentalisieren und Pädagogisieren. Darüber hinaus ist es m. E. erforderlich, die vorschulische Förderung curricular dahingehend umzugestalten, dass der distanzsprachliche Umgang mit lyrischer Sprache - und Sprache überhaupt - bereits im Kindergarten Gegenstand eines gesteuerten Lehr-Lern-Prozesses wird. Hier ist die Einbindung der Kinderlyrik bislang zu schwach und zu wenig zielorientiert, so dass die familiale Tradition der unbewussten und alltagsbegleitenden Realisierung lediglich ein Pendant findet. Für eine systematische Einbindung kinderlyrischer Formen in die vorschulische Erziehung sprechen auch die Ergebnisse der hier vorgestellten Trainingsstudien. Dabei muss es m. E. darum gehen den Kindern verschiedene Spielformen und -inhalte anzubieten, in denen die Ausseinandersetzung mit (lyrischer) Sprache angeregt und gefördert werden. Es reicht dazu nicht aus bislang durchgeführte Trainingsstudien nunmehr als so genannte Trainingsprogramme zu konzipieren und zu veröffentlichen, die dann von - zumeist dafür nicht ausreichend ausgebildeten - ErzieherInnen durchgeführt

[439] Haueis, E. (1985), S. 659.

[440] Eine andere Arbeit zu einer didaktisch-methodisch reflektierten Realisierung von Sprachspielen im Deutschunterricht liefert Steffens, der darin auch lyrische Sprachformen aufgreift und für den Unterricht nutzbar zu machen versucht. Dabei prädestiniert er den kreativen Prozess, der durch Sprachspiele beim Kind angeregt werden kann (vgl. Steffens, W., 1998: Spielen mit Sprache im ersten bis sechsten Schuljahr. Hohengehren).

werden sollen. Zu einer Förderung der sprachlichen Kompetenzen von Kindern gehört m. E. mehr als die recht rigide Durchführung von Trainingseinheiten, in denen dann u.a. phonematische, morphematische und syntaktische Strukturen in isolierten Übungen eingeübt werden. Die Verbindung von spielerischen und sprachlichen Elementen hat sich bereits in der hier durchgeführten Untersuchung als wesentliches Merkmal des frühkindlichen Umgangs mit lyrischer Sprache erwiesen. Hier sehe ich eine Chance für die vorschulische Erziehung, die damit einerseits innerhalb ihres pädagogischen Settings erzieherisch tätig sein kann und andererseits ihr Handeln in sensibler Weise auf den Lernzuwachs des Kindes ausrichten und damit an Schule orientiert wirken kann. Der Kindergarten kann somit als zusätzliche Sozialisationsinstanz neben der Familie deren Wirkungsweise komplettieren und somit weitreichendere Formen des „literalen Lernens“ in Gang setzen. Die bewusste und reflexive Auseinandersetzung mit lyrischer Sprache ermöglicht dabei vielfältige Formen des sprachästhetischen, analytischen und hedonistischen Umgangs, bei dem auch der literarische Eigenwert der Gattung Kinderlyrik - im Sinne einer eigenständigen Gattung - zum Tragen kommt. Die frühzeitige Realisierung verschiedener Ausdrucksformen der Kinderlyrik und deren Einbindung in lernorientierte Kontexte beinhalten dann ein bewusstes Hin- und Herpendeln zwischen Mündlichkeit und Schriftsprachlichkeit unter der Perspektive einer Annäherung an Literalität im Kontext von „lyrischer Mündlichkeit“.

Literaturverzeichnis

Adam, Milman (Ed.) (1971): The Making of Homeric Verse. TheCollected Papers of Milman Parry. Oxford.

Adorno, Theodor W. (1974): Rede über Lyrik. In: Adorno, Theodor W.: Gesammelte Schriften. Band 11: Noten zur Literatur. Frankfurt a. Main, S. 48-68.

Anderson, Lena (1993): Pflaumen für alle Kinder. München (1992).

Andresen Helga (1984): Gedanken zur spontanen Sprachreflexion bei Kindern und ihrer Bedeutung für den (Recht-)Schreibunterricht. In: Ossner, Jakob & Melenk, Hartmut (Hrsg.): Methoden der Sprachdidaktik. Methoden im Sprachunterricht. Beiträge des V. Symposiums Deutschdidaktik. Ludwigsburg, S. 58-67.

Andresen, Helga (1985): Schriftspracherwerb und die Entstehung von Sprachbewußtheit. Opladen.

Andresen, Helga (1987): Das Wort - Ein Kinderspiel? Bemerkungen zur Bedeutung der Schrift für Vorstellungen über Sprache. In: Balhorn, Heiko & Brügelmann, Hans (Hrsg.): Welten der Schrift in der Erfahrung der Kinder. Konstanz, S. 83-91.

Andresen, Helga (1993): Sprachspiele als Fenster zu entstehender Sprachbewußtheit bei Kindern. In: Eisenberg, Peter & Klotz, Peter (Hrsg.): Sprache gebrauchen - Sprachwissen erwerben. Stuttgart, S. 119-133.

Andresen, Helga (1996): Bedeutungskonstitution im Fiktionsspiel von Vorschulkindern. In: Lompscher, Joachim (Hrsg.): Entwicklung und Lernen aus kulturhistorischer Sicht. Was sagt uns Wygotski heute? Internationale Studien zur Tätigkeitstheorie. Band 4/2, Marburg, S. 516-532.

Andresen, Helga (1998): Spiel, Zeichen, Kontext. Zur Ontogenese dekontextualisierten Zeichengebrauchs. In: Giese, Heinz & Ossner, Jakob (Hrsg.): Sprache thematisieren. Fachdidaktische und unterrichtswissenschaftliche Aspekte. Freiburg i. Breisgau, S. 21-41.

Andresen, Helga & Buchgeister, Karin (1994): Ich kann ja auch nicht Reiher gucken. Kindergartenkinder über Schrift, Lesen und Schreiben. In: Die Grundschule, Heft 2, S. 9-11.

Andresen, Helga & Januschek, Franz (1984): Sprachreflexion und Rechtschreibunterricht. In: Diskussion Deutsch, 77, S. 240-254.

Andresen, Ute (1991): Im Mondlicht wächst das Gras. Gedichte für Kinder und alle im Haus. Ravensburg.

Andresen, Ute (1992): Versteh mich nicht so schnell. Gedichte lesen mit Kindern. Weinheim; Berlin.

Ariés, Philippe (1996): Geschichte der Kindheit. 12. Aufl., München (1960).

Aristoteles (1982): Poetik. Übersetzt und herausgegeben von Manfred Fuhrmann. Stuttgart (335 v. Ch.).

Arnim, Achim von & Brentano, Clemens (1987): Des Knaben Wunderhorn. Alte Deutsche Lieder. Kommentierte Gesamtausgabe. Stuttgart 1987 (1806/08).

Assmann, Aleida & Jan (1983): Schrift und Gedächtnis. In: Assmann, Aleida & Jan & Hardmeier, Christof (Hrsg.): Schrift und Gedächtnis. Beiträge zur Archäologie der literarischen Kommunikation. München, S. 265-284.

Assmann, Jan (1999): Das kulturelle Gedächtnis. Schrift, Erinnerung und politische Identität in frühen Hochkulturen. München.

Asmuth, Bernhard (1979): Aspekte der Lyrik. Mit einer Einführung in die Verslehre. 5. erweit. Aufl., Opladen.

Atteslander, Peter (1993): Methoden der empirischen Sozialforschung. 7. bearb. Aufl. Berlin; New York.

Augst, Gerhard (Hrsg.) (1995): Frühes Schreiben. Studien zur Ontogenese der Literalität. Essen.

Austermühl, Elke (1981): Poetische Sprache und lyrisches Verstehen. Studien zum Begriff der Lyrik. Heidelberg.

Bachtin, Michail, M. (1979): Die Ästhetik des Wortes. Herausgegeben und eingeleitet von Rainer Grübel. Frankfurt a. M.

Behnken, Imbke & Messner, Rudolf & Rosebrock, Cornelia & Zinnecker, Jürgen (1997): Lesen und Schreiben aus Leidenschaft. Jugendkulturelle Inszenierungen von Schriftkultur. Weinheim; München.

Behörde für Schule, Jugend und Berufsbildung der Freien und Hansestadt Hamburg (Hrsg.) (1996): Die Schulanfangsbeobachtung - Unterrichtsaufgaben für den Schrifterwerb. Arbeitshilfe für den Deutschunterricht in der Grundschule. Hamburg.

Belke, Gerlind (2001): Mehrsprachigkeit im Deutschunterricht. Sprachspiele - Spracherwerb - Sprachvermittlung. 2. korr. Aufl., Hohengehren.

Berg, Christa (Hrsg.) (1991): Kinderwelten. Frankfurt a. Main.

Berger, Barbara (1990): Bilderbücher - ein Weg zum Lesen. Die literarische Frühphase in der Verantwortung der Eltern und des Kindergartens. In: Unsere Jugend, 42/90, S. 11-16.

Biere, Bernd Ulrich (1985): Schriftlichkeit und Mündlichkeit - Vereinheitlichung und Verständlichkeit. Eine historisch-systematische Problemskizze. In: Stötzel, Georg (Hrsg): Germanistik - Forschungsstand und Perspektiven. Vorträge des Deutschen Germanistentages 1984. 1 Teil: Germanistische Sprachwissenschaft. Didaktik der Deutschen Sprache und Literatur, S. 346-365.

Blachman, Benita, A. (1991): Phonological Awareness: Implications for Prereading and Early Reading Instruction. In: Brady, Susan A. & Shankweiler, Donald P. (Eds.): Phonological Processes in Literacy. A Tribute to Isabelle Y. Liberman. Hillsdale; New Jersey, S. 29-36.

Blässer, Barbara (1994): Die Bedeutung der phonologischen Bewußtheit für das frühe Lesen und Schreiben: Theoretische Fundierung und Förderungsmöglichkeiten. Würzburg.

Bodensohn, Anneliese (1965): Im Spielraum der Lyrik. Kinderreim und Kindergedicht als lyrische Vorformen. Frankfurt a. Main.

Böhme, Franz Magnus (1924): Deutsches Kinderlied und Kinderspiel. Volksüberlieferungen aus allen Landen deutscher Zunge. Leipzig (1897).

Bonfadelli, Heinz & Fritz, Angela & Köcher, Renate (1995): Lesesozialisation (Band 2): Leseerfahrungen und Lesekarrieren. Studien der Bertelsmann Stiftung. Mit einer Synopse von Ulrich Saxer. 2. Aufl., Güterlsloh (1993).

Bormann, Alexander von (1993): Ordnung aus lauter Unordnungen. (Kinder) Lyrik. Interpretation und Didaxe. In: JuLit, H. 2, S. 11-19.

Bornemann, Ernest (1973): Unsere Kinder im Spiegel ihrer Lieder, Reime, Verse und Rätsel. Freiburg i. Breisgau.

Bornemann, Ernest (1981): Wir machen keinen langen Mist... 614 Kinderverse, gesammelt in Deutschland, Österreich und der Schweiz in den Jahrzehnten 1960-1980. Frankfurt a. M.

Bosse, Hannes (1970): Alte und neue Kinderreime mit "Gebrauchswert". In: Neue deutsche Literatur, 18/2, S. 171-179.

Bourdieu, Pierre (1999): Die feinen Unterschiede. Kritik der gesellschaftlichen Urteilskraft. 11. Aufl., Frankfurt a. M. (1979).

Bradley, Lynette & Bryant, Peter (1985): Rhyme and Reason in Reading and Spelling. Ann Arbor. University of Michigan Press.

Bradley, Lynette & Bryant, Peter (1991): Phonological Skills Before And After Learning To Read. In: Brady, Susan A. & Shankweiler, Donald P. (Eds.): Phonologigal Processes in Literacy. A Tribute to Isabelle Y. Liberman. Hillsdale, New Jersey, S. 37- 45.

Braun, Barbara (1995): Vorläufer der literarischen Sozialisation in der frühen Kindheit - eine entwicklungspsychologische Fallstudie. Frankfurt a. Main.

Briefwechsel zwischen Goethe und Schiller. Mit Einführung von Houston Stewart Chamberlain. Erster Band. Jena 1905.

Brockmeier, Jens (1997): Literales Bewußtsein. Schriftlichkeit und das Verhältnis von Sprache und Kultur. München.

Bröhmse, Peter (1966): Die spontane Rhythmisierung von Kinderreimen durch Sechs- bis Zehnjährige. Ein Beitrag zur Tatsachenforschung an Beispielen. In: Sydow, Kurt (Hrsg.): Sprache und Musik. Vorträge und Berichte aus der zweiten Tagung „Musik in Volksschule und Lehrerbildung". Wolfenbüttel; Zürich, S. 63- 74.

Brügelmann, Hans (1992): Kinder auf dem Weg zur Schrift. Eine Fibel für Lehrer und Laien. Kempten (1983).

Brüggemann, Theodor & Ewers, Hans-Heino (182): Handbuch der Kinder- und Jugendliteratur. Von 1750.18000. Stuttgart.

Bruner, Jerome (1977): Wie das Kind lernt, sich sprachlich zu verständigen. In: Zeitschrift für Pädagogik, 23. Jg., Nr. 6, S. 153-169.

Bruner, Jerome (1987): Wie das Kind sprechen lernt. Bern; Göttingen; Toronto, Seattle (1983).

Bryant, Peter & Bradley, Lynette, MacLean, M. & Crossland J. (1989): Nursery rhymes, phonological skills and reading. In: Journal of Child Language, 16, S. 407-428.

Bühler, Karl (1965): Sprachtheorie. Die Darstellungsfunktion der Sprache. 2. unveränd. Aufl., Stuttgart.

Burdorf, Dieter (1996): Sind Gedichte genaue Form? - Was Schüler und Didaktiker vom Lyrikunterricht erwarten. In: Hohmann, Joachim, S. & Rubinich, Johann (Hrsg.): Wovon der Schüler träumt. Leseförderung im Spannungsfeld von Literaturvermittlung und Medienpädagogik. Frankfurt a. M., S. 247-258.

Burdorf, Dieter (1997): Einführung in die Gedichtanalyse. 2. überarb. und aktual. Ausg., Stuttgart; Weimar (1994).

Busta, Christine (1959): Sternenmühle. Gedichte für Kinder und ihre Freunde. Salzburg.

Charlton, Michael & Bachmair, Ben (Hrsg.) (1990): Medienkommunikation im Alltag. Interpretative Studien zum Medienhandeln von Kindern und Jugendlichen. München.

Charlton, Michael & Neumann, Klaus (Hrsg.) (1990): Spracherwerb und Mediengebrauch. Tübingen.

Clark, Eve V. (1978): Awareness of Language: Some Evidence from what Children Say and Do. In: Sinclair, Anne & Jarvella, Robert J. & Levelt, Willem J. M. (Eds.): The Child's Conception of Language. Heidelberg; New York, S. 17-43.

Conrady, Karl O. (Hrsg.) (1993): Das große deutsche Gedichtbuch. Von 1500 bis zur Gegenwart. 2. revid. Aufl., München (1991).

Dehmel, Richard (1922): Schöne wilde Welt. Gedichte und Sprüche. 10-12. Aufl., Berlin.

Dehmel, Paula & Richard (1907): Fitzebutze. Traumspiel in 5 Aufzügen. Berlin.

Dehn, Mechthild (1985): Über die sprachanalytische Tätigkeit des Kindes beim Schreibenlernen. In: Diskussion Deutsch, H. 16, S.25-51.

Dehn, Mechthild (1994): Schlüsselszenen zum Schrifterwerb. Arbeitsbuch zum Lese- und Schreibunterricht in der Grundschule. Weinheim; Basel.

Dehn, Mechthild (1995): Über die Aneignung des phonematischen Prinzips der Orthographie beim Schriftspracherwerb. In: Balhorn, Heiko & Brügelmann, Hans (Hrsg.): Rätsel des Schriftspracherwerbs. Neue Sichtweisen aus der Forschung. Lengwil a. Bodensee, S. 202-219.

Dehn, Mechthild (1999): Texte und Kontexte. Schreiben als kulturelle Tätigkeit in der Grundschule. Berlin; Düsseldorf.

Dehn, Mechthild & Sjölin, Amelie (1994): Frühes Lesen und Schreiben. In: Günther, Hartmut & Ludwig, Otto (Hrsg.): Schrift und Schriftlichkeit. Writing and Its Use. Ein interdisziplinäres Handbuch internationaler Forschung. Berlin; New York, S. 1141-1153.

Deutsches PISA-Konsortium (Hrsg.) (2001): PISA 2000. Basiskompetenzen von Schülerinnen und Schülern im internationalen Vergleich. Opladen.

Diederichs, Inge (1962): Kinderspiegel. Die Welt des Kindes im Gedicht. Düsseldorf; Köln.

Dilthey, Wilhelm (1905): Das Erlebnis und die Dichtung. Berlin. (1921).

Doderer, Klaus (Hrsg.) (1977): Lexikon der Kinder- und Jugendliteratur. Weinheim; Basel.

Donaldson, Margaret (1982): Wie Kinder denken. Bern; Stuttgart; Wien (1978).

Downing, John & Valtin, Renate (Eds.) (1984): Language Awareness and Learning to Read. New York.

*Eggert, Hartmut & Garbe, Christine (*1995): Literarische Sozialisation. Stuttgart.

Elkonin, Daniil (1980): Psychologie des Spiels. Köln.

Enzensberger, Hans Magnus (1974): Allerleirauh. Viele schöne Kinderreime. Frankfurt a. M. (1961).

Enzensberger, Hans Magnus (1988): Bescheidener Vorschlag zum Schutze der Jugend vor den Erzeugnissen der Poesie. In: Ders.: Mittelmaß und Wahn. Gesammelte Zerstreuungen. Frankfurt a. M., S. 23-41.

Ewers, Hans-Heino (Hrsg.) (1980): Kinder und Jugendliteratur der Aufklärung. Stuttgart.

Ewers, Hans-Heino (1989): „Das goldene Zeitalter der kindlichen Menschheit". Anthropologie und Geschichtsphilosophie des Primitiven und Kindlichen beim jungen Herder. In: Ders.: Kindheit als poetische Daseinsform. Studien zur Entstehung der romantischen Kindheitsutopie im 18. Jahrhundert. München, S. 59-96.

Ewers, Hans-Heino (1990): Kinderliteratur der Spätromantik. In: Wild, Reiner (Hrsg.): Geschichte der Deutschen Kinder- und Jugendliteratur. Stuttgart, S. 110-128.

Ewers, Hans-Heino (1993): Kinderlyrik im bürgerlichen Zeitalter. Ein Rückblick auf die Ära des Kindergedichts. In: JuLit, H. 2, S. 32-46.

Ewers, Hans-Heino & Lypp, Maria & Nassen, Ulrich (Hrsg.) (1990): Kinderliteratur und Moderne. Ästhetische Herausforderungen für die Kinderliteratur im 20. Jahrhundert. Weinheim; München.

Feilke, Helmut (1998): Schreibenlernen - Die Entdeckung von Sprache und Text. Vortrag im Graduierten-Kolleg „Ästhetische Bildung" am 09.06.1998.

Feneberg, Sabine (1994): Wie kommt das Kind zum Buch? Die Bedeutung des Geschichtenvorlesens im Vorschulalter für die Leseentwicklung von Kindern. Neuried.

Fiedelhänschen. Verse und Sprüche aus der Kinderstube. München 1995.

Finnegan, Ruth (1977): Oral Poetry. Its nature, significance and social context. Cambridge.

Fischer, Helmut (1996): Kinderspiel und Kindergedicht im heutigen Gebrauch. In: Franz, Kurt & Gärtner, Hans (Hrsg.): Kinderlyrik zwischen Tradition und Moderne. Hohengehren, S. 74-88.

Flick, Uwe (1996): Qualitative Forschung. Theorie, Methoden, Anwendung in Psychologie und Sozialwissenschaften. 2. Aufl., Reinbek bei Hamburg.

Flick, Uwe & Kardorff von, Ernst & Steinke, Ines (Hrsg.) (2000): Qualitative Forschung. Ein Handbuch. Reinbek bei Hamburg.

Fowler, Anne E. (1991): How Early Phonological Development Might Set the Stage for Phoneme Awareness. In: Brady, Susan A. & Shankweiler, Donald P. (Eds.): Phonological Processes in Literacy. A Tribute to Isabelle Y. Liberman. Hillsdale; New Jersey, S. 97-117.

Franz, Kurt (1979): Kinderlyrik. Struktur, Rezeption, Didaktik. München.

Franz, Kurt (1984): Kinderlyrik. In: Köpf, Gerhard (Hrsg.): Neun Kapitel Lyrik. München; Wien; Zürich, S. 127-146.

Franz, Kurt (1984): Lyrik. In: Grünewald, Dietrich & Kaminski, Winfried (Hrsg.): Kinder- und Jugendmedien. Ein Handbuch für die Praxis. Weinheim; Basel. S. 449-459.

Franz, Kurt (2000): Kinderlyrik. In: Lange, Günter (Hrsg.): Taschenbuch der Kinder- und Jugendliteratur (Band1), 2. korrig. Aufl., Hohengehren, S. 201-227.

Franz, Kurt (2000): Maja, Rap und Guggenmos. Kinderlyrik an der Schwelle zum neuen Jahrtausend. In: Franz, Kurt & Lange, Günter & Payrhuber, Franz-Josef (Hrsg.): Kinder und Jugendliteratur zur Jahrtausendwende. Autoren - Themen - Vermittlung. Hohengehren, S. 22-43.

Franz, Kurt & Gärtner, Hans (Hrsg.) (1996): Kinderlyrik zwischen Tradition und Moderne. Hohengehren.

Fritz, Angela (1991): Lesen im Medienumfeld. Eine Studie im Auftrag der Bertelsmann Stiftung. Mit einer Synopse von Ulrich Saxer. Gütersloh.

Fuhrmann, Joachim (Hrsg.) (1999): Poesiekiste. Sprüche fürs Poesiealbum. Reinbek bei Hamburg (1981).

Funk, Doris (1977): Visuelle Poesie für Kinder? In: Lypp, Maria (Hrsg.): Literatur für Kinder. Studien über das Verhältnis zur Gesamtliteratur. Göttingen, S. 46-93.

Garton, A. & Pratt, Ch. (1989): Learning to be Literate. The Development of the Spoken and Written Language. New York.

Gelberg, Hans-Joachim (Hrsg.) (1989): Überall und neben Dir. Gedichte für Kinder. Weinheim; Basel (1986).

Gelberg, Hans-Joachim (Hrsg.) (1999): Die Stadt der Kinder. Weinheim; Basel (1969).

Gelberg, Hans-Joachim (Hrsg.) (2000): Großer Ozean. Gedichte für alle. Weinheim; Basel.

Gernhardt, Robert (2000): Wörtersee. Gedichte. 6. Aufl., Frankfurt a. M. (1981).

Gerstner-Hirzel, Emily (1973): Das Kinderlied. In: Brednich, Rolf Wilhelm & Röhrich, Lutz & Suppan, Wolfgang (Hrsg.): Handbuch des Volksliedes. Band 1: Die Gattungen des Volksliedes. München, S. 923-967.
Glück, Helmut (1987): Schrift und Schriftlichkeit. Eine sprach- und kulturwissenschaftliche Studie. Stuttgart.
Gnüg, Hiltrud (1983): Entstehung und Krise lyrischer Subjektivität. Vom klassischen lyrischen Ich zur modernen Erfahrungswirklichkeit. Stuttgart.
Goelman, Hillel & Oberg, Antoinette & Smith, Frank (Eds.) (1984): Awakening to Literacy. Oxford.
Goethe, Johann Wolfgang (1988): West-östlicher Divan. Herausgegeben und erläutert von Hans.-J. Weitz. 8. Aufl., Frankfurt am Main (1819).
Goethes Briefe (1964): Briefe der Jahre 1786-1805. Hamburger Ausgabe in 4 Bänden, Bd. 2., Hamburg.
Goetsch, Paul (1985): Fingierte Mündlichkeit in der Erzählkunst entwickelter Schriftkulturen. In: Poetica, 17, S. 202-218.
Goetsch, Paul (1991): Der Übergang von Mündlichkeit zu Schriftlichkeit. Die kulturkritischen und ideologischen Implikationen der Theorien von McLuhan, Goody und Ong. In: Raible, Wolfgang (Hrsg.) Symbolische Formen - Medien - Identität. Jahrbuch 1989/90 des Sonderforschungsbereiches „Übergänge und Spannungsfelder zwischen Mündlichkeit und Schriftlichkeit". Tübingen, S. 113-129.
Goodmann, Yetta M. (1986): Children Coming to Know Literacy. In Teale, William H. & Sulzby, Elizabeth (Eds.): Emergent Literacy. Writing and Reading. Norwood; New Jersey, S. 1-14.
Goody, Jack (Hrsg.) (1981): Literalität in traditionalen Gesellschaften. Frankfurt a. M. (1969).
Goswami, Usha & Bryant, Peter (1990): Phonological Skills and Learning to Read. East Sussex.
Günther, Hartmut (1993): Erziehung zur Schriftlichkeit. In: Eisenberg, Peter & Klotz, Peter (Hrsg.): Sprache gebrauchen - Sprachwissen erwerben. Stuttgart, S. 85-96.
Günther, Hartmut (1997): Mündlichkeit und Schriftlichkeit. In: Balhorn, Heiko & Niemann, Heide (Hrsg.): Sprachen werden Schrift. Mündlichkeit. Schriftlichkeit. Mehrsprachigkeit. Lengwil am Bodensee, S. 64-73.
Günther, Hartmut (1998): Die Sprache des Kindes und die Schrift der Erwachsenen. In: Huber, Ludowika & Kegel, Gerd & Speck-Hamdan, Angelika (Hrsg.): Einblicke in den Schriftspracherwerb, Braunschweig, S. 21-30.
Günther, Klaus, B. (1995): Ein Stufenmodell der Entwicklung kindlicher Lese- und Schreibstrategien. In: Balhorn, Heiko & Brügelmann, Hans (Hrsg.): Rätsel des Schriftspracherwerbs. Neue Sichtweisen aus der Forschung. Lengwil am Bodensee, S. 98-121.
Guggenmos, Josef (1984): Sonne, Mond und Luftballon. Gedichte für Kinder. Weinheim.

Guggenmos, Josef (1993): Oh, Verzeihung, sagte die Ameise. Weinheim; Basel (1990).

Guggenmos, Josef (1997): Katzen kann man alles sagen. 2. Aufl., Weinheim; Basel.

Guggenmos, Josef (1998): Was denkt die Maus am Donnerstag? 22. Aufl., München (1971).

Hamburger, Käte (1968): Die Logik der Dichtung. Zweite, stark veränd. Aufl., Stuttgart.

Haueis, Eduard (1985): Sprachspiele und die didaktische Modellierung von Wissensstrukturen. In: Stötzel, Georg (Hrsg.): Germanistik - Forschungsstand und Perspektiven. Vorträge des Deutschen Germanistentages 1984. Teil 1. Berlin, New York, S. 658-667.

Havelock, Eric A. (1992): Als die Muse schreiben lernte. Frankfurt a. M.

Haymes, Edward R. (1977): Das mündliche Epos. Eine Einführung in die >Oral Poetry< Forschung. Stuttgart.

Hegel, Georg Wilhelm Friedrich (1996): Vorlesungen über die Ästhetik, Bd. 3, Frankfurt. a. M. (1835).

Helmers, Hermann (1965): Sprache und Humor des Kindes. Stuttgart.

Herder, Johann Gottfried (1966): Abhandlung über den Ursprung der Sprache. Stuttgart (1770).

Herder, Johann Gottfried (1975): Stimmen der Völker in Liedern. Volkslieder. Zwei Teile. Stuttgart (1778/79).

Holle, Karl (1999): Wie lernen Kinder, sprachliche Strukturen zu thematisieren? Grundsätzliche Erwägungen und ein Forschungsüberblick zum Konstrukt literale Sprachbewußtheit (metalinguistic awareness). In: Ders. (Hrsg.): Konstruktionen der Verständigung. Die Organisation von Schriftlichkeit als Gegenstand didaktischer Reflexion, 2. Aufl., Lüneburg, S. 37-111.

Holzapfel, Otto (1996): Lexikon folkloristischer Begriffe und Theorien (Volksliedforschung). Bern; Berlin; Frankfurt a. M.

Hurrelmann, Bettina (1989): Fernsehen in der Familie. Auswirkungen der Programmerweiterung auf den Mediengebrauch. Weinheim; München.

Hurrelmann, Bettina (1990a): Kinderkultur: Produktiver Umgang mit Büchern... In: Die Grundschulzeitschrift, H. 39, 4/90, S. 4-9.

Hurrelmann, Bettina (1990b): Familiale Voraussetzungen des Fernsehens und des Lesens von Kindern - eine interaktionistische Perspektive auf die Mediensozialisation. In: Neumann, Klaus & Charlton, Michael (Hrsg.): Spracherwerb und Mediengebrauch. Tübingen, S. 169-194.

Hurrelmann, Bettina (1990c): Kinder- und Jugendliteratur im Deutschunterricht - eine Antwort auf den Wandel der Medienkultur? In: Der Deutschunterricht, 3/90, S. 5- 23.

Hurrelmann, Bettina (1991): Kinderwelten in einer sich verändernden Medienumwelt. Eine Untersuchung zum veränderten Seh- und Leseverhalten. In: Berg, Christa (Hrsg.): Kinderwelten. Frankfurt a. M., S. 270-294.

Hurrelmann, Bettina (1992): Lesen als Schlüssel zur Medienkultur. In: Kompendium zu einer Konferenz der Bertelsmann Stiftung vom 18. bis 20. März 1992 in Gütersloh: Medienkompetenz als Herausforderung an Schule und Bildung. Ein deutsch-amerikanischer Dialog. Gütersloh, S. 249-265.

Hurrelmann, Bettina (1994): Leseförderung (Basisartikel). In: Praxis Deutsch, 127/94, S. 17-26.

Hurrelmann, Bettina (1998): Kinderliteratur - Sozialisationsliteratur? In: Richter, Karin & Hurrelmann, Bettina (Hrsg.): Kinderliteratur im Unterricht. Theorien und Modelle zur Kinder- und Jugendliteratur im pädagogisch-didaktischen Kontext. Weinheim; München, S. 45-60.

Hurrelmann, Bettina (1999): Kinderlektüre und Familienstruktur. In: Ewers, Hans-Heino & Wild, Inge (Hrsg.): Familienszenen. Die Darstellung familialer Kindheit in der Kinder- und Jugendliteratur. München, S. 185-200.

Hurrelmann, Bettina & Hammer, Michael & Nieß, Ferdinand (1993): Lesesozialisation (Band 1): Leseklima in der Familie. Eine Studie der Bertelsmann Stiftung. Gütersloh.

Jacoby, Edmund (1999): Dunkel war's, der Mond schien helle. Verse, Reime und Gedichte. Hildesheim.

Jakobson, Roman (1972): Linguistik und Poetik. In: Ihwe, Jens (Hrsg.): Literaturwissenschaft und Linguistik. Bd. 2/1. S. 143-178 (512-548).

Jakobson, Roman & Waugh, Linda R. (1986): Die Lautgestalt der Sprache. Berlin, New York.

Jandl, Ernst (1985): Das Öffnen und Schließen des Mundes. Frankfurter Poetik-Vorlesungen. Darmstadt; Neuwied.

Jandl, Ernst (1990): Laut und Luise. Frankfurt a. M. (1966).

Jandl, Ernst & Junge, Norman (1996): Immer höher. Weinheim; Basel.

Jandl, Ernst & Junge, Norman (1999): Antipoden. Auf der anderen Seite der Welt. Weinheim; Basel.

Jandl, Ernst & Junge, Norman (2000): fünfter sein. 6. Aufl. Weinheim; Basel (1997).

Jandl, Ernst & Junge, Norman (2001): ottos mops. Weinheim; Basel.

Jandl, Ernst & Spohn, Jürgen (1983): falamaleikum. Gedichte und Bilder. Darmstadt; Neuwied.

Janosch (1991): Das kleine Kinderreimebuch. Die 51 schönsten Kinderreime mit vielen bunten Bildern von Janosch. Zürich.

Jansen, Heiner (1992): Untersuchungen zur Entwicklung lautsynthetischer Verarbeitungsprozesse im Vorschul- und frühen Grundschulalter. Egelsbach; Köln; New York.

Januschek, Franz (1978): Anmerkungen zum Wesen der Schriftsprache - im Hinblick auf den schulischen Schriftsprachenerwerb. In: OBST 6, S. 60-87.

Januschek, Franz & Paprotté, W. & Rohde, Wolfgang (1979): Zur Ontogenese metasprachlicher Handlungen. In: OBST 10, S. 37-79.

Januschek, Franz & Rohde, Wolfgang (1979): Probleme der Erforschung metasprachlicher Begrifflichkeit bei Erstkläßlern. In: OBST 13, S. 79-97.

Jauß, Hans Robert (1969): Literaturgeschichte als Provokation der Literaturwissenschaft. 2. Aufl., Konstanz (1967).

Jünger, Friedrich Georg (1952): Rhythmus und Sprache im deutschen Gedicht. Stuttgart.

Jusczyk. Peter W. (1977): Rhymes and Reasons: Some Aspects of the Child's Appreciation of Poetic Form. In: Developmental Psychology, 13, S. 599-607.

Kelle, Udo & Erzberger, Christian (2000): Qualitative und quantitative Methoden: kein Gegensatz. In: Flick, Uwe & von Kardorff, Ernst & Steinke, Ines (Hrsg.): Qualitative Forschung. Ein Handbuch. Reinbek bei Hamburg, S. 299-309.

Kirchhoff, Sabine & Kuhnt, Sonja & Lipp, Peter & Schlawin, Siegfried (2000): "Machen wir doch einen Fragebogen." Opladen.

Kirtley, Clare & Bryant, Peter & MacLean, Morag & Bradley, Lynette (1989): Rhyme, Rime, and Onset of Reading. In: Journal of Experimental Child Psychology, 48, S. 224-245.

Kliewer, Hans-Jürgen (Hrsg.) (1989): Wundertüte. Alte und neue Gedichte für Kinder. Stuttgart.

Knafle, June D. (1973): Auditory perception of Rhyming in Kindergarten Children. In: Journal of Speech and Hearing Research, 16, S. 482-487.

Knafle, June D. (1974): Children's Discrimination of Rhyme. In: Journal of Speech and Hearing Research, 17, S. 367-372.

Knoop, Ulrich (1983): Mündlichkeit - Schriftlichkeit. Vorläufige Überlegungen zu ihrem Status. In: Grosse, Siegfried (Hrsg.): Schriftsprachlichkeit. Düsseldorf, S. 24-36.

Knoop, Ulrich (1993): Zum Verhältnis von geschriebener und gesprochener Sprache. Anmerkungen aus historischer Sicht. In: Baurmann, Jürgen & Günther, Hartmut & Knoop, Ulrich (Hrsg.): homo scribens. Perspektiven der Schriftlichkeitsforschung. Tübingen, S. 217-229.

Koch, Peter & Oesterreicher, Wulf (1986): Sprache der Nähe - Sprache der Distanz. Mündlichkeit und Schriftlichkeit im Spannungsfeld von Sprachtheorie und Sprachgeschichte. In: Romanistisches Jahrbuch, 36, S. 15-43.

Koch, Peter & Oesterreicher, Wulf (1994): Schriftlichkeit und Sprache. In: Günther, Hartmut & Ludwig, Otto (Hrsg.): Schrift und Schriftlichkeit. Writing and Its Use. Ein interdisziplinäres Handbuch internationaler Forschung. Berlin; New York, S. 587-604.

Kretschmann, Rudolf (1987): Sprachanalytische Vorstufen der Lesekompetenz. In: Balhorn, Heiko & Brügelmann, Hans (Hrsg.): Welten der Schrift in der Erfahrung der Kinder. Konstanz, S. 200-206.

Krüss, James (1973): James' Tierleben. 7x7+7 gereimte Neuigkeiten aus der Tierwelt. Stuttgart.

Krüss, James (1982): Der Zauberer Korinthe. Hamburg.

Krüss, James (1990): So viel Tage wie das Jahr hat. 365 Gedichte für Kinder und Kenner. 3. Aufl., München (1959).

Krüss, James (1997): Der wohltemperierte Leierkasten. 12 mal 12 Gedichte für Kinder, Erwachsene und andere Leute. 2. Aufl., München (1961).

Küspert, Petra (1998): Phonologische Bewußtheit und Schriftspracherwerb. Zu den Effekten vorschulischer Förderung der phonologischen Bewußtheit auf den Erwerb des Lesens und Rechtschreibens. Frankfurt a. M.

Küspert, Petra & Schneider, Wolfgang (2002): Hören, lauschen, sprechen. Sprachspiele im Vorschulalter. Würzburger Trainingsprogramm zur Vorbereitung auf den Erwerb der Schriftsprache, 3. aufl., Göttingen.

Lachmann, Renate (1982): Dialogizität und poetische Sprache. In: Dies. (Hrsg.): Dialogizität. München, S. 51-62.

Lamnek, Siegfried (1988): Qualitative Sozialforschung. Band 1: Methodologie. München; Weinheim.

Lamnek, Siegfried (1989): Qualitative Sozialforschung. Band 2: Methoden und Techniken. München.

Lamping, Dieter (1989): Das lyrische Gedicht. Definitionen zu Theorie und Geschichte der Gattung. Göttingen.

Lamping, Dieter ((1991): Moderne Lyrik. Eine Einführung. Göttingen.

Landerl, Karin & Linortner, Renate & Wimmer, Heinz (1992): Phonologische Bewußtheit und Schriftspracherwerb im Deutschen. In: Zeitschrift für Pädagogische Psychologie, 6, S. 17-33.

Lenel, Julia, C. & Cantor, Joan, H. (1981): Rhyme, Recognition and Phonemic Perception in Young Children. In: Journal of Psycholinguistic Research, 10, S. 47-67.

Liede, Alfred (1963): Dichtung als Spiel. Studien zur Unsinnspoesie an den Grenzen der Sprache. 2 Bde. Berlin.

Linder-Beroud, Waltraud (1989): Von der Mündlichkeit zur Schriftlichkeit? Untersuchungen zur Interdependenz von Individualdichtung und Kollektivlied. Frankfurt a. M.; Bern; New York ; Paris.

Link, Jürgen (1981): Das lyrische Gedicht als Paradigma des überstrukturierten Textes. In: Brackert, Helmut & Stückrath, Jörn (Hrsg.): Literaturwissenschaft. Grundkurs 1. Reinbek bei Hamburg, S. 192-219.

List, Gudula (1981): Sprachpsychologie. Stuttgart; Berlin; Köln; Mainz.

List, Gudula (1992): Zur Entwicklung metasprachlicher Fähigkeiten. Aus der Sicht der Sprachpsychologie. In: Der Deutschunterricht, H.4, S. 15-23.

Lorbe, Ruth (1954): Spuren. Elemente der Lyrik im Kinderreim. In: Akzente, 1954/3, S. 280-291.

Lorbe, Ruth (1956): Das Kinderlied in Nürnberg. Versuch einer Phänomenologie des Kinderliedes. Nürnberg.

Lorbe, Ruth (1984): Kinderlyrik. In: Haas, Gerhard (Hrsg.): Kinder- und Jugendliteratur. Ein Handbuch. Stuttgart.

Lord, Albert B. (1965): Der Sänger erzählt. Wie ein Epos entsteht. München (1960).

Lotman, Jurij M. (1975): Die Analyse des poetischen Textes. Herausgegeben und übersetzt von Rainer Grübel. Kronberg.

Lundberg, Ingvar (1991): Phonemic Awareness Can Be Developed Without Reading Instruction. In: Brady, Susan A. & Shankweiler, Donald P. (Eds.): Phonological Processes in Literacy. A Tribute to Isabelle Y. Liberman. Hillsdale; New Jersey, S. 47- 53.

Lundberg, Ingvar & Frost, Joergen & Petersen, Ole-Peter (1988): Effects of an extensive program for stimulating phonological awareness in preschool children. In: Reading Research Quarterly, 23, S. 261-284.

Lundberg, Ingvar & Høien, Torleiv (1991): Initial Enabling Knowledge and Skills in Reading Acquisition: Print Awareness and Phonological Segmentation. In: Sawyer, Diane J. & Fox, Barbara J. (Eds.): Phonological Awareness in Reading - The Evolution of Current Perspectives. New York, S. 73-96.

Lypp, Maria (1984): Einfachheit als Kategorie der Kinderliteratur. Frankfurt a. M.

Mann, Virginia A. (1991a): Are We Taking Too Narrow A View of the Conditions for Development of Phonological Awareness? In: Brady, Susan A. & Shankweiler, Donald P. (Eds.): Phonological Processes in Literacy. A Tribute to Isabelle Y. Liberman. Hillsdale, New Jersey, S. 55- 64.

Mann, Virginia (1991b): Phonological Awareness and Early Reading Ability: One Perspective. In: Sawyer, Diane J. & Fox, Barbara J. (Eds.): Phonological Awareness in Reading. The Evolution of Current Perspectives. New York, S. 191-215.

Mannhaupt, Gerd & Jansen, Heiner (1989): Phonologische Bewusstheit: Aufgabenentwicklung und Leistungen im Vorschulalter. In: Zeitschrift für Pädagogik und Psychologie Behinderter. Band XV, H.1, S. 50-56.

Mannhaupt, Gerd & Skowronek, Helmut (1989): Früherkennung und Risiken im Schriftspracherwerb. In: Balhorn, Heiko & Brügelmann, Hans (Hrsg.): Jeder spricht anders. Normen und Vielfalt in Sprache und Schrift. Konstanz, S. 199-206.

Manz, Hans (1993): Die Welt der Wörter. Sprachbuch für Kinder und Neugierige. 3. Aufl., Weinheim; Basel (1991).

Manz, Hans (1995): Mit Wörtern fliegen. Neues Sprachbuch für Kinder und Neugierige. Weinheim; Basel.

Marenbach, Dieter (1980): Sprachspiele und Sprachreflexion. In: Schober, Otto (Hrsg.): Sprachbetrachtung und Kommunikationsanalyse. Beispiele für den Deutschunterricht. Königstein, S. 65-80.

Martschinke, Sabine & Kirschhock, Eva-Maria & Frank, Angela (2001): Der Rundgang durch Hörhausen. Erhebungsverfahren zur phonologischen Bewusstheit.Band 1, Donauwörth.

Mattingly, Ignatius G. (1984): Reading, Linguistic Awareness, and Language Acquisition. In: Downing, John & Valtin, Renate (Eds.): Language Awareness and Learning to Read. New York, S. 9-25.

Mayntz, Renate & Holm, Kurt & Hübner, Peter (1974): Einführung in die Methoden der empirischen Soziologie. 4. Aufl. Opladen (1969), Daraus: Kapitel 4: Beobachtungsverfahren, S.87-102 und Kapitel 5: Befragung, S. 103-121.

Mayring, Philipp (1996): Einführung in die qualitative Forschung. 3. überarb. Aufl., Weinheim (1990).

Mayröcker, Friederike (2001): Requiem für Ernst Jandl. Frankfurt a. M.

Messerli, Alfred (1991): Elemente einer Pragmatik des Kinderliedes und Kinderreimes. Aarau; Frankfurt a. M.; Salzburg.

Morais, José (1991a): Phonological Awareness: A Bridge Between Language and Literacy. In: Sawyer, Diane J. & Fox, Barbara J. (Eds.): Phonological Awareness in Reading. The Evolution of Current Perspectives. New York, S. 31-71.

Morais, José (1991b): Constraints on the Development of Phonemic Awareness. In: Brady, Susan A. & Shankweiler, Donald P. (Eds.): Phonological Processes in Literacy. A Tribute to Isabelle Y. Liberman. Hillsdale; New Jersey, S. 5-27.

Morgenstern, Christian (2002): Galgenlieder. München (1905).

Moser, Hugo (1976): Karl Simrock. Universitätslehrer und Poet, Germanist und Erneuerer von „Volkspoesie" und älterer „Nationalliteratur". Ein Stück Literatur-, Bildungs- und Wissenschaftsgeschichte des 19. Jahrhunderts. Berlin.

Motté, Magda (1983): Moderne Kinderlyrik. Begriff - Geschichte - Literarische Kommunikation - Bestandsaufnahme. Frankfurt a. M.; Bern.

Müller, Wolfgang, G. (1995): Das Problem der Subjektivität der Lyrik und die Dichtung der Dinge und Orte. In: Nünning, Ansgar (Hrsg.): Literaturwissenschaftliche Theorien. Modelle und Methoden. Eine Einführung. Trier, S. 93-105.

Nave-Herz, Rosemarie (Hrsg.) (1988): Wandel und Kontinuität der Familie in der Bundesrepublik Deutschland. Stuttgart.

Nave-Herz, Rosemarie (1994): Familie heute. Wandel der Familienstrukturen und Folgen für die Erziehung. Darmstadt.

Oerter, Rolf (1993): Psychologie des Spiels. Ein handlungstheoretischer Ansatz. München.

Olofsson, Åke & Lundberg, Ingvar (1983): Can phonemic awareness be trained in kindergarten? In: Scandinavian Journal of Psychology, 24, S. 35-44.

Olofsson, Åke & Lundberg, Ingvar (1985): Evaluation of long term effects of phonemic awareness training in kindergarten: Illustrations of some methodological problems in evaluation research. In: Scandinavian Journal of Psychology, 26, S. 21-34.

Ong, Walter (1987): Oralität und Literalität. Die Technologisierung des Wortes. Opladen (1982).

Opie, Iona & Peter (1955): The Oxford Nursery Rhyme Book. Oxford.

Osburg, Claudia (2000): Gesprochene und geschriebene Sprache. Ausspracheströrungen und Schriftspracherwerb. Hohengehren.

Papoušek, Mechthild & Hanuš (1997): Stimmliche Kommunikation im Säuglingsalter als Wegbereiter der Sprachentwicklung. In: Keller, Heidi (Hrsg.): Handbuch der Kleinkindforschung. 2. vollst. überarb. Aufl., Bern, S. 535-562.

Pellegrini, Anthony, D. & Galda, Lee (1990): Spiel, Sprache und frühe Kompetenzen im Lesen und Schreiben. Children's Play, Language, and Early Literacy. In: Unterrichtswissenschaft, 18/3, S. 269-281.

Peuckert, Rüdiger (1996): Familienformen im sozialen Wandel. 2. völlig überarb. und erw. Aufl., Opladen.

Piaget, Jean (1975): Das Erwachen der Intelligenz beim Kinde. Stuttgart (1959).

Piaget, Jean & Inhelder, Bärbel (1998): Die Psychologie des Kindes. 7. Aufl., München (1966).

Pinkwart, Doris (1979): Karl Simrock (1908-1876). Bonner Bürger, Dichter und Professor. Dokumentation einer Ausstellung. Bonn.

Platon: Phaidros oder Vom Schönen. Reclamausgabe von 1998.

Preyer, Heinz (1955): Herders Theorie der Lyrik. Winterthur.

Read, Charles (1974): Kenntnisse der englischen Phonologie bei Vorschulkindern. In: Eichler, Wolfgang & Hofer, Adolf (Hrsg.): Spracherwerb und linguis-tische Theorien. Texte zur Sprache des Kindes. München, S. 174-212.

Reger, Harald (1996): Kinderlyrik in der Grundschule. Literaturwissenschaftliche Grundlegung. Schülerorientierte Didaktik. 3. Aufl., Hohengehren.

Ringelnatz, Joachim (1994): Geheimes Kinder-Spiel-Buch. Zürich (1924).

Röber-Siekmeyer, Christa (1993): Die Schriftsprache entdecken. Rechtschreiben im offenen Unterricht. Weinheim; Basel.

Röhrich, Lutz (1989): Volkspoesie ohne Volk. Wie ‚mündlich' sind so genannte ‚Volkserzählungen'? In: Röhrich, Lutz & Lindig, Erika (Hrsg.): Volksdichtung zwischen Mündlichkeit und Schriftlichkeit. Tübingen, S. 49-65.

Röpcke, Dirk (1991): ErzieherInnen und Professionalisierung. Der pädagogische Umgang mit Bilderbüchern - untersucht in westdeutschen Kindergärten. In: Pädagogik und Schulalltag, 46/91, S.436-448.

Rosebrock, Cornelia (Hrsg.) (1995): Lesen im Medienzeitalter. Biographische und historische Aspekte literarischer Sozialisation. Weinheim; München.

Rosebrock, Cornelia (1994): Die Lesekultur Jugendlicher zwischen Moderne und Postmoderne. In: Ewers, Hans-Heino (Hrsg.): Jugendkultur im Adoleszenzroman. Jugendliteratur der 80er und 90er Jahre zwischen Moderne und Postmoderne. Weinheim; München, S.239-263.

Rühmkorf, Peter (1981): agar agar - zaurzaurim. Zur Naturgeschichte des Reims und der menschlichen Anklangsnerven. Reinbek bei Hamburg.

Rühmkorf, Peter (1995): Über das Volksvermögen. Exkurse in den literarischen Untergrund. Reinbek bei Hamburg (1967).

Rühmkorf, Peter (2001): Schachtelhalme. Schriften zur Poetik und Literatur. Reinbek bei Hamburg.

Schenda, Rudolf (1985): „Das ist der Daumen" oder: Vom kleinsten Kindertheater der Welt (in fünf Aufzügen). In: Kinderwelten. Kinder und Kindheit in der neueren Literatur. Festschrift für Klaus Doderer. Herausgegeben vom Freundeskreis des Instituts für Jugendbuchforschung Frankfurt. Weinheim; Basel, S. 154-169.

Schenda, Rudolf (1993): Von Mund zu Ohr. Bausteine zu einer Kulturgeschichte volkstümlichen Erzählens in Europa. Göttingen.

Scheerer-Neumann, Gerheid (1994): Der Erwerb der basalen Lese- und Schreibfertigkeiten. In: Günther, Hartmut & Ludwig, Otto (Hrsg.): Schrift und Schriftlichkeit. Writing and Its Use. Ein interdisziplinäres Handbuch internationaler Forschung. Berlin; New York, S. 1153-1169.

Scheerer-Neumann, Gerheid (1998): Schriftspracherwerb: „The State of the Art" aus psychologischer Sicht. In: Huber, Ludowika & Kegel, Gerd & Speck-Hamdan, Angelika (Hrsg.): Einblicke in den Schriftspracherwerb. Braunschweig, S. 31-46.

Schmidt, Siegfried J. (1968): Alltagssprache und Gedichtsprache. Versuch einer Bestimmung von Differenzqualitäten. In: Poetica, 2/68, S. 285-303.

Schmitz-Emans, Monika (1990): Poesie als Sprachspiel. Überlegungen zur Poetik Ernst Jandls. In: Zeitschrift für deutsche Philologie 109, S. 551-571.

Schmitz-Emans, Monika (1997): Die Sprache der modernen Dichtung. München.

Schneewind, Klaus A. (1991): Familien als intime Beziehungssysteme. In: Schmidt-Denter, Ulrich & Manz, Wolfgang (Hrsg.): Entwicklung und Erziehung im öko-psychologischen Kontext. München; Basel, S. 42-55.

Schneider, Silvia (1995): Entwicklungsbedingungen sozialer Handlungsfähigkeit. Formen der Interaktionsstrukturierung beim gemeinsamen Bilderbuchlesen von Eltern und Kind. Frankfurt a. M.

Schneider, Wolfgang & Visé, Mechthild & Reimers, Petra & Blässer, Barbara (1994): Auswirkungen eines Trainings der sprachlichen Bewußtheit auf den Schriftspracherwerb in der Schule. In: Zeitschrift für Pädagogische Psychologie, 8, S. 177-188.

Schneider, Wolfgang & Brügelmann, Hans & Kochan, Barbara (1995): Lesen- und Schreiben in neuer Sicht. Vier Perspektiven auf den Stand der Forschung. In: Balhorn, Keiko & Brügelmann, Hans (Hrsg.): Rätsel des Schriftspracherwerbs. Neue Sichtweisen aus der Forschung. Lengwil a. Bodensee, S. 14-28.

Schweikart, Ralf (Hrsg.) (2000): Explicit Lyrics. Songtexte und Gedichte. Reinbek bei Hamburg.

Schweikle, Irmgard & Günther (Hrsg.) (1990): Metzler-Literatur-Lexikon. 2. überarb. Aufl., Stuttgart.

Seitz, Gabriele (Hrsg.) (1985): Brüder Grimm - Im Himmel steht der Baum, dran häng ich meinen Traum. Volkslieder, Kinderlieder, Kinderzeichnungen. München.

Simrock, Karl (1948): Das deutsche Kinderbuch. Altherkömmliche Reime, Lieder, Erzählungen, Übungen, Rätsel und Scherze für Kinder. Frankfurt a. Main.

Sinclair, Anne & Berthoud-Papandropoulou, Ioanna (1984): Children's Thinking about Language and their Acquisition of Literacy. In: Downing, John & Valtin, Renate (Eds.): Language Awareness and Learning to Read. New York, S. 79-91.

Skowronek, Helmut & Marx, Harald (1989): Die Bielefelder Längsschnittstudie zur Früherkennung von Risiken der Lese-Rechtschreibschwäche: Theoretischer Hintergrund und erste Befunde. In: Zeitschrift für Pädagogik und Psychologie Behinderter. Band XV, H.1., S. 38-49.

Skowronek, Helmut & Jansen, Heiner (1992): Früherkennung der Lese-Rechtschreibschwäche. Das Bielefelder Screeningverfahren. Sonderforschungsbereich „Prävention und Intervention im Kindes- und Jugendalter". Forschung aus der Universität Bielefeld, Nr. 6, S. 13-18.

Soltau, Heide im Gespräch mit Peter Rühmkorf bei „Talk auf 4", Radiosendung des NDR 4 vom 04.03.2002.

Spinner, Kaspar, H. (1975): Zur Struktur des lyrischen Ich. Frankfurt a. M.

Spohn, Jürgen (1996): Drunter und Drüber. Verse zum Vorsagen, Nachsagen, Weitersagen. München (1981).

Staiger, Emil (1946): Grundbegriffe der Poetik. Zürich.

Steffens, Wilhelm (1998): Spielen mit Sprache im ersten bis sechsten Schuljahr. Hohengehren.

Stempel, Wolf-Dieter (1972): Zur formalistischen Theorie der Sprache. In: Ders. (Hrsg.): Texte der russischen Formalisten. Texte zur Theorie des Verses und der poetischen Sprache. Band 2. München, S.VIV-LIII.

Sting, Stephan (1996): Die Sinne der Schrift. In: Mollenhauer, Klaus & Wulf, Christoph (Hrsg.): Aisthesis/Ästhetik. Zwischen Wahrnehmung und Bewusstsein. Weinheim, S. 153-167.

Stöcklin-Meier, Susanne (1995): Sprechen und Spielen. Verse - Reime- Spielgeschichten. Neubearbeitung von Gisela Walter. Ravensburg.

Teale, William H. & Sulzby, Elizabeth (Eds.) (1986): Emergent Literacy. Writing and reading. Norwood; New Jersey.

Treiman, Rebecca (1991): Phonological Awareness and Its Roles in Learning to Read and Spell. In: Sawyer, Diane J. & Fox, Barbara J. (Eds.): Phonological Awareness in Reading. The Evolution of Current Perspectives. New York, S.159-189.

Treiman, Rebecca & Zukowski, Andrea (1991): Levels of Phonological Awareness. In: Brady, Susan A. & Shankweiler, Donald, P. (Eds.): Phonological Processes in Literacy. A Tribute to Isabelle Y. Liberman. Hillsdale; New Jersey, S. 67-83.

Tunmer, William E. & Bowey, Judith A. (1984): Metalinguistic Awareness and Reading Acquisition. In: Tunmer, William, E. & Pratt, Christopher & Herriman, Michael, L. (Eds.): Metalinguistic Awareness in Children. Theory, Research and Implications. Berlin; Heidelberg, New York, Tokyo, S. 144-168.

Tunmer, William E. & Rohl, Mary (1991): Phonological Awareness and Reading Acquisition. In: Sawyer, Diane J. & Fox, Barbara J. (Eds.): Phonological Awareness in Reading. The Evolution of Current Perspectives. New York, S. 1-30.

Ulich, Michaela (1997): Inszenierungen im Kinderspiel. In: Fatke, Reinhard (Hrsg.): Was macht ihr für Geschichten? Ausdrucksformen des kindlichen Erlebens. München, S. 29-44.

Ulrich, Anna Katharina (1995): Was kann die Kinderliteraturforschung zu einer Anthropologie der Kindheit beitragen? In: Renner, Erich (Hrsg.): Kinderwelten. Pädagogische, ethnologische und literaturwissenschaftliche Annäherungen. Weinheim, S. 52-64.

Unbehauen, Peter (Hrsg.) (1999): Dass ihr euch ja nich' schietig macht. 111 Lieder und Spiele von Hamburger Straßen und Höfen. Hamburg.

Vahle, Fredrik (1992a): Kinderlied. Erkundungen zu einer frühen Form der Poesie im Menschenleben. Weinheim; Basel.

Vahle, Fredrik (1992a): Das Komische im Kinderlied und im Kindergedicht. In: Die Grundschule, 5/1992, S. 19-25.

Vahle, Fredrik (1993): Komik - Körpergefühl und Be-Sinnung in der Kinderlyrik. In: JuLit, H. 2, S. 21-31.

Vahle, Fredrik (1994): Der Himmel fiel aus allen Wolken. Weinheim; Basel.

Valéry, Paul (1975): Zur Theorie der Dichtkunst. Aufsätze und Vorträge. Frankfurt a. M. (1962).

Valtin, Renate (1984): The Development of Metalinguistic Abilities in Children Learning to Read and Write. In: Downing, John & Valtin, Renate (Eds.): Language Awareness and Learning to Read. New York, S. 207-226.

Valtin, Renate (unter Mitarbeit von Anke Bemmerer und Gabi Nehring) (1991): Kinder lernen schreiben und über Sprache nachzudenken: Eine empirische Untersuchung zur Entwicklung schriftsprachlicher Fähigkeiten. In: Valtin, Renate & Naegele, Ingrid (Hrsg.): „Schreiben ist wichtig!" Grundlagen und Beispiele für kommunikatives Schreiben(lernen). 2. unveränd. Aufl., Frankfurt a. M. (1986), S. 23-53.

Vaskovics, Laszlo A. & Lipinski, Heike (Hrsg.) (1996): Familiale Lebenswelten und Bildungsarbeit. Interdisziplinäre Bestandaufnahme 1. Opladen.

Vogdt, Ines-Bianca (1998): Wunderhorn und Sprachgitter. Geschichte der intentionalen Kinderlyrik seit dem 18. Jahrhundert. München.

Waldmann, Günther (1998): Produktiver Umgang mit Lyrik. Eine systematische Einführung in die Lyrik, ihre produktive Erfahrung und ihr Schreiben. 5. neub. Und erw. Aufl., Hohengehren.

Waldmann, Günter (1987): Produktive literarische Differenzerfahrung. Skizze eines literaturtheoretischen Konzepts - am Beispiel Lyrik. In: Wirkendes Wort, H. 1/37, S. 32-45.

Waller, Manfred (1988): Komponenten der metasprachlichen Entwicklung und Bedingungen ihres ontogenetischen Aufbaus. In: Zeitschrift für Entwicklungspsychologie und Pädagogische Psychologie, Band XX, H.4, S. 297-321.

Wedel-Wolff, Annegret von (1982): Geschichte der Sammlung und Erforschung des deutschsprachigen Volkskinderliedes und Volkskinderreimes im 19. Jahrhundert. Göppingen.

Weingarten, Rüdiger & Günther, Hartmut (Hrsg.) (1998): Schriftspracherwerb. Hohengehren.

Weinhold, Swantje (2000): Text als Herausforderung. Zur Textkompetenz am Schulanfang. Freiburg i. Breisgau.

Weinrich, Harald (1968): Linguistische Bemerkungen zur modernen Lyrik. In: Akzente, 15. Jg., S. 27-47.

Wieler, Petra (1997): Vorlesen in der Familie. Fallstudien zur literarisch-kulturellen Sozialisation von Vierjährigen. Weinheim; München.

Wild, Reiner (Hrsg.) (1990): Geschichte der deutschen Kinder- und Jugendliteratur. Stuttgart.

Wildemann, Anja & Bauer, Jochen & Eigenmann, Susanne & Lappe, Cord & Schoett, Silja & Stendel, Andrea (Hrsg.) (2000): Schnittmengen ästhetischer Bildung. Zwischen Künsten, Medien, Wissenschaften und ihrer Didaktik. München.

Wildemann, Anja (2000): „Das ist der Daumen... " Kinderreime als intermediärer Raum ästhetischer und literaler Erfahrung. In: Wildemann, Anja, u.a. (Hrsg.): Schnittmengen ästhetischer Bildung. Zwischen Künsten, Medien, Wissenschaften und ihrer Didaktik. München, S. 71-78.

Wildemann, Anja (2001): HAND-SPIEL-GESCHICHTEN. Kinderreime sprechen und spielen. In: Praxis Deutsch, 28. Jg., 03/01 S. 10-13.

Wimmer, Heinz & Hartl, Michael & Moser, Ewald (1990): Passen „englische“ Modelle des Schriftspracherwerbs auf „deutsche“ Kinder? Zweifel an der Bedeutsamkeit der logographischen Stufe. In: Zeitschrift für Entwicklungspsychologie und Pädagogische Psychologie, Bd. XXII, H. 2, S. 136-154.

Wittgenstein, Ludwig (1997): Tractatus logico-philosophicus. Tagebücher 1914-1916. Philosophische Untersuchungen. Frankfurt a. M.

Wolf, Dagmar (2000): Modellbildung im Forschungsbereich sprachliche Sozialisation. (Daraus: Kapitel 3: Aspekte des Erwerbs literaler Fähigkeiten, S. 201-374) Frankfurt a. M.

Wygotski, Lew S. (1986): Denken und Sprechen. Frankfurt a. Main (1934).

Zumthor, Paul (1990): Einführung in die mündliche Dichtung. Berlin (1983).

Zumthor, Paul (1994): Die Stimme und die Poesie in der mittelalterlichen Gesellschaft. München (1984).

Wimmer, Heinz & Hartl, Michael & Moser, Ewald (1990): Passen „englische" Modelle des Schriftspracherwerbs auf „deutsche" Kinder? Zweifel an der Bedeutsamkeit der logographischen Stufe. In: Zeitschrift für Entwicklungspsychologie und Pädagogische Psychologie, Bd. XXII, H. 2, S. 136-154.
Wittgenstein, Ludwig (1997): Tractatus logico-philosophicus. Tagebücher 1914-1916. Philosophische Untersuchungen. Frankfurt a. M.
Wolf, Dagmar (2000): Modellbildung im Forschungsbereich sprachliche Sozialisation. (Daraus: Kapitel 3: Aspekte des Erwerbs literaler Fähigkeiten, S. 201-374) Frankfurt a. M.
Wygotski, Lew S. (1986): Denken und Sprechen. Frankfurt a. Main (1934).

Zumthor, Paul (1990): Einführung in die mündliche Dichtung. Berlin (1983).
Zumthor, Paul (1994): Die Stimme und die Poesie in der mittelalterlichen Gesellschaft. München (1984).

Beiträge zur Literatur- und Mediendidaktik

Herausgegeben von Bodo Lecke

Band 1 Kathrin Schroeder: Idylle, Chaos und Verzweiflung. Romantische Strategien der Weltwahrnehmung als literaturdidaktisches Problem. 2001.

Band 2 Siegfried Hummelsberger: Literaturunterricht und literarisches Verstehen bei Berufsschülern. "Ich lese was, was du nicht liest...!". 2002.

Band 3 Eva Schäfer: Mediendidaktische Reflexionen über Erinnerungskonstruktionen in Walter Benjamins Baudelaire-Studien und Roberto Benignis Film *Das Leben ist schön*. Zwischen Kunst und Holocaust. 2002.

Band 4 Hilmar Grundmann: Berufliche Arbeit macht krank. Literaturdidaktische Reflexionen über das Verhältnis von Beruf und Privatspäre in den Romanen von Martin Walser. 2003.

Band 5 Anja Wildemann: Kinderlyrik im Vorschulalter. Kinder zwischen Mündlichkeit und Schriftlichkeit. 2003.

Peter Lang · Europäischer Verlag der Wissenschaften

Wozan Urbain N'Dakon

Kinder lesen *Vorstadtkrokodile*

Eine empirische Studie zur Rezeption des Kinderromans Max von der Grüns

Frankfurt/M., Berlin, Bern, Bruxelles, New York, Oxford, Wien, 2001.
268 S., 2 Tab.
Bayreuther Beiträge zur Literaturwissenschaft. Bd. 23
Herausgegeben von Walter Gebhard, János Riesz und Richard Taylor
ISBN 3-631-38658-3 · br. € 45.50*

Was und wie lesen heutige 10 bis 12 jährige Schulkinder? Warum begeistern sie sich immer noch mehr für ihre Freizeitlektüre als für die Schulbücher? Welche Rolle spielt Buchlektüre in der heutigen Mediengesellschaft für die Ich-Entwicklung der Kinder? Inwiefern kann der Deutschunterricht von den Ergebnissen einer empirischen Studie zur Rezeption des deutschen Schulbuchklassikers *Vorstadtkrokodile* profitieren? Auf diese Fragen bietet der Autor am Beispiel des Kinderromans des Dortmunder Schriftstellers Max von der Grün Antworten aus einer entwicklungspsychologischen Perspektive. Dabei behält er konsequent die Perspektive der jungen Leser mit den Lesemotiven, Problemen und Bewältigungsversuchen, die in ihren Briefen an den Schriftsteller und in mehreren Live-Interviews zum Ausdruck kommen. Für Kinderbuchautoren, für DeutschlehrerInnen und für Spezialisten der Kinderliteraturforschung ein lesenswertes Werk mit interessanten, zum Teil überraschenden Ergebnissen.

Aus dem Inhalt: Zur Theorie der Untersuchung. Literaturrezeption zwischen Informationsverarbeitung und Lebensbewältigung · Die Textseite: Textimmanente Analyse des Wirkungspotentials · Die Leserseite: Präsentation und Interpretation der Leserbriefe · Die Leserseite: Begegnung mit aktuellen einzelnen Lesern · Zusammenfassender Überblick und Konsequenzen

Frankfurt/M · Berlin · Bern · Bruxelles · New York · Oxford · Wien
Auslieferung: Verlag Peter Lang AG
Moosstr. 1, CH-2542 Pieterlen
Telefax 00 41 (0) 32 / 376 17 27

*inklusive der in Deutschland gültigen Mehrwertsteuer
Preisänderungen vorbehalten

Homepage http://www.peterlang.de